管子解读

领袖需要的智慧

魏承思 著

世纪文景

世纪出版集团 上海人民出版社

目录

第四讲
《管子》的处世之道 / 135

第五讲
《管子》的管理之道 / 177

第八讲
《管子》的经济哲学 / 317

第九讲
《管子》的轻重之法 / 353

第十讲
《管子》的阴阳五行思想 / 391

缘　起

　　十多年前，南怀瑾在香港，现代管理学大师、《第五项修炼》作者彼得·圣吉第一次去见南老师，他问："我想了解中国传统文化，应该读些什么书？"南老师推荐了三本书：《论语》、《中庸》和《管子》，说："前两本书不但是个人内在修养及立身处世的宝典，并且包含了最高的管理哲学和政治哲学。至于《管子》，则记述了管仲形而上的哲学思想以及形而下的用世及治国理念和实际措施。"就是说，《管子》不但有形而上的部分，也有形而下的部分。所谓形而上者，古代也称为"道"、"体"或"本"，相当于今天我们讲的哲学思想。相对应的，所谓形而下者，古代称为"器"、"用"或"末"，就是有可操作性的、可以学以致用的。不过，我想，彼得不可能看得懂，因为《管子》这本书实在很难读懂。别说外国人，就连今天的中国人，基本上也都看不懂。但《管子》也并不是不可读懂。如果你愿意花时间看上个五、六遍，也是可以弄懂的。只是现在的读书人都太浮躁，拿起书来一看发现太难，也不愿意去查字典，不愿意一个字一个词地去弄懂，于是就扔在一边。我喜欢《管子》这部书，它可谓是"天下第一奇书"。深入去看了，你就会发现：其实，我们今天受它的影响非常大。我们国人经常挂在嘴边的口号，例如"以人为本"、"依法治国"、"十年树木，百年树人"、"仓廪实则知礼节，衣食足则知荣辱"，都出自《管子》。我们现在金字塔型的行政架构，从中央到社区（清朝和民国时代叫保甲）都源于《管子》。我们现在的经济制度，国家控制货币发行，实行食盐专卖，首创者就是《管子》。可见《管子》对中国政治、经济、文化各方面的影响是非常大的。

两年多前，太湖大学堂要办"经史合参"班的时候，我提出讲《资治通鉴》或《管子》，有两个选择。南老师最后定夺讲《资治通鉴》。因为《管子》太难了，恐怕一般人读不下去。此后，好几个同学一直跟我提，什么时候讲讲《管子》吧。我说眼睛开刀后，不能多看书，恐怕不行了。后来戴先生去印了大字本的线装书，厚厚一大部，亲自背到香港来送给我。令我非常感动，承诺等视力恢复一点，我一定讲。这就是这个讲习班的缘起。现在，要在国内找一个愿意如此系统地讲《管子》的人，恐怕不太多。因为现在的人不大愿意为了讲一堂课，花半年时间逐字逐句地去查字典。我是个闲人，平时除了打打坐、念念佛，也没有什么正经事做，所以有闲功夫来研究《管子》。可能大家听完课收益未必大，但相信能节省你们很多时间去读这部书。我帮你们查字典，查各种版本的注释，浏览各种研究论著，理清了整部书的脉络。

读书要讲方法。一个人一生能看的书是有限的，方法不对，就是无效劳动；方法对了，收获就多。我讲《管子》，主要也是讲读《管子》的方法。在座各位不是学究，都是爱读书的国学爱好者。有些人只是听了我一两堂课的演讲而已；有些人跟了我一年，听我讲《国学经典导读》，每一次课介绍一部书，挑其中的一篇或一段来逐字逐句地讲，但那都是蜻蜓点水，而这一次算是研究班，讲一部古书应该怎么来读。

第一讲

王霸奇书《管子》

管仲曾助齐桓公成就尊王攘夷的霸业。《管子》产生于诸子之学前，而成熟于诸子百家逐渐成军之际，在先秦诸子书中居于首位。《管子》在汉代以前盛极一时，可谓是当时社会上流行的"畅销书"。

1.《管子》是一部什么样的书？

　　《管子》的作者，题名为春秋齐国的名相管仲。《管子》在汉朝以前一直流传，是社会上的流行读物，"畅销书"。到了西汉后期，有个贵族叫刘向（约前77年—前6年），重新整理了当时流传下来的《管子》。刘向是西汉著名的经学家、目录学家和文学家。成帝时，他受命整理古书近二十年，未完成的工作由儿子刘歆续成。刘向整理的古籍包括儒家经典、诸子百家著作和诗赋，撰成《别录》。其后，刘歆以《别录》为基础撰成《七略》，这是中国最早的目录学著作。刘向、刘歆父子对中国传统文化的贡献很大。其实，很多文化事业是有钱人做的。因为他们不需要为谋生而辛苦奔忙，可以做一些文化事业，但同时也要他们肯做，有社会责任。

　　当时流传的《管子》有564篇，刘向删除了其中重复的478篇。为什么有那么多重复的篇章？要了解一部古代经典一定要有"史"的概念，回到那个时代去体验，不能用今天的思维去看。否则，就会闹笑话。所以我觉得南老师讲的"经史合参"很有道理。没有史的功底，经是读不通的；没有经的功底，史也是无法正确认识的。你要回到那个时代去。为什么说当时的《管子》564篇有478篇是重复的呢？那时候，纸张还没有发明，都是互相传抄，写在丝帛上，或刻在木简、竹简上，不可能有统一的版本广泛流通。在传抄过程中多一篇或少一篇是很可能的。所以刘向校书必须搜集尽可能多的版本，以免缺漏。他能够搜集到 564 篇已经很不容易了。最后删定 86 篇。到今天为止又散失了 10 篇，还存 76 篇。这留下来的 76 篇共 16 万字，是《论语》的十倍，老子《道德经》的三十多倍，可以说是先秦时期规模最宏大的一部单本的学术著作。

到了晚近时期，有些学者说《管子》是一部大杂烩。实际上，《管子》是经过精心安排的：若干篇文章成一组，共分成八组。它的结构是很有系统的。第一组《经言》共 9 篇文章；第二组《外言》共 8 篇；《内言》7 篇；《短语》17 篇；《区言》5 篇；《杂篇》10 篇；《管子解》4 篇；《管子轻重》16 篇。

《经言》是什么？了解古籍的人都知道，称得上是"经"的古书，一般是某个学派的代表人物的教令，或是他自己写的；或是由他亲口讲出来，学生记载的。儒家是这样，道家是这样，佛教也是这样。释迦牟尼讲的叫做"经"，他的弟子或后人讲的都叫做"论"。根据刘向的分类，把这 9 篇定为"经言"，说明这都是管仲自己写的；或者由他说出来，弟子们记载的，应该是管仲原创的内容。所以说，《经言》是全书的纲领，分别阐述了管子的哲学思想以及他对政治、经济、军事、法治、伦理道德等领域的主张。其余的篇章都是在这个基础上阐发、详述管子思想的。

《外言》是用来辅经的，是对 9 篇《经言》做进一步的说明和发挥，或补充一些资料。这 8 篇文章是《经言》的重要引申，跟《经言》的思想相去不远。接下来是《内言》，这里的《内言》和《外言》不要跟《庄子》的《内篇》和《外篇》混淆。《庄子》的《内篇》基本上是庄子本身的思想，外篇是弟子以及后人发挥庄子的思想。但是《管子》的《内言》和《外言》不是这个概念。《管子》除了《经言》之外，其他都是"外篇"。《内言》的"内"意思是藏于宫内，不公之于外，所谓"内言不出于阃"。《内言》7 篇保存了管仲治国的事迹和经验，提供给治国的君臣做借鉴，一般老百姓、士大夫是不必知道的，所以叫做"内言"。《内言》应该是出于国家档案。为什么这么说呢？《内言》的《小匡》和《国语》的《齐语》对照一下就会发现，不但内容差不多，连文字也差不多，相信《国语》取材于《小匡》。《国语》取材于战国时期各国档案，这是历来公认的。

《短语》比较复杂，内容很多，有问答，有记事，有议论。有些文章并不短，到底为什么叫做"短语"？学术界一直有争论。有一种说法比较站得住脚：这17篇文章是写在短简上面的。过去的竹简或木简有长、中、短之分。西汉刘向整理《管子》的时候，这些文章涉及范围很广，但又是放在同一组的，他没有办法归类，就用了"短语"这个题目。《区言》的"区"是"匿藏"的意思，也就是说这些言论原先是秘而不宣的，不对公众发表的。《杂篇》就更没有一定的主题了，无法归类，但又不是《短语》那一组的，就叫做《杂篇》。《管子解》失传的最多，只留下4篇，明显是后人解读管子的思想。从留下的篇名来看，也反过来证明《经言》是管仲本身的思想，因为它主要是解释《经言》的篇章。比如，《形势解》就是对《经言》的《形势》篇进行逐句的解释。管仲的有些话，到了战国时代已经比较难懂了，所以有学者出来做解释，叫做《管子解》。

争论最大的是《轻重》。16篇《轻重》主要讲经济，也不完全是讲经济，比如《轻重己》就和经济无关。所谓"轻重"，其实就是权衡，平衡。我们现在讲管理，讲政治，任何工作最难的就是平衡。作为企业管理者或政府领导人，做决策的时候，最关键的就是看你如何平衡。没有一件事情完全是利，也不可能完全是弊，难的就是有利有弊时如何权衡。《轻重》就是讲权衡，经济政策利弊的平衡。《轻重》应该是最晚出的。但有人说是东汉前后的作品，这个说法就没道理了。

2.《管子》的作者究竟是谁？

关于《管子》这部书，争论最大的是它的作者。《管子》到底只是借用管仲的名，还是管仲本人的著作？管仲死后，从战国到两汉，《管子》一直很流行。那时候，没有人怀疑《管子》的作者是管仲。到什么时候开始有人怀疑《管子》不是管仲作的呢？晋代的傅玄。因为书里记载很多管仲死后的事情，他就认为"**管仲之书，过半便是后之好事所加，乃说管仲死后事。其《轻重篇》尤复鄙俗**"。这种说法听上去很有道理。一个人死了，他的书里的确不可能再记载他死后的事情。从这时候开始，很多人便开始怀疑。唐代的孔颖达、杜佑；宋代的周敦颐、叶适、朱熹；明清的宋濂、朱长春、顾炎武、纪昀等都认为《管子》不是管仲所著。叶适在《习学记言序目》中最早提出"**《管子》非一人之笔，亦非一时之书**"的说法。这句话成为后人诠释《管子》成书的经典言论。这话不错，但仍要分析。朱熹说，管仲"**决不是闲工夫著书的人，著书者是不见用之人**"。这完全是想当然的推论。因为朱熹自己在政治上是"不见用之人"，所以有时间写书，而管仲要帮助齐桓公成就称霸大业，自然就没时间去写书，所以他推断《管子》不是管仲写的。

到了近代，疑古思潮盛行。从胡适开始，顾颉刚、郭沫若、冯友兰都认为《管子》是依托管仲题名的。如冯友兰说："**可以推论，《管子》所收文章都是当时'稷下先生'们所写的，他们不是来自一家一派，所以内容比较繁杂。《管子》**

这部书应该是在稷下学宫消失以前就编辑出来的。它在战国末期就很流行。《管子》里面没有管子亲笔写的文章，但其中也有可以作为讲管子本人思想和活动的材料。"(《中国哲学史新编第一册》，第113页）这是冯老先生的说法，但只是一种毫无根据的推断。学者理应有依据才说话。大家现在读到的中国哲学史，大多是出自冯友兰系统。你名声越大，言论不负责任，影响就越大。前几天看见有人推论说《红楼梦》不是曹雪芹写的。记者将这类奇谈怪论在报上炒作一番也无所谓，毕竟是无名小卒。中国人的传统是"人微言轻"。然而，大学者一讲好像就变成了定论。

郭沫若说："《管子》书是一种杂烩，早就成为学者间的公论了。那不仅不是管仲做的书，而且非作于一人，也非作于一时。它大率是战国及其后的一批零碎著作的总集，一部分是齐国的旧档案，一部分是汉代开献书之令时由齐地汇献而来的。"郭先生是诗人、才子，也是剧作家，会写戏，同时也研究甲骨文，搞政治，可以说是什么都参与。但才子是才子，诗人跟学者则是两回事。诗人想象力很丰富，而学者需要非常严谨的思维。郭沫若的这些说法都是没有任何根据的推论，都是诗人的想象。古书上从来没有相关的记载。郭沫若更推论出《管子》中《心术上》、《心术下》、《白心》、《内业》等四篇为稷下学派宋钘、尹文的著作。根据他的日记记载，郭先生是偶然看到《庄子·天下》里提到一些宋钘、尹文短短的三言两语和《管子》四篇里的话意思差不多，就想象这四篇文章应该就是宋钘、尹文写的。郭沫若由此写了一篇文章《稷下黄老学派的批判》，把《管子》作者定为"宋尹学派"。这个名词是郭沫若发明的。因为他是中国科学院院长。我们以前读中国通史，有关历史分期问题的争论，毛泽东指示要依照郭老的"战国封建说"。他是这样一个至高无上的学术权威。所以大部分人都跟着说，认为《管子》四篇是"稷下学派"宋钘、尹文的作品。时至今日，学术界还是持这样的观点，根据就是郭沫若这突发奇想的推论。因此，"《管子》非管仲所著"几乎成了公论。但这些说法到现在为止都只是推论，没有任何可靠的根据。

《管子》这本书最早见于战国末期《韩非子·五蠹》："今境内之民皆言治，藏商、管之法者家有之。"意思是说，现在国内的人都在谈论政治，家家都藏有商鞅和管子的书。这里的"家"当然是指士大夫。足见《管子》成书之早，流传之广。其在当时社会之普及，就像《毛泽东选集》在"文革"中一样，家家都有。家家都有的书，当时居然没有人怀疑是冒牌货？西汉司马迁编的《史记》说："吾读管氏《牧民》、《山高》、《乘马》、《轻重》、《九府》及《晏子春秋》，详哉其言也。"司马迁亲自读过这些篇章。"既见其著书，欲观其行事，故次其传。至其书，世多有之。"我既看到管子写的书，也看到史书上记载他的事迹，所以我写了《管晏列传》。至于他的书，市面上很多。司马迁还引用了《管子》里的很多话，如"故其称曰：'仓廪实而知礼节，衣食足而知荣辱，上服度则六亲固。四维不张，国乃灭亡。下令如流水之源，令顺民心'。""知与之为取，政之宝也。"这些文句均见于今本《管子·牧民》篇。怀疑管仲跟《管子》没关系，而是他人托名所作，那都是后来人的想法。离管子越近的人越没有怀疑，离管子越远的人怀疑得越厉害。司马迁明明讲他读过《管子·轻重》篇。郭沫若大力推崇的学者马非百，为一辈子研究《管子·轻重》的学者。据他的考证，《管子·轻重》篇是东汉的作品。那么，用他们考证的逻辑，东汉以后写的《管子·轻重》，西汉时期的司马迁怎么能看得到呢？这个逻辑显然不对。所以有时候我看不起"学院派"，尽管我自己也是"学院派"出来的，学问没有打通嘛。一个研究经济史的人没有通史功底，不懂中国文化的变迁，就会搞不清楚状况。

从司马迁的话里，我们可以肯定，《管子》是管仲之作，主要思想是管仲的。汉代《淮南子·要略》里也有提到："桓公忧中国之患，苦夷狄之乱，欲以存亡继绝，崇天子之位，广文、武之业，故《管子》之书生焉。"汉代学者在这里点出了《管子》成书的历史背景，也没有认为《管子》是战国甚至汉朝人依托管仲之名的伪作。

3. 为什么后人怀疑管仲作《管子》？

那么为什么越到后代越有人怀疑《管子》是依托管仲所作呢？清末民初有个叫余嘉锡的学者就很有见地。我们知道近代对学术界影响大的，是留洋回国的那批人。他们跑到西方去讲国学，回到中国来讲西学，然后用西方人的思维来解释中国历史、中国哲学、中国思想。一百多年前的中国人是崇古的，越古的东西越好；一百年来中国人的思想大变，喜欢标新立异，越是新的越好，新思想、新思维、新制度。其实，新的东西也不一定好。我们中国人的文化基因中，似乎有喜欢走极端的因子，要么这样，要么那样，所以孔夫子才提倡中庸，因为我们最缺乏中庸。不要以为古书上提倡的东西就是中国文化的特点，是中国文化的优良传统。有时候刚好相反，越是文化中没有的东西，知识分子和思想家才越提倡。不能拿着文本就说这是我们中国文化的传统。如上所说，余嘉锡先生专心研究国学，没有跟风去追逐西方的学问。他是这样说的：

向、歆、班固条别诸子，分为九流十家。而其间一人之书，又自为一家，合若干家之书，而为某家者流。明乎其所谓家者，不必是一人之著述也。（家者合父子师弟言之，《管子·乘马》篇云："三夫为一家。"古今训诂之书，无以家字作一人解者。）父传之子，师传之弟，则谓之家法，六艺、诸子皆同。故学有家法，称述师说者，即附之一家之中。如《公》、

《谷》传中有后师之说是也。其学虽出于前人，而更张义例别有发明者，即自名为一家之学。如《儒林传》中某以某经授某，某又授某，由是有某某之学也。其间有成家者，有不能成家者。学不足以名家，则言必称师，述而不作。虽笔之于书，仍为先师之说而已，原不必于一家之中分别其孰为手撰，孰为记述也。况周秦西汉之书，其先多口耳相传，至后世始著竹帛。如公羊、谷梁之《春秋传》，伏生之《尚书大传》(张生、欧阳生撰)。故有名为某家之学，而其书并非某人自著者。

惟其授受不明，学无家法，而妄相附会，称述古人，则谓之依托。如《艺文志》《文子》九篇，注为依托，以其与孔子并时，而称平王问，时代不合，必不出于文子也。《杂黄帝》五十八篇，明知为六国时贤者所作，而不注为依托，以后人可以称述前人之述也。使《管子》而称齐太公问，疑之可也。《管子》而称毛嫱、西施、吴王、齐桓公，此明为管氏学者之言，何足疑乎？若谓《管子》不当记仲之死，则《论语》不当记曾子之死乎？故先秦之书，但当问其是否依托，而不必问其何人所著。然而，依托与否，亦正难言。

惟汉人多见古书，知其授受源流，或能加以别白，犹不能必其无误。至于后世，去古已远，有必不可得而详者矣。自汉武帝罢黜百家，而诸子之学浸失其传，学者自以其意著书，无所授受。于是书必出于手著，而无追记竹帛之事。况至东汉以后，油素代以幡纸，书写甚易，虽所学不足名家，亦复自成著述，标举名氏，不愿附骥尾以行。傅休奕狃于当时体裁，因以追议《管子》，是不明古人之情事，犹执大辂而讥椎轮也。宋明之人辨诸子，大率类是，其言有得有失，然多辨乎其所不必辨者。

他说的第一层意思是：师传家法是先秦思想传播的主要方式。师传并不一定严守师道，有继承，也有发展，但一定有思想渊源关系。《管子》成书也是师传家法的结果，所以不必是管仲的手笔。"向、歆、班固条别诸子，分为九流十家。"我们现在所讲的道家、法家、名家等，都是到了汉代刘向父子和班固整理古籍时，才按照他们不同的见解主张、思想渊源或治学方法，归类成九流十家的。

"而其间一人之书，又自为一家，合若干家之书，而为某家者流。明乎其所谓家者，不必是一人之著述也。"九流十家只是大概之数，这中间某些人的书又自成一家。集合了若干家相近学术的书，成为某一流派。例如，老子是一家，庄子是一家，列子又是一家。他们在学术思想上有共同的地方，于是放在一起统称为道家。这就很明白，称得上"家"的不必一定是某一个人的著述。"父传之子，师传之弟，则谓之家法，六艺、诸子皆同。故学有家法，称述师说者，即附之一家之中。如《公》、《谷》传中有后师之说是也。"老师讲课，一大批弟子听讲，弟子再给再传弟子去讲。只要沿着这个系统讲下来就是一"家"。不仅是父子关系，师徒关系也叫"家"。老师开创的见解、思路，弟子和再传弟子照此传承下去的，就叫做家法。儒家的六经和其他道家、墨家、法家等都是一样道理。做学问有家法，只是传承复述老师学说的言论就附在老师的这一家之中。例如，孔子的《春秋》分别有《公羊传》和《谷梁传》，而《公羊传》和《谷梁传》的内容未必都是公羊高和谷梁赤写的。他们当时只是用嘴讲解《春秋》，听讲的学生也不用记录下来，过去人的记忆力非常好。他们再讲给后来的学生听，就这样一代一代口耳相传下去。后人在讲解时会有所发挥，他的弟子就把自己老师发挥的内容增加进去，再往下传。西汉景帝时，公羊高的学说传至玄孙公羊寿，公羊寿与胡母生一起将《春秋公羊传》录于竹帛。此时，已经是一代又一代人的积累了。所以我们要搞清楚当时的情况，不像现在每本书都有一个明确的作者。

"其学虽出于前人，而更张义例别有发明者，即自名为一家之学。"虽然学问是出于前人，但自己标新立异，有了新的东西，于是就自创一家了。公羊高和谷梁赤的学术都出于孔子，但他们都各有发挥，别树一帜，因此各自被称为公羊家或谷梁家。"学不足以名家，则言必称师，述而不作。虽笔之于书，仍为先师之说而已，原不必于一家之中分别其孰为手撰，孰为记述也。"如果学生是平平的，跟着老师学，也没有多少自己的创见，不过是把老师的东西再教给自己的学生而已。当然，有时候也会加入一些当时的例子或语言。这样的东西即使记下来了，但他也不会说这是我写的。因为这不足以自成一家，还是附在老师著作的下面。所以在古代没有必要在意哪些是管仲自己写的，哪些是学生记下管仲说的、哪些是学生自己的读书体会和心得。整本书就叫做《管子》，里面包含了这些内容。

"**况周秦西汉之书，其先多口耳相传。至后世始著竹帛。**"先秦西汉的著作都是靠口耳相传，到了后来才开始记载在竹简和丝帛上面。有些人就有疑问，这些东西怎么记得住呢？其实，人类的技术越进步，人类的天赋退化就越厉害。没有发明纸张以前，人的记忆力非常好，一部书都可以一字不漏地背下来。比如说佛经，规模如此巨大的一部藏经，都是口耳相传、靠记忆流传下来的。释迦牟尼在世时没有写下来，都是在他去世后的第一次集结、第二次集结，佛弟子们背诵出来的。很多民族的史诗，像西藏的《格萨尔王传》、印度的《摩诃婆罗多》和《罗摩衍那》，都是传唱了上千年。大多是一个家族的专业，一个家族专门唱这个民族的史诗，有的可以唱七天七夜。没有文字，都是靠背诵，爷爷快去世了，就传给儿子，儿子再传给孙子。很多历史就是这样保存下来的。那时候，人的记忆力特别好。到有了文字记载，有书写之后，人的背诵能力和记忆力就退化了。现在年轻人都用电脑了，什么都依赖电脑，不需要背诵，不需要记忆，可以猜测我们孙辈的记忆力可能就更差了。我一直讲这个道理：搜索引擎使笨人变成聪明人，使聪明人变成笨人。笨人没什么学问，用搜索引擎一搜，第二天都可以讲课了，讲得头头是道，看上去什么都懂，笨人变成聪明人。本来是聪明人，可以有创见有建树的，现在却依赖引擎搜索，也不看书了。反正讲课的内容查得到。学问是融会贯通的，你平时读书记在脑子里的东西，看上去没什么用，但是遇到一些问题的时候会突然跳出来，将看似无关的东西串联起来。如果你一直依赖电脑，一直用搜索引擎，上课写作时不需要的东西就不看了，只在电脑上搜索要用的东西。这样，除了生产一大批不伦不类的教书匠之外，怎么出得了大学者呢？"**故有名为某家之学，而其书并非某人自著者。**"孔子的书并非孔子自己编写的，老子的书并非老子编写的，管子的书也并非管子自己编写的。但思想是他们的，他们只是用嘴巴讲出来而已。

余嘉锡先生说的第二层意思是，所谓依托是妄相附会的结果，即把子虚乌有的事情托之古人。据此标准，《管子》显然不是依托之作。"**惟其授受不明，学无家法，而妄相附会，称述古人，则谓之依托。**"什么叫"依托"？依托是本身没有家法，也没有什么名气，写了书没人看，找一个古人，这个古人没有著作留下来，没法考证。于是就说这本书是他写的，是从我家井里挖出来的。这就叫做"依托"。如《艺文志》里的《文子》九篇，说是尹文子写的。因为尹文子没有书留下来，所以某个无名之辈就把自己写的书伪冒是文子写的。但一看里面的内容，根本就不对。尹文子是孔子同时代的人，书上却有和周平王的对答，所以可以断定不是文子的书。但《杂黄帝》五十八篇，明明知道是战国时人所著，但因为是追述前人黄帝的言行，或许其有所本。同样道理，假使《管子》书里写管仲和齐太公对答，那就可以怀疑是伪托之作，因为两者不是同时代的人。但《管子》里提到和管仲同时代或比他晚出的人物，那不过是管子学派的后人加进去的。这就是家法嘛，弟子把老师讲的东西编进去，管子是他们的太老师、太太老师，他们把自己老师讲的东西编入管子的书里，这有什么好奇怪的呢？若说《管子》提到管仲之死便值得怀疑，那《论语》还提到曾参之死呢。

"**故先秦之书，但当问其是否依托，而不必问其何人所著。**"根据前面分析的这些道理，对于先秦的书，可以研究是否伪托，而没有必要去追究谁是作者，因为都是一代代学人口耳相传积累下来的。"**然而，依托与否，亦正难言。惟汉人多见古书，知其授受源流，或能加以别白，犹不能避其无误。至于后世，去古已远，有必不可得而详者矣。**"即使要研究是否伪托，也很难有定论。汉代的人还能见到很多流传下来的古书，知道这些书的源流，是谁传给谁的，或许还能够辨别哪些是"依托"，哪些是原作。但即使如此，汉人的考证仍然不能准确无误，还会发生错误。而后世的学者和先秦时代相隔久远，加上中华民族多灾多难，经历多次战乱，北方朝廷逃到南方来，图书多有散失。还碰上好几个皇帝禁书、烧书。人们根本不可能详尽地了解这些古书的源流了。郭沫若对《管子》成书的了解，凭什么就肯定比司马迁更详尽而高明呢？

余先生的第三层意思，是说汉代以前无人怀疑《管子》作者，因为时人尚知道先秦著述通例。东汉以后，著述之风改变，后人不明古人著述之理，以自己时代的著述方式推断古人，从而引发对《管子》作者的怀疑。"**自汉武帝罢黜百家，而诸子之学尽失其传。学者自以其意著书，无所授受。于是书必出于手著，而无追记竹帛之事。**"汉武帝"罢黜百家，独尊儒术"之后，讲家法的，大部分是儒家了。诸子百家之学没有人重视了。不再有人会一辈子专门传授《管子》或者《韩非子》，然后一代一代传下去。学术风气大变，所以诸子之学渐渐失去了传承系统。学者再要研究《管子》、《韩非子》、《庄子》的时候，都是根据自己的意思，而没有老师的传授了。所以他一定会标明自己是作者，而不再追溯学术的源流了。"**况至东汉以后，油素代以幡纸，书写甚易。虽所学不足名家，亦复自成著述，标举名氏，不愿附骥尾以行。**"何况到了东汉以后，蔡伦发明了造纸术，破渔网、稻草都可以用来造纸了，纸张变得很普及，书写变得很容易。即使那些学问平平、毫无建树，根本不足以成名成家的人，也要自己著书，标明书的作者。就像今天这个时代，有了互联网就更方便了，谁都可以在网上发表作品，个个自称网络作家。技术在进步，学术风气也在变。"**傅休奕（玄）狃于当时体裁，因以追议《管子》，是不明古人之情事，犹执大辂而讥椎轮也。**"晋代的傅玄根据当时的学术状况去议论《管子》，他根本不了解古人的情况。这就像有了"大辂"就去讥笑"椎轮"一样。大辂是古代大车；椎轮是简单的小车。要知道华美的大车是从这种简单的小车进化来的。因此，不能用今天的事物去否定昨天事物的存在。"**宋明之人辨诸子，大率类是，其言有得有失，然多辨乎其所不必辨者。**"宋明之后研究诸子的人大多类似傅玄。他们说的有对有错，但是讨论的问题其实都不值得讨论，是无效劳动。

我认为，《管子》的作者是管仲及其门生传人，体现了管仲的主要思想，是一部管子学派的巨著。你要研究哪一篇是管仲写的，哪一篇不是他写的，很难。大致可以说，《经言》大部分是管仲的思想，但可以研究，没有定论。

我这里插一句。很多学者挑南怀瑾老师的毛病：你这里错，那里不对。南老师从来不解释。这个文本是谁著的，这句话是庄子的，还是庄子学生的，学者要靠写这样的文章去拿学位、评职称。而南老师是想从文本中吸取有用的思想。因此，不管是谁写的，拿来对我们今人有用，对我们修身养性有用就好。你说要做考证，我三十岁读研究生时就以做考证出名，现在已经不屑这些雕虫小技了，这是做学问的气派嘛。你从几千万字中挑几个小毛病说事，好像比南怀瑾高明多了，这很无聊。我们研究文本是为了什么？是为了发掘原义，我注六经，而不是六经注我。离开了这个目的去做文本的考证功夫是没有什么意义的。

4.《管子》的成书年代

　　一本书的成书年代跟作者是谁的问题是相联系的。如前所述，《管子》非作于一人，也非作于一时。说《管子》"非作于一时"是对的，它是管仲和门生传人经历了很长一个时期才完成的。但主要篇章撰写的年代是什么时候呢？管仲是春秋时期的人，但近人大多认为《管子》是战国时期写的，因为他们把作者认定为"稷下先生"，战国时期齐国都城临淄稷下学宫的那些人。现在大家看到很多研究《管子》的人都这样说，依据是把《管子》思想与先秦诸子的比较。例如，《管子》四篇的某些思想和文句近似庄子和稷下黄老学派。他们就断定四篇来源于战国道家，所以《管子》主体部分的完成也应当晚于这个时候。这个观点是可疑的。两篇内容相似的文章，可能是甲参照乙，也可能是乙参照甲，或者甲乙都参照丙，但丙不见了。你怎么可能根据几段话，《庄子》里挖一段话，其他什么书里挖一段话，马上就说当时有一个黄老学派，说《管子》里哪句话又与这个黄老学派像，于是下结论说《管子》是战国时期的。稷下学宫的宋钘、尹文是战国时人，他们也有可能抄春秋管仲的东西呀，为什么你硬要说是管仲抄这些稷下先生的呢？哪有法官会这样断案呢？这种学问未免做得太武断。他们认定《管子》是黄老学派的，于是注释时就硬往黄老学派靠。遇到解释不通的，就说是衍文，应该去掉；去不掉的，就直接跳过，用散文语言翻成白话文。所以我一直强调读国学一定要读原典，不要去读白话文的译文。那是山寨版，翻译白话文的人往往自己也没读懂。读西学也是一样，要去读原著，现在的翻译靠不住。很多人以为只要懂英文就可以翻译了。如果没有专业知识，只是懂英文而已，要么胡乱翻译，要么遇到看不懂的地方就跳过去。谦虚一点的叫摘译或编译，不谦虚的就自称翻译。其实根本没有准确表达原著的思想内容。

诸子之学产生于春秋后期，孔子之后。确切地说，是老子、孔子、孟子之后，诸子才勃然兴起。而在孔子的时候，管仲的事迹已经广为流传了。《左传》、《论语》、《墨子》、《晏子春秋》已经有对管仲事迹的介绍，以及记载了各国诸侯君臣，尤其是齐景公及晏婴对管仲的敬仰。说明管仲的思想和事迹已经流传好几代了。另外，《管子》中的某些篇章被各国史官，尤其是齐国史官所记录、整理，保存在以齐国为主的宫廷档案当中，并被齐国及其他诸侯国的君臣、百姓广为流传。说明《管子》的内容早在儒家、道家、墨家之前已经流传于世了。所以《管子》这本书的起源，最早可以追溯到管仲时代或在管仲死后不久。

那么最后完成《管子》的下限在什么年代呢？有人把《管子》的成书年代定在汉代是缺乏根据的。尤其是许多学者认为"轻重"是西汉初或西汉末年王莽时代写的，更是无稽之谈。之前谈到《韩非子》的时候，《管子》已经流传甚广。到了汉代，贾谊十分推崇《管子》。贾谊是汉武帝时代的人，他生活的时代离秦灭不远。西汉《淮南子》专述《管子》的成书背景。司马迁的《史记》还摘抄了《管子》的篇章。说明韩非之后，《管子》的传承一直没有中断，一直到刘向编定这部《管子》。我们可想而知，一部一直在流传的书，要想作伪，是很难的。我认为，把《管子》成书年代定在春秋时期的管仲之后开始，最晚到战国末韩非生活的时代已经成熟，是比较可信的。

至于具体篇章的写作年代则不易弄清。我比较赞同一种说法：《管子》成书的顺序，是按照《经言》、《外言》、《内言》、《短语》、《区言》、《杂篇》，到《管子解》、《轻重》这样下来的。

5. 管子到底算哪个学派？

《管子》的内容非常庞杂，其中有道家之言，有儒家之言，有法家之言，有墨家之言，有名家之言，有兵家之言，有阴阳家之言，有农家之言。管子究竟归属哪个学派呢？《汉书·艺文志》将《管子》列入道家；唐代编的《隋书·经籍志》将其列入法家。自此以后历代官志都将《管子》列入法家。近人严可均、吕思勉有新发明，把《管子》列为杂家之书。所以管子算哪个学派有三种说法。

《管子》的哲学思想确实接近于道家，但是道家在政治上主张"无为而治"，管子在政治上虽然也说"无为而治"，但实践中在政治上是非常积极进取的，主张通过改革政治、经济、军事制度来建立"王霸之业"。他将自己的这套主张用来帮助齐桓公成为春秋五霸之首。孔子讲过：没有管仲，就不可能有齐桓公的霸业。若完全"无为而治"就不可能去做这些事。显然将《管子》归入道家是说不通的。

于是到了唐人修《隋书》时，又把《管子》归于法家。因为其中很多文章有明显的法家色彩，包括许多具体的治国方术。例如《管子》称："**夫法者，所以兴功惧暴也；律者，所以定分止争也；令者，所以令人知事也。**"但是《管子》又不主张完全依赖法治，强调治国要顺民心，利民生，强调富民、爱民、亲民；在历史上最早提出了"以人为本"的民本思想，指出"**夫霸王之所始也；以人为本，本理则国固，本乱则国危**"。"**凡治国之道，必先富民。民富则易治**

也，民贫则难治也"。法家不会讲这些的，认为这些很虚伪。韩非子骂起孔子、孟子来是毫不客气的。法家主张君王享有绝对的权威，管子则不赞成，认为"独王之国，劳而多祸；独国之君，卑而不威"。《管子》的治国方术是主张"礼法并用"。这显然不是纯粹的法家思想，明显糅合了儒家思想的因素。所以也不能将其简单地归入法家。

既不属于法家，也不属于道家，归入杂家就更不对了。之前提到的两位老先生对什么是杂家没搞清楚。《汉书·艺文志》称："杂家者流，盖出于议官。兼儒墨、合名法，知国体如此，见王治之无不贯，此其所长也。及荡者为之，则漫羡而无所归心。"杂家的两部代表作《淮南子》和《吕氏春秋》，是一批学者在短时期内把各家学派的书编在一起，给皇帝看，为皇帝治国所用，这叫做杂家。杂家的传承一直都有，像后来编的《永乐大典》、《四库全书》、《古今图书集成》等。《管子》显然不是这样。它是在很长时间内形成的，而且有自己很系统的思想。因此，《汉书·艺文志》就没有把《管子》归入杂家，而说是道家之书。后来的官修史书将其归入法家，也没有归入杂家。那是因为古人很清楚：《管子》和《吕氏春秋》、《淮南子》等杂家著作全然不同。

那么《管子》到底是什么家？要搞清楚这个问题，我们就要了解先秦时期的学术背景。先秦诸子的分类，始于汉代。先有司马迁的父亲司马谈论"六家"，后有刘向和刘歆父子的"九流十家"。这个过程，我们要清楚。战国时期，思想十分活跃。天下志士各自提出自己的主张和见解。按照《汉书·艺文志》的说法，他们"各引一端，崇其所善"。这是当时学术界的特点。每一家都有一个强调的东西。如《吕氏春秋·不二》说："老聃贵柔，孔子贵仁，墨翟贵廉，关尹贵清，子列子贵虚，陈骈贵齐，阳生贵己，孙膑贵势，王廖贵先，儿良贵后。此十人者，皆天下之豪士也。"《尸子·广泽》也说："墨子贵兼，孔子贵公，皇子贵衷，田子贵均，列子贵虚，料子贵别囿。其学之相非也，数世矣而不已，皆弇于私也。"他们的主张由老师教给学生，学生再教给学生的学生，慢慢便成一家。各家互相攻击，好几代了还停不下来，都是出于一种私心。荀子在《非十二子》中批评子张氏、子夏氏、子游氏之儒。《孟子·滕文公下》称："杨朱、墨翟之言盈天下。天下之言，不归杨则归墨。杨氏为我，是无君也。墨氏兼爱，是无父也。"在这里，"子"、"氏"并用，可见"子"只是代表个人。在《庄子·天下》中列举有"相里勤之弟子五侯之徒"，"南方之墨者苦获、已齿、邓陵子之属"、"桓团、公孙龙，辩者之徒。"两个"之徒"，意义有区别。很明显，前者是指有师承关系和学术渊源的一批人。后者则是指思想宗旨、学术兴趣、学术问题相近的学者群，未必有师承关系。他们都被名之为"家"。但前者为本意，后者为引申义。即"子"未必形成自己的"家"，但"家"必形成于"子"。不过，当时各家大多尚未打出旗号，标榜自己是哪一家。到了司马谈和刘向父子，他们要对当时所看到的图书进行分类，为了叙述之便，才把先秦那些思想宗旨、学术倾向相近的著作归为一家，然后给以一个明确的名称。这些命名有些是先秦典籍中本来就有的，如儒家和墨家；有些则是原先没有而由他们创造的新名称，如名家、法家、阴阳家、道家等。所谓"六家"和"九流十家"，都是择其主要的思想流派而言。到了汉代，"家"的外延较前更宽泛了。归入同一流派的，有的有师承关系，有的并无师承关系。例如《韩非子·定法》记载："问者曰：'申不害、公孙鞅，此二家之言孰急于国？'"篇末则有："故曰：二子之于法术，皆未尽善也。"这两位在很多问题上看法不同，明显不是一家，但没有人会怀疑申不害和公孙鞅是法家人物。可见在同一流派里，可以既没有师承关系，又"各引一端，崇其所善"，思想宗旨并不完全相同。

就拿道家来说吧，《吕氏春秋》讲得很清楚，"老聃贵柔，关尹贵清，子列子贵虚"，但学术界一直将他们看作道家代表人物，因为他们学术兴趣相近，都是讨论"道"，讨论形而上的东西。现代有所谓专家说："老子创立了道家之后，后来道家开始分裂。"那是用现代政党的概念，如"十月革命一声炮响，送来了马列主义"；用宗教的概念，如释迦牟尼创立了佛教，穆哈默德创立了伊斯兰教；用西方意义上的学派概念，如弗洛伊德开创了精神分析学派，马塞尔创立了存在主义学派，来看待中国先秦的诸子百家。如果我们还原到先秦那个时代，各诸侯国之间语言文字都不通，齐国人哪里听得懂楚国人的话？交通也不方便，不像现在有互联网，几秒钟就可以看到千里之外发表的文章了。当时在齐国乡下写的东西要传到楚国去，可能要相隔几年、十几年。怎么可能有人登高一呼，说我要创立一个道家，然后各国学者纷纷加入？根本没有这回事。不过是这些学者，学生越带越多，书越传越广，影响越来越大而已。所以诸子百家不像今天的政党、宗教、学派，界限那么明确。现代学者硬要用我们今天的规范去套古人，就很幼稚。"文化大革命""批儒评法"时，只要一部古书里有两三句话跟法家差不多的，就有人写文章，说有重大发现，某某也是法家人物，最后弄出几百号法家人物，很可笑。

《管子》产生于诸子之学前，而成熟于诸子百家逐渐成军之际。这一时期思想学术的最大特点，是所有的学术混沌未分，你中有我，我中有你。在百家争鸣的过程中，诸子取长补短、互相吸收。大部分学者吸收他人之长，来发展自己的一家之言。但他们走的依然是"各引一端，崇其所善"的路子。而《管子》则不同，走的是"包含百家、集众所长"的路子。它是一部"王霸之书"，目的就是为了帮助齐桓公创立霸业。凡是用得到的各家各派的学说，他都吸收。兼容百家成一家，融合各派为一派，既有阴阳、儒、墨、名、法、道六家思想，又有纵横家、兵家、农家的因素。因此，没法以"六家"或"九流十家"来规范。无论是《汉书·艺文志》将其列入道家，还是《隋书·经籍志》列入法家，都是削足适履。其他各家可以用一个字归纳，什么贵虚啊，贵兼啊，等等。对管子就没法做这样的简单归纳。当然，从时间顺序上讲，究竟《管子》是某些诸子学说的发端，还是把某些诸子学说融入了自己的思想体系？现在很难说，还没有史料可以证明，当然还可以研究。但我认为这并不值得花一辈子时间去弄清楚，即便弄清楚了又怎样，不过多一篇文章而已。对我们想从古人思想当中吸取当今有用的资源，没有多大帮助。

6. 为什么读《管子》？

那么《管子》的价值在哪里呢？《管子》的思想学说和儒、墨、法、道等百家交汇，又不囿于一说、自成体系。近人罗根泽在《管子探源》中指出：

> 《管子》八十六篇，今亡者才十篇，在先秦诸子，襄为巨轶，远非他书所及。《心术》、《白心》诠释道体，老庄之书未能远过；《法法》、《明法》究论法理，韩非《定法》、《难势》未敢多让；《牧民》、《形势》、《正世》、《治国》多政治之言；《轻重》诸篇又多理财之语；阴阳则有《宙合》、《侈靡》、《四时》、《五行》；用兵则有《七法》、《兵法》、《制分》；地理则有《地员》；《弟子职》言礼；《水地》言医；其它诸篇亦皆率有孤诣。各家学说，保存最伙，诠发甚精，诚战国秦汉学术之宝藏也。

意思是《管子》规模之大在先秦诸子书中居于首位。老子和庄子讲道，跟《管子》的文章比起来，并不高明多少。韩非子讲法，和《管子》的文章也相差无几。而《管子》里面涉及政治、经济、阴阳、用兵、地理、礼仪、医学等，内容极其丰富，实为古代的思想学术宝贵遗产。这是近代学者的评价。我们读国学，接触多的是儒家，"四书"，至多扩展到"五经"。我一直说，诸子学的内容非常丰富。但一般有兴趣的读到老庄就差不多了，真能花时间去读其他诸子书的人更少。《管子》的涵盖面广，是先秦的一部小百科全书。因此，读懂一部《管子》，对先秦思想文化就可以有个基本的了解。

　　《管子》内容涵盖政治、经济、哲学、伦理、法律、军事、科技等领域，影响中国历史甚巨。前面说过《管子》在中国历史上最早提出"以人为本"的民本思想，指出"**夫霸王之所始也，以人为本，本理则国固，本乱则国危**"。(《霸言》)。在政治思想上，《管子》不仅最早明确提出"**以法治国**"(《明法》)，而且主张礼法并用。既讲究按法度办事，又恪守"**礼义廉耻**"的"**国维**"。《管子》并不相信儒家所谓发扬人心的道德本性，认为先要满足人的基本需要，生活都过不下去，是无法讲道德的。因此他提出的"**仓廪实则知礼节，衣食足则知荣辱**"成为千古名言。在具体的治国方略上，管子非常强调谋略。齐桓公提出要训练一支军队，管仲说不行，你训练军队，邻国也会跟着做，而此时齐国还是一个弱国，搞军备竞赛肯定会吃亏。管仲就提出"**作内政而寄军令**"的策略，寓兵于民，把百姓民间乡里组织和军队编制结合起来，既利用乡里组织中的宗法制成分作为团结纽带，又通过军队编制实行由上而下的集权。农闲时让组织起来的老百姓去打猎，其实是军事演习，邻国就不会注意。三四年过去了，训练好了，一下子就有三十万军队。这就是叫做谋略。他这种"金字塔"式的基层编制，数千年来一直为历代政权所沿用或借鉴，到现在不是还有民兵组织嘛。

　　齐国原来是一个非常贫穷落后的国家，因为地处现在的山东沿海，大部分是盐碱地。怎么才能使国家富起来?《管子》里的经济论文特别多。《管子》的经济思想独到深刻，不仅具有清晰的理论，而且具有实际的可操作性。16篇《轻重》大多是讲经济运行。管子主张：国家要把货币发行和粮食掌握在手中，以货币来调节市场。市场上粮价物价低了，国家就发货币来收购粮食物品，把价格抬高，不伤害生产者；物价贵了，物少钱多了，国家就要卖出国库里的粮食物品，打低物价，保护消费者利益。这就是所谓的"轻重"理论。用今天的话来说，就是主张国家积极干预市场经济，通过铸造货币等手段，使国家直接掌握大量资财，以散敛方式控制物价和调节经济，并实行利出一孔，使每个人都根据贡献大小而得到相应利益。西汉武帝时的桑弘羊等人所推行的经济政策基本上是轻重理论的实践。此后历史上许多著名人物如唐代的刘晏、宋代的王安石等人所推行的经济政策也都受到轻重理论的影响。现在的经济运行其实也脱不了"轻重"的范畴。但现在存在的问题是许多经济决策者多为读洋书的，只相信西方经济理论。要么国家把市场管得死死的；要么政府撒手不管，市场全部放开。要么是政府派，要么是市场派。结果一管就死，一放就乱。其实，什么时候应该政府干预，什么时候应该市场主导？在《轻重》篇里讲得清清楚楚。

再举个例子，《管子》提出"相地而衰征"，意思是考察土地的情况，根据不同的土地而征收不同的租税。土质好的地，交通方便的地，租税就要收得重一些；土质差的地，租税就应该收得低一些。这样土地才能达到最大的经济效应。不然，坏地就没人愿意耕种，大家都抢好地种。这和西方"级差地租"理论同工异曲。"级差地租"，是十八世纪英国古典经济学家配第最早提出，经过亚当·斯密，到十九世纪詹姆斯·安德森最后成形。马克思《资本论》里有好几章谈"级差地租"。管子比西方经济学家整整早了两千年。

不仅如此，《管子》还有专文告诉人们如何划分土地的等级。《地数》和《地员》篇就是分析土壤的地质学论文，什么样的土质适合种什么庄稼，什么样的地貌底下会有什么矿藏，书上都写得一清二楚。例如，《地数》篇中记载的矿藏知识："**上有丹沙者下有黄金，上有慈石者下有铜金，上有陵石者下有铅锡赤铜，上有赭者下有铁，此山之见荣者也。**"就是说不同矿藏在地表显示出不同矿苗，是矿苗与矿物表里共生现象的最早记载。其次，《地员》根据对土壤的认知，将土壤划分为上、中、下，然后根据其地势、肥力、土性、地下水位的不同，分别说明上土有粟土、沃土、位土等；中土有壤土、垆土、壏土、沙土等；下土有犹土、殖土、㤪土等。不同的土壤可生长不同的植物，因地制宜，才能地尽其用。再如，《地员》中还记载了极为宝贵的植物生态学知识："**凡草土之道，各有谷造。或高或下，各有草土。**"由于山地高度不同，温度各异，水分分布各异，而造成了植物垂直分布现象，由低到高依次为十二类：叶、郁、苋、蒲、苇、蘿、蒌、芬、萧、薛、萑、茅。对植物生长与地理环境的对应关系作了深入观察与科学说明，与现代植物学相吻合。《管子》可以说是先秦唯一的

"科技全书"。为什么会这么仔细地去研究土壤？是为实行级差地租政策而服务的。英国人李约瑟读到《管子》里的这些文章大为惊讶，从而开始毕其一生精力研究中国古代科技史。

再如，《管子》提出以"寓税于价"的间接税取代直接税的主张。管子对齐桓公说："政府不应该收老百姓不想缴的税，而要去收老百姓都想缴的税。你按房产收房产税，人家就不造房子了；你按树木收税，人家就砍树了；你按田地收税，人家就不种地了；你按人头收税，人家就隐瞒户口了。这些税都不应该收。"齐桓公问："这些税都不让收，那么国家怎么养军队啊？"管子回答："国家把山海等资源管起来，山里有矿、有木材；海里有盐，盐是谁都缺少不了的。国家控制了山海，谁想取得专利权去开发就收谁的重税。让商人赚一点，政府也赚到了，老百姓也没什么损失。所以从古到今，我国的盐是国家专卖的。土地税、人口税是直接税，矿产税和盐业税就是间接税。因为有利可图，民间资本争着纳这种税，要这个专利权。后来齐国就靠此富起来了。这在今天看来是相当超前的。有人认为，管子经济学是世界历史上最早具有现代经济萌芽形态的系统经济学理论，这比西方同等层次的理论，至少早了两千年。可是，现在我们一窝蜂地到西方去学经济，自己老祖宗的东西看也不看。其实，管子的很多经济思想在今天都还是用得到的。

我们今天讲货币战争，很热门。《管子》里面清清楚楚说到商战，怎么通过经济手段，不用一兵一卒，去控制邻国。《孙子兵法》说"不战而屈人之兵，善之善者也"。比他更早的管子已经有这种思想，"服人以义而不以兵，必不得已而用兵，亦先之以义，节之以财，而以伤于民危于国为戒"。《管子》强调用兵的谋略和智慧，都具体到了怎样训练士兵，怎样使用兵器地图，怎么派间谍出去，间谍要调查敌国的哪些国情这些细节。因此有人把《管子》看作兵书，一部卓越的军事谋略著作。

《管子》重视教育，把教育作为国家存亡战略的百年大计。中国人一直说的"十年树木，百年树人"，就是出自《管子·权修》。管子提倡民众的道德教育、职业教育、生活教育、军事教育和教育考核。《管子·弟子职》对后来中国的传统教育影响甚大。南宋朱熹特地注释《弟子职》，并将其放入自己编撰的《仪礼经传通解》，纳入小学教育的范畴。

总之，《管子》是我们研究先秦哲学、政治、法律、经济和军事思想的一部巨著，其内容是丰富多彩的。因此，我说《管子》是天下第一奇书。我们要花时间去读，面对中华这么丰富的宝藏，我们为什么不去挖掘呢？

7.《管子》之学体用兼备

古往今来的学问大致可以分为两部分：一部分是体，另一部分是用。体是指形而上的，用是指形而下的。有关体的学问，要解决宇宙人生的根本问题，相当于我们今天所讲的哲学。清末民初一批留洋回来的学者宣称，先秦时代的中国没有哲学。那是他们以西方人的观点看中国古代学术思想。什么是哲学？"哲"是智慧的意思，哲学乃智慧之学。怎么可以说先秦时期的中国没有智慧之学？掌握了哲学——智慧之学去处理各种各样的问题，有关这些处理方法策略的学问就叫做"用"的学问。

先秦诸子百家的著作，包括儒家在内，或偏重于体，或着眼于用。例如，儒家的《论语》、《孟子》论"仁"、论"天命"；道家的《老子》、《庄子》论"道"。何为"天命"，何为"道"，何为"仁"？都是探索天地人生的本体。用今天的话说，就是世界观和人生观。再如，法家《韩非子》讲"法术势"；兵家的《孙子兵法》讲兵法；名家的《公孙龙子》讲逻辑；纵横家的《战国策》讲外交。这些都是着眼用的。然而，《管子》既涉及"体"的方面，又详述"用"的学问。《管子》思想的体，或者说哲学基础，是"道"，但不要一提"道"就以为是道家。南怀瑾老师说过，"中国传统文化的核心是道"。不是只有道家一家讲"道"，儒家也讲"道"，所谓儒道。后来传入中国的佛教也讲"道"，所谓佛道。不同思想流派对道有不同解释。陈鼓应先生说："**道家思想由老子创立**

后，进一步有两条思想发展的路线，其一是庄子学派在心灵层面对老子思想的承继与发挥；其次则是黄老学派侧重现实社会层面的关注，将老子的道论结合形名法术等内容以展现出新的思想面貌。"他把《管子》的道论归入黄老学派。其实，读《管子》就不难发现：他的"道"并非可以和老庄或黄老的道简单地挂钩，内涵要丰富得多。既指形而上的天道，也指心灵修养的人道。所谓"道之在天者，日也；其在人者，心也。"（《枢言》）既可以用于身心修养，也可以用于治国平天下。所谓"道之所言者一也，而用之者异"。

何况《管子》的哲学思想还包括阴阳五行家的成分。在先秦时期，道家是道家，阴阳家是阴阳家，不能混为一谈。到了东汉以后创立道教，实际上是综合了先秦道家、阴阳家、神仙家、养生家等多种学说。阴阳家在战国时代可是显学啊！当年孟子周游列国，那些诸侯都不怎么理他。可是阴阳家所到之处，国君都亲自出来迎接。邹衍威风啊！但邹衍没东西留下来，先秦阴阳家的学说找不到。在哪里？《管子》里就有，《幼官》、《五行》、《四时》都是先秦阴阳家的著作。

《管子》是王霸之书，其用的目的在于使齐桓公成就霸业。因此，其哲学思想上的道论用在治国平天下方面，又形成自己的政治思想，核心就是"势"。一般我们只知道法家讲"势"，慎到是法家"重势"派的代表人物。但不能一提到"势"，就认为是法家。其实儒家如荀子也讲"势"。《管子》的"势"是"以道控势"，不是一味依仗势位来治国。《管子》的政治思想始终围绕君、臣、民三者的关系展开。其实，这也是古代中国社会基本的政治关系。管子以"予之为取"的思想来处理三者关系。所谓"**故知予之为取者，政之宝也。**"（《牧民》）君臣是统治者一方，民是被统治者一方。管子提出，"**治国之道，必先富民**"。富民的最终目的，还是有利于统治者更好地"牧民"。这就是"予之为取"。当然，民富未必一定国治，还需要统治者实行"且怀且威"的统治术，也就是礼法并用，而"礼法同出于道"。在处理君臣关系上也贯彻了"予之为取"。《管子》一再强调选任人才的重要，并指出"**得人之道，莫如利之**"。（《五辅》）从"虚无为本，因循为用"的道家思想出发，管子主张"主逸臣劳"。"**是故有道之君，其处也若无知，其应物也若偶之，静因之道也。**"（《心术上》）君主不应该干预臣下根据职责所做的具体事务，以此达到无为而治。这就和儒家的"**主倡而臣和，主先而臣随，如此则主劳而臣逸**"（《论六家要指》）刚好相反。但要做到这一点的前提是君主必须藉权势以临臣民。《管子》的"势论"相对于"道论"来说是"用"的学问，但是相对于一系列治国的方法原则又是"体"的学问，是政治哲学的层次。《管子》的政治思想不仅是一些抽象的原则，更有许多可操作性的具体谋略，贯穿于制度设计、法律、经济，军事，外交、文化教育等方面。这些方面的学说相对政治哲学来说，就是"用"的学问。

《管子》里面另一方面的重要内容，是有关人生修养的学问。其实，这也和政治有关。要成就王霸之业就离不开个人的修养。君要像君、臣要像臣。怎样成就一个好的君主，《管子》提出了"圣王之道"。"圣王之道"是非常具体的，并非空道理。他提倡"心形双修"，内心如何修炼？身体怎么保养？现在的人都很关注自己的身体健康，关注报纸杂志上的一些养生文章。一会儿叫你吃这个补品，一会儿叫你练那套功夫。其实，养生之道，你先要懂得这个"道"是什么。《管子》就教你修身养性的核心，然后你再去取舍，哪些是用得到的养生知识，哪些是对我不适用的。一部《管子》真可谓博大精深。所以我以为，读国学而不读《管子》者，可谓入其门而未入其室也。下面是我阅读并理解的《管子》体系：

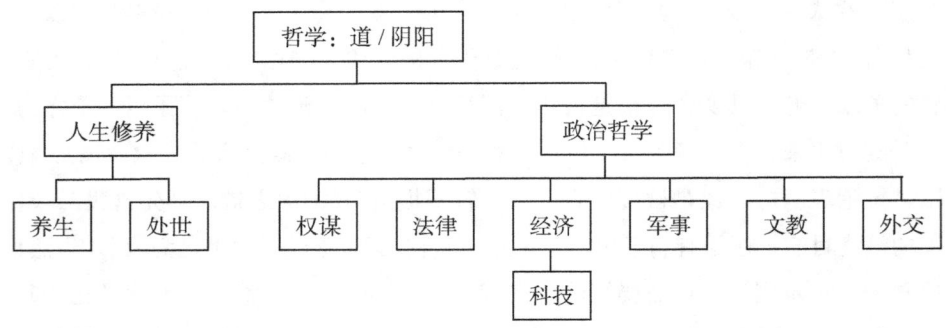

8. 为什么说《管子》难读?

《管子》一向以古奥难懂而出名。当今学界能融会贯通《管子》者更是少见。为什么呢?首先因为《管子》内容庞杂,博大精深。而在近一百多年的教育制度下,学者受的学术训练都是专门化的。研究儒家就专门研究儒家,研究道家就专门研究道家;研究哲学就是哲学,法学就是法学,经济学就是经济学。甚至也有一生只研究《红楼梦》的,自称红学家。如此一来,学术道路就越走越窄。于是对《管子》这部涉及面如此广,与儒、墨、法、道等百家交汇的巨著,自然也就更是望而生畏了。即使有研究者,也是取其一面,或研究《管子》哲学思想,或研究其经济思想、法律思想、政治思想等。不但瞎子摸象,各执一端,无法对全书融会贯通;而且即使研究《管子》的某一方面,也因见树不见林而难以深入。

第二个难处是《管子》词义晦涩难解。其实也有很多书晦涩难解,例如《尚书》。为什么我们今天仍能看得懂呢?因为从先秦开始,每一代都有人在用当时的语言注释,可以一代代传承下来。现在有所谓"国学热",但大多数只讲解《论语》《大学》等,连能讲《中庸》的人都寥寥无几。那是因为历代注解《论语》和《大学》的人多,只需看看他人的注解就可以讲课了。有难度的是没人讲过的古书。有人不承认南怀瑾老师的学问,说他讲得太浅。那是因为他们对学问的理解本末倒置了。什么叫学问?深入浅出,能把很深奥的道理用大家听得懂的话说出来，这才是真正的学问。清代乾嘉学派的训诂学，大家都说是一门很艰深的学问吧？什么叫训诂？训，指用较通俗的话去解释某个字义。诂，指用当代的话去解释字的古义，或用普遍通行的话去解释方言的字义。按照这个标准，是深入浅出叫学问呢？还是那些"学院派"故作高深，用谁也听不懂的话去表达一个谁都知道的意思，才叫学问呢？我想，答案是不言而喻的。

《管子》词义晦涩难解，到了汉代以后又没有师法相传了。什么原因呢？《通典》十二引房玄龄的注称：

> 此篇经秦焚书，潜蓄人间。自汉兴，晁（错），贾（谊），桑（弧羊），耿（寿昌）诸子犹有言其术者。其后绝少寻览，无人注解。或编断简蠹，或传讹写谬，年代绵远，详正莫由。

房玄龄说，《管子》经过秦始皇焚书坑儒，市面上没有了，但私底下还有人留存着。汉初贾谊、晁错等人很推崇《管子》。等到汉武帝独尊儒术，罢黜百家，读《管子》的人越来越少，但《盐铁论》仍然提及管子的经济理论。孟子最反对言利，而《管子》公开把各种利益关系挑明了来讲，所以孟子极力贬抑它。东汉赵岐注《孟子》之后，孟子的地位越来越高，《管子》的传述也就更少了。六朝重玄言，《管子》的影响更没法和老庄相比。五胡乱华，士族南迁，中原文化受到严重破坏，民间几乎无人能读全《管子》。一方面是没人再去注解，另一方面有些篇章散失、字迹模糊，有些在流传中抄书抄错了，以讹传讹。年代久远，详细正确的版本就没有了。人们要想恢复《管子》的本来面貌也就没有依据可寻了。

其实，《管子》难懂，但不是不可以读懂。讲个故事，我在美国留学的时候，学开车，跟着人家糊里糊涂地开上了山。上去才知道路边就是悬崖，我刚学会开车，吓得坐在我车上的人不断唱歌壮胆。我自己满身大汗，开慢了，后面的车会按喇叭催促；开快了，害怕掉下去，最后终于翻过了这座山。以后我在美国开车胆子极大。在美国的第一个暑假就从洛杉矶开到纽约去了。我不怕了，因为那么危险的路都能闯过去。读书也是一样的道理。难懂的书，你花精力认真读过了，再去读《论语》、《大学》就容易多了。做学问就要有一两部书打底，再扩展开去广泛阅读。靠引擎搜索获得的学问，没功底，只能骗骗人。

9. 如何挑选《管子》版本？

从东汉到唐代的漫长岁月里，目前还没有人发现有《管子》的注释本。直到唐代才有房玄龄注释的版本，有人说是尹知章注的，因为房玄龄是宰相，所以才署上他的名字。现在也有这样的情况，因为是校长或学术权威，就非要在他人的著作上署名。也有人说房和尹各人分别注了一本，房玄龄的那本不见了，流传下来是尹知章的，就是我们今天拿的这个本子。具体情况也已经弄不清楚了。唐人注本在古代就为世所讥，以为其浅陋。他们解释原因是"**作注于师传久绝之后，不能尽解者，势也，而又阙佚不全。**"其实，我认为更重要的原因，是失误在被意识形态左右，非要用儒家正统思想去注释《管子》。凡不符合儒家思想的地方，不惜曲解和篡改。因此，做学问应该实事求是，千万不能用某个主义来挂帅。

明清两代，注释《管子》的人开始多起来。较有名的有明代刘绩的《管子补注》。清代王念孙、洪颐煊、丁世涵等都曾对《管子》一书进行过考证工作。清末戴望的《管子校正》收入《诸子集成》，流行最为普遍。大陆通行的《管子》叫做"郭本"，是今人郭沫若、许维通、闻一多等撰的《管子集校》。此书开始由许维通着手编撰，原名《管子校释》。其中有三分之一经闻一多先生参校，另有部分曾经孙毓棠参校。郭沫若在诸人校勘基础上撰成今之定本，成书于 1954 年。一般认为《管子集校》成书既晚，参用版本又较多，能博采众家之说，广泛吸收千余年来校释《管子》的主要成果，又集郭、许、闻等人精研《管子》的很多发现，是至今为止对《管子》一书的最佳校释。其实未必。一方面《集校》不是校勘《管子》全文，从《问乘马》到《轻重庚》共十七篇没有完成校勘。另一方面郭沫若和闻一多都是诗人，富有想象力，但缺乏学者的严谨，很多创见是想当然，缺少依据。因此，《管子》难懂，还有一个原因，是历代注家不明古意，毫无依据地删、改、涂、增，其害不可胜数。我们现在用的是中华书局的版本。

我为什么选这个版本呢？中华书局出版的古籍一般比较靠得住。当然这不绝对，还要有版本知识。首先要看它是根据什么版本印的，往往书前会有说明。版本越古越好，越近于原貌。比较早的版本也要区分。同一时代最好的是殿本，由皇家刻印的，字刻得好，校对又精良，是选出全国最好的学者来校书的。其次是府本，各地府学也会刻印一些书籍。再下来是民间刻印的坊本，用来卖钱的。坊本也有不同，例如蜀刻本和闽刻本品质也有差别。中华书局的这个版本是根据宋代杨忱的版本印的，是目前能找到的最古的版本。杨忱依据的是唐代尹知章的版本。宋版都比较好，那时候的书印得不多，校得严谨，印得也漂亮。其次要看校勘，其中引用了多少人的注释，引用的注释越多、越全越好。能参考的版本少，注释者自己做判断，不如将很多版本放在一起来作比较更可靠。中华书局版的《管子》，不仅有尹知章的注，而且把历代的注释都一一罗列出来，方便读者自己去判断哪一种解释比较恰当。

整理这个本子的黎翔凤老先生是清末民初国学大师黄季刚（黄侃）的弟子。他一辈子都在研究《管子》。他以杨忱的本子为基础，参考了"郭本"，并且加入了自己的分析。书中"翔凤案"就是他的意见。虽然也是一家之言，但很有见地。因为黎老先生真正深入了校勘学的堂奥。校勘古书时，采取哪一种注释是要有根据的，不是诗人凭想象，想怎么解释就怎么解释的。对一句原文或一个词汇的解释，在有争议时，首先要尊重本训，看《说文解字》对这个字词是怎么解释的。其次，若《说文解字》没有解释，或者解释不通的，就看假借，声近义通，过去没有那么多汉字，声音相近的字往往可以通用。再次，假借也说不通，就找声训，看看是否用了声音相近的字。假借字是约定成俗的，声训则是特例。古代做注或排字的人也有可能写错别字，或者遇到不会写的字就找另一个声音相近的字来代替。最后，声训再讲不通，就要看是否形误。两个字形体相近，有可能写错。注者就改一个字，然后照这个字的意思来解释。这些方法越排在后面的越靠不住，不能轻易使用。诗人郭沫若和当代某些个道家研究权威就是凭想象，或服从先验的假设而随意改字或用声训、假借。黎老先生则小学功底深厚，严格按照校勘学的原则去研究。此外，他研究古文字，知道很多汉隶的别体。他又懂古音韵学，知道《管子》有大量难懂的词汇其实是齐国方言。黎翔凤先生有这两条优势，所以很多看上去看不懂的、解释不通的词汇，就被他解释清楚了。他还提出，判断一种解释是否恰当，要看和全文的中心理论是否吻合。因为每个人思考、说话都是有逻辑的，不可能在叙述一件事情的过程中，突然插进一句毫不相干的话。

10. 怎样读《管子》?

如何去读《管子》? 这个问题我讲的是方法论。很多同学跟我读历史。我先要求他们"破"字当头,用佛家的语言叫"放空"。用时髦一点的西方学术语言叫"解构"。先把你脑子里有关中国历史的那些固有的观念和概念丢在一边,因为这套东西靠不住。你固守着这一套观念再去读书做学问,不可能有突破。如果我没有去美国留学,也肯定会沿着原路走,在一个固定的思维框架里打转,因为从小受这一套观念的教化,太根深蒂固。如何读中国哲学史? 我以前从来不会考虑方法论问题,因为在国内时读到的中国哲学史著作大同小异,它们是一个模子里翻版出来的。后来看到台湾学者徐复观的一段话,对我很有启发,此后读中国古书就不一样了。这段话出自《中国人性论史·先秦篇·再版序》:

中国的先哲们,则常把他们所体认到的,当作一种现成事实,用很简单的语句,说了出来;并不曾用心去组成一个理论系统。尤其是许多语句,是应机随缘说了出来的;于是立体的完整生命的内在关联,常被散在各处,以独立姿态出现的语句形式所遮掩。假定我们不把这些散在的语句集合在一起,用比较,分析,追体验的方法,以发现其内在关联,并顺此内在关联加以构造;而仅执其中的只鳞片爪来下判断,并以西方的推理这套来作准衡,这便是在立体的完整生命体中,任意截取其中一个横断面,而断定此生命体只是如此，决不是如彼。其为鲁莽，灭裂，更待何论。

西方思想大师往往先提出论题，然后一段一段地论述，每一段的第一句话又是这段的中心论点。一般来说，每篇文章或每本著作都围绕一个论点展开讨论。他们用这么一个严谨的结构来构筑一个理论体系。中国古代的先哲们跟西方人很不同。他们常把自己的感受、思考、经验，用很简单的语句说出来，事先并不会去精心构筑一个理论体系。你们读过《论语》，应该知道，孔老夫子想到什么就说什么，很多思想是应机随缘说出来的。例如《论语》有108个地方提到"仁"，但各处对"仁"的定义往往会有所不同。你一定要用西方的观点，每个概念都要有一个固定的定义，那就会被弄糊涂了，到底什么叫"仁"啊？为什么一会儿这么说，一会儿又那么说？但是，你把全书这108个"仁"放在一起，就可以知道孔子所体认的"仁"大概是什么了。其实，中国古代的先哲们对宇宙人生的看法，内心是有一个见解在那里的，但他们不是那么有条理地叙述出来，而是在这篇文章里讲几句，在那篇文章里讲几句。假如我们不把这些"散在各处"，"以独立姿态出现的语句"集合在一起，用比较，分析，追体验的方法，你就没法发现它们的内在关联，并根据此内在关联发现一个理论体系。所谓"追体验"，即自己置身那个时代，体会这句话在当时的意思。你不能把先哲在农耕时代讲的话，用现在信息时代的思维去解读它。如果只是抓住先哲们的一两句话就下判断，并以西方的推理方法来作标准，这是没办法读懂中国古代哲学的。

接下去，徐复观批评说："冯友兰的《中国哲学史》以正统派自居，但其中除了对名家（辩者）稍有贡献外，对孔老孟庄的了解，尤其是对孔与孟的了解，连皮毛都没沾上。这倒不是来自他的不诚实，而是因为他不曾透过这一关。"这基本上是对这位大师全盘否定了。为什么呢？冯友兰是先想象一套体系，然后从古书中摘录一些话塞进这个体系，下个判断。冯的《中国哲学史》影响很大。后来大陆学者编中国哲学史大多跳不出冯友兰的巢穴。他们只是将这个体系"马克思主义化"，给古代先哲做"思想鉴定"：这是唯心论，那是唯物论。其实，古代先哲们的思想唯心、唯物分得并不那么清楚。搞哲学不像打仗，需要两军对垒。那是冷战时代的产物，一个是西方资本主义世界；一个是社会主义阵营。社会主义阵营，马克思主义是唯物论，所以唯物论是进步的；西方资本主义是唯心论，所以唯心论是应该被批判的。其实，西方很多思想家都是讲唯物论的。结果用这一套观念来编书，教科书一代一代编下去，中学、大学、研究生一路读上来，现在人心浮躁，学者又懒得花时间去解构这个体系。如果你带着这样一套固有框架去读《管子》，那是不会有多少收获的。所以要讲读《管子》的方法论，我以为最重要的是"解构"，破除原先固有的观念，老老实实地去读原著，忠实于文本。

11. 管仲称得上"三不朽"

　　管仲到底是个什么样的人？如前所说，尽管《管子》里的内容并不全是管仲写的，但不可否认这部书和他密切相关。管仲，名夷吾，春秋时期齐国的名相（约前723—前645年）。他辅佐齐桓公执政四十年，富国强兵，尊王攘夷，使齐桓公成为春秋五霸之首。管仲既是一位大政治家，也是一位大思想家。我们中国传统的人生价值，体现在《左传》的一句话上：**"太上有立德，其次有立功，其次有立言；虽久不废，此谓不朽。"**古今人物，真正能够称为此"三不朽"者，以我的看法，唯管仲一人而已。为什么这样说？我们结合讲解《管子·小匡》篇，来看看管仲一生的事迹。

　　《管子·内言》中有三篇记载管仲事迹的，分别是《大匡》、《中匡》和《小匡》。"匡"是匡正、辅助的意思。就是说，这三"匡"都是记载管仲如何辅助齐桓公建立霸业的。我选《小匡》来讲，因为如前所说《小匡》和《国语·齐语》有很多相同的地方，而《国语》被公认是取自六国档案。以此推断《小匡》的记载是比较靠得住的。但《小匡》也要参考《大匡》、《中匡》来读。我选择了一些重点段落。先看第一段：

　　　　桓公自莒反于齐，使鲍叔牙为宰。鲍叔辞曰："臣，君之庸臣也。君有加惠于其臣，使臣不冻饥，则是君之赐也。若必治国家，则非臣之所能也，其唯管夷吾乎！臣之所不如管夷吾者五：宽惠爱民，臣不如也。治国不失秉（权柄，后面会详述"六秉"），臣不如也。忠信可结于诸侯，臣不如也。制礼义可法于四方，臣不如也。介胄执枹（鼓槌），立于军门，使百姓皆加勇，臣不如也。夫管仲民之父母也，将欲治其子，不可弃其父母。"公曰："管夷吾亲射寡人中钩，殆于死，今乃用之可乎？"鲍叔曰："彼为其君动也，君若宥（宽恕）而反之，其为君亦犹是也。"公曰："然则为之奈何？"鲍叔曰："君使人请之鲁。"公曰："施伯，鲁之谋臣也。彼知吾将用之，必不吾予也。"鲍叔曰："君诏使者曰：'寡君有不令之臣在君之国，愿请之以戮群臣（杀他以警示群臣）。'鲁君必诺。且施伯之知夷吾之才，必将致鲁之政（让他主鲁国之政）。夷吾受之，则鲁能弱齐矣。夷吾不受，彼知其将反于齐，必杀之。"公曰："然则夷吾受乎？"鲍叔曰："不受也，夷吾事君无二心。"公曰："其于寡人犹如是乎？"对曰："非为君也。为先君与社稷之故。君若欲定宗庙，则前请之。不然，无及也。"公乃使鲍叔行成（和谈），曰："公子纠，亲也，请君讨之。"（公子纠是桓公亲兄弟，不便亲自下手，请你杀了他）鲁人为杀公子纠。又曰："管仲，仇也，请受（授）而甘心焉。"鲁君许诺。施伯谓鲁侯曰："勿予，非戮之也，将用其政也（将用他来主政）。管仲者，天下之贤人也，大器也。在楚，则楚得意于天下。在晋，则晋得意于天下。在狄，则狄得意于天下。今齐求而得之，则必长为鲁国忧。君何不杀而受（授）之其尸？"鲁君曰："诺。"将杀管仲，鲍叔进曰："杀之齐，是戮齐也。杀之鲁，是戮鲁也（在齐国杀他是为齐国而杀，在鲁国杀他则是为你们鲁国而杀）。弊邑寡君愿生得之，以徇于国，为群臣僇（戮）。若不生得，是君与寡君贼比也（是你和我们国君的仇人相勾结），非弊邑之君所谓（报，指惩治仇人）也。使臣不能受命。"于是鲁君乃不杀，遂生束缚而柙以予齐。鲍叔受而哭之三举（大哭三声，假装哀管仲将死），施伯从而笑之（笑其假哭），谓大夫曰："管仲必不死。夫鲍叔之忍，不僇（戮）贤人，其智称贤以自成也。（鲍叔宽厚，不会杀有才之人，他的智慧将使他因推举贤人而成就自己。）鲍叔相公子小白，先入得国。管仲、召忽奉公子纠后入，与鲁以战，能（乃）使鲁败。功足（定）以得天与失天，其人事一也。（成功与否决定于得天意或失天意，至于人事，两者都一样。）今鲁惧，杀公子纠、召忽，囚管仲以予齐，鲍叔知无**后事**（后患），必将**勤**（助）管仲以**劳**（效劳）其君，**愿以显其功**（让管仲施展其定齐之功）。众必予之有**得**（德，众人必因他是有德之人而与其结交），**力死之功，犹尚可加也。显生之功，将何如是？**（鲍叔出死力的功劳已很可贵，今为桓公生得管仲效命，则功劳还有比这更大的吗？）**昭德以贰君也**（彰显其德使自己的威信仅次于国君），鲍叔之知是不失也。"至于**堂阜**（地名）之上。鲍叔**袚**（祛邪）而浴之三，桓公亲迎之郊。管仲**诎**（折）**缨**（系帽之带）**捷**（插）**衽**（衣襟），**使人操斧而立其后**（表示准备就死）。**公辞斧三，然后退之**（桓公再三辞退刽子手）。公曰："**垂缨下衽，寡人将见**。"管仲再拜稽首，曰："**应**（受）**公之赐，杀之黄泉，死且不朽。**"（接受你赐死尚且感恩不朽，何况活命呢）公遂与归。礼之于庙，三酳而问为政焉。

这一段主要讲公子小白和公子纠争夺王位，管仲站在公子纠这一边，鲍叔牙站在公子小白那一边。最终公子纠失败，公子小白赢了，继位为齐桓公。鲍叔牙帮助齐桓公得天下，是有功之臣，况且功劳最大，照理他会心安理得地接受宰相的职位。鲍叔牙非同寻常，齐桓公也非同寻常。鲍叔牙推荐管仲取代自己为相，齐桓公最后也采纳了他的意见。按照常规，对于管仲这个几乎要了自己性命的政敌，一般君主肯定会将其处死。但如果桓公这样做，他就成不了春秋五霸之首了。之后的内容就讲鲍叔牙是如何用权谋把管仲弄回来的。我着重讲这一段中的两个问题。

12. 交友、识人和用人

讲"交友，识人和用人"前，先插入《史记·管晏列传》里的一段记载：

管仲曰："吾始困时，尝与鲍叔贾（做生意），分财利多自予（每次分利时，我都给自己多分一点），鲍叔不以我为贪，知我贫也。吾尝为鲍叔谋事而更穷困，鲍叔不以我为愚，知时有利不利也（运气有好有坏）。吾尝三仕三见逐于君，鲍叔不以我为不肖（没本事），知我不遭时也（没遇到机会）。吾尝三战三走（逃），鲍叔不以我怯（胆小），知我有老母也。公子纠败，召忽死之，吾幽囚受辱（我宁可被囚受辱也不自杀），鲍叔不以我为无耻，知我不羞小节而耻功名不显于天下也（知道我胸怀大志，不怕道德上有小的缺失，而只担心不能建功立业，名扬天下）。生我者父母，知我者鲍子也。"

鲍叔既进管仲，以身下之。子孙世禄于齐，有封邑者十余世，常为名大夫。天下不多（赞扬）管仲之贤而多，鲍叔能知人也。

这一段跟《小匡》的第一段，说的都是历史上流传千古的"管鲍之交"。人生不能没有二三知己，但是朋友有不同，有在一起吃吃喝喝的酒肉朋友，大难临头就各自飞，甚至不惜卖友求荣。也有因利益需要聚在一起的生意朋友，分利不均就翻脸，朋友变成了仇敌。而中国传统文化中的朋友典范就是像管仲和鲍叔这样，始终不渝地互相信任，互相帮助，有福同享，有难同当。其实，最可贵的是鲍叔牙，他不仅主动让贤，而且"既进管仲，以身下之"，心甘情愿地做他的手下。按照现在的公司文化，某人介绍进来的人就要跟他一起，就要听他的，不然就不够朋友。

　　话说回来，你要交到一个像鲍叔牙这样的朋友，或者你要推荐一个像管仲那样的人给你的老板，你首先就要像鲍叔牙那样懂得看人识人。用人之前先要识人。所以这也是在教我们怎么去识人。怎么看一个人？要看长远，看大节。而不是像现在这样，你公司的一个员工谈一笔生意，没谈成，明天就解雇他。最麻烦的就是引进那套西方管理制度，推出月度、季度、年度考核考评。马上要出成果，急功近利，有多少政绩业绩，就可以升官加薪。这种用人评价人的制度是产生不了管仲的。按照这套制度，他又贪又笨又胆小又没有道德，身上几乎没有优点。鲍叔牙看到的却是他真正的长处：宽惠爱民；治国不失秉；忠信可结于诸侯；制礼义可法于四方；介胄执枹立于军门，使百姓皆加勇。这就是会"识人"。用人用得好，未必要亲自去做。"天下不多管仲之贤而多鲍叔能知人也"。鲍叔因推荐管仲而让齐国由一个弱国一跃成为天下霸主，所以福佑子孙，千古传诵。可见要治理一个地区或企业，未必一定要任何事都亲力亲为。如果能起用一个比自己更厉害的人，自己也会受益。但中国人的习惯是企业家族相传，父传子，子传孙，即使没有子孙，也要找个女婿来管理。这样一来，不出两三代就败了。西方有经理人制度，找个能人来管，这就比较高明了。

　　说到用人，就不能不佩服齐桓公的豁达大度。对一个几乎要了自己性命的仇敌，不但能够原谅他，而且还充分信任他，用他做自己的宰相，成为自己成就霸业的主要助手。在今天的世界有几个人能达到这样的豁达大度？有人给你提几条意见，其实也是为你好，说不定你就耿耿于怀，恨不得把他撤职、下狱或赶出国门了。中国历史上一直讲明主、贤臣，这两者是相依相成的。没有豁达大度的开明君主，人才也出不来；没有贤臣，君主不能知人善任，也不能成为明主。如果你是一个老板或主管，作为提高自己的修养，就要多想想怎样做到豁达大度，怎么能够识人、知人、用人。

13. 给自己的人生定位

从管仲来说，"不羞小节而耻功名不显达于天下也"，识人难，认识自己也不容易，要给自己恰如其分地定位，这也是做人很重要的一方面。你只有半瓶水偏要淌得很，能力和期望不相称，即使到了一个高位上，不但做不好事情，自己压力也会很大。反之，你有能力有抱负，但是过于爱惜自己的羽毛，太在乎他人对你的评价，想什么错误都不犯，什么缺点都没有，那你一定做不成什么大事。或者你有充分潜力堪当大任，却安于现状，做个小角色就心满意足了，那也一定不会有大出息。《小匡》最后一段记载齐桓公与管仲论百官，对他们逐个进行评论。

> 管仲曰："升降揖让，进退闲习，辨辞之刚柔，臣不如隰朋，请立为大行（外交官）。垦草入邑，辟土聚粟，多（大）众尽地之利，臣不如宁戚，请立为大司田（农官）。平原广牧，车不结辙，士不旋踵，鼓之而三军之士视死如归，臣不如王子城父，请立为大司马（军事首长）。犯君颜色，进谏必忠，不辟死亡，不挠富贵，臣不如东郭牙，请立以为大谏之官。"

谏官制度是从管子开始建立的，中国一直到清代都有谏官。谏官很重要，可以提意见不负任何责任，什么都可以说，不会被处死。历来皇帝还懂这一条。

有谏官的存在，皇帝的任何错误决策都会被指出来。在现代西方社会，谏官的角色被传媒取代，所谓第五权。在我们的政治结构中没有谏官这一角色。即使决策有错误，也没有纠正机制，非要等到错误决策导致的后果显现之后，决策者再去改正。如果在做决策的时候就有人在一旁专门指出问题，提反面意见，就能考虑得周到一点。管仲善于识人，建议齐桓公把适当的人放到适当的职位上。

他接着说："**此五子者，夷吾一不如，然而以易夷吾，夷吾不为也。君若欲治国强兵，则五子者存矣，若欲霸王，夷吾在此。**"这五个人各有所长，我都不如他们。但要让他们来代替我，我也不赞成。什么道理呢？如果你齐桓公只求"治国强兵"，那你用这五个人也就够了。如果要求更高一些，想要再上一层楼，"若欲霸王"，那就非用我不可了。因为我管仲能统筹这五个人。这五个人虽各有所长，但缺乏统筹能力。对一个国家、地区或企业来说，必须有一部分人务实，一部分人务虚。务实的人埋头苦干，做好本职工作。但只有这样的人也不行，还得有人顾及各方面利益，看到长远的影响。还得有人去想十年、二十年、五十年之后的事情。他并不解决眼前的具体问题，而是考虑整个大局的形势和应对方法。务实的也许是将才，务虚的则是帅才。你是打算做将，还是做帅？这里就涉及一个人的自我定位问题。管仲的自我定位非常清楚。我是建立霸业，开创历史的人，小节就不在乎不拘泥。现在的年轻人大多找不到自我定位，靠社会风潮和舆论来定位。社会上时兴什么就去做什么。明明有学文科的兴趣和潜力，但迫于家长、老师和社会压力，去读金融、IT 等热门学科。其实他这方面根本不行。所以家长培养小孩，首先就要培养他自我定位的能力，知道自己要做什么，适合做什么。有定位才会有追求，有追求才会有成功。这样才能够出现像管仲那样的人。

14. 人本主义的先行者

　　《小匡》第二段讲什么呢？齐桓公的哥哥襄公荒淫无耻，花天酒地，国家起了内乱，桓公被迫流亡国外。齐襄公被杀后，他回国继位，但面对的是一副烂摊子。如何才能拨乱反正，使国家从大乱走向大治呢？他请教管仲。管仲一言以蔽之："以为民终始。"自始至终要想着老百姓。他了解君、臣、民三者的关系，人民是国家治乱的基础。当局现在提倡的"以人为本"，这句话最早就见于《管子》一书。可以说，管仲是中国民本主义的先行者，最早的提倡者。后面几段都是围绕这一思想展开，一一说明具体做法。

　　　　公曰："为之奈何？"管子对曰："昔者圣王之治其民也，参其国（都城）而伍其鄙（乡村），定民之居，成民之事，以为民纪，谨用其六秉。如是而民情可得，而百姓可御。"桓公曰："六秉者何也？"管子曰："杀生贵贱贫富，此六秉也。"

　　这段话说了两项措施：一是"叁其国而伍其鄙"，把首都地区分为二十一个乡，其中商工之乡六，士农之乡十五。齐桓公亲领十一乡。齐国贵族有两个姓，一姓高，一姓国，让他们各自统领五个乡。国都一分为三，战时就是三军。平时设立一套从帅、乡、连、里、轨到家的金字塔型行政组织，各有长官，战时就是一支军队。乡村一分为五，也有相同的行政组织和长官。这就是我前面说过的"寓兵于政"。然后"定民之居，成民之事"，让士民工商分开来定居，"处士必于闲燕（城中居所），处农必就田墅，处工必就官府，处商必就市井"。管仲认为，让他们"杂处则其言哤（胡说八道），其事乱。"所以应把他们分开来住。毛泽东就用了这个办法，农民必须待在农村里，农村户口严格限制流动，保证社会高度稳定。

不仅"定民之居"，还要"成民之事"，使士农工商固定专业，世代相传。这样做的好处是什么呢？管子认为，"少而习焉，其心安焉，不见异物而迁焉。是故其父兄之教，不肃而成。其子弟之学，不劳而能。"从小耳闻目染，见惯了一个行业，也就不会见异思迁，这山望着那山高。成年之后，子承父业，势必熟门熟路。这一套应用于现代社会是明显行不通的，但其中也有合理的因素。中国的传统工艺为什么传承不下去？其他国家还保留很多家族传统的手工艺。爱马仕家族做皮包，拉斐家族做红酒，都是一代一代传承下来的，所以他们能成为世界级的名牌。有些没文化的中国商人叫嚷着要创世界名牌。他们以为名牌是能在几年里靠砸钱堆出来的啊。我们中国现在就没有这个传统。每一代都有一个目标行业，不管自己是否有这方面的能力和经验。一个行当能赚钱，大家都一拥而上。工农兵学官都想做生意，全民经商，没有社会分工。因此，每个行业都没法做得精致，精而又精。所以管子从分工的角度来说，是有合理性的。专做一个行业，几代人做下去，一定做得好。三五年就改一个行业，没有积累的过程，怎么做得好？读书人不安心做学问，边教书边想着赚点外快，学问怎么做得好？如果一个人以学问为安身立命，以出自书香门第为骄傲，他就不会去羡慕人家的好车豪宅，因为他不追求这些事物。他以学术贡献为价值观。价值观念不能全民都一样，大家都去追同样的东西。有社会分工，就应该在不同社会领域有各自不同的价值追求。社会价值是一个体系，不应该是扁平化，而应该是多元化的。我去比利时访问，一个有三百多年历史的社会科学会堂，每一时代在学术上有创造有贡献的人就塑一个雕像放在那里。一进去就会感到一种厚重的历史感。如果死后能成为其中的一个雕像，这就是价值，虽然收入少一点，不及商人的十分之一，但全社会尊重这样的知识分子，而不是尊重一个到处去兼职、钱赚了不少的读书人。所谓社会成功人士不能只有一个标准。

还有一项措施，就是君主要掌握六秉，即六方面的权力：杀、生、贵、贱、贫、富。换句话说，就是决定让谁活，让谁死；让谁贵，让谁贱；让谁富，让谁穷的权力。统治者掌握了这样的权力，社会就会跟着他走。统治者让不该富的人富裕了，不该穷的人贫穷了，人心不安，这个国家就会乱起来，治理起来也就难了。对于如何运用"六秉"，《管子》里有详细很具体的论述。我在之后会有专题讲述。

"以为民终始"不是一句空话，首先要"富民"，让老百姓富起来，就得让他们安居乐业。"<u>相</u>（考察）<u>地而衰</u>（递减）<u>其政</u>（征税），<u>则民不移矣</u>（迁移）。<u>正</u>（安定）<u>旅旧</u>（客商），则民不惰。山泽各以其时<u>至</u>（开闭），<u>则民不苟</u>（钻空子）。陵陆丘井田畴均，<u>则民不惑</u>（无憾）。无夺民时，则百姓富。<u>牺牲</u>（祭祀的供品）<u>不劳</u>（掠取），则牛马育。"古代中国是农业社会，在春耕秋收的时候，征用老百姓去修长城、挖运河、打仗，劳动力都流失了，没人种地了，国家经济一定不行。不夺民时，让老百姓到了时间去做该做的事情，国家自然就会富起来。现在也还是一样。改革开放之前，中国之所以贫穷，因为该生产的时候不生产。尤其在"文革"时期，把机器一关，大家开会；农忙季节，政治学习也不能耽误。结果生产受到严重冲击，国家自然就穷了。改革开放后说"不折腾"，关键是政府"不折腾"了，经济自然就繁荣起来，老百姓的生活自然就富裕起来了。"牺牲不劳，则牛马育。"统治者不为了祭祀而经常去掠取老百姓的牲畜，那么就会六畜兴旺。各层级政绩工程、面子工程少搞一点，国家的经济实力就增加了。一个工程就消耗几百个亿，政府三十年的积累一下就用没了，讲的就是这个道理。

富民还不够，还要爱民。再下一段，齐桓公问管仲："我要成为霸主，这样的目标能不能实现？"管仲说："当然可以。"齐桓公继续问："我想称霸天下，要从什么开始做起？"管仲说："始于爱民"。什么是爱民之道？管子曰："**公修公族，家修家族，<u>使相连以事，相及以禄</u>**（事业互相关联，收入互相补助），**则民相亲矣。<u>放</u>**（赦免）**旧罪，<u>修旧宗</u>**（恢复旧有的宗族），**<u>立无后</u>**（为无后代的人立嗣），**则<u>民殖</u>**（人口繁衍）**矣。省刑罚，薄赋敛，则民富矣。乡建贤，士**

使教于国，则民有礼矣。出令不改，则民正（务正道）**矣，此爱民之道也。**"爱民之道不是到基层跟老百姓握握手就行了，是有具体内涵的。要取得社会和谐，就要使社会的细胞——家族和睦。要采取措施增加人口，因为农业社会里人口多很重要。种地靠人，打仗也靠人，人口多的国家就容易富强。除了采取富民政策外，还要教化老百姓，提高他们的素质。最重要的是不要朝令夕改，否则老百姓会无所适从，或者投机取巧，钻法令政策的空子。

富民，爱民，还要安民。下一段说的是，齐桓公一心想要称霸，问管子："是不是做到爱民就可以称霸了？"管子说："还不可以。"理由是"民心未吾安"，虽然老百姓富了起来，但他们仍未安心，害怕哪一天政府又把财富夺走了。老百姓害怕政局不稳定，政策多变化，不如移民外国，把资产转移出去。这样一来，国家怎么可能富强？齐桓公靠什么去称霸天下呢？齐桓公追问："安之奈何？"怎么才能让老百姓的心安定下来呢？管子回答："**修旧法，择其善者，举而严用之。慈于民，予无财，宽政役，敬百姓，则国富而民安矣。**"改革法律，保留合情合理的部分，严格地实行。对老百姓要仁慈，救济"三无人员"，宽免赋税，不要颐指气使，不把老百姓当人。这样就可以国富民安了。

有了民意基础之后，政府才能推行各种富国强兵政策。接下去，管仲才向齐桓公提出各种政策策略。下面的几段叙述这些政策策略，包括"作内政而寓军令焉"，也包括选拔人才的"三选"制度。一选是乡长推荐后，"**令选官之贤者而复之**"。二选是国君亲自面试，"**乃召而与之坐，省相其质，以参其成功成事**"。在历史上，做官还要看面相。唐代开始有科举制度，但中了进士的人不一定都有官做，还要到吏部去候选。吏部选官的标准有"身、言、书、判"四项。"身"就是体貌，包括相貌和身高。长得面部狰狞的人是无法做官的。中国人看面相是有道理的，相由心生，虽然不能说完全准确，但心理阴暗的人往往面目可憎，心里坦荡的人很少有獐头鼠目的。新儒家大师熊十力，被评为复旦一级教授，但从来不上课，待在家里，也不见人，要去见他的人必须有熟人推荐。他家的门上有个小孔，他隔着小孔看面相，这个人面善，才见；面不善，对不起，今天身体不好，不见。其实，看面相不一定要找算命先生。你自己看，这个人面善不善，给你的第一感觉、直觉是什么，你觉得这个人靠得住还是靠不住。人在感性思维、理性思维之外，还有一种直觉思维。佛教很多地方讲的就是直觉思维，所谓"悟"。这不是唯心的，是一种经验的积累。虽然你不是有意识地去分辨，但你见得多了，大脑自然就会分类。凭你自己的直觉、你的经验，而不是什么天庭饱满、地阁方圆那一套标准。

三选是放下去试用，然后到乡里去考察，"**退而察问其乡里，以观其所能，而无大过，登以为上卿之佐。**"你要重用一个人，考核各方面条件都不错，但还不能立即赋予重任要职，要把他放到实践中去考察，看他是否能够达成自己当初设定的目标。达到目标的可以重用，否则就要受惩罚。有惩罚，说大话、爱吹牛的人就会少很多。

15. 齐桓公尊王攘夷的霸业

【小匡第二十】桓公曰：“吾欲北伐，何主？”管子对曰：“以燕为主，反其侵地柴夫、吠狗。使海于有弊，渠弥于有陼，纲山于有牢。”四邻大亲。既反其侵地，正其封疆，地南至于岱阴，西至于济，北至于海，东至于纪随，地方三百六十里。三岁治定，四岁教成，五岁兵出。有教士三万人，革车八百乘。诸侯多沈乱，不服于天子。于是乎桓公东救徐州，分吴半。存鲁蔡陵，割越地。南据宋、郑，征伐楚，济汝水，逾方地。望文山，使贡丝于周室。成周反胙于隆岳，荆州诸侯莫不来服。中救晋公，禽狄王，败胡貉，破屠何，而骑寇始服。北伐山戎，制泠支，斩孤竹，而九夷始听。海滨诸侯，莫不来服。西征攘白狄之地，遂至于西河，方舟投柎，乘桴济河，至于石沈。县车束马，逾大行与卑耳之貉，拘秦夏，西服流沙西虞，而秦戎始从。故兵一出而大功十二。故东夷、西戎、南蛮、北狄、中国诸侯国，莫不宾服。

这两段是详细记述齐桓公是如何建立霸业的。“三岁治定，四岁教成，五岁兵出，有教士三万人，革车八百乘。”经过三年治理，齐国已改变了桓公刚继位时的混乱状况。四年后，按照“寓军于内政”的策略，老百姓已经训练有素。五年之后开始出兵，此时齐国已有三万精兵，八百乘战车了。“兵一出而大功十二。故东夷、西戎、南蛮、北狄、中国诸侯，莫不宾服。""**故兵车之会**（战后和谈）**六，乘车之会**（和平会议）**三，九合诸侯**（总共九次召集诸侯结盟），**一匡（正）天下**（一举纠正了天下的混乱局面）。"齐桓公东征西伐都是打着周天子的旗号，历史上称为"尊王攘夷"。"王"是指周天子，"夷"是指边境外的各民族。齐桓公称霸，做霸主并不是要取代周天子的地位。"霸"的意思是伯，伯是什么？老大、长子。"争霸"就是争当诸侯的老大，统帅兄弟，尊崇周天子。这是合理、合法的。

当时的形势是天下大乱。在春秋之初周王还有些威信，公元前707年周郑绪葛之战，周桓王的肩被郑国祝聃射中，王师大败。此后周王室就一蹶不振。前694年，周王室发生内乱，庄王杀了周公黑肩。前675年，周王室的蒍国、边伯、石速、詹父、子禽祝跪等五大夫叛乱，后经郑、虢出面调解才平息。周惠王为了报答郑、虢，将虎牢以东送给郑国，把酒泉送给虢国。于是王畿越来越小，威信也就越来越低。**"诸侯多趁乱不服于天子"**，各自为政，互相攻击。此时，边境的各族趁乱内侵。北方的狄人开始南下，成为中原各国的严重威胁。西方的戎人也开始东进，经常侵犯鲁国和曹国。北戎侵犯郑国，山戎进攻燕国，伊洛之戎进攻周王室，而南方的蛮人也跃跃欲试，想要北上。齐桓公称霸就是要诸侯各国听他的，共尊周天子，停止内战，一致对外，抵御外族入侵。《春秋公羊传》中提到："**僖公四年：中国不绝若线。桓公救中国，而攘夷狄。**"中原的华夏民族就像还剩下一条线那样岌岌可危，外族步步进逼，领土越来越小。是齐桓公带头抵御外侵，挽救了中原各国。而齐桓公没有管仲的帮助是不可能完成此大业的。如果没有管仲和齐桓公的"尊王攘夷"，可能中国历史就要改写了。这就是管仲的历史贡献。

如何看待这个问题，这就涉及历史观的问题。现在有些人胡说，秦桧早就主张中华民族统一了，因此不是奸臣，是功臣。照此推理，那汪精卫也不是汉奸，全球化是历史趋势，还要分什么中国和日本？这种说法是完全违背历史主义的。这说明了学术界的思维混乱。在春秋时期的历史条件下，要看当时谁代表着进步和文明。如果是野蛮落后的文化破坏了现有的文明，那就是历史的倒退。

16. 孔子论管仲

　　孔夫子在《论语》里有好几次提到管仲。有一次，学生子路问他："桓公杀公子纠，召忽死之，管仲不死。"这是不是称不上"仁"啊？孔子回答："桓公九合诸侯，不以兵车，管仲之力也。如其仁！如其仁！"齐桓公九度召集诸侯结盟，不依赖武力征服，而靠外交手段，是管仲的功劳。这就叫做仁，这就叫做仁！另一次，学生子贡说："管仲非与仁者与（欤）？桓公杀公子纠，不能死，又相之。"管仲称不上"仁"，对吗？桓公杀公子纠，他不能以身殉主，反而去当仇敌的宰相。孔子说："管仲相桓公，霸诸侯，一匡天下，民到于今受其赐。微管仲，吾其被发左衽矣。岂若匹夫匹妇之为谅也，自经于沟渎而莫之知也。"管仲辅助桓公称霸，一举纠正天下乱局，人民至今仍享受他的恩泽。如果没有管仲，我们这些人早就披头散发，变成异族的奴隶了，华夏文明也就被摧毁了。怎么能以芸芸众生的行为去理解管仲，要求他自尽、横尸河沟而不为人知呢？管仲让华夏族免于遭受蛮夷的统治，维护了华夏文化，所以才会有后来的汉、唐、宋、明的发展。管仲对中国文化的功勋是不亚于孔子和老子的。

　　孔子在《论语》里一方面赞扬管仲"如其仁"，另一方面也批评说："管仲之器小哉！"或曰："管仲俭乎？"曰："管氏有三归，官事不摄，焉得俭？""然则管仲知礼乎？"曰："邦君树塞门，管氏亦树塞门；邦君为两君之好，有反坫，管氏亦有反坫。管氏而知礼，孰不知礼？"这话用今天的语言表述就是：管仲的格局太小了！有人问，管仲生活俭朴吗？他有三处居所；管家有好几个，各有分工。生活如此奢侈，这样的人怎么叫做俭朴呢？还有人问，那么管仲算不算知礼呢？"塞门"就是屏风，诸侯家才有的东西，管仲家也有。"反坫"是放酒具的台，是诸侯在外交场合使用的东西，管仲也有。管仲只是个大夫而已。如果说管仲这样也算知礼，那还有谁不知礼呢？

　　孔子对管仲的这些批评，韩非子另有说法："**桓公解管仲之束缚而相之。管仲曰，臣有宠矣，然而臣卑。公曰，使子立高，国之上。管仲曰，臣贵矣，然而臣贫。公曰：使子有三归之家。管仲曰，臣富亦，然而臣疏。于是立以为仲父。**"（《韩非子·难一》）齐桓公为管仲松绑并拜为相。管仲说，自己虽然被桓公器重，但地位仍然卑微，他人不会听信于自己。于是桓公把他的地位提到高、国两大贵族之上。管仲说，自己现在固然地位尊贵，但却很贫穷，被人看不起。你做到部长、市长了，但只有一万元左右的工资，那些亿万富翁哪里真会把你放在眼里。于是桓公封给他三处住所，高薪养廉。管仲说，我的确富了起来，但和你的关系疏远，还是不能让人信服。于是齐桓公把管仲立为叔父。接下去，韩非子对此评论道："**管仲以贱为不可以治国，故请高、国之上；以贫为不可治富，故请三归；以疏为不可以治亲，故处仲父。管仲非贪，以便治也。**"我认为，这些道理拿到今天来依然可以用得上，中国人往往相信"人微言轻"。明知是真理，但只要是从一个小人物嘴里说出来的，没几个人会当做一回事。

17. 领袖需要的素质

【小匡第二十】公曰："寡人有大邪三，其犹尚可以为国乎？"对曰："臣未得闻。"公曰："寡人不幸而好田，晦夜而至禽侧。田莫不见禽而后反。诸侯使者无所致，百官有司无所复。"对曰："恶则恶矣，然非其急者也。"公曰："寡人不幸而好酒，日夜相继，诸侯使者无致，百官有司无所复。"对曰："恶则恶矣，然非其急者也。"公曰："寡人有污行，不幸而好色，而姑姊有不嫁者。"对曰："恶则恶矣，然非其急者也。"公作色曰："此三者且可，则恶有不可者矣？"对曰："人君唯优与不敏为不可，优则亡众，不敏则不及事。"

最后一章很有意思的，回顾了齐桓公和管仲初次见面时发生的事情。这种写法也许大家不一定习惯，不是平铺直叙，而是讲究首尾呼应。齐桓公对管仲交心，既然信任、重用了管仲，就把自己的缺点告诉他："**寡人有大邪三，其犹尚可以为国乎？**"我身上有三种大毛病，这样还能不能治理好国家呢？管仲说，不知道是些什么缺点。桓公一一交待。"**寡人不幸而好田，晦夜而至禽侧。田莫不见禽而后反。诸侯使者无致，百官有司无所复。**"第一个毛病是喜欢打猎，深更半夜就去潜伏在野禽出没处，不打到猎物绝不回家，以致外宾来了也只好一直在那里空等，百官等待批复的公文也不管。管仲回答，这个贪玩的毛病确实不好，但对于治国来说还不是最急于改掉的。桓公说："**寡人不幸而好酒，日夜相继，诸侯使者无致，百官有司无所复。**"第二个毛病是酗酒，日以继夜地喝酒，耽误了国事。管仲同样地回答他。桓公说："**寡人有污行，不幸而好色，而姑姊有不嫁者。**"第三个毛病是好色，甚至乱伦，弄到自己的表姐妹都嫁不出去。管仲还是用同样的话答他。"**公作色曰：'此三者且可，则恶有不可者矣？'**"齐桓公翻脸了，以为管仲是在敷衍自己。这三个缺点都可以原谅，难道还有比这更坏的吗？

管仲说："**人君唯<u>偎</u>（暧，暧昧）与<u>不敏</u>（反应迟钝）为不可，偎则亡众，不敏不及事。**"暧昧，左右摇摆，举棋不定和反应迟钝，对于君王来说，这些才是最致命的弊病。性格犹豫不决则会失去群众的支持。反应迟钝则不仅会丧失时机，错过取得成功的良机，而且还可能使潜在的危机因得不到及时解决而爆发，造成一发而不可收拾的局面。因此，对一个领袖素质的要求和对普通人的要求不同，他可以在私德上有些瑕疵，但反应快、判断准和敢决断乃是最重要的领袖素质，因为这涉及国家的安危。

18. 齐桓公之死

　　《小匡》到此就讲完了，齐桓公和管仲君臣的结局在另外一篇文章《小称》里。我们一起来看这一段："**管仲有病，桓公往问之曰：'仲父之病病矣，若不可讳而不起此病也，仲父亦将何以诏寡人？'管仲对曰：'微君之命臣也，故臣且谒之。虽然，君犹不能行也。'公曰：'仲父命寡人东，寡人东；令寡人西，寡人西。仲父之命于寡人，寡人敢不从乎？'**"管仲病重，桓公去看他说"你已病得不轻，一旦一病不起，你有什么话要教我的呢？"管仲答："只是你命令我，我姑且提些意见。即使如此，我料你也做不到。"桓公说："我从来不敢违背你的指示啊。"

　　于是管仲整了整衣服帽子，郑重其事地说："**臣愿君之远易牙、竖刁、堂巫、公子开方。夫易牙以调和事公，公曰：'惟烝婴儿之未尝'，于是烝其首子而献之公。人情非不爱其子也，于子之不爱，将何有于公？公喜宫而妒，竖刁自刑而为公治内。人情非不爱其身也，于身之不爱，将何有于公？公子开方事公十五年，不归视其亲，齐卫之间，不容数日之行。臣闻之，务为（伪）不久，盖虚不长。其生不长者，其死必不终。桓公曰：'善'。**"我希望你远离易牙、竖刁、堂巫、公子开方这四个奸臣。易牙煮得一手好菜，讨你喜欢。你有一次开玩笑说，只是没吃过蒸熟的婴儿。易牙马上把自己长子蒸熟了献给你。出于人情，每个人都会爱亲生儿子的。他连儿子都不爱，怎么会爱你桓公呢？一定是另有所图。你桓公好女色，宫里养了很多嫔妃，妃子多了就会相互嫉妒，争风吃醋。竖刁自己阉割了去做太监，为你管理后宫。出于人情，没有人不爱惜自己身体的。他连自己的身体都不爱惜，怎么会爱你呢？公子开方跟随你十五年，他是卫国人，从齐国到卫国，几天就能到达。但他居然一次也没有回去看望自己的父母。这些人都是虚伪的，虚伪是不能长久的。他们都不可能跟你善始善终。桓公说，"好，我记住了。"这里没有提到堂巫，显然是文章在传抄过程中遗漏了。判断一个人是不是真心实意地对你好，要看分寸，看他的行为有没有越过分寸。当他的做法违反一般人情的时候，你就要警惕了。

"**管仲死，已葬，公憎四子者，废之官。**"然而好景不长，没过多久，"**逐堂巫，而苛病起兵（衍文）；逐易牙，而味不至；逐竖刁，而宫中乱；逐公子开方，而朝不治。桓公曰：'嗟！圣人固有悖乎？'乃复四子者。**"赶走堂巫，桓公就发病了；赶走易牙，吃饭就没胃口了；赶走竖刁，后宫又不太平了；赶走公子开方，朝廷上的秩序就乱起来了。于是桓公叹息说："唉，原来圣人（指管仲）也有犯错的时候吗？"他重新把那四个奸臣请了回来，官复原职。

处期年，四子作难。围公一室不得出。有一妇人，遂从窦入，得至公所，公曰："吾饥而欲食，渴而欲饮，不可得，其故何也？"妇人对曰："易牙、竖刁、堂巫、公子开方四人分齐国，涂十日不通矣，公子开方以书社七百下卫矣。食将不得矣。"公曰："嗟兹乎，圣人之言长乎哉！死者无知则已，若有知，吾何面目以见仲父于地下。"乃援素幭以裹首而绝。死十一日，虫出于户，乃知桓公之死也，葬以杨门之扇。桓公之所以身死十一日，虫出户而不收者，以不终用贤也。

过了一年，这四个人谋反，把桓公软禁在一间房子里没法出来。有个宫女偷偷地挖洞到了桓公住的地方。桓公问："为什么没人送水送饭？我又饥又渴。"宫女回答："易牙、竖刁、堂巫和公子开方四人瓜分了齐国，到王宫来的路已经有十天不通了。公子开方用七百名书社士兵围住了王宫，食物送不进来啊。"这时候，齐桓公才知懊悔："圣人的话还是看得远啊。如果人死了没知觉也就罢了，假如有知觉的话，我还有何颜面到地下去见管仲啊！"说完话，齐桓公就用一根丝巾上吊自尽了。他死后过了十一天，尸虫爬到门外，人们才知道桓公已死，用一扇薄门板把他草草下葬。一个盖世君王落得如此下场，只因不能始终遵循管仲这个贤人的话啊！

第二讲

《管子》体用兼备的政治哲学

《管子》在政治、经济、军事、法律等方面有一个总的思想体系，既讲形而上，也讲形而下。它将"天道"和"人道"联接，提出"圣王之道"；又将哲学思想上的道论用在治国平天下方面，形成自己的政治思想，核心是"势"，以道控势。

19. 管子之道

　　《管子》是一部王霸之书，是要教齐桓公如何成就霸业，如何实行王道。管子既讲形而上，也讲形而下。他并不是随意地对政治、经济、军事、法律发表看法，而是有一个总的思想体系。《管子》中形而上的部分，有关体的学问，用现代人的话叫哲学思想，是他一切人生观、社会观、政治谋略或经济方针的思想基础，由此出发分析和解决问题。

　　其实，我们现在也是这样，看世界、看问题、看人，内在都有一个思想基础。你生活在这个思想体系中不一定感觉得到，如果你跳出这个思想体系，比如去外国留学或者工作了十几年，就会发现中国人思维或行为方式都差不多，而外国人可能又是另外一种方式。什么道理？因为不管你有没有学过哲学，其实，从小到大受的教育，在潜移默化中给了你一个内在的思想体系。这就是你分析问题或解决问题的出发点。一个思想体系容易把你框死，你去多了解另外一个思想体系，这样看问题、看世界的角度就多样化了。

　　南怀瑾老师曾经讲过，中国传统文化的核心是"道"。这个"道"相当于西方哲学中的"终极真理"。"道"有多种解释："道"字的本义是路、途径；由途径引申到方法；方法相对稳定之后就变成原则，所以"道"也有原则的意思。原则再上升到一个根本的、本体、最高的东西，也叫做"道"。比如道家讲的道，佛教讲的道，儒家讲的道，都是探究这个本体的、最高的"道"。不是只有道家才讲道，儒家也讲道；"道"也不是从道家才开始研究的，从中国文化有文字记载的源头——《易经》就开始涉及这个道。《周易·系辞传》里说"一阴一阳谓之道"。中国文化一开始就把"道"分为阴阳两面，后来的思想才慢慢变得只强调一个方面。儒家相对来说代表阳刚的一面，比如"知其不可为而为之"。道家则发展出阴柔的一面，比如"退一步海阔天空"。这些都沉淀在中国人的思想当中。道家的道是虚无之道，自然之道。儒家也讲道。《周易·系辞传》是战国时期的作品，其中引用孔子的话："形而上者谓之道，形而下者谓之器。"《论语》记载："子曰：'人能弘道，非道弘人。'"儒家认为"道为仁"。《孟子·尽心下》说："仁也者，人也，合而言之，道也。"仁是终极真理。儒家讲天命，认为这是得之于天的。

管子也讲"道"。他心目中的道是什么？是否纯粹和老庄、黄老学派的"道"一样呢？我们还是来看看文本中他自己怎么说的。精读《心术上》和《形势》这两篇，《心术上》是了解管子的道论，《形势》是了解管子论"势"，了解他的政治哲学是什么。这两篇放在一起，就可以知道管子如何看待道与势的关系，也可以知道管子是不是纯粹的道家或法家。《心术上》在中华书局版本里，从第 758 页到第 764 页的"静因之道也"，这一部分是经，相信是出自管仲。第 766 页以后的部分是"解"，解释前面的经。为了读起来方便，我把"解"对应地穿插到"经"里面，对照着读就比较容易理解。暂先选读部分章节。

【经一：第 758—759 页】心之在体，君之位也。九窍（人体的两眼、两耳、两鼻孔、嘴、前阴尿道和后阴肛门）之有职，官之分也。心处其道，九窍循理（理则）。嗜欲充益（溢），目不见色，耳不闻声。故曰：上离其道，下失其事。毋代马走，使尽其力。毋代鸟飞，使弊其羽翼。毋先物动，以观其则（法则，规律）。动则失位，静乃自得。

【解一：第 766—767 页】心之在体，君之位也。九窍之有职，官之分也。耳目者，视听之官也。心而无与于视听之事，则官得守其分矣。夫心有欲者，物过而目不见，声至而耳不闻也。故曰："上离其道，下失其事"。故曰：心术者，无为而制窍者也。故曰：君无代马走，无代鸟飞。此言不夺能（职能）能（衍文），不与下诚（坦诚）也。毋先物动者，摇者不定，趡（躁）者不静，言动之不可以观也。位者，谓其所立也。人主者立于阴，阴者静，故曰动则失位。阴则能制阳矣，静则能制动矣，故曰：静乃自得。

"**心之在体，君之位也。九窍之有职，官之分也。**"这里把心形关系与君臣关系相对应。心在人体的地位和君主在国家的地位是一样的。人体每一个器官都有它的功能，就像政府官员各有分工一样。"**心处其道，九窍循理**"。心是最重要的，心决定"道"，也就是决定人的整体，包括思想、活动等。身体的器官各自循理，也就是各自守住职分。眼睛是用来看东西的，它的"理"就是要看得明。耳朵是用来听声音的，它的"理"就是要听得清。"**嗜欲充益，目不见色，耳不闻声。**"人的欲望太强就会满出来。欲望产生于心，心里的欲望太强了就会影响到器官。器官就没有办法发挥它的功能了。为什么心的欲望充溢，眼睛会看不到颜色呢？一个人眼前放一盆玫瑰花，你看得很清楚。但你去了花展，眼花缭乱，就不知道看什么好了。因为心的欲望充溢，既想看这盆玫瑰，又想看那盆水仙，还想看前面的茶花，结果什么都没看清。

政治领域里，一个君主私欲或主观太强了，下面不同的声音和不同的意见就听不到了，就是我们平常说的昏君。这个欲包括自满、骄横。对名的追求，自我的期许，也是欲望。如果遇到一个昏君，下面百官的职能也就无法发挥了。

君主就像一个人的心一样，要管"道"，就是管大事，管原则性的问题。欲望不要太多，不要去掺和太多事情，下面的官员才能放开手脚做事。中国历史上，有些皇帝本身很勤奋，例如明末的崇祯皇帝，但最后还是亡国。因为他事无巨细都想自己管，文武大臣束手无策。做老板和地方长官也一样，事无巨细都要自己决定，下属就无所适从，没有责任意识。香港有家电视台，老板一百多岁了，不得不交权给比他年轻二十多岁的夫人。夫人没管过那么大的企业，七十多岁突然掌权做老板了。她什么都要管，一百多元的支票都要由她签。一部电视剧要不要拍，都要由她决定。负责电视剧的主管不能做决定，也就不用负责任了。如果收视率低了，反正是老板拍板的。这样企业就搞不好，那位夫人管了两三年，最后不得不把公司卖掉。一个地区也是如此，如果和外商谈判项目都要由市长、市委书记来定，那要专家干什么？一个项目效益最后是好是坏都和专家没关系，他可以不负责任。很多人发财做老板了，以为既然我可以发财，那就是做什么都可以。又想去写书，又想去搞政治，无所不能。我们学了《管子》，自己做老板的就要很清醒。管仲知道：搞外交，我不如隰朋；搞农业，我不如宁戚；带兵打仗，我不如王子城父，但他们几个人也不能代替我的作用，我能管住这五个人。

这都是没有学过我们老祖宗的东西。《管子》讲得很清楚："**上离其道，下失其事**"。上面违背了这个"道"，下面的人一定做不好事。为什么呢？管子的后人解释说："**耳目者，视听之官也。心而无与于视听之事，则官得守其分矣。**"耳朵眼睛是听和看的器官。心既不负责听，也不负责看，所以不要去参与听和看这样的事，那么各种器官才能发挥自己的功能。

20. 无为而制窍

　　"心处其道"的道是什么呢？管子没有直接说出来，只是说了两层意思：第一层**"毋代马走，使尽其力；毋无代鸟飞，使弊其羽翼"**。这是个比喻，后人解释说，**"此言不夺能，不与下诚"**说的是君主不要去代替下属的职能。本来要不要招一个打字员应该是人事部的职能，现在都要由老板来作决定，这就是"夺其能"了。"不与下诚"，就是说君主（老板）不要跟臣属开诚布公，有的话可以讲，有的话不可以讲。尤其是碰到危机和问题，不能随便和人讲，因为你还没拿出对策来。"谋而后动"，你自己还没有想清楚，就到处去说，军心一定会动摇。比如，公司的资金调度出问题了，如果老板跟下属讲，这个公司马上就会乱起来。该知道的让他们知道，不该知道的就不让他们知道。现在有些提法很成问题，比如"决策民主化"、"学术民主化"。你一言，我一语，七人八主意，还怎么决策？学术怎么民主化？《管子》是什么时候写的，还能让学者表决来确定？

　　第二层**"毋先物动，以观其则。动则失位，静乃自得"**。这是对君主、领导人的根本要求：事情来了，你自己不要先动起来，先静静地看一下，尘埃还没落定时，看清楚这到底是怎么回事，会朝哪个方向发展。如果事情刚冒头，还在进行中，还没有落定，走势还看不清楚，你就鲁莽去对付，就一定会出问题。如果你轻举妄动的话，就会"失位"，事情往东发展，而你拼命往西使力，就会白费力气。静观其变，自然就能找到解决的办法。管子的后人进一步解释其中的道理说："摇者不定，越者不静，言动之不可以观也。位者，谓其所立也"。晃来晃去就没有一个固定的观察位置，急躁的人一定不能冷静思考，事物在运动，你也在动，两边都在动，你就不容易看清楚。它动，你静，才能看清它的走向。这里的"位"，就是指观察的位置。这和以前讲的君主要"敏"，不能"缓"，并不矛盾。那是指你的观察和领悟，而这是讲行动。"动则失位"，不要仓促行动。你们要细细体会，搞清楚。

接下去讲到君臣了，"人主者立于阴"，这就讲阴阳了。我们平时说做君主的是南面而王，坐北朝南。北是阴，南是阳，君主的位置就是阴的位置。"阴者静"，阴和静是一对，阳和动是一对，所以说"动则失位。阴则能制阳矣，静则能制动矣，故曰静乃自得"。这是道家思想，以柔克刚，以静制动。道家认为万物的自然状态一开始都是静，慢慢动起来才开始有发展。静是正的，动就偏离了正，动了一段时间就一定要回到静，这是道家基本的思想。

最后，管子后人总结这两层意思，把"心处其道"的"道"归结为一句话："心术者，无为而制窍者也。"无为就是静，就是不要有太多的欲望。但无为不是什么都不做，是要制约住身体的每一个器官，让他们各自都能正常发挥功能。这里的"心术"用到政治上就是"主术"，是用心形关系来讲君臣关系，君无为而治，臣下各尽其职。《管子》讲的"无为"和老子所说的"无为"不完全是一回事。老子的"无为"也不是我们一般人所理解的什么都不做。他是说"无为无不为"，也就是有所为，有所不为，顺其自然，不要太相信人的主观意志。这里没有君臣之分，没有讲谁不做，谁要做。管子的"无为"则是君无为，臣有为。

怎样才能做到无为而制窍，君无为，臣有为？管子提出"处道循理"，做君主的要无为而治。道就是无为，无为即自然。世界的本体就是自然存在的状态。君主处道，就是要守静，要顺其自然，不要太主观，乱折腾。下面的人就按照不同职守的规则，去做臣下应该做的事情，君主不应该越俎代庖。我们这个时代的人不一定认同"道就是无为"，但做人做事总得遵循一定的道理。这个道是什么，需要我们自己去探究。但上下级之间、管理者和被管理者之间，都应该处道循理。在上者掌握方向战略，在下者各司其职，上下不越位，大到一个国家，小到一个企业才能管好。这大概应该算是管理学千古不变的真理吧。

21. 如何得到智慧

【经二：第759页】道不远而难极（至，达到）也，与人并处而难得也。虚其欲，神将入舍。扫除不洁，神乃留处。人皆欲智，而莫索其所以智乎？智乎智乎，投之海外无自（从）夺，求之者不得处之者夫。正（圣）人无求之也，故能虚无。

【解二：第767页】道在天地之间也，其大无外，其小无内，故曰不远而难极也。虚之与人也无间（间隔），唯圣人得虚道，故曰并处而难得。世人所职（主）者精也，去欲则宣（通畅），宣则静矣，静则精，精则独立（自得，不人云亦云）矣。独则明，明则神矣。神者至贵也。故馆不辟除，则贵人不舍焉。故曰："不洁则神不处。"人皆欲知（智），而莫索之（指所以能智）。其所以（衍文）知，彼也。其所以知，此也。不修之此，焉能知彼。修之此，莫能（如）虚矣。虚者，无藏也。故曰：去知，则奚（何）率（循）求矣；无藏，则奚设（预设）矣。无求无设，则无虑。无虑，则反覆虚矣。

管子展开论述"处道循理"的"道"："道不远而难极也，与人并处而难得也。"道不远，就在人间，就在我们身边，但是难以找到。为什么呢？管子后人解释说："道在天地之间也，其大无外，其小无内，故曰不远而难极也"。庄子也说过："**夫道，于大不终，于小不遗，故万物备。**"（《天道》）意思是一样的，都是说道是普遍存在的。

那么怎样才能得道呢？管子说："**虚其欲，神将入舍。扫除不洁，神乃留处**"。这个"神"不是神仙的"神"，也不是中医里精气神的"神"，是我们平时讲的神机妙算、出神入化的"神"，指一种高深莫测、不可思议的能力。有人写作时突然灵感来了，叫做"神来之笔"，就是这种能力。怎么突然会有这种能力呢？很难解释清楚。你得道了就会有这种神妙的能力。一个欲望非常多的人，是不会有这种能力的。只有放空欲望，它才会进入你的心舍。而这种能力即使有了，也不会一直留下来的，必须把你心里面的脏东西扫除干净，神妙的能力才会长存。举例来说，现在美术界，一幅画拍到几百万、几千万，不少画家都想卖画，名利双收。这就不会有神来之笔。这些画都是技巧不错，但匠气很足，没有那种神韵。神韵是靠感觉的，一幅画能把你震住，就是神韵。这说明一个人欲望太多，不可能专注于艺术。可能年轻的时候，还没有那么多欲望，只是喜欢画画，他可以画一两幅有神韵的作品。一旦出名了，价格上去了，就有技巧无神韵了。文章也是一样，作者不出名的时候可能有一两篇好文章。等到他一年能写几本书的时候，其质量就可想而知了。

圣人们每个人都想得道，都想得到这种神力、这种智慧，但不知道道的智慧在哪里。真正的智慧是把人放到荒无人烟的海外也无从夺走的。智慧的极点就是神。这样的智慧，你想求是求不来的。有些人到处去参加各式各样的讲习班，以为参加得越多就越有智慧，其实没用。这样的智慧，只有圣人才能得到。圣人不会故意去求这个智慧，不求就是做到了虚无，把心里的欲念清除掉了，真正的智慧就来了。要得道，这个"虚"字很重要。为什么重要？我们还是看古人的解释。"**虚之与人也无间**"。"虚"跟人是没有间隔的，谁都可以做到虚，但只有圣人真正能得到虚道，做到无欲无求。我们常说，人生不是为了钱，不要为钱去奔波追逐，弄得自己很辛苦。这个道理讲出来，没什么人会反对，但做得到的有几人？"**唯圣人能得也**"。知道又能做到，能把虚的道理变成你的行为，那就叫圣人了。这就需要长期修炼，把你接受的这些道理潜移默化成自己的行为，自己的思维。这样，你就是有德之人了。修炼不仅仅是打坐、辟谷，平常心是道，挑水砍柴吃饭睡觉都是修行，道理就在其中。

《世说新语》记载了一个故事，说晋朝有一个隐居的高人，有一天到城里去买水缸，挑着水缸走了几十里路，快到家的时候，绳子断了，水缸摔碎了，但他头也不回地继续走。此时有个名士走在后面，看到这一幕，就追上来问他，为什么辛辛苦苦挑了几十里地，水缸摔碎了，连头也不回。他回答，水缸摔在地上，我回头还有什么用？名士才恍悟这才是真正的得道高人。水缸掉在地上，回头也没用了。这个道理，每个人都知道，可是真能够做到头也不回的能有几人？如果修炼到把人人皆知的道理化为自己的潜意识，这就是得道了。哲学是智慧之学，不是整天去讨论那些非常抽象的理论。

得到这样的智慧是需要修炼的。如何修炼？管子的后人进一步发挥了：一般人追求"精"，这不错，这是修炼的必经之路。"精"的原义指纯净的米，慢慢引申为纯粹、精微、不掺杂其他东西，用到人的思想行为上就是专一。怎么达到精呢？"**去欲则宣，宣则静矣，静则精，精则独立矣。神者至贵也。**"把心里面的欲望去掉，身心就通畅了。身心通畅，就静得下来。静下来，关注的东西就纯粹了。如果一个学者又想做官，又想做生意，又想上电视作秀，这样能静得下来吗？肯定不行。只有去掉这些欲望，静下心来，学问才能做得精。做学问专一了，才能有你自己的东西，就不会人云亦云了。当你用自己的眼睛去看世界的时候才会看得清楚。始终用别人灌输在你脑子里的一套观念去看世界，是看不清楚的。"**独则明，明则神**"。明和神是两个不同的层次，神是最可贵的最高层次的智慧。明是看得清楚，神是看都不用看，事情大致了解一下就已经通盘掌握了。这个神也是积累的结果，不是玩神通的那种术，而是对道的把握。有的人把握不了全局，而有的人能很快把握，道理就在于此。"**故馆不辟除，则贵人不舍焉。**"这是一个比喻，一栋房子脏兮兮的，你想请一个贵人光临，不可能。内心很肮脏很阴暗，神妙之能力是不会有的。

22. 虚心才能有大智慧

【解二：第767页】人皆欲知（智）而莫索之（指所以能智）。其所以（衍文）知，彼也。其所以知，此也。不修之此，焉能知彼。修之此，莫能（如）虚矣。虚者，无藏也。故曰：去知，则奚（何）率（循）求矣；无臧，则奚设（预设）矣。无求无设，则无虑。无虑，则反覆虚矣。

这一段话很重要，争论也比较多。"人皆欲知而莫索之。"人人都想得到智慧而找不到能够具有智慧的原因。"其所以知，彼也。其所以知，此也。"人所要知、要认识的那个东西，是客体；人所以能知、能认识，是主体。"不修之此，焉能知彼。"你不提高自己这个主体，怎么能够了解认识那个客体呢？例如，我研究经济学，"经济现象"是认识的客体，要研究经济的"我"是认识主体。这个主体是一个综合的东西，包括我的学术训练、知识积累、实践经验等。我想要认识经济现象，首先要把自己的才、学、识提高，这就是修。自己的学养，这个"此"不够，怎么能深入把握"经济"那个"彼"呢？

"**修之此，莫能虚矣。**"要提高自己，最好的办法不如做到"虚"。因为"**虚者，无藏也**"。这个"虚"是认识论的范畴了。所谓虚，就是内心要"无藏"，没有一个先验的东西、固定的看法，也就是佛学上所说的破了"所知障"。如果你的头脑里不是虚，而是实，装满了一套成见，牢牢地守住原来的知识积累和经验，以为这套东西就一定正确。那么你就没有办法知"彼"，不能了解新东西。所以说，"**去知，则奚率求矣；无藏，则奚设矣。**"破除了"所知障"，放空了你原来那套未必正确的知识和经验，就不会循着思维定势去寻求解决问题的答案，就不会有一个预设的立场观点了。"**无求无设，则无虑。**"既没有旧规可循，也没有预先的设定，你头脑里就不会顾虑重重。有一个成语叫"处心积虑"，活得很累，事情又做不好。"**无虑，则反复虚矣。**"没有顾虑，就可以回复到虚无状态了。

你的心怎么用？不是要你心里沉淀一大堆知识经验，而是要你清清明明，碰到问题用自己的智慧去解决。问题解决了，这套办法就放到一边去，不要仍然以为它是灵丹妙药，可以解决一切问题。下次遇到问题，天时地利都变了，再用这套办法就可能失败。遇到新问题，不能靠旧经验，要用自己的智慧去了解、认识、解决。用禅宗的话，就是"即此用，离此用"。所以说，你修炼的是智慧，不是知识、学问、方法、技巧。你能达到智慧的顶点，就是在获得神妙的能力后，解决任何问题都能出神入化，随机应变。道家思想是充满智慧，或者说是辩证的，不讲绝对。儒家有时会讲绝对，讲阳刚、坚持、做中流砥柱等。道家在应世方面比较有灵活性，有弹性。我觉得应世的方法可以学点道家，做人的原则可以学点儒家，这样做人就比较完美。如果只按儒家的去做，知其不可为而为之，硬顶硬拼，人就不容易在这个社会生存。如果只按道家的去做，人可能会变圆滑，因为没有坚持，整天变来变去，易失去根本。

23. 道、德和理

【经三：第759页】虚无无形谓之道。化育万物谓之德。君臣父子人间之事谓之义。登降揖让、贵贱有等、亲疏之体（体现）谓之礼。简（拣，选择）物，小未（大）一道，杀戮禁诛，谓之法。

【解三：第770页】天之道，虚其无形。虚则不屈，无形则无所位（抵）连。无所位连（抵触），故偏（遍）流万物而不变。德者，道之舍，物得以生生，知得以职道之精。故德者，得也。得也者，其谓所得以然也。以无为之谓道，舍之之谓德。故道之与德无间，故言之者不别也。间之理者，谓其所以舍也。义者，谓各处其宜也。礼者，因人之情，缘义之理，而为之节文者也。故礼者，谓有理也。理也者，明分以论义之意也。故礼出乎义，义出乎理，理因乎宜者也。法者所以同出，不得不然者也。故杀戮禁诛以一之也。故事督乎法，法出乎权，权出乎道。

中国传统文化中，"道"、"德"和"理"这三个概念很重要，而且其内涵随着时代演进也在不断充实变化，一定要清楚这三个概念。"虚无无形谓之道"。道是本体，是抽象的，虚无缥缈，难以捉摸的。管子后人补充解释说："天之**道，虚其无形。**"天道是虚的，无形无状。"**虚则不屈，无形则无所位连。无所位连，故偏流万物而不变。**"因为道是虚而无形的，所以没有任何东西会抵触它。这样，道流遍万物都不会变，能保持原始的自然状态。如果道是一个有形的实体，一定会遇到抵触，就会变形。这一点和老子的说法差不多。例如《道德经》说："**天地之间，其犹橐籥乎？虚而不屈，动而愈出。**"文字表述也差不多。所以很多考证和研究《管子》的人认为，管子是黄老学派，是道家的东西。但这很难说，也许是管子的后人受了老子思想的影响，也许老子本身就是受管子的影响。不能因为看《道德经》的人多，看《管子》的人少；老子比管子的名气大，就说《管子》是抄《道德经》的。这种说法很难成立，都是没有根据的推测。但至少两者是相通的，所以我认为管子的哲学思想之一是道论。

道是虚无无形的，但又无时无刻不在我们日常生活中。那么，道是通过什么体现出来的呢？通过"德"，所谓**"化育万物谓之德"**。德是道的用，万事万物体现道的时候表现出来的状态就叫做德。管子后人解说："**德者，道之舍，物得以生生，知得以职道之精**"。道和德是一体的两面，是一回事。在讨论形而上学的时候叫道，表现于具体事物的时候就叫德。德是道之所寄，是道的存在形式。万事万物得了道才有德，才得以生生不息。人的心智因为有德才能体认"道"这个最精粹的东西。为什么叫"德"？**"德者，得也。得也者，其谓所得以然也。"**"德"的本意就是"得"，万事万物得到了"道"才变成现在这个东西。原本世界上是没有这个东西的，一生二，二生三，三生万物，因此而来。有德之人也就是得道之人。说一个人不德，意思就是说他违背了道。

"以无为之谓道，舍之之谓德。"这里再换一个角度解释"道"和"德"。"道"就是无为，就是自然状态，就是本来的样子。不需要人做什么，回到"道"就是回到自然状态去。为什么道家和佛家会比较相通，在这方面是一致的？佛家讲本性是空，是清净的，变成后来的样子是因为本性被污染了，把污染本性的妄念去掉，就回到了本性状态。释、道两家只不过用的概念不同。**"舍之之谓德"**，"舍"是名词做动词用，意思是存在、保持。保持"道"就叫做德。所以"道"和"德"之间是没有间隔、隔阂的。道是体，德是用。故说话人常常不加区别，经常交互使用。

"理"最初是指物体的脉理，玉的脉理最细密，所以从玉字偏旁。后来引申为事物的条理规则。每一事物都有区别于其他事物的规则。如前所说，道在用的时候，无差别、无间隔的叫做"德"。"**间之理者，谓其所以舍也。**"表现在具体事物上会有间隔，就是有不同的理则。理指的是道在某个具体事物的体现。举个例子，在臣子身上，尽忠就是体现了道的精神，就是有德。如果为臣不忠，就违反了道。这是无一例外的。但臣子怎样去尽忠，又有很多不同理则。做法官要公正，做武将要不怕死，做财务大臣要量入而出，这就是不同的理。

24. 义、礼和法

　　管子讲完"道、德和理"之后，接着又提到了三个概念：义、礼和法。**"君臣父子人间之事谓之义。"**"义"的意思就是适宜，合宜。**"各处其宜"**，理则要合宜，合于道。道起用的时候叫德，用到君臣、父子、人间之事就要讲究义。君要仁，臣要忠，父要慈，儿要孝，长幼有序，朋友有信，都有适合每个人身份的义。用现在的话说就是本分。守了本分，就说这个人有道德。

　　"登降揖让，贵贱有等，亲疏之体，谓之礼。"义还是比较抽象的。人们要怎么去做呢？怎么把抽象的义化为实际行动呢？于是就有了礼。礼是基于人情，遵照合宜的理则，用具体条文明确起来，去约束人与人之间的关系。**"故礼者谓有理也。理也者，明分以论义之意也。"**所谓的礼，就是符合理则，个人的名分通过礼来体现，告诉人们怎样做才是合宜的。**"故礼出乎义，义出乎理，理因乎宜也。"**

　　义礼之外，还有法。什么叫法？**"简物，小未一道，杀僇禁诛，谓之法。"**这句话是说，做任何选择的时候，无论是小是大，都应该统一于"道"，用道来做唯一的标准。为了守护这个道，才要配合以法。这个法就是"杀僇禁诛"。后人解释说：**"法者所以同出，不得不然者也。"**法和礼、义、理是一回事，需要这个"法"是没办法的办法。为什么呢？因为**"杀僇禁诛以一之也"**。理放在那里，大小都要守这个道。有人不守怎么办？所以才要这个法，通过刑罚来维护道，让老百姓统一于礼。反过来说："**故事督乎法，法出乎权，权出乎道**"。做事能不能遵照礼，要靠法来监督，没有法，事情就无法合礼。法要慎重权衡才能制定，权衡的标准就是道。这样一种思想反映了管子"礼法一致"的政治思想。可见管子的哲学思想是"道"，但又不完全是老庄之道。他讲礼，反映思想中有儒家因素。但儒家不讲法，管子讲法，但又不是纯粹的法家思想。《管子》把所有这些思想统一到他的道论上。

25. 说出来的不是道

【经四：第759页】大道可安（守）而不可说。直（真）人之言，不义（宜）不顾（取），不出于口，不见于色。四海之人，又孰知其则？

【解四：第770页】道也者，动不见其形，施不见其德，万物皆以得，然莫知其极。故曰：可以安而不可说也。莫人，言至也；不宜，言应也。应也者，非吾所设，故能无宜也。不顾，言因也。因也者，非吾所顾，故无顾也。不出于口，不见于色，言无形也。四海之人，孰知其则。言深圉（深邃）也。

在管子看来，真正的道——大道，是可守而不可言说的，说出来的就不是道了。为什么？他的后人解释说，因为"**道也者，动不见其形，施不见其德，万物皆以得，然莫知其极**"。道在时空上都是无限的，自然无为、无形无象。如同老子说的，道这个东西是"**窈兮冥兮**"，"**道乃视之不见，听之不闻，搏之不得**"。即使道在起用时，你也是看不到它的形态和性质的。道超越一切具体事物而又内在于万物之中，"**万物皆以得**"，但万物却不知道"道"何从来、何从去。看不见的东西自然也说不出来，所以道"可安而不可说"。其实，世界上很多东西不是都能用语言表达出来的。语言只能代表人对世界认识的很小一部分。所以有时需要体悟，而不是通过语言来交流。现代西方思想则认为，语言能反映一切事物，凡是语言讲不清的东西都被看做迷信或神秘主义。这可能也是东西方思想的不同之处。

既然道是不可言说的，那么真正的得道之人就不会夸夸其谈。"**直人之言，不义不顾，不出于口，不见于色。四海之人，孰知其则。**"这里"直人"考订下来，应该是"真人"，也就是得到了至道的人。"直人之言"不是指真人讲的话，而是"所谓真人"的意思。所谓真人是怎么样的呢？就是那种"不义不顾"的人。这四个字很难解释，争论也多。还是看古代管子后人的解释最可靠："**不宜，言应也**"。"应"就是应变，应变时没有固定的标准做法，而是随机应变。"**应也者，非吾所设，故能无宜也**"。"应"是指事情来了，我去对付它，没来一套预设的应对办法。所以没有什么一定适宜一定不适宜的。"**不顾，言因也。**""顾"是取、欲的意思。"因"是因循、顺应的意思。"**因也者，非吾所顾，故无顾也**"。事情来了我顺应它走，并不是我主动去求的。所以没有什么非如此不可的欲望、愿望、要求。这样的人叫做真人。

他们"**不出于口，不见于色**"。他们想的东西不会说出来，也不能从他们的表情上看出来。因为道是无形的，所以得道之人也是无形的。四海之内的老百姓谁能够知道真人的真面目呢？真人虽然和我们生活在一起，但他的心性、精神境界和一般人不一样，所以没有人知道他是真人。

26. 管子的圣王之道

前面我以《心术上》的部分段落为文本，讲了《管子》对"道"的论述。实际上并不完整，因为管子对"道"的看法散落在很多篇文章里。《心术》只是相对比较集中的一篇。若想对道论进一步了解，还可以看《心术下》《白心》、《宙合》等。《内业》也比较集中地论道，后面会作为精读文本来讲。

《管子》的道论，尤其是管子后人的解说，很多地方跟老庄之道是相通的，但又不完全一样。他们所说的"道"，包含了儒家因素。儒家认为"天道远，人道迩（近）"，比较注重人道，认为"道"的核心是"仁"和"义"，所以在先秦儒家著作中提到"天道"的地方就比较少。《管子》将"天道"和"人道"联接起来，提出"圣王之道"。作为天下之王应该有圣王之道，才能政通人和。

管子在《戒》这篇文章中这样说："是故圣人上德而下功，尊道而贱物。道德当身，故不以物惑。"作为圣人，要把德看得比功高，"功"是指建立的功业。就是我们现在说的"成功人士"，成功人士不等于有德人士。作为君主，就应该尊崇道德而轻视物质，把道看得高于一切。圣人之王"道德当身"，就不会被物欲所迷惑。"是故身在草茅之中，而无慑意。"所以圣人生在贫民区，既贫困又没有地位，但面对达官贵人决不会自卑害怕。"南面听天下，而无骄色。"反之，圣人当了君王治理天下，也不会骄傲自得。"如此而后可以为天下王。"这样的人才可以治理天下。"为天下王"的圣人就是"圣王"。他们肩负着把"天道"落实到人间的使命，也就是实行王道。王道是天、地、人的合一。它具有天的德，像天那样广博、无私；又具有地的德，像大地那样公平、公正。王道的具体标准就是仁，就是爱人。这很接近儒家思想。

27. 势是个什么东西？

　　圣王推行王道，就要讲究"道术"，也就是《心术》里所说的"无为而制窍。"在君主的位置上，怎样才能既"无为"，又做到"制窍"，统帅百官、治理天下呢？其核心就是一个"势"字，见"经言"的第二篇。司马迁《史记》里提到过《形势》这篇文章，不过篇名叫"山高"，那是文章的第一个词。这是先秦时人惯常的做法，到汉代刘向编《管子》时，就改题目为《形势》。此文有独立成篇的《形势解》，篇幅很长，我穿插在《形势》里讲解。"势"有两种含义：一是指山形地势，《易经》"坤卦"就叫做"地势坤"。后来引申为倾向和潮流，如我们平时讲的"时势造英雄"、"大势所趋"、"逆势而行"等。另一个含义是权位、权势。《尚书·君陈》提到"无依势作威"，不要仗权势作威作福。指社会结构上的身处高位。这里的"形势"是指后面一种含义。

　　【经一：第21页】山高而不崩，则祈羊至矣；渊深而不涸，则沉玉极矣。天不变其常，地不易其则。春秋冬夏不更其节，古今一也。蛟龙得水而神可立也；虎豹托幽而威可载（行）也。风雨无乡（向）而怨怒不及也。贵有以行令，贱有以忘卑。寿夭贫富无徒归也。衔命者，君之尊也；受辞者，名之运（行）也。

这篇《形势》很有趣，讲的是"势"，但通篇没有提到一个"势"字，它善用比喻，由地形之势态隐喻君主的势位，来说明"势"的重要。"**山高而不崩，则祈羊至矣；渊深而不涸，则沉玉极矣。**"山势高峻雄伟而不会崩坏，这样就会有人来祭祀山神。深潭里的水深不见底而不会干涸才能让水神居住，才会有人用玉来祭祀。玉在先秦时代是非常珍贵的东西，祭水神就用玉沉到水底。如果是山就要高，如果是水就要深，这样才有人来祭祀。如果没有权势，"人微言轻"，明明是真理也没有人会听你的。作为统治者要掌握势位，不能轻易放掉，放掉势位以后，你就什么都不是了。文章开宗明义讲势的重要。

"天不变其常，地不易其则。"《形势解》解释这两句："**天覆万物，制寒暑，行日月，次星辰，天之常也。**"苍天覆盖万物，决定寒暑，让日月星辰运行，这是不会变的。"**地生养万物，地之则也。**"大地生养万物也是不变的理则。春秋冬夏的时节不会变更，古往今来都是如此。这是说，有些东西就像天地春秋一样是亘古不变的。比如"势"的重要性就是任何时代不变的。

"**蛟龙得水而神可立也；虎豹托幽而威可载也。**"蛟龙在水里便有神灵，虎豹在深山老林的幽暗处才能耍威风。蛟龙、虎豹都需要借"势"才能施展神威。如果蛟龙到了陆地上就寸步难行，虎豹关在动物园的铁笼子里和猫也相差不了多少。君主如果失去了权势，那也就和普通人一样，没有人会畏惧你。

"**风雨无乡而怨怒不及也。**"狂风暴雨很厉害，能把房屋、树木都吹倒，但它没有偏向，对富人穷人所有人都一视同仁，所以没有什么人会抱怨风雨的。君主行使你的威势，只要不避贵贱强弱，至公无私，那就没有什么好抱怨的。"**贵有以行令，贱有以忘卑**"。有地位的人靠势得以发号施令，驱使底下的人。"**贱有以忘卑**"，弱势群体靠"势"忘记了自己的地位卑下。那些帝王身边的小人，不过是个秘书、车夫、保镖之流，但喜欢仗着主人的权势耀武扬威，忘了自己卑贱的地位，套一句成语就是"狐假虎威"。《史记·管晏列传》有一段写晏子的车夫："其御之妻从门间而窥其夫。其夫为相御，拥大盖，策驷马，意气扬扬，甚自得也。"刻画这类人非常形象。还有一种解释，是说社会底层的人因为有势的观念存在，所以认为自己卑微是天经地义的，并不怀疑人分尊卑的合理性。这叫做"忘卑"。例如，在印度的种姓制度中，贱民阶层受到不平等待遇。虽然现代印度已经从法律上废除了种姓制度，但许多出身贱民的人还是保留着以前低声下气的行为做派，并不感觉到这就是卑微。我以为这种解释比较符合文章的原意。**"寿夭贫富无徒归也。"**长寿或短命，贫穷和富贵都不是徒然而致、没有原因的，因此要安命。"势"是一种观念，这种观念在社会运作中是很重要的。"贵"的人所以能行令，"贱"的人所以能忘卑，都是因为这种"势"的观念存在，人们才各守本分。

　　"衔命者，君之尊也；受辞者，名之运也。"有臣民听从命令，方显出君主的尊贵。齐桓公最后被饿死，是因为他已失去"势"，没人再听命了。臣民领受君主发布的法令，君主之名才有实效。民国初期，北京的中央政府一直存在，但发布的命令，地方军阀都不听。因此，虽有中央之名，但管辖的范围不出一个北京城，有名而无实。所以"势"不等于君主这个名号，而是有许多实际内容的。

　　"势"在现代管理中也非常重要。领导人首先要建立起自己的权威。决策中心若没有建立权威，其他的事情做得再多，也都是不起作用的。政治智慧的核心就在于此。

28. 法家论"势"

　　"势"在法家思想中是一个非常重要的概念。早期法家思想分为"法"、"术"、"势"三个流派。慎到是主"势"一派的代表人物。他认为："**飞龙乘云，腾蛇游雾，云罢雾霁，而龙蛇与蚯蚁同矣，则失其所乘也。贤人而诎于不肖者，则权轻位卑也；不肖而能服于贤者，则权重位尊也。**"（转引《韩非子·难势》）飞龙驾云而飞，腾蛇遨游雾中。如果云消雾散，而龙、蛇就和蚯蚓、蚂蚁一样了。这是因为它们失去了所凭借的东西。能人有时不过是不肖之徒，那是因为权势轻职位低的缘故；不肖之徒有时能让能人屈服，那是因为权势重职位高的缘故。"**尧为匹夫，不能治三人；而桀为天子，能乱天下：吾以此知势位之足恃而贤智之不足慕也。**"让尧做一个普通人，那就连三个人都管不了；而让夏桀做天子，他就能搅乱天下。于是我知道权势地位值得依靠而贤能才智不值得羡慕。

　　韩非是法家思想的集大成者，把法、术、势三者结合在一起，提出"**抱法处势则治，背法去势则乱**"。（《难势》）意思是掌握法度、据有权势就可以天下太平；背离法度、丢掉权势就会天下大乱。然而，韩非"法势合一"思想的最后落脚点，仍是在巩固和扩大君主的"势"上面："**君持柄以处势，故令行禁止。柄者，杀生之治也；势者，胜众之资也。**""**凡明主之治国也，任其势。**"（《八经》）韩非认为，"**夫势者，名一而变无数者也。**"权势是一个名称，可以有很多表现形式。他把"势"分为"自然之势"和"所得而设之势"，即人为之势。一开始君主就自然有一种权势，但会因其作为或扩大或丧失。君主扩大和加强自己的权势，那就属于人为之势。韩非子更重视人为之势，他的理论体系主要是围绕君主如何建立人为之势展开的。

韩非的老师荀子也讲到过"势"。荀子的学问是有儒家家法传承的，后世无法把他归入法家，但他的思想对法家影响很大。他的另一位高徒李斯帮助秦始皇一统天下，建立了中国历史上第一个中央集权制国家，是法家的实践者。可见早期的儒家和法家并不是楚河汉界、泾渭分明的。他在《强国》篇中说："**处圣人之势，行圣人之道，天下莫忿，汤武是也。处圣人之势，不以圣人之道，厚于有天下之势，索为匹夫不可得也，桀纣是也。**"商汤、周武这样的明主既有权势，又能行圣人之道，所以天下人没有丝毫不满。夏桀、殷纣这样的暴君虽有权势，在其位可以行圣人之道，但他们不去做，只看重握有天下的权势，最后做个普通老百姓都没办法。荀子由此得出结论："**然则得圣人之势者，其不如圣人之道远矣！**"这可以说是儒家的看法。

《管子》的"势论"，显然不同于这两派。他提出"势至重而身至逸"，以道论势，引道入势，主张以道控势。将作为哲学基础的"道论"和作为政治哲学的"势论"结合起来，"势"让"道"驾驭。

29. 不扰民、不折腾

【经二：第25页】上无事则民自试（用），抱蜀不言而庙堂既修（循）。鸿鹄（类似天鹅的水鸟）锵锵（形容美貌），唯民歌之。济济（形容威仪）多士，殷民化之，纣之失也。飞（摇摆）蓬（野草）之间（问），不在所宾（听）；燕雀之集，道行不顾。牺牲圭璧不足以享鬼神。主功有素，宝币奚为？羿之道，非射也；造父之术，非驭也；奚仲之巧，非斲削也。召远者使无为焉，亲近者言无事焉，唯夜行（喻心行）者独有也。

统治者、管理者不扰民、不折腾，老百姓就能做自己的事业。"抱蜀不言而庙堂既修。"这句争议就很多了。照《形势解》的解说："人主立其度量，陈其分职，明其法式，以莅其民，而不以言先之，则民循正。所谓抱蜀者，祠器也。""蜀"是祭祀用的器皿，类似于蜡烛台。君主抱住象征权力的"蜀"，建立法度、明确职守，去统治臣民，不需要多说话，臣民就会按正道行事了。"鸿鹄锵锵，唯民歌之。"这样做，老百姓就会称赞君王的美行。古人用天鹅的美貌来比喻君王的美行。《诗经》里有："济济多士，文王以宁"。这里引用典故，文王手下的大臣都很有威严，所以感化了殷朝的人民，他们愿意成为周朝的子民。那实在是纣王的过失。

"飞蓬之间，不在所宾。"像野草一样摇摆而没有定见的询问，不必去听。

用现在的话来说，就是不必去听那些杂音。"燕雀之集，道行不顾。"小鸟聚集在一起，路人可以不去理会。如果是"凤凰来集"则可以去一探究竟。这里讲的还是"势"，君主不必理会无足轻重的民众。执政者不要在意众人叽叽喳喳的议论。

"牺牲圭璧不足以享鬼神。主功有素，宝币奚为？"用牛羊宝玉之类的供物去祭祀，不足以得到鬼神的帮助。明主建功立业在于素心素行，以财宝去讨好鬼神有什么用呢？素心是虚心的意思，开放的心胸。素行就是无为而治。"羿之道，非射也；造父之术，非驭也；奚仲之巧，非斲削也。"后羿的箭道不是靠箭射得多，而是靠精准地确定靶心；车神造父的本事不在于驭马的技术，而是因为他识马；神匠奚仲的灵巧，不在于他琢削的技术，而是在中规中矩。这三个比喻说明任何事要能够达到极致，不在于"术"，而在于"道"。因此，君主要把握的是道，不是术。

"召远者使无为焉，亲近者言无事焉，唯夜行者独有也。"要使远方的人来归顺，只有靠"无为"，不折腾他们。要使身边的人亲附自己，要少说话，没有虚言。当然，这只有心行者做得到。《形势解》说："明主之使远者来而近者亲也，为之在心。所谓夜行者，心行也。能心行德，则天下莫能与之争矣。故曰：唯夜行者独有之乎。""心行"就是内心行德。做善事不应该大张旗鼓、轰轰烈烈，而是贵在不知不觉中低调地行善。

30. 用人要用怎样的人

【经三：第31—32页】平原之隰（湿地），奚有于高？大山之隈（谷地），奚有于深？訾謷之人，勿与任大。譕（谟，谋）臣（巨）者可与远举；顾忧者可与致道。其计也速而忧在近者，往而勿召也。举长者，可远见也；裁大者，众之所比（跟从）也。美人之怀，定服而勿厌也。必得之事不足赖也；必诺之言不足信也。小谨者不大立，訾食（恶食，偏食）者不肥体。有无弃之言者，必参于天地也。

据前人考证，"平原之隰"应该是"平原之封"，这样才解释得通。平原上的小丘，看上去很高，但毕竟海拔很低，怎么称得上高呢？山区里的谷地，本身在地势高的地方，也谈不上深。这是比喻人有大的过失，虽有小善，称不上贤人；人有大的善行，即使有小小缺失也不为过。意思是说，用人要看大的方面。"**訾謷之人，勿与任大。**"诋毁好人叫做"訾"，吹捧坏人叫做"謷"。这样的人是小人，不能重用。"**譕臣者可与远举；顾忧者可与致道。**""臣"是"巨"的误笔，"巨"，宏大。出谋划策时有宏观思路的，就可以和他商量长远的战略问题。"顾忧者"，即始终有危机意识的人，可以与他同道。"**其计也速而忧在近者，往而勿召也。**"那些反应很快，眉头一皱计上心来的人，只考虑眼前的麻烦，不担忧长远的潜在危机，走了就不必再召回来，一点也不可惜。"**举长者，可远见**

也；裁大者，众之所比也。"考虑问题长远的人，他带来的益处可以在很远很广大的时空环境里显现。能够裁决大事情的人，众人都愿意跟从。其实，核心不是谁封的，在一个群体内，往往那个能够做决定的人逐渐就变成了核心。"美人之怀，定服而勿厌也。"这里的"美"是动词。要想美于他人之怀念，给他人留下美好的印象，必定要服行道德，不能厌烦。"必得之事不足赖也；必诺之言不足信也。"如果有人说，这件事我一定办得到，那你就不要太依赖他。如果有人说我这句话一定能兑现，你也不要太相信。世上的事物并不完全取决于主观的，能够信任和依赖的是那些不把话说得太满的人。"小谨者不大立，訾食者不肥体。"偏食的人不会胖，因为营养不均衡。后一句是隐喻前一句的，谨小慎微的人成不了大事。"有无弃之言者，必参于天地也。"那些说出来的话在任何时候都不过时的人，也就是发现真理的人将永存于天地之间。

这一段是讲用人要用怎样的人，什么人可以用，什么人不可以用。一个统治者、管理者要想无为而治，"势至重而身至逸"，首先就要用对人。如果管理者任用了一堆钩心斗角的人，急功近利的人，鼠目寸光的人，胆小怕事的人，那么不仅自己会精疲力尽，心力交瘁，而且所辖的地区或企业也一定管不好。

31. 管子首创"胡萝卜加大棒"

对于如何维持和扩大君主权势的"术",管子提纲挈领地讲了一些原则。

【经四:第36—41页】坠岸三仞,人之所大难也,而猿猱饮焉。故曰伐(自夸)矜(自大)好(自是)专(独断),举事之祸也。不行其野,不违其马。能予而无取者,天地之配也。怠倦者不及,无广者疑(凝)神。(凝)神者在内,不及者在门。在内者将假(暇,轻松),在门者将待(等)。曙戒(戒旦,晨曦)勿(忽)急,后稚(迟)逢殃。朝忘其事,夕失其功。邪气袭内,正色乃衰(减)。君不君,则臣不臣。父不父,则子不子。上失其位,则下逾其节。上下不和,令乃不行。衣冠不正,则宾者不肃。进退无仪,则政令不行。且怀且威,则君道备矣。莫乐之,则莫哀之。莫生之,则莫死之。往者不至,来者不极。

坠岸三仞,人之所大难也,而猿猱饮焉。故曰伐矜好专,举事之祸也。不行其野,不违其马。从三仞之高的悬崖上跳下来,对人来说很难,而猿猴就能喝到悬崖底下的水。比喻人各有所长,自己做不到的,他人未必也做不到。马有识途的本能。自己没有走过的野地,就让马自行择路,不要违背它。比喻自己没经验就要问有经验者,不要自作聪明。

"能予而无取者，天地之配也。"君主对臣民能够做到只有付出，没有索取，那就配得上天地了。其实，这是管子理想化的圣王之道。只要能够先付出、后索取，公开地付出，暗底下索取，也就不错了。

"怠倦者不及，无广者疑神。（凝）神者在内，不及者在门。在内者将假，在门者将待。"懒惰的人不能成事。什么都想做的人无法专一。"无广"就是不分心的意思。这就是《庄子·达生》里说的："用志不分，乃疑于神。"只有专一的人才能有一番作为，否则只能是门外汉。入了门的专家做起来很轻松，门外汉就只能等待，永远进不了门。"曙戒勿怠，后稚逢殃。朝忘其事，夕失其功。"早晨的时候疏忽偷懒，不做事，到了晚上就遭殃，会一事无成。

"邪气袭内，正色乃衰。"邪气进来，正气就会衰减。在政治层面上，决策层里的小人多了，正人君子就少了。"君不君，则臣不臣。父不父，则子不子。上失其位，则下逾其节。"做君主的不像君主，臣下就一定不像臣下。做父亲的不像父亲，儿子就一定不像儿子。为君者失去势位，在下者就会僭越名分。"上下不和，令乃不行。衣冠不正，则宾者不肃。进退无仪，则政令不行。"君臣不和，政令就无法实行。古人非常讲究礼仪，主人的衣服穿得不庄重，宾客就不会肃然起敬。要政令通畅，就必须有一套仪式制度。礼仪并不是形式主义，有适当的礼仪才能引起人们的重视。

"且怀且威，则君道备矣。"做君主做领导人最重要的统治术是恩威并施，怀柔和威严并举。怀柔就是用礼教，威严就要靠刑法。用今天的话来说，就是实行"胡萝卜加大棒"政策。两千多年前的管子可以说是这种政策的首创者。《管子》提倡"礼法并举"和法家思想明显不同，更接近于儒家的思想。为什么要"且怀且威"呢？"莫乐之，则莫哀之。莫生之，则莫死之。往者不至，来者不极。"君主不与百姓同乐，那么老百姓也不会与君主同悲。君主不让百姓好好生活，老百姓就不会为君主去赴死。对百姓没有付出，老百姓也不会相应地回报君主。移民走了的就再也不回来了，君主想吸引的人才也不会真的来。

32. 得道者得天下

【经五：第41—43页】道之所言者一也，而用之者异。有闻道而好为〔治〕家者，一家之人也；有闻道而好为乡者，一乡之人也；有闻道而好为国者，一国之人也；有闻道而好为天下者，天下之人也；有闻道而好定〔正〕万物者，天下〔地〕之配也。道往者，其人莫往〔来〕；道来者，其人莫来〔往〕。道之所设〔在〕，身〔与〕之化也。持满者与天，安危者与人。失天之度，虽满必涸。上下不和，虽安必危。欲王天下而失天之道，天下不可得而王也。得天之道，其事若自然。失天之道，虽立不安。其道既得，莫知其为之。其功既成，莫知其泽〔离〕之。藏之无形，天之道也。疑今者察之古，不知来者视之往。万事之生也，异趣而同归，古今一也。

无为而治，必须循道。也就是说"势"要由"道"来主导。"**道之所言者一也，而用之者异。**"说起来，道只有一个，而用的时候可以用到不同层次。有人闻道后喜欢用此来治理家庭，这个人不过是治理一家之才。有人闻道后喜欢用此服务乡里，他就是治理一乡之才。以此类推到喜欢用道来治理国家、天下的，就是治国或治理天下之才。最高的境界是"**闻道而好定万物者，天下之配也。**"考据家认为，"天下"应该是"天地"之误才解释得通。闻道后喜欢以道来正定万物的，这样的人才配得上天地，是天地人"三才"中的人才。

"**道往者，其人莫往；道来者，其人莫来。**"这句又有不少争论，比较难解释。有人认为是传抄过程中出错，应该是"**道往者，其人莫来；道来者，其人莫往。**"君主失道的话，人民就会背弃他，移民别处，不再回来了。君主得道的话，人民就会来归，再困难也不会走，愿意与君主共度时艰。后来有一句成语"得道多助，失道寡助"，就是这个意思。为什么会如此呢？"**道之所设，身之化也。**""身之化也"，"之"是指代"道"，缺了个介词"与"，为"身与之化也"，意思就清楚了。一个人得了道，他就会因道而改变，言谈举止、待人接物都会被道潜移默化。"**持满者与天，安危者与人。**"怎么改变呢？那些功成名就者就会效法于天，天道是满而不溢的。那些决定天下安危者就会顺应民心。"**失天之度，虽满必涸。**"如果不效法于天，满得溢出来了，也就是失度了，过分了，就会干枯。事物失去了度就会走向反面。"**上下不和，虽安必危。**"容易理解。"**欲王天下而失天之道，天下不可得而王也。**"因此，得道者得天下。如果想称王治天下，但失去了"天道"，那是不可能得天下而称王的。

"**得天之道，其事若自然。失天之道，虽立不安。**"一个君主如能得道的话，称王治天下这样的大事自然而成。相反，如果失道的话，即使建功立业了，也随时可能失去。南怀瑾老师经常告诫那些管理者要"逆取顺守"。在一个社会变动的时候，如果完全按照旧的规矩和未完善的法规政策做事，是成不了大事的。因此，创业时往往需要不按理出牌，叫做"逆取"。建立了事业之后，就要"顺守"，一切要按制度、法律、道理去做，否则一定会失败。但很多人不信，以为可以永远按照以前的办法做下去，永远可以靠借银行的钱来运作，九个盖子盖十个碗。眼看着他们一个个失败，最后破产、坐牢，甚至发疯、自杀。改革开放之初，第一批发财的人几乎没剩几个，就是因为他们不懂这个道理，所以"虽立不安"。"**其道既得，莫知其为之。其功既成，莫知其泽之。藏之无形，天之道也。**"已经得道的，往往不觉察自己是怎样做的。已经成功的，又往往不觉察道是怎样离开的，就好像隐藏起来无形无相，这就是天道。

"**疑今者察之古，不知来者视之往。万事之生也，异趣而同归，古今一也。**"

管子解读：领袖需要的智慧

前面讲的这些道理，如何让人信服呢？或者说，如何来把握这个"道"呢？对当今有怀疑的可以考察古代；对未来不了解的，则可以回顾历史。万事万物发展的途径或有不同，但最后总是同归于道，从古到今都是一样的。因此，在历史上反复出现的、有规律性的东西就是"道"。

33. 以道控势

【经六：第43—44页】生栋覆〔塌〕屋，怨怒不及；弱子下瓦，慈母操箠。天道之极，远者自亲。人事之起，近亲造怨。万物之于人也，无私近也，无私远也。巧者有余，而拙者不足。其功顺天者，天助之；其功逆天者，天围〔违〕之。天之所助，虽小必大；天之所围〔违〕，虽成必败。顺天者有其功，逆天者怀〔致〕其凶，不可复振〔救〕也。

这一段开始讲人性人情：盖房子用刚砍伐下来的木材，房子倒塌了。因为这个决定是自己做的，就不会埋怨自己。反过来，小孩顽皮爬到屋顶上把瓦片扔下来，慈母看到后也会拿起棒子教训他。意思是自己做的错事，再大也不以为然。别人做的错事，再小也会震怒，哪怕是亲生儿子做的。天道则不一样，没有亲疏之别，对每个人都公平。"**人事之起，近亲造怨。**"人与人之间的事情，哪怕是非常亲近的兄弟姐妹、父母夫妻都有可能反目。"**万物之于人也，无私近也，无私远也。**"自然界对于人来说，就没有亲疏差别了。这是解释为什么天道公平。因为天道出于自然，而自然本来就没有亲疏之别。既然天道万物是无私的，那么"**巧者有余，而拙者不足。**"有智慧的人用道觉得还有余力，愚蠢的人用道总感到不足。所以做事失败不要怨天尤人，还是先反省自己是"巧者"还是"拙者"吧！

"其功顺天者，天助之；其功逆天者，天围之。天之所助，虽小必大；天之所围，虽成必败。"做事顺应天道的，天就会帮助他，很小的力量也一定会壮大。做事违背天道的，天也会反对他，就算成功一时，到最后还是必败无疑。"顺天者有其功，逆天者怀其凶，不可复振也。"顺应天道的能成功，违背天道的招致灾祸，而且是不可以挽救的。这一段再次强调"道"的重要性。不管是主张"势位足恃"，还是主张"抱法处势"，最后都必须遵道顺道。不然，即使像夏桀殷纣那样有权势，因为他们逆天背道而行，胡作非为，倒行逆施，最后还是会亡国，落到身败名裂的下场，而"不可复振也"。这里说的就是要"以道控势"，道是凌驾于"势"之上的。这和慎到、韩非子等的法家思想是针锋相对的。

34. 行道贵在慎重

　　《形势》的最后一段主要讲用"道"要贵其重，不能采取功利的态度去各取所需。

　　【经七：第45—46页】乌鸟之狡（猜，疑），虽善不亲。不重之结，虽固必解。道之用也，贵其重也。（重，淳厚诚敬也。为前两喻作结论）毋与（结交）不可，毋强（勉强）不能，毋告不知（智）。与不可，强不能，告不知，谓之劳而无功。见（现）与之交，几于不亲；见哀之役，几于不结；见施之德，几于不报。四方所归，心行者也。独王之国，劳而多祸；独国之君，卑而不威；自媒之女，丑而不信。未之见而亲焉，可以往矣；久而不忘焉，可以来矣。日月不明，天不易也；山高而不见，地不易也。言而不可复（验证）者，君不言也；行而不可再者，君不行也。凡言而不可复，行而不可再者，有国者之大禁也。

　　传说乌鸦天性狡猾多疑，有些人就像乌鸦一样，即使与人关系好，但也不会很亲近，不会掏心掏肺。多疑的人就算朋友很多，却往往没有知心朋友。绳结没有一重重地打结，看上去很坚固，但容易解开。如果绳结打了一个又一个，要解开就没那么容易了。这两句比喻是要引出后一句话："**道之用也，贵其重**

也。"你即使闻道了，但起用时必须慎重，行道要淳厚诚敬，要有敬畏之心，不能想用的时候拿来，不想用的时候就扔在一边。

淳厚诚敬，具体表现在"**毋与不可，毋强不能，毋告不知。**"不要去结交不应该、不值得结交的人；不要勉强去做无法做到的事；不要与不聪明的人商量事情。如果这样做了，就是劳而无功的。"**见与之交，几于不亲；见哀之役，几于不结；见施之德，几于不报。**"显露出来的交情，勾肩搭背，吃吃喝喝，这类酒肉朋友就如同不交、不亲一样，没有用处；帮助他国打仗而流露出怜悯的样子，这个国家也不会和你结成真正的盟国；给他人好处而摆出一副居高临下的姿态，显示你有恩于对方，他人是不会感激你的。因此，要懂得怎么去帮助别人，不要摆着一副施舍别人的样子，否则即使你给了他金钱上的帮助，他心里还是不高兴，觉得人格上受到侮辱。讲一段我自己的亲身经历：我当年在美国留学时，手头很拮据，有位老同学想帮我。她不是直接给我钱，而是说有一笔生意要做，从洛杉矶买一批汽车和办公室设备运往中国。我只是转个单子就赚到了两千美元。我开始以为生意原来那么容易做。后来才知道，她原本可以直接从东部采购发货，根本不需要我转这个单子。她这样做，只是照顾我的面子，不想让我误会是在接受她的施舍。有些人行善非常高调，则是"**见施之德，几于不报**"。不管他动机如何，至少是不懂中国传统道德。"**四方所归，心行者也。**"真正能众望所归的，是那些"心行者"，做任何事，无论是交友，还是救人或施舍，都默默地做，不显露出来。

"**独王之国，劳而多祸；独国之君，卑而不威；自媒之女，丑而不信。**"在中国传统社会，不是明媒正娶，自己私奔的女人在别人眼中是很丢脸、很靠不住的。这是用来比喻"独王之国"和"独国之君"。"独王之国"是指专制独裁的君主，不信任国内的任何人，什么事都要自己决断。这样的君主做得很辛苦，但仍旧灾祸不断。"独国之君"是指一个没有盟国的国君，这样的君主是没有威风的，俗话说"关起门来称大王"，这哪里称得上威风。"**未之见而亲焉，可以往矣；久而不忘焉，可以来矣。**"尚未见过就令人仰慕的君主，可以去投奔；久别而令人难忘的君主，可以来辅佐他。"**日月不明，天不易也；山高而不见，地不易也。**"日月会发生日食、月食，但天还是天，并不因此而改变。山高有挡住视线、看不见地平线的时候，但地还是地，并不因此而改变。事物会有偶然因素出现，但要看到不变的东西，"道"是不变的。

"**言而不可复者，君不言也；行而不可再者，君不行也。**"说出来的话无法用行动来验证的，作为君主就不要说。如果经常这样说话，君主的威势就没有了。做一件事是侥幸成功，下次再做会有很大风险，或者根本做不成的，那么这样的事就不要去做。投机也许会得逞一次，再做就有可能被抓住，就算第二次没被抓，第三、第四次做，运气就没那么好了，总有被抓住的时候。"**凡言而不可复，行而不可再者，有国者之大禁也。**"凡是言论不能被兑现的，行事不能重复成功的，都是君主最大的禁忌。作为领导人，不要说大话、假话，也不要做冒险的事，投机取巧的事。

第三讲

《管子》的养生之道

《管子》养生之道以他的道论为基
础，怀有敬畏之心，心形统一于精气，
统一于道，认为人的身体、智慧和品
性这三者要放在一起修养，"以求长
年、长心、长德"，才叫做"养生"。

35. 养生和养身

第三讲主要讲管子的养生哲学。"养生"是生命的"生"，不是身体的"身"。古人用的每一个字都是非常有讲究的。这里的养生和我们通常所讲的"养身"不一样。养身实际上只是保健、延年益寿。现在这个时代有各种各样的所谓养生术，都标榜可以长寿，可以养生。很多有钱人补药吃了不少，如冬虫夏草、人参，但仍然命不长。读了《管子》就能明白这是什么道理了。许多东西要正本清源，知道它源头怎么说，而后来的东西是正是邪就能看得清清楚楚了。再则，仅仅知道养生之"术"是没有用的，首先要懂养生之"道"，也就是养生的哲学。看不清源头，不懂得道，被他人一蛊惑就信了，结果花了时间，花了钱，反而把自己身体糟蹋了。

《管子》的养生要达到什么样的目标？要从何入手？我讲过《大匡》、《中匡》、《小匡》"三匡"都是介绍管仲事迹和言行的。在《中匡》里有一段管仲和齐桓公的对话。（桓）公曰："请问为身。"请问怎么把自己的身体搞好？这是大家都关心的问题。"对曰：'道血气，以求长年、长心、长德。**此为身也。**"方法途径是"道血气"，"道"，是引导、理顺的意思，即引导血气、理顺血气，在气脉和血脉上面下功夫。我认为后来中医理论以及各种养生术都没有超出此范围。养生的目标是什么？"长年"、"长心"和"长德"，这是三位一体、不可分割的。"长年"，延长寿命，相当于我们今天讲的养身；"长心"，增长智慧，一个人只是活得久，或者身体好没有用，还要有思想，有智慧。这是人类和动物，或者说文明人和野蛮人根本不同的地方。

最后则是长德，增长德性。"长德"的"德"字非常重要，在读古书时经常会碰到。在《心术上》里，管子解释了什么叫做"德"。我在第23章已有详述，简言之，"德"即"得"，是"道"的存在形式。"德"在中国传统思想中是一个非常重要的概念。因此，它的内涵不断丰富，争论也不少。宋明理学家争论最多的就是《中庸》中提及的"尊德性"与"道问学"的关系。到底应该从"道问学"入手，还是从"尊德性"入手？这是朱熹与陆九渊两派论辩的核心问题，也是宋代以朱熹为代表的"理学"和明代以王阳明为代表的"心学"不同的地方。用今天的话来讲，《管子》所说的"长德"就是培养一个人的人格、气质、品性。

36. 长生、长心和长德

《管子》认为人的身体、智慧和品性这三者要放在一起修养，这才叫做"养生"。一个人如果功夫光花在身体上，吃补药、炼气功，但心不修、德不长，会造成什么后果呢？《管子·立政九败解》曾说：

> 人君唯无好全生，则群臣皆全其生。而生又养生。养何也？曰：滋味也，声色也，然后为养生。然则从欲妄行，男女无别，反于禽兽。然则礼义廉耻不立，人君无以自守也。故曰：全生之说胜，则廉耻不立。

这段话意思很难懂，主要难在第一句话，要经过考据才能讲得通。"人君唯无好全生，则群臣皆全其生。"君主不好全生，下面的群臣怎么会都全其生呢？这是解释不通的，问题出在这个"无"字上。《立政九败解》前两段的开头都是"人君唯毋……"。"无"与"毋"是相通的，有时会把"毋"写成"无"。其实错在这个"毋"字上。这里的"毋"应该是"毌"（guàn），"毌"字是语气词，一个没有意义的发声助词。这样就解释通了："人君唯好全生，则群臣皆全其生。"君主喜欢全生，所以群臣都跟着全其生。全生即长寿。君臣都想长寿，所以要养生。怎么养生呢？"滋味也，声色也"，以为多吃补品就是养生，采阴补阳就是养生，造成的后果是"从欲妄行，男女无别，反于禽兽。然则礼义廉耻不立，人君无以自守也。"纵欲胡搞，男女乱交，返回到禽兽状态，没有了人性，没有了道德。如此一来，身为君主没有了做人的底线。所以说："**全生之说胜，则廉耻不立。**"那套所谓的养生术盛行的话，社会的道德观念就崩溃了。

管子讲的则是养生之道，也就是养生哲学。管子的养生之道是以他的道论为基础的。我们在讲管子道论的时候，主要讲《心术上》。其实，《心术下》也值得看。《心术下》和《白心》这两篇文章内容大致重复，连文字都有很多重复的。相传可能是同一篇文章由于不同的途径流传而造成的。《心术上》说："**道在天地之间也，其大无外，其小无内。**"《内业》也说："**道满天下，普在民所**"。管子认为：道是普遍存在的。同时，他又说："**道之所言者一也，而用之者异。**"（《形势》）

37. 养生从气入手

《枢言》中说道："**道之在天者，日也；其在人者，心也。故曰：有气则生，无气则死。**"这就是说，道体现在天体上，最重要的是太阳；体现在人身上，最重要的是心。人之得道，就是心之得道。所以管子把养生之道的着眼点、用功处放在"心"上，但又不是直接以"道"来谈论"心"，而是通过"气"说出"道"与"心"的关系，心"**有气则生，无气则死**"。心气是合一的。人的身上，气是最重要的。一口气出，一口气不入，人的生命就停止了。学佛的同学就知道，佛教也是讲心气合一的。人身是由风、火、水、土"四大"和合而成。土大指人身上的骨肉毛发；水大包括血，如果血没有了，还不会一秒钟就死掉；火大是身上的体温，体温也是一点点没有的。风大指呼吸，呼吸停止了，心脏也随之停止跳动，思维也没有了。佛教主张修行要从修气、修息入手，如安那般那呼吸法门。远在佛教传入中国之前，管子就主张养生要从"气"入手，所谓"道血气"。"气"在中国古代的思想观念中是一个非常重要的概念。《管子》书里的气，分为自然之气和生命之气。自然之气如云气、雾气、燥气、湿气和天地之气、阴阳之气、四时之气。生命之气就是"道血气"的"气"。

如何通过"道血气"而"长年长心长德"呢？比较集中的论述是在《内业》篇。在这篇文章中，"道"和"精气"经常被提及，它们也是可以互相代替的。"内业"字面解释就是"内心修养之业"，意思是如何搞好内心修养，它从根本上告诉我们怎么去养生。我们用的《管子》版本是黎翔凤老先生整理的。他的老师是清末民初非常有名的大学问家黄侃（季刚）。黄季刚读了《内业》之后赞叹说："真古道家言也，《参同》、《黄庭》皆于是乎出。"这才是真正原始道家的学说。《内业》是后来很多道家著作，如《参同契》、《黄庭经》的源头啊！他接着说："**诵法此等文籍，实足以安身成德，岂不胜于方士隐语，缪其辞义，使人误解以滋欲者乎！**"（中华书局《黄侃日记》第126页）把《内业》这样的文章研究透了，足以安身成德。岂不远远胜过那些故弄玄虚、教人误解以致纵欲的方士？后来的道家，尤其是道教徒不是从整体上继承原始道家的理论，而是偏向道术，搞炼丹、房中术、采灵芝等。因此，有几个人真能长生不老呢？以前香港有个非常有名的道家人物，外貌看上去童颜鹤发，教人怎么养身，很有门道。很多富豪名流都拜在他门下，想学习延年益寿的法门。结果这个人活到七十多岁就一命呜呼了。他教别人怎么长寿，自己却没有长寿。他是有道还是没道？这些都是在术上下功夫。接下来我们看具体文本。

38. 精气就是道

【内业·第一章】凡物之精，（得）此则为生。下生五谷，上为列星。流
于天地之间，谓之鬼神。藏于胸中，谓之圣人。是故民（此）气，杲（明）
乎如登于天，杳（幽暗）乎如入于渊，淖（湿润）乎如在于海，卒（萃，
聚）乎如在于己。是故此气也，不可止（保持）以力，而可安以德。不可
呼以声，而可迎以音（意）。敬守勿失，是谓成德。德成而智出，万物果
（毕）得。

在这一章里，管子开门见山提出一个"精气"的范畴。这个"精"字很重
要。孔子说"食不厌精"，就是说要吃原汁原味的食物。现在鸡没有鸡味，肉没
有肉味。因为这些都是用工业化的办法生产的，含化工成分，就不"精"了，
再怎么加工也不会好吃。管子提出气也有"精"，这个"精气"就是道的具体
化和物质化。道是不可捉摸的，它怎么变出万事万物来呢？就是通过这个"气
之精"。"凡物之精，**此则为生。**"得到这个精气，万物就生长起来了。在大地上
生出五谷，在天上化为星球。在宇宙天地之间流布，我们叫它鬼神，叫它精灵。
如果进入人的心胸，这个人就是圣人。古人以圣人为修养的目标。如何成为圣
人？这个精气，或者说这个道要蕴藏在心胸之中。

这种精气，明亮的时候，如同太阳照亮天空；幽暗的时候，藏起来无形无

象，根本就看不到它，像在深渊里面；湿润的时候，就像大海的波涛；聚集的时候，就像充满在自己的身体里。这是讲精气的形态。如何保有这种精气呢？答案是有的：无法用体力将它保持在胸中，但可以用德性来留住；无法用声音去呼唤，但可以用意念去感受。**"敬守勿失，是谓成德。德成而智出，万物果得。"** 如果能敬、能止、能安、能够守住，不让精气流失掉，这就叫"成德"，德就完备了、养成了。成德之人就是圣人。有了德，自然就会有智慧，也就是一开始讲的"长心、长德"。此处"心"指智慧。智慧不等于学问知识，而是指悟性，一种感悟力。现在的教育制度教给大家的是学问知识，而不是开发智慧。中国的传统教育讲究的是如何开发人的智慧。有了智慧，可能没读过多少书，但有解决问题的能力。没有智慧，看上去学问很大，讲起来侃侃而谈、引经据典，碰到具体问题则拿不出办法。这就是现代教育制度的弊病。**"德成而智出，万物果得。"** 也就是孟子讲的："万物皆备于我。"什么问题都有办法去解决了。这是自己内心智慧的运用和发挥。管子通过"精气"这样一个中间环节，把道和"德"，和具体的万事万物联系起来了。这是他的道论不同于老子、庄子的地方。

39. 心形统一于精气

【内业·第二章】凡心之刑（形），自充自盈，自生自成。其所以失之，必以忧乐喜怒欲利。能去忧乐喜怒欲利，心乃反济。彼心之情，利安以宁，勿烦勿乱，和乃自成。折折乎（形容明显）如在于侧，忽忽乎（形容幽微）如将不得，渺渺乎（形容渺远）如穷无极。此稽（考，究）不远，日用其德。夫道者所以充形也，而人不能固。其往不复，其来不舍。谋（楙）乎莫闻其音，卒（萃）乎乃在于心。冥冥乎不见其形，淫淫乎（形容绵绵不绝）与我俱生。不见其形，不闻其声，而序其成，谓之道。

"凡心之刑"的"刑"有不同的说法。有人说是"形"的错讹字；也有人说字没错，意思是"法"。我认为，应该是"形"，这里是在说心的本来形态是什么，而不是说修心的法则。心里本来就充满了精气，精气是自充自盈、自生自成的。后来为什么没有了呢？是因为"忧、乐、喜、怒、欲、利"这六个字。"乐"和"喜"是有区别的，"乐"是指生理的，乐感、快感；"喜"是指心理的，表现在情绪上的。欲是指嗜欲，利是指贪利。这六种情欲是失掉精气的原因。学佛的人就比较容易理解这段话。佛心是与生俱来，每个人本来就有的，只是在后天被污染了。佛经里讲八风，即"利、衰、毁、誉、称、讥、苦、乐"，都被称做妄念、烦恼。这些妄念、烦恼遮蔽了明澈的佛心。只要去除妄念，就能回复佛心，也就是开悟成道了。管子说**"能去忧乐喜怒欲利，心乃反济。"**能够清除这六种后天形成的情欲，心便能重新回复到充满精气的状态。这跟佛学的说法是完全一致的。

"彼心之情，利安以宁，勿烦勿乱，和乃自成。"心的情态以保持安宁为好，因为安宁和谐是心的本性。然而，心往往受外物的诱惑，在种种情绪欲望的纠结之下，原本安和的心性会被搅乱。所以说，心的修炼没有什么特别，只要不被外物牵着走，不起烦恼，就能重新回复为安宁和谐状态的本然之心。**"折折乎如在于侧"**，此时的心就能明察秋毫，看什么东西都像在身边一样。**"忽忽乎如将不得"**，但你用心太多，脑子里充满各种念头，一碰到问题，心里肯定一团糨糊，找不到解决办法。**"渺渺乎如穷无极"**，这时候，心似乎隔得非常遥远，无法捉摸。**"此稽不远，日用其德。"**其实，考究起来，心并不遥远，每天的生活都在使用精气赋予的能量。如果内心的精气一点都没有，那什么事也做不成，是个半死人了。管子论述用心的道理，就像唐代牛头法融禅师说的："恰恰用心时，恰恰无心用。无心恰恰用，常用恰恰无。"

"夫道者所以充形也，而人不能固。"这个"形"就不是指形态，而是指形体、身体。道，精气本来就充塞在人的身体内。《心术下》说得更明白："**气者，身之充也。**"但人不能把它固定下来。有时候，走掉了就不再回来，而来了也未必留得住。这在每个人身上都是有感觉的，时而精力充沛，时而精神萎靡。**"谋乎莫闻其音，卒乎乃在于心。"**"谋"是"楳"的错字，楳是微昧的意思。这种精气微昧得听不到声音，汇聚起来就在你的心中。它固然够幽深，无形无相，但绵绵不断地与我们每个人共存。**"不见其形，不闻其声，而序其成，谓之道。"**看不见，摸不着，但它按照一定的秩序成就了万物。所以这种精气就叫做"道"。

我一开始就讲，用现代逻辑去读先秦经典，是读不明白的。但换一种逻辑思维，还是能找到其内在联系。譬如，读《庄子》，看似东一句、西一句，整篇读完，就能知道某章、某段在整篇文章中起什么作用，讲的是怎么回事。《内业》先是讲精气，精气的形态与特质，然后精气落实到人。道透过"精气"，不仅与"心"联系，而且与"形"联系。心形统一于精气，统一于道。

40. 修心静意聚精气

【内业·第三章】凡道无所，善心安爱（处）。心静气理，道乃可止。彼道不远，民得以产（生）。彼道不离，民因以知（有知性）。是故卒（萃）乎其如可与索（求索），眇眇（渺远）乎其如穷无所。彼道之情，恶音与声。修心静音（意），道乃可得。道也者，口之所不能言也，目之所不能视也，耳之所不能听也，所以修心而正形也。人之所失以死，所得以生也。事之所失以败，所得以成也。凡道，无根无茎，无叶无荣，万物以生，万物以成，命（命名）之曰道。

"**凡道无所，善心安爱。**"道，精气是没有定所的，是要经由心来聚集的。这样才能转化为生命的能量，包括体力和智慧。所以心若能收聚精气，气反作用于心，使心生出智慧来，也就是"德成而智出"。这时候精气似乎是可以求索的。如果心不能收聚精气，它只能永远处于飘散的状态，渺远得好像无穷无尽没有边际。人的生命和智慧都源于道。因此须臾离不开道。《中庸》说："**道不远人。人之为道而远人，不可以为道。**""**道不可须臾离也，可离非道也。**"儒家和管子说的道理都一样。形而上的东西，看上去无声无息、无影无踪、不可捉摸；但同时它也要具体化为形而下，可以为之用的。如果只是形而上，在生活中用不上的，就不是道。回到我们的生活中，真正的学问，看上去是形而上的，非常高深，而实际上都是我们身边事物的抽象。文学作品也一样，好的文学作品并不是编造一套让大家琢磨不透的东西，而是它能让读者在阅读的时候产生与作者心有灵犀的感觉：哦，这些事就发生在我身边，我感觉得到，只是说不出来。这才是优秀作品的高明之处。越是高明的东西看上去就越是平凡。"道"就是这样的平常。在这里，《内业》只不过是将"道"和"精气"这两个词汇交互使用而已。心和精气是相互依存的。这正是佛家讲的"心气合一"。其实，打坐的人有这个感觉。心烦的时候，气也短，呼吸也乱。心平静时，呼吸会有规律，气也会长。

如何修这个心？最重要的是保持虚静的精神状态，**"心静气理，道乃可止。"**只有心静下来，气才能够理顺，精气就可以在身上驻留下来。《心术上》有好几个地方讲到虚静。**"虚其欲，神将入舍。扫除不洁，神乃留处。""去欲则宣，宣则静矣；静则精，精则独立矣，独则明，明则神矣，神者至贵也。""天曰虚，地曰静，乃不伐。"**虚静才能不败。这些都是反复讲，只有在虚静状态下，才能保持内心的清洁，留住精气神。欲望少的人，心就容易静；欲望很多的人，是静不下心来的。心静不下来，气聚不起来，身体会好吗？养生和养身不同之处就在于一个"心"字。**"彼道之情，恶音与声。修心静音（意），道乃可得。"**那个道啊，不喜欢声音。因此，修道不是靠说的。真正要得道，就必须"修心静意"。"静意"就是减少或者停止意识活动。在佛家来说，就是修禅定。妄念不息，内心不得安宁，就不能得道。

"道也者，口之所不能言也，目之所不能视也，耳之所不能听也，所以修心而正形也。"道是说不出，看不见的，而是用来修心和正形的。修了心，外形自然端正。这里的外形不仅是指外貌，包括举止行为和气质等一切外在的东西。我们平时说"相由心生"。一个人外在的形态与内在的心理是有关联的。**"人之所失以死，所得以生也。事之所失以败，所得以成也。"**精气就有那么重要！人得到精气就可以生，失去了就活不长。这就讲到"长年"了。在做事方面，就讲到"长心"了，就是长智慧。有了精气就有智慧，做事就可以成功，不然就会失败。**"凡道，无根无茎，无叶无荣，万物以生，万物以成，命之曰道。""荣"**就是花，古汉语非常丰富，现代汉语不注重词汇的细微差别。木本植物的花叫"华"，草本植物的花叫"荣"。这一句还是在反复说精气是无形无相，但万物赖以生存。是对生成之道的形象化描述。

41. 心形双修

【内业·第四章】天主正，地主平，人主安静。春秋冬夏，天之时也。山陵川谷，地之枝（材）也。喜怒取予，人之谋也。是故圣人与时变而不化，从物而不移。能正能静，然后能定。定心在中，耳目聪明，四枝（肢）坚固，可以为精舍。精也者，气之精者也。气，道乃生，生乃思，思乃知，知乃止矣。凡心之形，过知失生（性）。一物能化谓之神，一事能变谓之智。化不易气，变不易智，惟执一之君子能为此乎！执一不失，能君万物。君子使物，不为物使。得一之理。治心在于中，治言出于口，治事加于人，然则天下治矣。一言得而天下服，一言定而天下听，公之谓也。形不正，德不来。中不静，心不治。正形摄（修持）德，天仁地义，则淫然而自至。神明之极，照乎知万物，中義守不忒（差错）。不以物乱宫（五官），不以官乱心，是谓中得。

这一章主要讲的是心形双修、形德交养，"心"、"形"、"德"三者之间相互促进、相互补充的关系。"天主正，地主平，人主安静。"这里是讲"德"，天德是正，地德是平，人德是安静。"春秋冬夏，天之时也。"天德正，有春秋冬夏，那只是天的运作。"山陵川谷，地之枝也。""枝"是"材"的错字。地德平，形成高低起伏的山陵川谷，那只是地的资产。"喜怒取予，人之谋也。"人的德性是安静，喜怒取予，那是人去求取才会有的情欲。所以圣人顺应时代而不会被同化，适应环境而不会被改变，就像天虽有春夏秋冬的交替，但天仍是天，变中有不变。这是因为圣人"**能正能静，然后能定。**"定在哪里呢？定在心中。人不可能一成不变，但我们的内心应该有一种确定不变的东西。这个东西是什么呢？呼之欲出，就是道。时代在变，环境在变，而道是不变的。心中无道无原则的人，那些随波逐流的人，人生是没有意义的，就是凡人。人类的精英，古人称之为圣人，与凡人不同的地方就是心中有道，有自己做人的原则和目标。

因为心中有道，有坚持，这样的人心就比较安定。有了定心之后，就能"耳目聪明"，看问题的是非很清楚。"任凭风浪起，稳坐钓鱼台"，内心就不会烦恼、焦虑、痛苦了，就不会有沉重的压力。这样，身体一定会好，"四肢坚固"。相反，心里烦恼多、压力大的话，身体就很难好。这还是管子的养生之道。心形双修，一方面修到"定心在中"，另一面修到"耳目聪明"、"四肢坚固"，这样的心，才"可以为精舍"，才能积聚精气。这里引进了几个概念：正、静、定。最后落在"定"上面。这是管子讲心灵修养的重要范畴。"**与时变而不化，从物而不移**"就是"定"。《大学》说："知止而后有定，定而后能静，静而后能安。""欲修其身者，先正其心。"道理完全一样。

"**精也者，气之精者也。**"这里讲的"精"是指精气。"气，道乃生。"这个精气只有得道以后才能产生。"**生乃思，思乃知，知乃止矣。**"有了精气才能去思考，有自己独立的思想才有智慧。这里的"止"就是《大学》里"知止而后有定"的"止"，是指有分寸，知道物与物之间的边际。有了智慧就知道分寸，做什么事都不会过分。"凡心之形"的"形"就是形态。心的形态是什么样的呢？"**过知失生**"，过于自作聪明就会失去人的本性。也就是"过犹不及"的意思，与前面说的"知乃止矣"相呼应。

"**一物能化谓之神，一事能变谓之智。**"精力集中在某一事物上，静定其心，专一其意，即所谓静心屏气，聚精会神，令心灵达到凝神之境，便能随意变化这一事物。就是我们平常说的"出神入化"。例如，庄子"庖丁解牛"寓言里的庖丁，其技艺之精湛神巧，使"见者惊犹鬼神"。现在很多企业家做不到专一，成功之后，就什么行业都想做。明明是做地产的，却要去买个电视台，最后一事无成，自己的本业也毁了。"一事能变谓之智"，事情来了能够变通，那就是智慧。智慧达到极致才叫做"神"。"化不易气，变不易智"。物变而正气不变，事变而智慧不变，"惟执一之君子能为此乎！"只有心意专一的君子才能做到这样。他们不会随大流，会有所坚持。这个时代的"变色龙"太多了，这不是君子的执一，是心中无道的体现。执一是不容易做到的。"执一不失，能君万物。"坚持专一不受外界干扰，即"君子使物，不为物使。"这里的"物"指权、钱、利、名等。君子用这些来做好事，而不是做这些东西的奴隶，所以能掌握一切，主宰万物。这就是"得一之理"。

"治心在于中，治言出于口，治事加于人，然则天下治矣。"治"是相对于"乱"来讲的。有条理的、合理的、有序的就叫做"治"。心首先要"治"，心要正，说出来的话才是"治言"，不是"乱言"，而后才能"治事加于人"。譬如，现在企业里，很多管理者自己心很乱，没想明白，讲出来的话，属下没办法执行，这就是乱事。"一言得而天下服，一言定而天下听，公之谓也。"这里的"一言"是指"道"。得道之后，天下便会服从；定在这个道上，天下就会听命。因为道一定是出于公心而非私利。这样才能够"治心"、"治言"、"治世"。

42. 形德交养

　　"形不正，德不来。中不静，心不治。"身体不端正，德就修不来。内心不虚静，心就治不好。"正形摄德，天仁地义，则淫然而自至。"端正了身体才能修持德。效法天仁地义，那么道就不知不觉地来了，就会充满了精气。其实，佛家也是这样讲：一身都是病的人是无法学佛修行的。要修行，就先要通过调食、调眠、调身、调息、调心，把身体搞好。精气充满了，就能凝神，达到出神入化的境界。此时，"照乎知万物"，观照万物，凡事都看得清清楚楚。"中义守不忒"，内心持守，守住"道"，就不会出差错。怎样才是内心持守精气，守住道呢？"不以物乱官，不以官乱心，是谓中得。"不被外物，如声色犬马，扰乱你的五官。就是孔子说的"非礼勿视，非礼勿听，非礼勿言，非礼勿动"。不让看到的、听到的、闻到的东西来搅乱你的内心。这就叫做心中得道。

　　管子在这里提出"正形摄德"，认为形德这两者是相互影响的。当形和德的修养到达高度一致的境界时，精气自然会到来，从而能心神悟道。在古代，中国人讲相面是有一定道理的。在唐朝，中了进士不是马上有官做的，而只是候补官，还要到吏部（中央组织部）登记，有空缺了才正式授官。授官之前要面试，包括相（相面）、书（书法）、言（口才）、判（判案的能力）。如果面试不合格，是做不了官的。这是因为在传统观念中，相由心生，形与德是相互影响的。

佛教也非常强调出家人的"四威仪"：行如风、站如松、坐如钟、卧如弓。在佛教戒律里，对"四威仪"的要求是非常细致的。这里做具体补充，对大家的修养是有帮助的。

"行如风：修道之人，举止动步，安详徐行，犹如清风徐拂。行进时，两眼平视，不左窥右瞄，不向外攀缘；移步时，勿踏虫蚁，勿仓仓惶惶，或令鞋履拖拉出声；当收摄身心，举止动步，心存正念，一切时中，定慧等持，如法而行。"

"立如松：站立之时，头颈不偏不倚，身躯挺直，安稳而立，犹如苍松，不可轻率、歪斜或抖动；当心存正念，随所住处，常念供养三宝、赞叹经法，系心在道，思惟经义，如法而立。"

"坐如钟：跏趺宴坐时，应摄心专注，身心安稳不动，犹如大钟。古德云：'身要放松，不得随便；心要专注，不得紧张。'切勿前倾、后仰或左右歪斜；当端肃威仪，息缘绝虑，观照自心，谛观实相，如法而坐。"

"卧如弓：修道之人，非时不卧；为调摄身心，若睡眠时，当右胁而卧，以右手曲肱为枕，左手平舒于腿，双腿微弓，两足相叠，名为吉祥卧，亦名狮子卧法。右胁而卧，于诸卧姿中，最为有益，能令身得安稳，心不动乱。律云：'仰卧，是修罗卧；覆卧，是饿鬼卧；左胁卧，是贪欲人卧。'是故修道人不仰卧、不覆卧、不左胁卧，应右胁而卧，保持正念，心无昏乱，如法而卧。"

如果能真正做到四威仪，修养也就差不多了。什么叫修炼？其实道理很简单，人人都会说。把道理变成下意识的行为举止，这就是修炼的过程。反复地练，最后变成习惯。

43. 要有敬畏之心

【内业·第五章】有神自在身，一往一来，莫之能思。失之必乱，得之必治。敬除其舍，精将自来。精想思之，宁念治之。严容畏敬，精将至定。得之而勿舍，耳目不淫（过分），心无他图。正心在中，万物得度。

这一章讲如何汇聚精气。"**有神自在身**"，汇聚了精气以后就有神。"神"与精气有关系，但又有区别。这里的"神"是指神明、神妙、神通，玄妙不可言不可测的意思，例如，神机妙算，出神入化，料事如神。《易经·系辞》有"阴阳不测之谓神"的说法。王弼对此的解释是："神也者，变化之极，妙万物而为言，不可以形诘。"管子讲的精、气、神是古代哲学中的概念。后来中医学上的精、气、神与此有关，又不完全是一回事。中医把"精、气、神"称为人身的三宝。中医的神又称为"元神"，是人与生俱来的，虽是无形的，则是生命真正的主宰。《黄帝内经》说："失神者死，得神者生也"。中医养生最重视"养神"的部分。

精气有神明的作用，得精气，就是得道，就有神明的功能。但有了精气，不等于它永远会停留在你身上，而是"一往一来"，时有时无，不可思议。"**失之必乱，得之必治。**"失去精气必定会方寸大乱，得到它必定做什么都能有条不紊。那么，怎么才可以使精气汇聚呢？"**敬除其舍**"也就是《心术上》的"虚其欲，神将入舍"。"舍"是指心。"心者，精之所舍。"（房玄龄注）要清除心里的妄念，也就是前面讲的去除忧、乐、喜、怒、欲、利六种情欲。这和佛教道理又是一样的。佛法是减法不是加法，减少欲望，减少所知障，把后天加上去的东西慢慢去掉，才能离佛性越来越近。把心打扫干净了，"精将自来"。要聚集精气，必须"精想思之"，精微地去思考它的玄妙之处；"宁念治之"，修炼时让脑子里的念头都宁静下来。要弄清"想"、"思"、"念"、"虑"之间的差别。"想"是比较粗的心理活动，心有所欲而动；精微地想叫做"思"；经常想叫做"念"；思有所图、有目的性，叫做"虑"。不了解这些词汇的细微差别，就很难透彻地了解古代经典。"**严容畏敬，精将至定**。"修炼时一定要有敬畏之心，精气才会定下来。你们看整篇《内业》出现了七次"敬"。可见管子对人的行止，非常强调肃敬。"敬"不仅是养生的态度，做什么事都要有敬畏之心。我们这个时代太多东西都是速食式的、浮躁的，人们最缺乏的是敬畏之心。对大自然、对生命、对事业、对知识、对父母师长都没有敬畏之心。没有敬畏之心，你就不会慎重对待。"**得之而勿舍**"，得到了精气就不要舍弃它，要做到"耳目不淫，**心无他图**。"感官不过分地去追逐声色犬马，心无他图，也就是前面讲的"执一"。"**正心在中，万物得度**。""正心"是合乎道的心，正心在你胸中，什么事情都可以解决了。

44. 如何修治你的心

【内业·第六章】道满天下，普在民所（间），民不能知也。一言之解，上察于天，下极于地，蟠（播）满九州。何谓解之，在于心安。我心治，官乃治。我心安，官乃安。治之者心也，安之者心也。心以藏心，心之中又有心焉。彼心之心，音（意）以先言。音（意）然后形，形然后言，言然后使（行动），使然后治。不治必乱，乱乃死。精存自生，其外安荣。内藏以为泉原（源），浩然和平，以为气渊。渊之不涸，四体乃固；泉之不竭，九窍遂通。乃能穷天地，被四海。中无惑意，外无邪菑（灾）。心全于中，形全于外，不逢天菑，不遇人害，谓之圣人。人能正静，皮肤裕宽，耳目聪明，筋信（伸）而骨强，乃能戴大圜（圆），而履大方。鉴于大清，视于大明。敬慎无忒，日新其德，遍知天下，穷于四极。敬发其充，是谓内得。然而不反，此生之忒。

道无所不在，就在民间，只是一般老百姓不知道罢了。一旦你理解、掌握了道之后，就能够上知天文，下知地理，无所不知，使道播越天下。什么叫解道呢？**"在于心安"**，心安了就可以解道了。**"我心治，官乃治。"**我的内心修炼好了，合乎道了，心不乱了，五官也就跟着修炼好了。**"治之者心也，安之者心也。"**养生不能从肉体的身人手，而是要在治心安心上面下功夫。**"心以藏心，**

心之中又有心焉。"心在各种官能中居于主导地位，治心才能治身。心又分官能之心和根本之心。后者藏于前者之中，"心以藏心"。前一个是与感官相对的官能之心，后一个是指形而上的本心。在佛教中，前者指六根的"识根"，后者指"真心"或称"本心"，也叫"如来藏心"。这一本来具足的真心"本自无来今亦无去，本自不生今亦不灭"，"本自无增今亦无减，是恒常寂灭的。"管子在这里已经讲得很深入了，要治的就是这个根本之心，而不是感官之心。

对于这个根本之心，因为它是形而上的，你要"音以先言"，要用意念去认识，然后才能说得出来。"音然后形"，有了意念才能形容它；"形然后言"，然后才可以说得出来；"言然后使"，说得出来才可以付诸行动，这里的行动指修炼做功夫；"使然后治"，修炼做功夫，心才能够循理而治，就不会躁动了。心不治就必乱，就像平时说的"心烦意乱"。每天都心烦意乱，心理压力大的人，寿命肯定不长。

"精存自生，其外安荣。"心修炼好了，精气就会自然而生，生气勃勃。当一个人处于非常忙乱的状态时，就会精神萎靡，面容憔悴。在精疲力尽之后"闭关"一段时间，是让你的心得到休整。休整一段时间，精神自然就来了，容光焕发。我十几年前跟南老师学打坐。当时自认为是一个理性主义者，不相信打坐、心、气之类的。那时研究佛学也是当学问做。我在《明报》做主笔，每天下午四点钟进报社，第二天凌晨一二点钟回家，要写一篇社论和一篇专栏文章，还要编两整版的言论版，都是紧张的脑力劳动。当年的《明报》是香港第一大报，左右香港舆论，所以社论落笔是非常重的，每天都绞尽脑汁。那时候，我还在香港中文大学读博士，早上七点钟坐火车去新界，每星期要去一两次。此外，上午的时间，我还在炒股票。所有人看到我都说："你怎么这么憔悴？"那时真的非常憔悴，脸色乌黑。南怀瑾老师说："你看我老人家身体这么好，就是坚持打坐，这跟宗教没关系。不管你信不信，就试试看嘛。"我就按照南老师教的方法打坐，一个多月后，看到我的朋友都说："你最近气色特别好。"打坐的效果很明显，后来我一直坚持下来了。可见心、气、形是有关系的。

45. 养浩然之气

"内藏以为泉原，"内藏精气作为生命力的泉源。精气足了，生命力就旺盛。"浩然和平，以为气渊。""浩然"指广大，心量放大，不为一点小事斤斤计较，心胸宽广平和，不喜不忧。这样你内心储存精气的量就会非常多，犹如万丈深渊。孟子也讲过"吾善养吾浩然之气。"他解释什么叫浩然之气："其为气也，至大至刚，以直养而无害，则塞于天地之间。"（《公孙丑》）浩然之气是一种正气。一个人养浩然之气非常重要。我一生的转变是因为老同事的一句话。当时我在上海当中学老师。恢复高考时，我在帮助学生复习迎考，希望帮助他们改变命运。有位老同事看了对我说："小魏，你为什么不去考大学啊？"我说："年纪大了不想再去折腾了。再说我也可以自学啊，何必一定上大学。"他说："不对，大学是一个养浩然之气的地方。这是你自学学不来的。"我一听有道理，就照他的话去做，这改变了我的人生道路。过去的大学是养浩然之气的，不仅是上课听到的知识，还有名师的言传身教，同学间的相互激励。

"渊之不涸，四体乃固；泉之不竭，九窍遂通"。精气源源不断，身体就会健壮，没有病痛，精力充沛，耳聪目明。这样的人"乃能穷天地，被四海"。这是用了夸张、比喻的手法：寿穷天地，德被四海。"中无惑意"，心中没有疑惑，很有主见、定见。"外无邪灾"，没有飞来横祸。有人说："我做人很善啊，为什么会有无妄之灾？"一个人除了有善心之外，还要开发智慧应付这个世界。光有善心，没有智慧，处理不好人事关系，灾就来了。儒家教我们安身立命，有做人的根本；道家教我们处世的智慧，懂得妥协、退隐，保护自己。管子将两者结合得非常好，这也是我一直推崇《管子》的原因。结合了儒家和道家才会远离无妄之灾。

"**心全于中，形全于外，不逢天灾，不遇人害，谓之圣人。**"心中充满精气，能够保存道，就叫做"全心"。人是"心"和"形"相合而成的。精气神寄居的地方就是"心"，如果能做到"全心"，那么这个人就能"全形"：四肢强健、九窍畅通、延年益寿、眼界宽广，心不为物所惑，身不为灾所侵，这就是老祖宗所说的"圣人"，具有理想人格的人。"**人能正静，皮肤裕宽，耳目聪明，筋信而骨强，**"人能够真正做到"正"和"静"，就能保持精气，那么就会达到这样一种境界：皮肤丰裕，耳聪目明，筋骨伸展。这样的人"**乃能戴大圆，而履大方。鉴于大清，视于大明。**"最大的"圆"是天，最大的"方"是地，这样的人能顶天立地；"大清"指月亮，"大明"指太阳，这样的人能揽月观日。"**敬慎无忒，日新其德**"，谨慎小心，不犯任何错误，德行每天都会更新增添，也就是儒家所说的"苟日新，日日新"。"**遍知天下，穷于四极**"，对天下事一目了然，清清楚楚。"**敬发其充，是谓内得。**"心中充满的精气发挥出来，用于齐家治国平天下。这就是儒家讲的"内圣方可外王"。"**然而不反，此生之忒。**"精气用出去了要返回，要补充，不然就会危害生命。这个道理就是禅宗说的"即此用，离此用"。

46. 善气迎人

【内业·第七章】凡道必周必密，必宽必舒，必坚必固。守善勿舍（捨），逐淫泽（福）薄。既知其极（准则），反于道德。全心在中，不可蔽匿。和于形容，见于肤色。善气迎人，亲于弟兄。恶气迎人，害于戎兵。不言之声，疾于雷鼓。心气之形，明于日月，察于父母。赏不足以劝善，刑不足以惩过。气意得而天下服，心意定而天下听。

这一章讲精气修养所能达到的境界。"**凡道必周必密，必宽必舒，必坚必固。**""道"就是精气。精气既周密，又宽舒，又坚固。"**守善勿舍，逐淫泽薄。**"守住善行，不要舍弃；如果追逐过分的欲望，福泽就会浅薄，得而可以复失。既然知道了这个准则，那就可以回复道德。"**全心在中，不可蔽匿。和于形容，见于肤色。**"精气充足，完善之心虽然不能直接看见，但能透过身体散发出来的表征而被观察到。

"**善气迎人，亲于弟兄。**"有善心的人，和颜悦色，亲和力是可以从脸色体现出来的，他跟谁都像亲兄弟那样亲近。相反，"**恶气迎人，害于戎兵。**"如果对人总是凶神恶煞、恶声恶气，那比砍人一刀带来的伤害还要大。人的心气是善是恶，由其面相神态举止便能了然。真正懂相面的人看外形是次要的，看气色是主要的。相由心生，一个人的气色是在不断变化的。其实没学过相面这一套，人活到六十、七十，阅人无数，看看也能大概知道。相面没多少奥妙，就是经验的积累。"不言之声，疾于雷鼓。心气之形，明于日月，察于父母。"虽然这都是自然流露的，没有经过语言修饰的，但比打雷击鼓还响亮，比日月还昭彰，比父母对儿女的了解还要深入。"赏不足以劝善，刑不足以惩过。"用赏罚治国，效果都有限。"气意得而天下服，心意定而天下听。"君主得了精气，天下就会臣服。因为他总是"善气迎人"，对臣民有一种亲和力，而不是"恶气迎人"的暴君。

47. 如何得到精气

【内业·第八章】抟（聚）气如神，万物备存。能抟乎？能一乎？能无卜筮而知吉凶乎？能止乎？能已乎？能勿求诸人而之己乎？思之思之，又重思之。思之而不通，鬼神将通之，非鬼神之力也，精气之极也。四体既正，血气既静，一意抟心，耳目不淫，虽远若近。

"抟气如神，万物备存。""抟气"就是"聚气"；"如"是达到的意思，通过聚气达到神明的境界。这时就能万物皆备于我，可以把握万事万物啦。所以要经常检查自己的修炼功夫："能抟乎？能一乎？能无卜筮而知吉凶乎？"能聚气了吗？能专一地守在"道"上吗？能不用占卜而知晓吉凶了吗？真掌握道的人料事如神。"能止乎？能已乎？"能持一静定了吗？"能勿求诸人而之己乎？"能够万事不求于人而靠自己了吗？"思之思之，又重思之。思之而不通，鬼神将通之，非鬼神之力也，精气之极也。"反反复复地想，也不一定想得通。突然灵感来了，想通了，悟道了，帮助自己想通的不是鬼神，而是精气聚集到了出神入化的地步。"四体既正，血气既静，一意抟心，耳目不淫，虽远若近。"抟气的方法就是端正其身，虚静其心，心无旁骛，去除妄念、不向外追求。做到了这些，非常遥远的事情就会像近在咫尺一样地明明了了。这是精气达到极致时散发出的功能。

48. 内心和谐有利长寿

【内业·第九章】思索生知，慢易生忧，暴傲生怨，忧郁生疾，疾困乃死。思之而不舍，内困外薄（迫）。不蚤（早）为图，生将巽（离）舍。食莫若无饱，思莫若勿致（极点），节（食）适（思）之齐（中），彼将自至。凡人之生也，天出其精，地出其形，合此以为人。和乃生，不和不生。察（追究）和之道，其精不见，其征不丑（类比）。平正擅（占据）匈（胸），论治在心，此以长寿。忿怒之失度，乃为之图。节其五欲，去其二凶。不喜不怒，平正擅匈。凡人之生也，必以平正；所以失之，必以喜怒忧患。是故止怒莫若诗，去忧莫若乐，节乐莫若礼，守礼莫若敬，守敬莫若静。内静外敬，能反其性，性将大定。

"**思索生知，慢易生忧，暴傲生怨，忧郁生疾，疾困乃死。**"思索生出智慧；马虎、怠慢生出忧患；骄傲、暴躁的坏脾气生出怨恨；忧郁生出疾病，走不出忧郁就会丧命。但是"**思之而不舍，内困外薄。**"思虑要适度，思虑过度会使自己内外交困。"**不蚤为图，生将巽舍。**"被忧虑困住了，不早一点解决，生命就要离开你的身体了，活不长了。这里再三讲身和心、德的关系，精神与物质的关系。养生更重要的是精神的层面。"**食莫若无饱，思莫若勿致，节适之齐，彼将自至。**"吃东西不要吃得太饱；思虑不要达到极点。节制饮食和适度思虑都达到适中的程度，"彼"指长年，自然就能长寿了。

"凡人之生也，天出其精，地出其形，合此以为人。"精神和物质，心和形合起来才能形成人。"和乃生，不和不生。"两者要和谐才有生命，不和谐就不会有生命。这里用的是"天"和"地"，我们也可以用"乾"和"坤"，或者"阴"和"阳"。这些概念在中国古代思想里都是相通的。管子提出，修心还是要追求"和"，这是自然之性。"察和之道，其精不见，其征不丑。"去追究什么是"和"又很难，它的精微之处是我们看不到的。不但精微之处找不到，"和"的表征也是没办法来进行类比的。但这并不代表做不到"和"。怎么做到呢？"平正擅匈，论治在心，此以长寿。"要说修炼的话就当在心上下功夫，让"平"和"正"占据心胸，这样就能做到长寿。"忿怒之失度，乃为之图。"与平正相反，愤怒过度了，自己就要想办法去调节了，使情绪回到正常的状态。"节其五欲，去其二凶。"节制五官（眼耳鼻舌身）之欲。"二凶"就是喜怒，喜怒过度都会伤身。"不喜不怒，平正擅匈。"不喜不怒就叫平正和谐，就是前面所讲的"平正擅匈"。这里采用了倒过来讲道理的方法，要保持生命力，先要做到和；怎么做到？要平正擅匈；怎么做到平正擅匈？那就要"节其五欲，去其二凶，不喜不怒"。这是把道理反反复复，正面讲、反面讲。

"凡人之生也，必以平正；所以失之，必以喜怒忧患。"人生下来就是和谐平正的。为什么会失掉平正和谐？因为喜怒忧患，才会使内心不平静。"是故止怒莫若诗，去忧莫若乐，"所以愤怒的时候去读诗，用文学修养调整性情；忧愁的时候就放音乐来听，让心境转好。文学、音乐修养能陶冶人的性情，不会变得乖戾。但是过度又不好了，那么就要"节乐莫若礼，守礼莫若敬，守敬莫若静"，通过礼来节制乐，符合礼就不会过度；有敬畏之心就会守礼。一个人也好，一个社会也好，浮躁的时候就不会有敬畏之心。只有内心慢慢沉淀下来，静下心来，才会产生敬畏之心。"内静外敬，能反其性，性将大定。""静"是内心的东西，"敬"是内心静表现出来的行为。外在表现出的敬意是因为内心不浮躁，这样才会回归人的本性。"天主正，地主平，人主静"，所以"静"才是人的本性。不但回到人的本性，而且这种静的本性还能稳定下来。

49. 饮食之道

【内业·第十章】凡食之道，大（太）充，伤而形不臧（善）。大摄（节敛），骨枯而血泔（竭）。充摄之间，此谓和成。精之所舍，而知之所生。饥饱之失度，乃为之图。饱则疾动，饥则广（旷）思，老则长虑。饱不疾动，气不通于四末。饥不广思，饱而不废（发），老不长虑，困乃速竭。大（泰）心而敢（敞），宽气而广，其形安而不移，能守一而弃万苛（疴，病）。见利不诱，见害不惧，宽舒而仁，独乐其身，是谓云（运）气，意行似天。

这一章开始讲饮食之道，吃得太饱会伤身体，体形也不好看。现在很多有钱人或官员，整天胡吃海吃，年纪轻轻就已经大腹便便。吃得太少，就会形如枯槁，没有气血。很多年轻人爱美，要减肥，就忍住不吃东西或吃很少的东西。这样的后果一定是营养不良。减肥不是不吃，而是要靠锻炼。饮食保持在饱和饿之间，就是达致中和了。这是延续前一章讲"和"，情绪要平和，饮食也要中和。要保持在饥饱之间才是恰当的。"精之所舍，而知之所生。"这样精气就能聚于体内，进而生出智慧来。也就是说身体健康方可聚气。饮食之道的目的还是在于养气。

"饥饱之失度，乃为之图。"过饱或者过饥，就要想办法去解决了。"饱则疾动，饥则广思"，吃太饱就马上要活动一下；饿的时候就不要去想事情，因为动脑筋会消耗能量。"**老则长虑**",人老了要经常动动脑筋,哪怕打麻将都好,才能保持生命力。"**饱不疾动,气不通于四末**",吃饱了不活动,身上的气脉就不能畅通到四肢。"**饥不广思,饱而不废,老不长虑,困乃速竭。**""广"应作"旷",停止;"废"在这里是错讹字,应该是"发",消化的意思。饥饿的时候还在想问题;吃饱了不动不消化;老了终日无所事事,不动脑筋,人的身体就被困住,并且很快地衰竭了。

"**大心而敢,宽气而广,**""大"读作"太",是安泰的意思。"敢"是错字,应该是"敞"。心要安泰而且心胸放开,不要整天拘泥于小事。这样气就可以舒展,什么事都能容得下。心宽就能体胖,"**其形安而不移,能守一而弃万苛。**"形体健康安逸,不会衰老,永远保持年轻。身心能保持合一,自然百病都没有了。"**见利不诱,见害不惧,宽舒而仁,独乐其身**"是讲运气、养气的方法。运气养气不只是指"气守丹田",而是做到见利益不受诱惑,见有害的东西而不惧怕,自己的心因仁爱万物而宽舒,始终保持乐观,无论贵贱贫富都能自得其乐。这就叫运气。饮食之道目的是为了运气,过饱过饥都会影响和阻碍气的舒展。饮食调节好了,气也顺了。这样去运气,人的意志精神就会往来自如,运行于天地之间,非常自在。从道家养生来说,五谷只是一种粗糙的粮食,气比五谷更有营养。人只要吃一部分五谷就够了,主要是食气。后来道家"辟谷"的修行方法,就是从这一理论出来的。

50. 管理好你的情绪

【内业第十一章】凡人之生也，必以其欢。忧则失纪（条理），怒则失端（正常）；忧悲喜怒，道乃无处。爱欲静之，遇（愚）乱正之。勿引勿推，福将自归。彼道自来，可藉与谋。静则得之，躁则失之。灵气在心，一来一逝。其细无内，其大无外。所以失之，以躁为害。心能执静，道将自定。得道之人，理（腠理）丞（烝，散发）而屯（毛）泄，匈中无败。节欲之道，万物不害。

"凡人之生也，必以其欢。"人要活得好，长寿，就一定要乐观。原因是"忧则失纪，怒则失端；"过分忧愁则失去理性，乱发脾气就会失去常态。"忧悲喜怒，道乃无处。"如果被忧悲喜怒这四种情绪控制，"道"就待不住了。"爱欲静之，遇乱正之。"贪欲起来的时候，就要静下来，不要迫不及待地去追。碰到愚蠢、让自己乱了方寸的事情，则要使心态恢复正常。"勿引勿推，福将自归。"不引不推，顺其自然，福气，也就是精气自己就会来。"彼道自来，可藉与谋。"精气来了以后，就可以凭借精气来谋事，解决问题。"静则得之，躁则失之。"静下来则得到它（指精气），急躁就会失去它。"灵气在心，一来一逝。""灵气"神明之气，指精气，静时来、躁时去。"其细无内，其大无外。"精气小到无法再细分，大到没有边际，是无所不在的。"所以失之，以躁为害。"

精气之所以失去了，是因为你自己急躁、暴躁。"**心能执静，道将自定。**"心能保持安静，"道"自己就会在心中稳定下来。"**得道之人，理丞而屯泄，匈中无败。**""理"是腠理，皮肤上的毛细孔。"屯"是错讹字，有注家说是"毛"。得道的人，胸中没有败气、浊气、邪气，是因为它通过皮肤上的毛细孔蒸发出去、排泄掉了。"**节欲之道，万物不害。**"能保持节欲之道的人，万物都无法侵害他。

《内业》讲完了。核心就是《中匡》里的一句话："**道血气，以求长年、长心、长德。此为身也。**"《内业》是在"道"的层面上，讲养生的哲理。掌握这个道，心中就有个"一"，可以用此去检验、使用养生之术，知道怎么养生。哪些术有用，哪些术没有用，自己心里便能够鉴别了。

第四讲

《管子》的处世之道

　　《管子》的处世之道与西方管理学

要求的计划性、目标性完全不同，它

认为在处世的方法里，最重要的就是

"因循"客观事物本身的法则规律。事

情发生了，要先去了解它，然后再去

应对它，而不是根据自己所预设的那

一套来应对。

51. 管子的静因之道

第四讲主要讲《管子》的处世之道。无论在盛世，还是在乱世，应该如何来应付千变万化的社会？管子两千六百年前提出的处世之道，到了今天还有没有借鉴意义？先看《心术上》的最后一段。我在前面讲过《心术》包含了《管子》基本的哲学思想，在最后一段提出了"静因之道"。这里的"道"不是指"本体"，而是方法，即用静因的方法来对待一切事物。所以要讲处世，就不得不去深入了解《管子》的静因之道。这个思想跟道家思想渊源很深。然后，我们主要讲《宙合》。

【经六：第764页】人之可杀，以其恶死也。其可不利，以其好利也。是以君子不怵（诱惑）乎好，不迫乎恶，恬愉无为，去智与故（伪诈）。其应也，非所设也；其动也，非所取也。过在自用（刚愎自用），罪在变化。是故有道之君，其处也若无知；其应物也若偶（契合）之。静因之道也。

这一章不容易理解，但如果真的掌握了，对做人处世非常有帮助，可以改变你整个思考问题、处理事情的方式。"人之可杀，以其恶死也。"为什么有死刑？因为人怕死。反之，人不怕死就没必要用死刑去威慑他了。"其可不利，以其好利也。"可以使人得不到利，让他没有钱，让他破产，让他失去权力，让他名誉扫地，用这些来威胁他，是因为人都好利，喜欢钱，喜欢权，喜欢名。真正的君子正好相反，不会被他喜好的东西所诱惑，也不会被他厌恶的东西所胁迫。人不怕死，别人就没法用死来威胁他；不好利，别人也就没办法用破产罢官来威胁他。这就是平时讲的"无欲则刚"。如此，君子才能做到**"恬愉无为，去智与故。""恬愉"**就是平常讲的淡泊，无为，没什么东西非要得到不可；"智"，小聪明；"故"，世故的故，有圆滑、伪诈的意思，就是要丢掉虚情假意、老谋深算那一套。既然君子**"不怵乎好，不迫乎恶"**，淡泊无为，这一套就不必要啦。你不去主动算计别人，别人也会找上你。事情来了怎么办？**"其应也，非所设也"**，事情来了，不是事先设定好一套方法去回应。**"其动也，非所取也。"**有所行动，并不是要求得到什么。用现在的话说是被动，而不是主动的。顺其自然，按事情本来的逻辑采取应付的行动。**"过在自用，罪在变化。""过"**和"罪"往往是因为刚愎自用，或者是立场摇摆，没有自己的"执一"，没有自己做人的根本，人云亦云，哪里有利就去追，看到别人在某个行业赚钱了，也跟着去做，也不管自己能否做得到。**"是故有道之君，其处也若无知；其应也若偶之。静因之道也。"**所以得道的君子，他处世就好像自己什么都不懂一样，没有一套先验的东西。用佛家的话就是没有"所知障"。人犯错误往往是在自以为熟悉的事情上。比如开车，刚学开车的人不容易出交通事故。出车祸的往往是开了一段时间，自以为已经开得很好了，结果出事故了。什么道理？任何事情熟悉之后就有了"所知障"，以为什么都清楚明白，结果碰到环境变化，仍然按照以前所设定的方式做事，就犯错了。所以管子教你做人平时要"若无知"，每件事情都像不知道一样，每次都从头开始认真做，这样才不易犯错。**"其应也若偶之"**。应对一件事物，要与它契合，而不是让事物来契合自己，这样才不易犯错。事情发生了，时空条件在那里，这种情况下该怎么做，而不是要事物的时空条件因你而改变，改变成你事先设定和想象的那样，那是不可能的。前面所说的就是静因之道。接下来再看管子后人是如何解读这段经文的。

52. 放下成见，放空欲望

【解六：第776页】人迫于恶，则失其所好；怵于好，则忘其所恶，非道也。故曰：不怵乎好，不迫乎恶。恶不失其理，欲不过其情，故曰：君子恬愉无为，去智与故，言虚素也。其应非所设也，其动非所取也，此言因也。因也者，舍己而以物为法者也。感而后应，非所设也。缘理而动，非所取也。过在自用，罪在变化。自用则不虚，不虚则仵于物矣。变化则为（伪，诈伪）生，为生则乱矣。故道贵因。因者，因其能者，言所用也。君子之处也若无知，言至虚也。其应物也若偶之，言时适也。若影之象形，响之应声也。故物至则应，过则舍矣。舍矣者，言复所于虚也。

这里开始讲人被自己所厌恶的东西所迫，不得不放弃自己喜欢的东西、追求的东西。比如，有人为穷困所迫不得不放弃读书；有人为死亡所迫不得不背弃真理。知识或真理是他们年轻时追求的理想。反过来说，人被喜欢的东西诱惑，会忘记令他害怕恐惧的东西。比如罚款、坐牢、死刑都是人之所恶，但有人被金钱所引诱去做犯法的事，结果就有可能被罚款、坐牢，甚至处死。这样做都不对，做人就应该"**不怵乎好，不迫乎恶。恶不失其理，欲不过其情，**"既不被所喜欢的东西所诱惑，又不被自己所厌恶的东西所胁迫。既不因为讨厌一件事物而失去自己的理则，也不让自己的欲望超过合情合理的范围。对于凡人来说，有欲望是正常的。想赚钱，这是凡人正常的欲，但不要过其情，超过法律道德允许的范围。否则，所恶的事情可能就要来了。"**君子恬愉无为，去智与故，言虚素也。**""虚素"是"空"、"没有"的意思。君子淡泊无为，丢掉虚情假意、老谋深算那一套，讲的就是要放空。

"**其应非所设也，其动非所取也**"，这就是"静因之道"的"因"。这个"因"就是平时讲的因循的因。"**因也者，舍己而以物为法者也。**"这句话非常重要，处理事情的时候要"因"。那什么叫"因"？就是舍己，把自己主观的、自以为是的那一套观念、脑子里的各种概念、过去的经验全部放下，以所面对的这一事物本身作为应付处理的法则。人很难舍己，往往用惯性思维，依靠自己的经验来处理事情，而不是从要应付的那件事情本身出发来想办法。在佛家，"所知障"是一个很大的问题，不小心就回到原来的经验、概念上，回到原来所接受的一套知识系统和思维方法上。修炼就是要修炼到能够"舍己而以物为法者也"。

"**感而后应，非所设也。**"事情发生了，要先去了解它，然后再去应对它，而不是根据自己所预设的那一套来应对。这跟我们所接受的西方管理学完全不一样。西方管理学要求我们做事必须先有个目标，做一套计划，然后根据计划一步步去实施。实际上，做生意成功的人有多少是读了西方的 MBA 才去拓展事业的？所以我们不要把西方的这一套理论当成圣经宝典。"**缘理而动，非所取也。**"根据需要应对的事情本身的理则，时空条件的变化，来采取应对措施和行动。而不是根据自己的主观要求去做。成语"师心自用"讲的也是这个道理。

刚愎自用的人一定认为自己很有一套，很有经验，这就违背了前面所讲的"虚素"原则。"**不虚则忤于物矣。**""忤"是抵触，冲突的意思。"不虚"就一定会与遇到的新事物有矛盾，相抵触，也就是主客观发生了冲突。这时候，你又不肯放弃自己的主观成见，麻烦就来了，最后是失败。"**变化则为生，为生则乱矣。**"立场摇摆，变化无端就会出现虚假，假的东西一出来就乱了。对于一个人来说，不要不懂装懂，不要见风使舵，不要丧失自我。如果连自己都不认识自己了，又怎么可能知道该如何为人处世？

管子重视"因"，认为"**无为之道，因也。**""因"是无为之道的核心，所以

"道贵因"。在处世的方法里，最重要的就是"因循"客观事物本身的法则规律了。"因者，因其能者，言所用也。""因"还有一层意思，就是一件事情来了，根据我们自己的条件，能做到什么程度，再去说用什么方法来做，而不是不顾客观可能性，夸夸其谈该怎么做。"条条大路通罗马"，"用"的层面是五花八门的。管理学是一种"用"的学问。不同行业，不同国家，不同文化背景的人都不一样。不可能用一套固定的预先设定的方法去应付不同的人。能管好中国人的，不一定能管好日本人；能管好日本人的，不一定能管好美国人。以前日本企业收购了很多美国公司，用日本家族式的管理模式去管理美国人，几乎全军覆没。中国企业走出去，收购欧美企业，不了解别国的文化，一定要用中国的方式管理也不行。外国企业进入中国也是这样，改革开放初期，很多外资企业刚进入中国时严重水土不服。一切按照外国方式办事，不知道如何处理人际关系，几乎寸步难行，后来慢慢了解中国文化，作出相应的调整。所以才叫"因其能者，言所用也"。

"君子之处也若无知"，讲的就是老子的"致虚极"，也就是要把心里的东西放空，虚到极点。虚心不仅是一种态度，而是一种心理状态：真能把自己内心的成见放空。如同杯子一样，装满水的杯子再也装不下别的东西，必须先把水倒掉一点。"若无知"，处理每件事情之前要当做自己什么都不知道一样，这样才是虚心了。"其应物也若偶之，言时适也。"应对事物的时候一定要契合它的时机。同样一件事，发生在不同时间可能就大不一样。同样的生意，今年好做，明年可能就不好做了，三年以后可能要亏本了。所以应物很重要的一点是"若偶之"，要尽量契合事物变化的时机。契合到什么程度呢？"若影之象形，响之应声也。"像影子跟形体，声音跟回声的关系一样。事情发生了，是形，是声；如何应对，则像影子和回响一样。这样一来就契合了。西方也有类似理论，挑战与应战模式。有挑战，才有应战，一件事情发生了，是一个挑战，我们如何处理，是应战。人类科技进步也如此。走路走累了，是一个挑战，才会有人想办法去发明自行车和汽车。如果走路很开心，很轻松，一点不累，恐怕不会有这些发明。我们小到处理日常事务，大到管理国家，也应该是这样。金融风暴发生了，就需要进行金融整治；经济危机来了，就要相应地制定刺激经济发展的计划；自然环境恶化了，能源危机了，就要宣传环保，进行节能减排。**"故物至则应，过则舍矣。舍矣者，言复所于虚也。"**事情来了，就去回应它、应对它；问题解决了，就放弃它，不必再念念不忘。什么是"舍"？就是回到"虚"的状态。用在生活中就是事情解决了，准备的几套解决方案都可以扔掉了，不要让它继续留在心里，回到"若无知"的状态。用禅宗的话："即此用，离此用"，其实这些是一样的道理。我一直强调要把智慧和知识、学问、经验区分开来。智慧，从某种意义上来说可以看成是一种能量，随着经验积累不断增加的能量。碰到问题了就用智慧，这时智慧得到了发挥，就是"即此用"。问题解决了，那就要"离此用"，不要一直停留在用的层面上。我们平时要做的是怎么增加智慧能量。智慧多了，事情来了自然知道如何用最佳的方法去应对，而不仅仅是积累解决方案。

《管子》思想是非常灵活的，"静因之道"是一个原则，这个原则不是一个死的东西。原则是不变的，但是用的时候就是千变万化的。用我们现在的话来说，"静因之道"就是让自己在处理事情的时候抛开个人主观的意志、欲望、情感、偏见、成见、经验。我并不是完全否认经验，经验能够使智慧增长，所谓"吃一堑，长一智"，而不是用来照搬到下次碰到的事情上。一个人不经过磨炼不会增长智慧，增长智慧就是要靠这些成功的、失败的经验来磨炼，进而提升。经验的作用并不如电脑一般，储存很多案例供日后之需，以后碰到一件事情，跟以前的某件事情表面有点像，就机械地用以前的方法来应对这件事，这是不对的。处理事情的时候要遵循事物本来的情况和客观的发展轨迹，事情本来是怎样，就怎样处理，抛开自己的主观成见，不加一分，也不减一分。《心术上》还提到过**"因也者，无益无损也"**。这就是"因"。

53. 静观其变

　　管子的"静因之道"把"静"和"因"结合在一起。要做到"因"，就必须保持内心的虚静状态。"**其处也，若无知**"讲的是"虚"。虚者，无常也，内心没有自己固定的主观看法，"**若影之象形，响之应声也。故物至则应，过则舍矣**"也是在讲"静"。前面《心术上》讲过"**毋先物动，以观其则**"，事情来了，还在发展过程中，先不要轻举妄动，急着去应对，先要静下来看一看，观察它的理则和发展轨迹。不要在时机未成熟前急躁妄动。

　　做生意也是这样，有些行业刚开始出现一点发展迹象，你已经看到了，这个行业可能会发展起来。但此时不能急躁妄动，马上去做不一定能做好，因为市场、各方面条件还没有成熟；等一等，慢慢市场有需求了，再开始做，就可能做成功。生活中有很多这样的例子，刚开始点子非常好，或者在外国很有市场，但中国还没有市场，人的消费观念还没到那种程度，结果就急忙在国内做起来，一年、两年，到第三年资金支撑不下去了，只好关门。而别人从第三年开始做，第四、第五年有收成了。做一样的生意，结果不同，为什么？时机未到而动，是躁动，妄动。管子并不是让我们不动，不去做，而是先要静观其变，寻找合适的时机去做。不去做永远没机会，等别人都做了自己也没机会了。这也就是"**毋先物动，以观其则**"，"**其应物也若偶之**"的道理。保持心静才能观其则，才能抓住时机而有所得，所谓"**静乃自得**"。我们平时所讲的遇事要冷静，不要轻举妄动也是这个道理。"静"是"因"的前提条件。不静，没办法了解事物是怎么回事，也就无以因循了。这就是管子的静因之道。这一段虽然很难，但思想内容很丰富。

54. 君逸臣劳，各守其责

《宙合》可以说是《管子》最难懂的篇章之一。《宙合》一开头是经文，管仲的原创。后面是弟子、再传弟子们对经文一句句地解读。我将"经"和"解"合起来讲。

> "左操五音，右执五味。"此言君臣之分也。君出令佚，故立于左；臣任力劳，故立于右。夫五音不同声而能调。此言君之所出令无妄也，而无所不顺，顺而令行政成。五味不同物而能和。此言臣之所任力无妄也，而无所不得，得而力务财多。故君出令，正其国而无齐（济）其欲，一其爱而无独与（亲）是。王施而无私，则海内来宾矣。臣任力，同其忠而无争其利。不失其事而无有其名，分（份）敬而无妒，则夫妻和勉矣。君失音则风律必流，流则乱败。臣离味则百姓不养。百姓不养，则众散亡。君臣各能其分，则国宁矣。故名之曰不（丕，大）德。

经文"左操五音，右执五味"。这是一种形容。先秦时讲"左上右下"，"左"为上位，"右"为下位；"左"代表阳，"右"代表阴；"左"代表君道，"右"代表臣道。这句的意思就是君道负责五音，即工、商、角、徵、羽。臣道负责五味，即甜、酸、苦、辣、咸。"**此言君臣之分也**"，这就是君臣职能的不同，不能混为一谈。"**君出令佚，故立于左；**""佚"，安逸。君是负责发号施令的，不应该那么忙。因责任重大，所以立在上位。"**臣任力劳，故立于右。**"臣是去执行命令的，应该卖力气的，所以立在下位。君若是亲自辛劳，事无巨细什么都要管，都要自己动手干，那么这个国家眼看也就不行了。所以君一定要佚，佚才能静，静才能因，才能应。如果领导干部整天忙忙碌碌，怎么可能静下来？怎么可能做到"**毋先物动，以观其则**"，把握好大方向，看趋势，观走向？根本不可能。臣是任力的，应该是去执行的。三省六部，每一部都做好自己的本职工作就好。如果臣也"佚"，不去执行实干，也来发号施令，那么就没有人做事了，国家就乱了。

"**夫五音不同声而能调。此言君之所出令无妄也，**"五音不同声，但可以被调和在一起成为美妙的乐曲。"调"比喻"**君之所出令无妄也**"。君出令不犯错，把百官的职能协调好，把五音编成一首旋律优美的乐曲，这是君的责任。君出的令"无妄"，那么推行起来就很顺，即"**无所不顺**"。"**顺而令行政成。**"顺的话，则令可以推行，施政可以成功。大到国家、小到公司，都是这个道理。反之，君出妄令，朝令夕改，乱七八糟，下面就无法推行，就无法政成，久而久之国家或公司就乱了。下一句是形容臣的一面了。"**五味不同物而能和**"，五味需要各种不同的食材调料，但放在一起能调和成一盘菜，我们现在做菜叫烹调。"**此言臣之所任力无妄也，而无所不得，**"用今天的话说，就是臣用力用到刀刃上，做好本职工作，出了问题也不推卸责任，也不插手别人的事情，就会有所收获，无所不得。"**得而力务财多**"，越有所得越卖力，国家就富强了，公司利润就高了。

"**故君出令，正其国而无齐其欲，**"君主发号施令的目的是为了使国家政成，而不是满足君主的私欲。"**一其爱而无独与是。**""与"是亲近的意思；这里的"是"指自己认可的人。对底下的臣民都同样地爱护，没有偏私，并不仅仅与自己认可的人去亲近。"**王施而无私，则海内来宾矣。**"君王给人的好处是无私的，那么大家都会来投靠你，同行的员工都会跳槽过来。"**臣任力，同其忠而无争其利。**"臣是干活的，就应该埋头苦干，同样地忠心耿耿，不要争夺一己私利。公司也一样，生意做大了，每个人都有一份。相反，每人争自己的私利，公司破产了，那一份也都没有，变成零了。"**不失其事而无有其名**"，该负起各自责任，不去争名分。"**分敬而无妒，则夫妻和勉矣。**"敬守自己的本分，不要越权越界，也不要去妒忌人家。其他人做得好，我要做得更好，而不是想方设法把别人拉下来。君臣关系要像夫妻一样和勉。管子两千六百年前对人性洞察就如此深邃。他讲这些是有针对性的。说明当时很多君臣做不到这样，他才要反复提倡。几千年来我们民族的人性就没变过。古书真是值得反复读。

　　"**君失音则风律必流，流则乱败。**"君王使五音不协调，那么音律就荡散了，荡散了就奏不成一首乐曲了。这里用音乐来形容君主的政令，乱发政令，大臣就没办法执行，各部门的合作会出问题，朝政就乱败了。"**臣离味则百姓不养。**""臣离味"也是比喻，指臣执行力出了问题。臣执行不好，则百姓穷困，活不下去。"**百姓不养，则众散亡。**"百姓穷困，员工经常被欠薪，接下来一定是"树倒猢狲散"。大批老百姓逃亡迁居了，国家离灭亡也就不远了。人才流失了，公司离关门也就不远了。"**臣各能其分，则国宁矣。故名之曰不德。**"这句是总结：君臣各守其责，那么国家就安宁了。这就是大德。

55. 有备无患，未雨绸缪

　　"怀绳与准钩，多备规轴，减溜大成，是唯时德之节。"夫绳，扶拨以为正；准，坏险以为平；钩，入枉而出直。此言圣君贤佐之制举也。博而不失，因以备能而无遗。国犹是国也，民犹是民也，桀纣以乱亡，汤武以治昌。章（彰）道以教，明法以期（待）。民之兴善也如化（此），汤武之功是也。多备规轴者，成轴也。夫成轴之多也，其处大也不究（宽松），其入小也不塞。犹迹求履之宪（模）也，夫焉有不适善? 适善，备也。僃（备）也，是以无乏。故谕教者取辟（譬）焉。天淯（育）阳（养），无计量；地化生，无法（泮，畔）崖（涯）。所谓是而无非，非而无是。是非有，必交来。苟信是，以有不可先规之，必有不可识虑之。然将卒而不戒。故圣人博闻多见，畜（蓄）道以待物。物至而对形（型），曲均存矣。减，尽也。溜，发也。言偏环毕，莫不备得，故曰减溜大成。成功之术，必有巨获（法度），必周于德，审于时。时德之遇，事之会也，若合符然。故曰：是唯时德之节。

　　经文"怀绳与准钩，多备规轴，减溜大成，是唯时德之节。"准，地平仪；钩，铁曲尺。持有绳、地平仪、铁曲尺这三件工具各有功用：绳的功用是"**扶拨以为正**"，把歪的东西扶正弄直，例如木匠要把一段歪木头加工成门框，就先要用墨绳在木头上画线，然后又锯又刨，才能使它笔直；准的功能是"**坏险以为平**"，把陡峭的地整平；钩的功能是"**入枉而出直**"，把弯曲的东西弄直。这都是比喻。比喻什么呢？"**此言圣君贤佐之制举也。**"比喻的是明君贤臣治理国家的制度和举措。制度办法要"**博而不失，因以备能而无遗。**"不能只靠一种举措，而是越多越好，准备充足，随时可以用到。就是《心术上》提到的"物至则应"，有事来了，有需要了，可以去应对，因为有所准备，口袋里有三十六种锦囊妙计。如同前面讲的工匠有很多工具，绳、准、钩一应俱全，并不是天天会用到，但用的时候就什么都不缺，缺了一样就完不了工。治理国家，管理公司也要这样，各种规章、制度、方法、措施都要齐备，不能只靠一种理论来治国，无论是凯恩斯主义，还是巴纳德理论。"**国犹是国也，民犹是民也，桀纣以乱亡，汤武以治昌。**"国还是这个国，民还是这些民。夏桀商纣乱政，国家灭亡；商汤周武大治，国家昌盛。因为他们能够"**章道以教，明法以期。**"弘扬道义来教化老百姓，也就是儒家讲的礼治；明确公布法律，期待百姓照此遵循，这是法家思想。《管子》结合了礼治与法治的思想。"**民之兴善也如化（此），汤武之功是也。**"老百姓能够如此行善，都是汤武的功德。因为他们"怀绳与准钩"，礼法并举，不偏执于一隅。

"**多备规轴者，成轴也。**""规"是圆规，固定的圆规，可以直接照着画圆。"轴"有两个意思，第一个"轴"也是一种圆规，是转规；第二个"轴"是车轮里的轴。这句话的意思是要多准备一些圆规和转规，这样才能做成车轮的轴。为什么这样说呢？"**夫成轴之多也，其处大也不究，其入小也不塞。**"大大小小的圆规备在那里，就能做出很多种车轴，要用车轴时就没有不适合的。碰到大的车轮用大轴，不要太松，做小的车轮用小轴，不要塞住。准备好多种圆规的好处，"**犹迹求履之宪也，夫焉有不适善？适善，备也。**"就像拿脚印来找鞋模，还会有不合适的吗？非常合适，就是因为准备得非常齐全。"**僭也，是以无乏。**""僭"是错讹字，应该是"备"，备。准备得齐全，所以不缺。"**故谕教者取辟焉。**"所以这是老师管子用"多备规轴"作譬喻啊。

"**天淯阳，无计量；地化生，无法崖。**""法"是错讹字，应该是"泮"字，通"畔"；"泮"和"涯"指的都是边际。天养育万物是没法估量的，地生出万物是无边无际的。既然天地万物是无边无际的，没法估量的，所以人的一生中遇到的事情也是无可预料的。"**所谓是而无非，非而无是。是非有，必交来。**"是非是对立，不可混淆的，是就是是，非就是非。但是非又是相对的，不可偏存，没有是也没有非，没有非也就没有是。"**苟信是，以有不可先规之，必有不可识虑之。然将卒而不戒。**"假如你相信一件事情是可行的，在着手去做之前，要做好不可行的打算，也就是最坏的打算。因为事情必有不可预先察觉的因素。你事先想好了退路，就不会因意外的事情猝然而至而没有预备。不会"猝不及防"。这是非常重要的处世之道。很多人只想好的，比如做生意只想做成功了能够赚多少钱，很少去想想万一失败了会损失多少，自己能否承受得起。做什么事，你都事先把退路想好了，把最坏的结果考虑进去了，做的时候就可以义无反顾，勇往直前。这样做，事情反而能够做成功。这也是有备无患的一个方面。这也是我一辈子做人最重要的人生经验。

"**故圣人博闻多见，畜道以待物。**"圣人博闻多见，蓄养智慧、见识，等事情发生了，自然知道如何去应对。怎样才能博闻多见？"读万卷书，行万里路"，我再加一句"交一百个朋友"。南宋诗人陆游有一名句："书到用时方恨少，事非经过不知难。"现在读书都是快餐式，用什么去读什么。这样急功近利地去读书，没有知识积累，底气不足，"**然将卒而不戒**"，突然有事发生，你就束手无策，六神无主。"**物至而对形，曲均存矣。**""曲"和"均"都是度量的器具："曲"就是前文提到的"钩"；"均"，秤上的砝码，比喻"畜道"的"道"，也就是智慧和见识的蓄养储备。事情发生了，根据它的形态，选择相应的办法去应对，因为你肚子里各种办法都有了。

"**减溜大成**"就更难懂了。"**减，尽也。溜，发也。言偏环毕，莫不备得，故曰减溜大成。**""减"是"尽"的意思，各种东西应有尽有。"溜"的意思是"发"，训为"用"①。各种物尽其用。"偏环毕善"，"偏"是局部："环"是全体；"毕善"，齐全。无论是局部，还是全体的，都准备得很好，那么"莫不备得"，

---

① "溜"释为"发"是很少见的，翻遍其他资料，找不到先例。我个人推测，可能是当时齐国方言，后来人不懂，所以管子的学生才出来解释。《管子》书里有很多齐国方言。这些"解"是战国时人注的，他们懂齐国方言。

什么事都一定成功。这就叫"减溜大成"。

下一段都是在解释经文"**是唯时德之节**"。"**成功之术，必有巨获，必周于德，审于时**。""巨获"，方言，法度的意思。法度不仅指法律制度，也包括规矩和方式方法的意思。要取得成功，必须要有法度，法度一要"**周于德**"，出发点要正，不能有一点邪念，如同佛家讲的善护念，做事情起心动念一定要正。二要"**审于时**"，审时度势，看看时机对不对。要在正确的时间做正确的事情。"**时德之遇，事之会也，**"时机和德性两项条件合在一起，才是成功的保障。"**若合符然**"，"符"是兵符。古代兵符一块在带兵的将领手上，一块在皇帝手上。出征时，皇帝把它交给统帅，到了前线，和带兵将领的那块兵符能合拢，才可以统领全军。这是比喻"时德之遇"就像"合符"那样重要，缺一不可。

56. 如何处乱世

"春采生，秋采蓏，夏处阴，冬处阳。"此言圣人之动静、开阖（合）、诎信（屈伸）、涅（通）儒（偄，缩），取与之必因于时也。时则动，不时则静，是以古之士有意而未可阳（扬）也。故愁（收敛）其治言，含愁（衍文）而藏之也。贤人之处乱世也，知道之不可行，则沉抑以辟罚，静默以侔（取）免。辟之也犹夏之就清，冬之就温焉。可以无反（及）于寒暑之灾矣。非为畏死而不忠也，夫强言以为僇（戮），而功泽不加，进伤为人君严之义，退害为人臣者之生，其为不利弥甚。故退身不舍端（操守），修（休）业不息版（版籍），以待清明。故微子不与于纣之难而封于宋，以为殷主。先祖不灭，后世不绝，故曰：大贤之德长。

经文"春采生，秋采蓏，夏处阴，冬处阳。""生"，新鲜；"蓏"，在古文里，树上结的水果叫"果"，草本植物结的水果叫做"蓏"，例如西瓜、草莓。春天采摘新鲜蔬菜，秋天采集果实；夏天待在凉快的地方，冬天待在暖和的地方。管子后人解释说，这句话是铺垫，引出后面的"**圣人之动静、开阖、诎信、涅儒，取与之必因于时也。**"这里"信"是"伸"的错字；"儒"是"偄"的错字，是缩的意思。圣人行事不是一成不变的，有时动，有时静；有时开，有时关；有时屈，有时伸；有时通畅，有时紧缩。无论是求取，还是给与都一定要时机

管子解读：领袖需要的智慧

适合。求取要讲时机，容易理解。时机不到，取之不得。给出去也要讲时机，不然也不行。这里讲的还是与静因之道有关。"**时则动，不时则静**"，时机到了，就可以采取行动；否则，静观其变。

最后引出一句话："**是以古之士有意而未可阳也。**"所以古代之士有雄心大志不会到处宣扬。"**故愁其治言，含愁而藏之也。**"把治国的方略收敛起来，藏而不露。就像诸葛亮有治国方略和大志，但因身处乱世，所以隐居隆中卧龙岗，自由自在，等着刘备三顾茅庐。这个时代，有刘备，就出山；没有刘备，就优游于林泉之下。总比被一班沐猴而冠的人呼来喝去活得潇洒。"**贤人之处乱世也，知道之不可行，则沉抑以辟罚，静默以侔免。**"一个有本事的人身处乱世，明知自己信仰的那一套"道"不可行的时候，是不是要像儒家主张的那样"知其不可为而为之"呢？管子不赞成，而是主张要低调、沉下去，不要锋芒毕露，以躲避刑罚；沉默寡言，少发言论以避免惹祸。魏晋时期的"竹林七贤"才高八斗，却不愿出来做事，天天喝得醉醺醺的，说起话来疯疯癫癫。因为那是一个乱世，统治集团内部斗争激烈，你出来做事，帮谁好？今天受到重用，明天老板倒台了，你可能性命不保。所以还不如在那里装疯卖傻。

"**辟之也犹夏之就清，冬之就温焉。可以无反（及）于寒暑之灾矣。**"这种在乱世避祸的做法，就像夏天躲到阴凉处，冬天留在温暖的地方一样，可以不受严寒酷暑的折磨。其实，这种做法"**非为畏死而不忠也，**"不是怕死而不尽忠。"**夫强言以为僇，而功泽不加，进伤为人君严之义，退害为人臣者之生，其为不利弥甚。**"一定要坚持强谏君主而招来杀身之祸，结果并没有达到任何效果。进一步说，造成的伤害是构成了君主严酷无情的恶名。退一步说，也损害了自己做臣子的性命，坏处实在是太多了。所以正确的做法是"**退身不舍端，修业不息版，以待清明**"。版，版籍，指书籍。虽然退身避世，但是守住做人的端操，辞官不做仍要坚持读书，等待清明盛世的到来。或许某一天出了个刘备三顾茅庐，就看你自己有没有诸葛亮的雄才大略了。"**故微子不与于纣之难而封于宋，以为殷主。先祖不灭，后世不绝，故曰：大贤之德长。**"微子去劝纣王而没有用，他躲起来了。商朝覆灭之后，周武王把微子请出来，封在宋这个地方，作为殷主，使殷王的香火还能在宋国世代相传。《论语》里也提到"**微子去之，箕子为之奴，比干谏而死**"。在管子看来，最好的选择还是微子。这才是"**大贤之德长**"。不计较一时一事的功过评价，而考虑深远的影响，这样的人才称得上"大贤"。我之前讲过管仲的生平事迹。这里其实就是他的夫子自道。

57. 做人要低调

"明乃哲，哲乃明，奋〔张扬〕乃苓〔零落〕，明哲乃大行。"此言擅美、主盛、自奋也，以琅汤〔浪荡〕凌轹〔欺凌〕人，人之败也常自此。是故圣人著之简筴〔策〕，传以告后进。曰："奋盛，苓落也。盛而不落者，未之有也。"故有道者，不平其称，不满其量，不依〔高〕其乐，不致其度。爵尊则肃〔敬〕士，禄丰则务施，功大而不伐，业明而不矜。夫名实之相怨久矣，是故绝而无交。患者知其不可两守，乃取一焉，故安而无忧。

经文"明乃哲，哲乃明，奋乃苓，明哲乃大行。"事情看清楚了才会有智慧；有智慧的人看事情才看得明白。这两者是相辅相成。太张扬的人就一定会落败。世事洞明，头脑充满智慧的人能够无往而不胜。

管子后人解读说，这句经文是针对这样一种人讲的：他们表现得"擅美、主盛、自奋，以琅汤凌轹人"，功劳都归自己、盛气凌人、行事张扬，行为浪荡无羁，常喜欢欺凌羞辱他人，"人之败也常自此"。"是故圣人著之简筴，传以告后进。"圣人指管仲，他把这句话写在竹简上，流传下来警策后人。管子曾说："奋盛，苓落也。盛而不落者，未之有也。"张扬又盛气凌人，必然败落。盛气凌人而不败落的，还没有见到过。"故有道者，不平其称，不满其量，不依其乐，不致其度。"古文"称"和"秤"通假，秤和量都是量器。有道之人，不称到足两，不使量斗盈满，不把音律调到最高，不使尺度达到极限。也就是说，有道之人凡事都会留有充分余地。他们的处事原则是"**爵尊则肃士，禄丰则务施，功大而不伐，业明而不矜**"。地位高、官做大了，更加礼贤下士；赚钱多了一定要施舍出去；功劳大了务必低调，绝不居功自傲；事业有成更谦虚谨慎，绝不自以为是。

为什么说这才是有道之人的处世原则？接着看就明白了："**夫名实之相怨久矣，是故绝而无交。**"名实不符久矣，两者就像怨家一样断绝来往，有名而无实，有实而无名。现在喜欢叫出家人高僧。南梁《高僧传》作者释慧皎开宗明义就说："前代所撰，多曰名僧，然名者本实之宾也，若实行潜光，则高而不名；寡德适时，则名而不高。"真正的高僧在闭门修行，很少人认识他。整天迎往送来、剪彩开会的和尚叫做名僧，他根本没有时间去修行，一定不是高僧。

《管子》继续说："**惠者知其不可两守，乃取一焉，故安而无忧。**"聪明人知道：要想名实两守不可能，只能取其中之一，要么搏虚名，要么求实际，这样才能高枕无忧。真正的有道之士一定是取其实而弃其名，保持低调做人。

58. 制　怒

　　"毒而无怨"，此言止忿速，济没法也。怨而无言，言不可不慎也。言不周密，反伤其身。故曰"欲而无谋"，言谋不可以泄，谋泄突极。夫行忿速，遂没法，贼发。言轻谋泄，突必及于身。故曰：毒而无怨，怨而无言，欲而无谋。

　　"毒而无怨"，"毒"是指阴毒，别人伤害了自己之后，暗中进行报复，一出手就击中对方要害。最没有办法的人就只知道发怒。后人解释为什么要"毒而无怨"：**"此言止忿速，济没法也。"** 受到伤害一定会很愤怒，但一定要很快将愤怒抑制住，不要发作出来。"济"，补救。如果你做不到**"止忿速"**，大发雷霆，图一时之快，但造成的后果是没法补救的。只有把愤怒克制下去才能想出办法来。林则徐初到广州禁烟时，一些腐败官吏百般阻挠，令他怒不可遏。但他知道暴怒无济于事，还可能给那帮人找到攻击他的口实。于是，他写了"制怒"二字挂在墙上，作为警句告诫自己。每当要发怒时，就看着墙上的"制怒"条幅，将怒气压下去。制怒，用现代话讲就是管住自己的情绪。南怀瑾老师书上提到一位老朋友的话："上等人，有本事没有脾气；中等人，有本事也有脾气；末等人，没有本事而脾气却很大。"这是一句名言，也是人生处世的学问。

　　"'怨而无言'，言不可不慎也。言不周密，反伤其身。" 有怨恨，有不满，不要挂在嘴巴上。说话不可不小心，说话不周密，被你怨恨的人知道了，反而会伤害你自己。本来有怨恨就不是一件好事，受了伤害才会有怨恨，而在受到伤害之后又把怨恨挂在嘴上，接下来的伤害可能更重，所以要"怨而无言"。应该怎么做呢？要"**欲而无谋**"。欲，愿望，这里指报复的图谋。有了图谋，但不要说出来，要装着无谋。管子后人解读这四个字的含义："**言谋不可以泄，谋泄灾极。**"图谋不可以外泄，暗藏在心里。如果泄露了图谋，那么灾祸就来了。"**夫行愆速，遂没法，贼发。**"没有深思熟虑就立刻发怒，口口声声要报复，于是就拿不出办法。因为"贼发"，贼害你的小人会先动手。可见"**言轻谋泄，灾必及于身。**"说话随便，图谋泄露，必定殃及自身。"**毒而无怒，怨而无言，欲而无谋。**"这段经文大概是管仲用来教导齐桓公如何对付仇敌的。管仲是齐国的相，春秋时期诸侯之间战争频繁，齐国吃了亏，反过来要如何报复对方。《管子》里充满这样谋略。我们先不评判其好坏。如果心是善的，这些谋略可以用来做好事；如果心是恶的，不学谋略也会做坏事。学点谋略至少做事可以做得高明一点。

59. 深思熟虑，不耻下问

　　"大揆度仪，若觉卧，若晦明。"言渊色以自诘（问）也，静默以审虑，依贤可用也。仁良既明，通于可不（否）利害之理，循发蒙也。故曰：若觉卧，若晦明，若教之在尧也。

　　"大揆度仪，若觉卧，若晦明。" 揆度，估量、研究的意思；"大"指程度。"大揆度"用现在的话就是深思熟虑。"仪"，法则、方法、法度。对法则、方法、法度要深思熟虑。这样就能够像睡醒以后躺在床上想事情，此时头脑最清楚；就能够像从暗处看明处那样一目了然。后人解读这句经文说的是**"渊色以自诘也，静默以审虑"**。遇到事情，自己的态度要深藏不露，不让外人从你的脸上就看出喜怒哀乐；也不要急于表态，一句话都不要说，先静下心来，审慎地去思考。**"依贤可用也"**，然后去找有智慧、有见地的人询问。这样你的想法就可以去实行了。这就叫"大揆度"。

　　"仁良既明，通于可不利害之理，循发蒙也。" 问过贤人之后，对与不对，好与不好都已经清楚明白了，就可触类旁通，知道哪些法则、方法、法度是否可行，利弊得失如何，是利大于弊，还是弊大于利。遵循这个思路去找答案，就能"发蒙"。**"发"**，启发；**"蒙"**，蒙昧，启发蒙昧，也就是糊涂的事情弄清楚了。所以说**"若觉卧，若晦明"**。最后一句**"若教之在尧也"**出自典故：敖是尧的儿子，小时候调皮捣蛋又自大，是个坏孩子，很不成器。但圣人在上，尧的周围又都是贤臣。敖不得不遵守规矩，所有人都看着他，久而久之，敖就改邪归正了，到禹当政的时候还得到重用。这个典故是要进一步说明"**依贤可用也**"。敖这样的坏小孩找到了好老师都能成材。一个人即使没多大本事，找到好的顾问、帮手，自己又能不耻下问，那么也能干一番事业。

60. 亲贤臣，远小人

"毋访于佞"，言毋用佞人也，用佞人，则私多行。"毋蓄于谄"，言毋听谄，听谄则欺上。"毋育于凶"，言毋使暴，使暴则伤民。"毋监于谗"，言毋听谗，听谗则失士。夫行私、欺上、伤民、失士，此四者用，所以害君义失正也。夫为君上者，既失其义正，而倚以为名誉。为臣者不忠而邪，以趋爵禄，乱俗数（败）世，以偷安怀乐，虽广其威，可须也。故曰：不正，广其荒。是以古之人阻其路，塞其遂，守而物修。故著之简笑，传以告后世人曰：其为怨也深，是以威尽焉。

这一段讲的是怎样远离小人。"'**毋访于佞**'，言毋用佞人也，用佞人，则私多行。"不要用那些奸诈小人，小人一定行私。小人多了，假公济私成风气了，君主就无可奈何。公司也好，国家也好，小人是只想个人眼前现实利益的，从不去考虑公司或国家长远利益。哪怕明天公司要倒闭了、国家要垮了，这种人脑子里想的还是如何从中捞一点好处。当年国民党就是这么倒台的。最近《蒋介石日记》公开了，蒋介石知道早晚会败给共产党，他看得很清楚。当年的国民党买官卖官，行贿受贿，贪污腐败。他用尽各种办法也没用，因为统治集团内部大多数人只顾一己之私利：我捞足了，哪怕你亡党亡国了，我还可以跑到美国去做寓公。

"'毋蓄于谄',言毋听谄,听谄则欺上。"蓄,养,纵容的意思。不要纵容那些喜欢谄媚、阿谀奉承的人,纵容他们是养虎为患。阿谀奉承的人一定都是报喜不报忧的,所以不要听他们的。喜欢听好话,几乎是人性的弱点。做领导也好,做老板也好,都喜欢听奉承话,那些小人自然就会瞒上欺下。"'毋育于凶',言毋使暴,使暴则伤民。"不要培植那些酷吏。有时候,酷吏比贪官还麻烦。贪官贪一点,祸患是慢慢呈现的。酷吏不一定是贪官,但他会激化矛盾,所以不要依赖铁腕人物。本来一点小摩擦,他们却用暴力去压制,结果事情越闹越大,变成群体性抗争事件。我们说,有时候清官会造成大问题。因为清官自己不贪,所以什么都敢做,容易变酷吏。在公司里,不要任用那些动辄扣员工工资的干部。这样的人会造成劳资关系紧张,破坏公司的凝聚力。"'毋监于谗',言毋听谗,听谗则失士。"不要靠谗言来监督下属,领导人如果喜欢听人打小报告,那就一定会流失很多正直的、有真本事的人。现在有些老板喜欢在各部门布满眼线,让他们偷偷向自己报告。这样下去,公司一定乱。没有人能保证这些小报告里不夹带私货,私人恩怨。领导人偏听偏信谗言,上下级之间就失去了互相信任。没有了互信,做事不同心同德,公司怎么做得好呢?

领导任用小人,就会造成"行私、欺上、伤民、失士"这四种后果。出现这四种情况,就会害得领导人失去正义感。领导人失去了正义感,倚靠这些小人歌功颂德,溜须拍马。那么"为臣者不忠而邪,以趋爵禄",下面人对你就会丧失忠诚度而去搞歪门邪道,追逐官位和俸禄。结果是"乱俗数世,以偷安怀乐",官场腐败,世风日下,助长社会上的歪风邪气。上上下下只顾享受眼下的一份安定奢华,醉生梦死,花天酒地,不去考虑国家的长治久安。这样的领导人"虽广其威,可须也"。"广",自大。虽然自我膨胀,很威风,但最终一定失败,威风扫地。"故曰:不正,广其荒。"所以说,君主为人不正的话,不是放大了自己的威望,而是放大了荒诞和荒淫。"是以古之人阻其路,塞其遂,守而物修。"因此,古人总是阻挡小人的路,堵塞奸人的道。坚守道义就可成大事。他们还把这个道理写在竹简上,流传下来告诫后人:"其为怨也深,是以威尽焉。"任用听信小人,招致的怨恨会越来越深,上下之间的矛盾越来越激化,以致这种虚假的威望迟早会消失殆尽。这些都是管子的经验之谈，到两千年后的今天依然有用。现在的企业和政府机构里，喜欢下属阿谀奉承、打小报告的领导人，对上级像条狗，对群众像匹狼的小人仍比比皆是。"**明乃哲，哲乃明**"，有智慧的领导人就不会这样，能看得很透，很清楚。

61. 大义不拘小节

"不用其区区"者，虚也。人而无良焉，故曰虚也。凡坚解〔尴尬〕而不动，陼堤〔踟蹰〕而不行，其于时必失，失则废而不济。失植〔志〕之正而不谬，不可贤也。植〔志〕而无能，不可善也。所贤美于圣人者，以其与变随化也。渊泉而不尽，微约而流施。是以德之流，润泽均，加于万物。故曰圣人参于天地。

"鸟飞准绳"，此言大人之义也。夫鸟之飞也，必还山集谷。不还山则困，不集谷则死，山与谷之处也。不必正直，而还山集谷，曲则曲矣，而名绳焉。以为鸟起于北，意南而至于南。起于南，意北而至于北。苟大意得，不以小缺为伤。故圣人美而著之，曰：千里之路，不可扶以绳；万家之都，不可平以准。言大人之行，不必以先帝〔衍文〕常，义立之谓贤。故为上者之论其下也，不可以失此术也。

这一段要结合我在讲解《管子·小匡》的"做大事不拘小节"的思想来理解。第一层意思"不用其区区"。"区区"，微不足道的意思，指雕虫小技。"'不用其区区'者，虚也。"那些用雕虫小技的人是虚的。"人而无良焉，故曰虚也。"人没有真本事，所以叫做虚。"凡坚解而不动，陼堤而不行"，"坚解"，尴尬；"陼堤"，踟蹰，应该都是齐国的方言。因为事出尴尬就不去做，或者做事瞻前顾后、犹豫不决，始终不采取行动，**"其于时必失"**，必定会失去时机。**"失则废而不济"**，时机失去了就没办法补救了。**"失植之正而不谬，不可贤也。"** "植"，声训为"志"。失去正义的志向，而不犯错误的人，不能算是贤人，至多是个乡愿、小市民。**"植而无能，不可善也。"** 有志向，但没能力，就是平常说的志大才疏，这样的人也不值得称赞。**"所贤美于圣人者，以其与变随化也。渊泉而不尽，微约而流施。是以德之流，润泽均，加于万物。"** 既善又美能称得上圣人的，是因为他与时俱进。"微"，深奥的意思；"约"，简约的意思。这样的人既有深度，又很简约，不故弄玄虚。他们的德性源源不断地流出，无偏无私地加被于万物。**"故曰：圣人参于天地。"** 圣人和天地齐肩。这都是在解读"不用其区区"。

第二层意思**"鸟飞准绳"**。**"此言大人之义也"**，讲的是什么叫做高人。作者用鸟和绳子来打比方。**"夫鸟之飞也，必还山集谷。不还山则困，不集谷则死，山与谷之处也。"** 鸟在天空飞行，最终一定要回到山谷里，一群鸟聚集在一起过夜。不然的话就会被困死。因为山谷是它们的栖息地。道理很简单，鸟不可能一直在天上飞，黄昏时总要飞回栖息地休息。**"不必正直，而还山集谷，曲则曲矣，而名绳焉。"** 飞行路线不必是直线，因为飞回山谷的路曲曲折折，不得不沿着地形飞，就像绳子一样。绳子也是弯曲的，但拉直了可以作为取直的准线。鸟的飞行也是如此，路线是弯曲的，最终还是到达目的地。**"以为鸟起于北，意南而至于南。"** 鸟从北边起飞，目的地是南方，无论路线如何曲曲折折，最终还是会飞到南方的。**"起于南，意北而至于北。"** 从南边起飞，目的地是北方，无论路线如何曲曲折折，最终还是会飞到北方的。从这个比喻引出一个道理：**"苟大意得，不以小缺为伤。"** 只要实现大目标，哪怕有些小的缺憾瑕疵也无所谓。圣人的权宜之计也是如此，合大义就不要计较小过。我们已经知道，管仲有很多缺点，但鲍叔牙知道他有大志向，能做大事业，并不以他的这些缺点为憾。管仲辅佐的公子纠失败，他并没有自杀谢主，反而帮助政敌公子小白成就霸业。看起来管仲似乎不忠不义，其实是以齐国社稷为重。他的志向是使齐国强盛，如果当初自杀，他的大志也就实现不了。**"故圣人美而著之，曰：千里之路，不可扶以绳；万家之都，不可平以准。"** 千里远的路途，没办法走成像准绳一样的直线。万家的都城，不可能到处都用水平仪来取准。"**言大人之行，不必以先帝常，义立之谓贤。**""先帝常"，古人的旧法。高人的行为，不必以古人的旧法常规作标准，只要适宜就值得称道。公子纠死了，按古法，管仲要殉葬尽忠，但对他这样的高人不必苛求。"**故为上者之论其下也，不可以失此术也。**"做领导人的评判下属，不可忘记这一点：大义不拘小节。用人是这样，做人也是这样。

62. 中正是政治之本

"谮〔远〕充〔满〕"，言心也，心欲忠。"末〔垂〕衡"，言耳目也，耳目欲端。中正者，治之本也。耳司听，听必顺〔慎〕闻，闻审谓之聪。目司视，视必顺见，见察谓之明。心司虑，虑必顺言，言得谓之知。聪明以知，则博。博而不惛，所以易政也。政易民利，利乃劝，劝则告。听不慎不审不聪，不审不聪则缪。视不察不明，不察不明则过。虑不得不知，不得不知则昏。缪过以惛则忧，忧则所以伎〔害〕苛，伎苛所以险政，政险民害，害乃怨，怨则凶。故曰：谮充末衡，言易政利民也。

这一段的经文是"**谮充末衡，易政利民**"。后人解读说"**谮充**"讲的是心，"**心欲忠**"。五官能看能听能闻能尝能感觉到的东西都有限度。唯有心可以想很远的事。心中可以充满正气，可以充满欲望，也可以充满邪气。对心的要求是"忠"。从字形上看，这是"六书"的会意字，心在中间。保持一颗中正之心，就是忠。"**末衡**"讲的是耳目，耳朵垂在两边，左边一只，右边一只，保持平衡。眼睛也是这样。"**耳目欲端**"，平衡才能端正，左眼长得高一点，右眼低一点，这个人的脸相一定就不端正。耳目要正，所以偏听偏信是不行的。一只眼睛看不全面，要两只眼睛一起看；一只耳朵也听不清楚，要两只耳朵一起听。心要中，耳目要正，加起来是治理的根本，"**中正者，治之本也。**"无论是治理国家，还是治理企业都是如此。"**耳司听，听必顺闻，闻审谓之聪。**"耳朵是用来听的，要听得仔细认真，事无巨细都要听明白，不能只听人家开头一两句，就主观臆断得出结论。听得审慎叫做"聪"。"**目司视，视必顺见，见察谓之明。**"眼睛是用来看的，要看得清楚，看得全面，看得长远，这叫做"明"。"**心司虑，虑必顺言，言得谓之知。**"心是用来思想的，思虑谨慎就务必慎言，口不择言的人肯定是糊涂人，说话得体才称得上有智慧。你即使说出来的是真理，但时机不得当，就是愚蠢。你如果参加朋友小孩的百日诞辰。众人都祝贺孩子长命百岁，你偏说这个孩子早晚要死的。虽然你说的没错，但不得当，场合不对。"**聪明以知，则博。**"耳聪目明，再加有智慧，这个人很全面了。"**博而不惛，所以易政也。政易民利，利乃劝，劝则告。**"统治者、管理者的素质全面，头脑不发昏，施政一定非常顺利。政通人和，对老百姓肯定有好处。老百姓得到好处了，就会受到激励。自己受到激励，还会到处去宣传：我们公司领导是好领导，有机会跳槽过来吧，这里有前途。这样的企业，要它不兴旺发达也难。反过来说："**听不慎不审不聪，不审不聪则缪。**"听得不认真就会犯错误。"**视不察不明，不察不明则过。**"看得不清楚就会有过失。"**虑不得不知，不得不知则昏。**"想法不得当就是糊涂。"**缪过以惛则忧，忧则所以伐苛，伐苛所以险政，政险民害，害乃怨，怨则凶。**"领导人常犯错又糊涂，那大家就要担忧了。做事的人忧心忡忡，祸害无穷。"伐"和"苛"都是"害"的意思。这样施政一定出现危机。施政困难，势必殃及百姓。民众利益受到损害势必引发不满，社会矛盾冲突就愈演愈烈。

63. 做人做事要谨慎

　　"毋犯其凶"，言中正以蓄慎也。"毋迩其求"，言上之败，常贪于金玉马女，而吝爱于粟米货财也。厚藉敛于百姓，则万民怼怨。"远其忧"，言上之亡其国也，常迩其乐，立优美，而外淫于驰骋田猎，内纵于美色淫声。下乃解〔懈〕怠惰失，百吏皆失其端，则烦乱以亡其国家矣。"高为其居，危颠莫之救"，此言尊高满大，而好矜人以丽，主〔持〕盛处贤，而自予雄也，故盛必失而雄必败。夫上既主盛处贤，以操士民，国家烦乱，万民心怨，此其必亡也。犹自万仞之山播〔播越〕而入深渊，其死而不振也必矣。故曰："毋迩其求，而远其忧，高为其居，危颠莫之救也。"

　　这一段的三个层次是教我们做人做事要谨慎。第一个层次，"'毋犯其凶'，言中正以蓄慎也。"不要去冒险，做事要中正，中规中矩，培养谨慎的心态。《管子》其他文章里也多次提到不要做投机、冒险的事情。

　　"毋迩其求而远其忧"是第二个层次。告诉帝王们不要将欲求放在最近的地方，而把值得担心的大事扔在一边，放在远处。这里的"近"和"远"都是指帝王们关心的问题、注意力所在。后人解释为什么不能"迩其求"和"远其忧"呢？"上之败，常贪于金玉马女，而吝爱于粟米货财也，厚藉敛于百姓，则万民怼怨。"统治者的失败，因为长期贪恋珍宝骏马美女，吝啬偏爱钱财，为此对百姓强征厚敛。民众不堪沉重的税负，必然怨恨统治者。另一方面，"上之亡其国也，常迩其乐，立优美，而外淫于驰骋田猎，内纵于美色淫声。下乃解怠惰失，百吏皆失其端，则烦乱以亡其国家矣。"历代亡国之君都经常设乐队、立嫔妃，或沉迷于旅游打猎，或纵情于女色娱乐。君主不愿管理朝政，臣下懈怠偷懒，百官无所适从，积压下来的公务乱成一团，直到国破家亡。对国家来说是如此，一个企业的管理者又何尝不是如此呢？

"高为其居，危颠莫之救"，又是一个层次。后人解读这句经文是说那些"尊高满大，而好矜人以丽，主盛处贤，而自予雄"的人物。自高自大，喜欢自吹自擂，炫耀自己的本事，明明没达到这个程度偏要追求虚名。就像现在有些人学问不到一般讲师水平，偏要自称"大师"。"主盛"，盛气凌人，不可一世；"处贤"，以贤者自居，古代叫贤者，现在就叫专家、达人，自诩为天下之雄。作者说："故盛必失而雄必败。"盛气凌人者一定摔跟头，自以为是大英雄的必定失败。这其中的原因在于，"夫上既主盛处贤，以操士民"，君主以这种自满自大的心态来统治老百姓，引起的结果一定是"国家烦乱，万民心怨，此其必亡也。"而且这个跟头一定跌得很惨，"犹自万仞之山播而入深渊，其死而不振也必矣。"就像从万仞高山一下子跌入万丈深渊，万劫不复，不可挽回。

64. 具体问题具体对待

　　"可浅可深，可沉可浮，可曲可直，可言可默。"此言指意要功之谓也。"天不一时，地不一利，人不一事"，是以著业不得不多，人之名位不得不殊。方明者察于事，故不宜（主）于物而旁通于道。道也者，通乎无上，详乎无穷，运乎诸生。是故辩于一言，察于一治，攻于一事者，可以曲说，而不可以广举。圣人由此知言之不可兼也，故博为之治而计其意。知事之不可兼也，故名为之说，而况（比较）其功。岁有春秋冬夏，月有上下中旬，日有朝暮，夜有昏晨，半星辰序，各有其司，故曰天不一时。山陵岑（岭）岩，渊泉闳（洪）流，泉逾漻（急流）而不尽，薄（泊，浅水）承漻而不满。高下肥垸（坚硬多石地），物有所宜，故曰：地不一利。乡有俗，国有法，食饮不同味，衣服异采，世用器械，规矩绳准，称量数度，品有所成。故曰：人不一事。此各事之仪，其详不可尽也。

　　这一段比较复杂，现在的分段是我本人研究的结果，比较容易说得通。管子后人解释经文"可浅可深，可沉可浮，可曲可直，可言可默"，认为是"指意要功之谓也"。"指"，计、考量的意思；"意"，谋、谋划。要取得成功就应该从正反两方面考虑和谋划：究竟是浅，还是深；是沉，还是浮；是曲，还是直；是说，还是不说。因为事情可以这样，也可以那样。在不同时空条件下，做法有所不同，没有非浅或非深、非沉或非浮的道理。其实，就是前面讲的"静因之道"。用现在话来说，就是要反对教条主义，一切从实际出发。

"天不一时，地不一利，人不一事。"这句经文是回答为什么"可浅可深，可沉可浮，可曲可直，可言可默"。世界上没有固定不变的存在，连天都不会一时不变，"岁有春秋冬夏，月有上下中旬，日有朝暮，夜有昏晨。"这几句好理解，无须过多解释。"半星辰序，各有其司"，"半星"，半夜之星，指中星；"辰序"，二十八星宿在半夜依次出现，以掌十二个月。按什么次序呢？代表十二个月的地支次序，即子丑寅卯辰巳午未申酉戌亥。每颗星宿又各代表执掌某一职分，"各有其司"。"天不一时"，地也不会只出产一样东西，所谓"地不一利"。地形丰富多样，"山陵岑岩，渊泉闶流，泉逾瀷而不尽，薄承瀷而不满。"有山岭岩石，有深渊洪流和泉水湖泊。有时泉水汇入激流还没有穷尽，有时激流逾过浅池，池水还没满出来，因为地势不一样。"高下肥境，物有所宜"，地势高低不同，肥沃贫瘠也不同。不同的土地适宜生长不同的物种。

天地如此，人类何尝不是如此，"乡有俗，国有法，食饮不同味，衣服异采，世用器械，规矩绳准，称量数度，品有所成。"各地风土人情，连度量衡都不一样，所以"人不一事"，不同的人不可能都做一样的事。后人解读经文时又插入一大段："是以著业不得不多，人之名位不得不殊。"著业，从事的行业。士农工商各有分工，十亿人民九亿商是行不通的。社会也一定会有等级差异。世界上没有绝对的平等。当今社会的"仇富心理"产生的原因之一，是长期宣传一种扭曲的平等，不讲机会平等，只讲待遇平等。不同的人对社会的贡献不一样，要所有人享受的待遇都一样，是不现实的。当宣传待遇平等时，实际上机会却是不平等的。比如，受教育的机会，就业的机会是平等的吗？农村有多少年轻人有机会出来上大学，有多少农村青年能进入金融行业？一方面他们被告知：所有人都有平等地享受幸福生活的权利；另一方面大部分农村青年得不到接受良好教育的机会，就只能一直生活在社会底层。年轻一代的不满就逐渐积聚，这是非常危险的。

"方明者察于事，故不官于物而旁通于道。""方明"，大明的意思。非常明智的人把事情看得很清楚了，所以他们不就事论事，专注于一项雕虫小技，而是掌握了"道"，所以对任何事都触类旁通了。领导人就应该是大明者，不一定要是专家院士，但要懂"道"，有哲学思想。毛泽东当年一再号召领导干部学点哲学，是很有道理的。因为"**道也者，通乎无上，详乎无穷，运乎诸生**。""道"这个东西是一通百通，抽象到无上，具体到无穷，任何地方都用得上，任何人都得心应手。"**是故辩于一言，察于一治，攻于一事者，可以曲说，而不可以广举**。"所以在一种理论上争来辩去，你说仁政好，他说法治好；你说科学救国，他说工业救国。说出来都头头是道，但都是"曲说"，片面之说。无法触类旁通，放之四海而皆准。"**圣人由此知言之不可兼也，故博为之治，而计其意**。"高人由此知道，一言不可道尽所有的道理，要多听听各种说法，考虑其中有价值的意思。"**知事之不可兼也，故名为之说，而况其功**。"知道一事不能兼众事，所以要给不同的事物立不同的名称，比较它们不同的功效，然后才能说得清楚。举个例子，如果我要你说出家具的用处。你脑子里不会有清晰的印象，到底是什么家具，有什么功效。一定要给不同的家具一个更具体的名称：这叫床，那叫板凳。你才能说清楚各种家具的用处，床是睡觉用的，板凳是拿来坐的。最后，作者下结论："**此各事之仪，其详不可尽也**。"各种事物都有相应的法则，是不能用一句话就说详尽的，要具体问题，具体分析，具体对待。这也是一种处世之道。

65. 做人要有是非观念

　　"可正而视"，言察美恶，审别良苦，不可以不审。操分不杂，故政治不悔（晦）。"定而（尔）履"，言处其位，行其路，为其事，则民守其职而不乱，故葆统而好终。"深而迹"，言明墨章（彰）书，道德有常，则后世人人修理而不迷，故名声不息。

　　"可正而视"的意思，是说要分清好坏、善恶，不可以不审慎区别，良莠不分。**"操分不杂，故政治不悔。""操"**，执行；**"分"**，职守。各尽其责，不混杂，不越权，不推诿，政治就不会黑暗。**"定而履"**的意思是站稳脚跟。说的是**"处其位，行其路，为其事，则民守其职而不乱，故葆统而好终。"**站在各自的位置上，走自己的路，做自己该做的事，农工士商各行其是，不混乱。当官就当官，别又想经商发财，又要当教授。这样才能保持纲纪而善终。**"深而迹"**的意思，是说在历史上深深留下足迹。**"明墨章书，道德有常，则后世人人修理而不迷，故名声不息。""墨"**和**"书"**都是指记载。古人讲"立德，立功，立言"。**"深而迹"**就是指立言，把思想明明白白记载下来，目的是使道德有常，能够一直传下去，让后世能照着去做而不迷惑。那样名声就永远不会消失。两千多年前的《管子》之所以能够流传下来，我们现在还在这里讨论，就是因为"明墨章书"。

"夫天地一险一易，若鼓之有桴，摛挡则击"，言苟有唱之，必有和之，和之不差，因以尽天地之道。景（影）不为曲物直，响不为恶声美。是以圣人明乎物之性（往）者必以其类来也，故君子绳绳乎慎其所先。

经文"**夫天地一险一易，若鼓之有桴，摛挡则击**"，说的是天地有险的一面，也有易的一面。"桴"，鼓槌；"摛"，敲下去；"挡"，提起来。一敲一提，一上一下，才能击鼓。天地间万事万物，都是由险和易相辅相成的，没有险就没有易，没有易也没有险，就像击鼓的动作一样。后人进一步发挥说："**苟有唱之，必有和之，和之不差，因以尽天地之道。**"有唱必有和，和的人配合得好，这出戏才能唱得成。有唱有和，就叫做尽天地之道了。有领导，就有被领导，大家都去做领导，事情就乱套了。"**景不为曲物直，响不为恶声美。是以圣人明乎物之性者必以其类来也，故君子绳绳乎慎其所先。**"物体的形状是弯曲的，它的影子就不会直。发出的声音很难听，它的回响也不会很优美。这是比喻，引出后面的话：圣人都明白，怎么去的，就怎么来；"种瓜得瓜，种豆得豆"。君子会非常谨慎小心地对待事物的起因。"绳绳乎"，小心翼翼的样子。种了坏的因，想有好的果，是不可能的。佛教讲"菩萨畏因，凡夫畏果"，也是这个道理。

《宙合》全文快讲完了，但我们还没弄懂什么叫"宙合"。作者到最后才给我们解题：

"天地，万物之橐，宙合有橐天地"，天地苴万物，故曰万物之橐。宙合之意，上通于天之上，下泉于地之下，外出于四海之外，合络天地，以为一裹。散之至于无间，不可名而山。是大之无外，小之无内，故曰：有橐天地，其义不传。一典品之，不极一薄，然而典品无治也。多内则富，时出则当。而圣人之道，贵富以（与）当。奚谓当？本乎无妄之治，运乎无方（常）之事，应变不失之谓当。变无不至，无有应当，本错不敢忿。故言而名之曰宙合。

这段话很难懂。其实，领会了全文的意思，也就不难懂了。这段提纲挈领地说明了全文要点。"橐"，口袋；"苴"，包裹。天地像包裹万物的口袋。"**宙合之意，上通于天之上，下泉于地之下，外出于四海之外，合络天地，以为一橐。**""宙"比天还高，比地还深，比四海还要宽广，把天地四海统统合在一起，成为一个包罗万象的大包裹。其实，"宙"指的就是"道"，精气。"道"囊括了天地万物，"**散之至于无间，不可名而山。**"这里的"山"，是"宣"的意思。散开来可以小到没有间隙，没法名而宣说。"**是大之无外，小之无内，**"这句话是道家经常用来形容"道"的，可见"宙"就是"道"。"**故曰：有橐天地，其义不传。**"所以说，"道"包裹天地，其确切的含义不可说，无法言传。后面这句话又很费解。"**一典品之，不极一薄，然而典品无治也。**"有点像天书。对这句话争论实在太多，我取一种注解，尽量把它讲通。"一"，一旦的意思；"典品"，指法式，规范；"不极一薄"中的"一"是衍文，可以忽略；"极"，遥远的意思；薄，迫近的意思。这句话是接在"**其义不传**"之后的。为什么说"道"的含义无法言传呢？因为一旦你想去规范它，它是不远不近，又远又近的。就是《内业》篇里讲的"**折折乎如在于侧，忽忽乎如将不得，渺渺乎如穷无极**"。所以根本没办法去规范"道"。这样解释也只是勉强可以讲通。

"**多内则富，时出则当。而圣人之道，贵富以当。**""道"、精气这样的东西，多吸纳，内心就丰富起来了。时机到了，顺时而用道，就叫做得当。圣人之道，把丰富和得当看得最重要。"**奚谓当？本乎无妄之治，运乎无方之事，应变不失之谓当。**"什么叫得当？"无妄之治"，也就是平正之治。立足于平正之治，运用在变化无常的事物上，应对要跟时机契合不失，就叫做"当"。"**变无不至，无有应当，本错不敢怨。**"变化无穷，但应对不得当，根本就不合道，已经错了，所以没什么好抱怨的。我们讲"静因之道"，核心就在于得当。《宙合》讲了这么多，也是教人处世最重要的是得当。得道之人方可事事处理得当。

第五讲

《管子》的管理之道

管子深谙人性的弱点，他讲管理，不避讳言利，认为大凡治国，一定要先使人民富裕。同时，还认为"五法"是作为领导人要注意的五项基本原则：一，上行下必效；二，要光明正大，开诚布公；三，防患于未然；四，要知人善任；五，防止"缓"、"吝"和"信小人"三大缺点。

66. 政治就是管理

　　第五讲主要讲管子的政治学说。政治实际上就是管理。一个国家的政治就是如何管理好百姓和百官。大的层面是政治，小的层面就是管理。这些原则和方法放到企业管理，就是如何管理好企业干部和员工。这就是中国古代的管理学。政治就是处理好一个国家内部君民、君臣、臣民之间的关系。这些关系是古代政治中首要的问题。拿到现代企业来说，就是怎么处理好老板和员工的关系，老板和管理层的关系，管理层和员工的关系。古人已经整理出了一套成熟的观念、原则和方法。君臣关系相当于管理层内部的上下级关系，而君臣和民的关系相当于管理者和被管理者的关系。

　　这一讲，我先讲君民关系，后讲君臣关系。为什么要花大量时间讲《管子》的政治学说？一方面是因为有些内容在现代企业管理中仍有借鉴作用。另一方面，实际上，两千多年来，我们中国人治国的传统思想并没有大变。如果读过《资治通鉴》的《秦汉纪》和《唐纪》，你们会发现古代的许多政治问题和今天惊人地相似。所以要了解今天的政治，最好去读昨天的历史。

　　今天讲君主如何处理与人民的关系，怎么管理老百姓，古人称为"治民"或"牧民"。儒家讲"德治"、"礼治"，主张靠教化来治民。法家讲"法治"，主张靠严刑苛法来治民。现在提倡法治取代人治。但如果以为一切用法律规范化，就叫法治国家。那么中国古代早就是法治国家了。从唐代的《唐律》到清朝

《大清律》没有间断过，法律规范都非常具体，每一条法律条文都订得非常细。但这并不等于说，有了法律就是法治了。"礼治"和"法治"两者在中国都是有传统的。《管子》第一篇就是"牧民"。他是怎么讲"牧民"的？相对儒家和法家来说，管子是最全面的，没有偏颇任何一个方面。我们先看《牧民》的文本。

　　　　　　　管子解读：领袖需要的智慧

67. 经济是政治的基础

【牧民·第一章】凡有地牧民者，务在四时，守在仓廪。国多财，则远者来；地辟举（尽），则民留处。仓廪实则知礼节，衣食足则知荣辱。上服（履行）度，则六亲固，四维张，则君令行。故省刑之要，在禁文巧；守国之度，在饰四维；顺民之经，在明鬼神、祗山川、敬宗庙、恭祖旧。不务天时则财不生，不务地利则仓廪不盈，野芜旷则民乃萱（营）。上无量，则民乃妄（乱）。文巧不禁，则民乃淫，不璋（障，堵塞）两原（源），则刑乃繁。不明鬼神，则陋民不悟，不祗山川，则威令不闻，不敬宗庙，则民乃上校（犯），不恭（供）祖旧，（宗亲）则孝悌不备。四维不张，国乃灭亡。右国颂

"牧民"每章有一个标题。推测是管子的传人给学生讲课的时候，为了方便学生理解，提纲挈领地给出一个标题。第一章叫"国颂"。过去是竖排本，文字从左到右，标题往往在文章最后，所以标明"右国颂"。意思是前面的文字都属于"国颂"这一章。什么叫"国颂"？"颂"的本意是"形容"。"国颂"是一个总纲，形象地说明怎么去治理国家。然后其余几章再详加说明。

"**凡有地牧民者**"，指的是君主，大到天子，小到诸侯，都包括在内。他们有土地，需要人去耕种，就要"牧民"，管理这些土地上的人民。"**务在四时，守在仓廪**"，他们的主要精力要放在"四时"，"农时"上，春耕、夏种、秋收、冬藏。

古代中国是农业社会，靠天吃饭，所以特别注重农时，误了农时就没有收成。"仓廪"是指国库；"守"，就是合理使用。不然生产得再多，挥霍无度，铺张浪费，一下子就没有了。前半句是讲生产，后半句是在讲财政，偏离任何一方面都是不可以的。拿到今天来说也还是一样。不生产就会变成泡沫经济。不仅要发展生产，而且乱花老百姓的税收，年年搞个什么政绩工程也不行。胡乱花钱比贪污造成的破坏还要大。一个官贪污十亿八亿已经很吓人了，但一个决策失误可能几百亿就浪费了，所以要"守在仓廪"。反过来，**"不务天时则财不生，不务地利则仓廪不盈，野芜旷则民乃菅"**。"菅"应该是"营"的错字，引申为贪、追逐的意思。如果不务农时，田地荒芜，没有收成，老百姓就会变得贪。

《管子·牧民》开篇就讲经济的重要性，是治国的基础，是首要任务。为什么呢？**"国多财，则远者来；地辟举，则民留处"**，国家富裕了，再远的人也会来。荒地都尽量开垦出来了，老百姓有地种了，就会安心留下来。这在春秋时期特别重要，诸侯各国互相吞并，靠的是军队，兵员要人，养军队也靠人，人口多就实力强，所以各国都在争取人口。西方社会学有一个"边缘向中心移动"的理论，揭示了一个人口移动规律：人口势必从经济落后的边远地区，向经济发达的中心地区移动。20世纪60至70年代，广东一带的人大批往香港跑，现在香港人反过来往深圳跑了。大陆的情况也是很有趣的，乡村里的人稍微有点钱了，就会到县城去买一套房子；县里的人有钱了，就想到省会城市。所以一个地方经济好了，省会城市的房价一定高。等到成为全省大款了，又向北京、上海移动，要去北京、上海买房子。然后就是往美国移民，因为中国经济不如美国。等中国经济繁荣了，人口又回流了，海归又回来了。"边缘向中心移动"，这是靠政权的力量无法控制住的。1958年前后，国家认为城市人口不能太多，动员职工下乡，把城里人送到农村去，用农村户口把他们固定在那里。几十年后，政策一松，呼啦啦一大批又都跑回来了，子子孙孙都跑回来了。所以最关键的是经济繁荣，"国多财，则远者来"。现在许多外国人跑到中国来打工。为什么？中国经济发展了呗。我小时候看到外国人感到很稀奇，那时还有一条规定："不要围观外宾"。可现在外国人到处都有，端盘子的、教小孩的都不少。管子两千六百多年前用他的智慧、经验，和对人性的细微观察，早已经总结出来了。

68. 德治不是空洞的教化

　　"**仓廪实则知礼节，衣食足则知荣辱**"这是千古名言。这句话反映了管子的高明之处。儒家都是从人性的角度为自己提倡的"德治"、"礼治"找依据和途径。孔子说的"为仁由己"，孟子讲的"求其放心"，都是要求发扬人心的道德本性，使社会成员和睦相处。孟子更是反对君子言利，认为这会遮蔽人的道德本心，为利而不择手段。两千年来，中国人总觉得把利益挑明了说出来很不光彩。合作做生意的时候，大家往往都不事先说好，你分多少，我分多少，其实心里算计得清清楚楚。生意做不成大家还是朋友，如果做起来、赚到钱就容易闹翻。外国人有契约精神，做事情会先把利益讲清楚，后面问题就容易解决，大家照规定办事。为什么中国人不这样做？因为上千年的儒家影响，"君子喻于义，小人喻于利"，讲利益的都是无耻小人。

　　管子很不同，他把老百姓看成受利益支配的个体，人的本性就是趋利避害。管子在《禁藏》篇里说："**夫凡人之情，见利莫能勿就，见害莫能勿避。**""**凡人之情，得所欲则乐，逢所恶则忧，此贵贱之所同有也。**"尽管通过后天修养可以改变，但本性都是趋利避害的。而作为人，首要的和基本的利益就是经济利益，只有满足了衣食住行才能考虑精神需要。粮库里空空的，眼看要饿死人了，还说什么礼节？"饿死事小，失节事大"这都是儒家嘴上说的，很虚伪，靠不住。管子就看得非常清楚，"衣食足，则知荣辱"。要对老百姓行礼教，首先要让他们有饭吃，有衣服穿。

西方也有"基本需求层次理论"，是行为科学的理论之一。这种理论将需求分为五种：生理的需求，也就是"衣食足"；安全的需求；情感和归属的需求；尊重的需求；自我实现的需求，后面四种都是精神上的需求。这五种需求像阶梯一样从低到高，按层次逐级递升。这是由美国心理学家马斯洛于1943年在《人类激励理论》论文中提出的。他和管子的理论殊途同归，但却比管子整整晚了两千年。

饭都没有吃，衣服都没有穿，还谈得上什么德治？我们这一代人就是这么过来的。三年自然灾害时期，每人一顿饭只有二两面粉，自己都吃不饱，却还要你想着解放全人类。人家大鱼大肉的，谁愿意被你解放呢？所以说，德治不是一种空洞的教化，是要有物质基础的。不过，也不是说生活富足了，人的道德水平就一定提高。管子没有这么说。"衣食足"只是一个基础，如果没有这个基础，谈不上德治。有了基础之后，还需要做道德建设的事。

69. 统治者花钱要有限度

"**上服度，则六亲固**"，统治者自己要履行法度，有节制。那么"六亲"就会团结在你的周围。上面的人言行不一，还想让人们团结在你的周围；自己贪污二三十亿，却让别人"走社会主义道路"，根本做不到。国家富足了，如果君主挥霍无度，为所欲为，不知道爱惜民力，还是无法实现天下大治。所以说，"**上无量，则民乃妄。**"统治者欲望如果没有限制，老百姓就会造反。我们现在很多观念都颠倒了。曾有人写文章嘲笑伦敦奥运会，说他们只花那么一点钱，寒酸。但你可知晓，伦敦市市长是要向纳税人负责，不能乱花钱的。我们办奥运会可以让周围工厂全部停工，净化空气，英国的市长敢这么做吗？他花的每一元钱都是纳税人的，市长有责任看好纳税人的口袋。为什么要强调"上服度"？管子在《权修》篇有详细论述：

> 上身服以先之，审度量以闲（间）之。……
> 地之生财有时，民之用力有倦，而人君之欲无穷。以有时与有倦养无穷之君，而度量不生于其间，则上下相疾也。是以臣有杀其君，子有杀其父者矣。故取于民有度，用之有止，国虽小必安。取于民无度，用之不止，国虽大必危。地之不辟者，非吾地也。民之不牧者，非吾民也。凡牧民者，以其所积者食之，不可不审也。其积多者其食多，其积寡者其食寡，无积

者不食。或有积而不食者，则民离上；有积多而食寡者，则民不力；有积寡而食多者，则民多诈；有无积而徒食者，则民偷幸。故离上，不力，多诈，偷幸，举事不成，应敌不用。

这段讲的是，君王要以身作则，花钱要适度，留余地，不能挥霍无度（"闲"，错讹，应为间，空间，余地）。地里的庄稼收成不是一年四季都有的，百姓的力气也是有限的，不可能让他们日日夜夜不睡觉，但君王的欲望是无穷的。以有限去养无穷，如果没有法度的话，那么官民的关系一定会对立。现在县太爷都想做政绩工程，今年建高速公路，明年修政府大厦。我去过江西的一个贫困县，老百姓要讨救济，县政府大楼豪华到超过亿万富翁的办公室。房间多到大概保洁人员都可以每人有一间办公室，还用不完。这是不是"无度"？民间的不满就是这么产生的。"上下相疾"，就会出现臣杀其君，子杀其父的现象。所以花老百姓的钱一定要有限度，要有底线。这样做，虽是小国也能保持安定。相反，挥霍无度，虽是大国也势必危险。

《权修》接下来说，**"地之不辟者，非吾地也。民之不牧者，非吾民也。"** 有很多地，但不去开辟，等于不是你的。有很多百姓，但不好好去管理，等于不是你的人民。怎么管呢？百姓能够消费的就是自己积累起来的，所以必须非常审慎。**"其积多者其食多，其积寡者其食寡，无积者不食。"** 储备多少，消费多少。如果储备很多，但不让百姓消费，还要他们勒紧裤带，那么老百姓一定和你离心离德。储备很多，但给百姓的很少，他们就不肯出力。也有储备很少，但消费过度，那百姓就会狡诈。甚至没有积累，还白吃白喝，坐吃山空的，那么百姓一定会成为懒汉、骗子。就像希腊，国家经济一般，但民众的福利非常好。老百姓只想躺着享受，这就难治理了。国家面临破产，但老百姓谁都不肯放弃福利，动辄把总理轰下台。欧债危机给政治学家很多启示，比如民主政治是否等于一人一票的普选制？权利和义务是否应该一致？一人一票能选出好人来吗？既然人性是趋利避害的，谁给我福利，我就选谁。纳几百万税的人只有一票，不纳税靠别人养活的人也有一票。于是政客就用承诺去买选票，反正是纳税人的钱，不是从总统、总理、部长口袋里掏出来的。这个社会能长治久安吗？管子几千年前就看得清清楚楚了。这样的国家一定没有凝聚力，什么事都做不成，敌人来了也打不了仗。

回到《牧民》，"上服度，则六亲固"，这里的"六亲"和平时说的"六亲不认"的"六亲"不同，指家（家族）、乡（乡亲）、国（国家）、天下（人类）、天地、日月。六者是和睦相处的关系，不是征服的关系。管子的六亲不仅讲人与人关系的和睦，而且主张人与自然关系的和平共处。这比儒家的六亲高明多了。大自然赐予人类阳光、雨露、粮食，人也要回报自然的。如果为上者不"服度"，天地日月也不会和你亲；你与之为敌，它也势必报复。你把湖泊里的水抽干了去开垦种地，洪水就来了，这都是有关系的。所以不要以为科技进步了，人就越来越聪明。很多时候可能是捡了芝麻丢了西瓜。大家都不去考虑长时段的历史问题，人和自然相处的问题。我们还以为，古人无所事事在那里空想，但他们想的是哲学。我们现在哪有哲学？全国大概有几十个哲学系吧，但其实都是哲学史系，都是研究前人的哲学思想。真正的哲学是要思考时代的问题，个人和社会、人类与自然、地球与宇宙的关系问题。如果一个时代的哲学家对人类没贡献，怎么过了几千年还会留下他的思想？真正的哲学家的贡献是长时期的，比如说管子，过了两千多年，你还是不得不服膺他的思想。

70. 奢侈是罪恶之源

"故省刑之要，在禁文巧；守国之度，在饰四维"，管子没有否定"刑"，只是说这个"刑"不能太多，要谨慎。一个国家是不是进步，不是看每年立了多少法，这不是政绩，法立得多并不代表法治的进步。刘邦打下天下只约法三章：杀人者死，伤人及盗抵罪。而秦始皇立了多少法?《秦律》没有完整地流传下来，但后来考古发现了一部分，那真是非常详细。可是秦王朝没有几年就覆灭了。刑律太多，多得老百姓都记不住，当然无法实行。如果太细太严，就会出现陈胜、吴广起义，规定时间内赶不到目的地就杀头，那不如拼死一搏。

"省刑"就是减少罪案，从而减少刑罚，要点在于"禁文巧"。"文"是花纹；"巧"是雕刻，指代手工艺品，也就是现在的奢侈品。"省刑"的关键就在于限制奢侈品消费。因为"文巧不禁，则民乃淫"，如果不禁止奢侈品，老百姓就会过度享乐。"不璋两原，则刑乃繁"，"上无量"和"文巧不禁"这两个源头不堵住，犯罪率就会上升。中国现在成为全球奢侈品消费大国，犯罪率怎么可能不高? 小孩子口袋里还没几个钱，就想着要 LV 了。iPhone 出来了，小孩子看到你有，我也想要，家里没钱，就去卖身、卖血。这样的报道不胜枚举，可国人还非常自豪，放言马上要跨入奢侈品消费第一大国。法国、德国买电视机每个月都要交使用税，他们就是用这个办法在限制消费。我们中国人家里电视经常换，一家人有三五个电视机不稀奇。你去外国人家里，很多家庭的电视机都很破旧。

他们对奢侈品是限制的，从不放纵。外国奢侈品大举进入中国，是在忽悠中国人。而那些在鼓吹消费经济的所谓知识分子，则是在帮着外国人忽悠中国人。一个知识分子怎么可以这样做，因为没有礼义廉耻。所以"守国之度，在饰四维"，一定要修"礼义廉耻"这"四维"。"四维张则君令行"。后面专门有一章讲解"四维"。

71. 祭祀是教化的手段

　　"顺民之经，在明鬼神、祗山川、敬宗庙、恭祖旧。""顺"的本义是"训"，也就是教化。教化百姓的纲领在于尊重敬畏鬼神、山川、宗庙、祖先。教化不只是讲道理，读书听课，而是非常讲究礼仪制度，通过环境氛围来影响人。西方也是如此，礼拜天去教堂，平时油腔滑调的人也会规矩起来。通过环境、礼仪等这套东西，使人养成对神明、对自然、对祖先、对宗族的敬畏之心。有了这种敬畏之心就不会轻易犯罪。每个老百姓都这样战战兢兢、循规蹈矩，当然最有利于统治。反过来说，"不明鬼神，则陋民不悟"，小老百姓不信鬼神，就不会感悟。"不祗山川，则威令不闻"，古代皇帝都要封禅、祭山祭水，把自己装扮成大自然人格化的代表，从而建立起统治权威。否则，老百姓就感觉不到君王的威严。

　　我们现在也提倡道德，但效果不大。什么道理？过去儒家也有各种道德规范，但如果只有规范，没有促使人们遵守规范的道德力量是没有用的。过去民间大多人都不识字，为什么会遵守忠孝节义这套规范？因为有宗教"善有善报，恶有恶报"，因果报应观念在起作用。所以古人做坏事也坏不到哪里去。因为他们怕死后下十八层地狱。发了财拿点钱出来架桥、铺路、赈灾，做点好事，是为了死后往生西方极乐世界。这在民间几千年都起作用，不是通过文献，而是通过乡规民约，以及民间说书、戏曲、讲故事等形式在起作用。这就是教化，而且非常有影响力。人们开始懂事就对这套东西深信不疑，所以才会去遵守道德规范。现在为什么大家都不信了？破除迷信了，甚至连和尚自己都不信了。不然，和尚不会去给手机开光。按照戒律，做这些事敛财是万劫不复的重罪，是永世不得超生的。传统的乡村社会，大部分老百姓甚至都没进过县城，更不会轻易打官司。社会稳定不是靠刑罚和警察，而是靠这些无形的力量，也就是"明鬼神"。

　　"不敬宗庙，则民乃上校"，这就涉及宗法制度了。大家敬宗庙，就不会犯上。这套宗法制度的伦理观念就是"父要子死，子不得不死"。我们中国人从小教育孩子要听话。西方教育没有这一条，而是提倡独立思考，有创意。从宗法的父家长制出发，扩大到国家，用到政治上，就是所谓的"君父一体"。在家讲孝，在朝讲忠，忠臣出自孝子，因为孝子不会犯上。另一方面，祭祀宗庙是礼最重要的内容。礼在政治上是权力象征。不同形式的礼仪，代表政治权力的大小和政治地位的高低。所以敬宗庙，使每个人明确自己的尊卑长幼，就不会犯上。**"不恭祖旧，则孝悌不备。"**宗法制度下，不仅不犯上，还要救济、供养与自己一脉相传下来的宗族。如果不这么做，就不可能有孝悌。宗族要供养同族的老弱病残，承担责任，才能维护它的架构。本章最后一句话："**四维不张，国乃灭亡。**""四维"如果得不到宣扬的话，国家就会灭亡。下面一章就专讲"四维"。

72. 礼义廉耻是立国之本

【牧民·第二章】国有四维，一维绝则倾，二维绝则危，三维绝则覆（颠覆），四维绝则灭。倾可正也，危可安也，覆可起也，灭不可复错（措，置）也。何谓四维？一曰礼，二曰义，三曰廉，四曰耻。礼不逾节，义不自进，廉不蔽恶，耻不从枉。故不逾节则上位安，不自进则民无巧诈，不蔽恶则行自全，不从枉则邪事不生。右四维。

"维"，绳索。管子用帐篷来比喻一个国家，"四维"就是固定帐篷东南西北四个角的四根绳子。绳子断了一根国家就倾斜，断了两根就危险，断了三根会颠覆，四根都断了，就灭亡了。倾斜尚可扶正，危险可以解除，颠覆还可以翻身，灭亡就没办法起死回生了。"四维"对一个国家政治就这么重要。什么叫"四维"呢？"礼义廉耻"这四个字，中国传统的道德规范。中国两千六百多年前就有了明确的道德规范，这是文明的象征。我们现在一提到中国古代文明，就只知道火药、指南针、造纸术和印刷术"四大发明"。那都是物质层面的。依我看来，"礼义廉耻"才真正代表了中国古代文明。现在大家都不提了，是因为这个时代已经越来越丧失礼义廉耻了。

管子具体解释这四个字："**礼不逾节，义不自进，廉不蔽恶，耻不从枉。**"中国古代非常重视礼，一种是成文之礼，比如"三礼"；还有一种不成文的礼，指那些风俗习惯法。一开始，礼和法是不分的，礼和史也是不分的。最初是习惯，后来慢慢固定下来，载入版籍，就成为成文之礼。为什么老祖宗那么强调"礼"？因为有了礼，就不会超越规范，不会超越自己的本分，不会去做自己不该做、做不到的事。一个人可能扮演不同的社会角色，在儿子面前是父亲，在父亲面前是儿子。角色在不断转换，你当儿子时知道怎么做儿子，当父亲时知道自己该怎么做父亲，就不会没有长幼之别。"**故不逾节则上位安**"，下面人不超越自己的名分，在上位的人就安定了。总经理总想把董事长干掉，自己取而代之，那董事长这个上位就不安了。礼的功能就是不让你逾越自己的名分，维持社会等级秩序的稳定。

"**义不自进**"，"义"的本义是"宜"、适宜、合宜，有多大能耐做多大事。《管子·揆度》篇有一段："**轻重之法曰：'自言能为司马而不能为司马者，杀其身以衅其鼓。自言能治田土而不能治田土者，杀其身以衅其社。自言能为官不能为官者，剔以为门父。故无敢奸能诬禄至于君者矣。'**"司马是军事将领，自己说能带兵，结果打了败仗就要杀头，用他的血去祭战鼓。社是土地神。说自己能管农业、水利，结果管不好，就要杀头祭土地神。说自己能做官，但最后做得一塌糊涂、天怒人怨，就要割掉膝盖骨，去守城门。孙膑受的就是这种刑罚。这样就没人敢在君主面前夸夸其谈，装得很能干，骗取高官厚禄。科举制度虽然有很多毛病，但不是我们想象得那么腐败。有了一个基本的考试制度，做官的人不可能是一个胸无点墨，什么都搞不清楚的人。再加上"三年一大计，一年一小课"，这都是有严格制度保障的。"**不自进则民无巧诈**"，如果每个人的名分和能力相宜，不企求更大名分，那就没有取巧和狡诈。义的功能是尽职尽本分，不自以为是。

"**廉不蔽恶**"，廉的本义是正直，清白。所谓廉洁，除了不贪污，也包括不做其他坏事。廉的功能是不做亏心事，不掩饰自己的过错。"**不蔽恶则行自全**"，一个人不掩饰过错，那么一定很自爱，会尽量做到自我完善。"**耻不从枉**"，"耻"是一个会意字，是不让丑恶的、污秽的话进耳朵。一个人有羞耻心的话，就不会听从附和错的、假的、坏的意见。比如，秦朝赵高指鹿为马，满朝文武都随声附和。如果有人知耻的话，宁可不做这个官，也不会这样做。"**不从枉则邪**

事不生"，不跟从腐败分子、腐败风气，就不会有太多怪事。现在不知耻的人更多，他们睁着眼睛说瞎话，其实心里明明白白的，但是"从枉"，所以怪事就多。一些所谓经济学家，为了媚俗或媚上竟然发出大悖常理的惊人之论，说"腐败是经济发展的润滑剂"，"交通拥堵是城市繁荣的标志"，"改革就是要利用腐败和贿赂减少再分配的障碍"等等。这都是见诸媒体的言论，为的是媚上愚下后的自我利益，这就叫做"从枉"。耻的功能是让这种家伙在众人面前抬不起头来，少出这样的无耻之徒，维护社会正气。

73. 礼义不可分

前面讲到"礼"和"义"，礼是为了让人不逾节，不超越自己的本分。义是名实相适宜。两者意思差不多，它们之间究竟是什么关系呢？义是礼的根据，礼是义的形式。礼的制定是根据义，就是要适宜。一个是外在形式，一个是内在根据。比如，你知道对老师要尊敬，因为他传授知识给你。"尊敬"，就是合宜的，这是学生对老师的"义"。但要怎么才能体现尊敬呢？一定要有某种形式。例如，老师进课堂，学生要起立、问候，要叫老师，不能直呼其名。这就是"礼"。"礼"和"义"，两个字加在一起"礼义"，就是指礼的义理准则，也就是《管子》讲的"礼之经"。

《五辅》对此有详细说明：

> 民知义矣，而未知礼，然后饰八经以导之礼。所谓八经者何？曰：上下有义，贵贱有分，长幼有等，贫富有度。凡此八者，礼之经也。故上下无义则乱，贵贱无分则争，长幼无等则倍，贫富无度则失。上下乱，贵贱争，长幼倍，贫富失，而国不乱者，未之尝闻也。是故圣王饬此八经，以导其民。八者各得其义，则为人君者，中正而无私；为人臣者，忠信而不党；为人父者，慈惠以教；为人子者，孝悌以肃；为人兄者，宽裕以诲；为人弟者，比顺以敬；为人夫者，敦蒙以固；为人妻者，劝勉以贞。夫然

则下不倍上，臣不杀君，贱不逾贵，少不陵长，远不闲亲，新不闲旧，小不加大，淫不破义。凡此八者，礼之经也。夫人必知礼然后恭敬，恭敬然后尊让，尊让然后少长贵贱不相踰越，少长贵贱不相踰越，故乱不生而患不作，故曰礼不可不谨也。

　　礼是怎么产生的？老百姓知道要守本分，但不知道怎么做。这时候就需要有人制定"八经"，把他们引导到礼上去，行为可以有个规范。什么是"八经"？"**上下有义，贵贱有分，长幼有等，贫富有度。**"这里所说的八经就是礼的准则。为什么要有八经呢？"**上下无义则乱，贵贱无分则争，长幼无等则倍，贫富无度则失。**""倍"通"背"，背叛。"**上下乱，贵贱争，长幼倍，贫富失，而国不乱者，未之尝闻也。**"所以圣王制定了"八经"来引导民众。从此，君主知道要"**中正而无私**"，臣属知道应该"**忠信而不党**"；做父亲的对子女会"**慈惠以教**"；做子女的对父母能"**孝悌以肃**"；兄长对弟妹"**宽裕以诲**"，弟妹对兄长"**比顺以敬**"；丈夫"**敦蒙以固**"，对老婆厚道，不花心；妻子"**劝勉以贞**"，勤劳，贞洁。这样就能做到"**下不倍上，臣不杀君，贱不逾贵，少不陵长，远不闲亲，新不闲旧，小不加大，淫不破义。**"人民必须知礼，然后才会恭敬、尊让，不同等级才可以不相逾越，社会就不会发生动乱。这就是为什么要谨守"礼"的道理。《管子》从经济基础，到上层建筑，讲得全面，不像儒家只讲形而上的方面。

74. 教化要从小处着手

统治者把民众引导到礼上面来，让他们懂礼遵礼守礼，就叫"礼教"，也叫做"教化"。那么如何教化呢？虽然管子在《牧民》里没展开论述，但在其他篇目说得很多。《权修》就讲到，教化要见微知著，从小处着手。

> 凡牧民者，欲民之正也。欲民之正，则微邪不可不禁也。微邪者，大邪之所生也。微邪不禁，而求大邪之无伤国，不可得也。凡牧民者，欲民之有礼也。欲民之有礼，则小礼不可不谨也。小礼不谨于国，而求百姓之行大礼，不可得也。凡牧民者，欲民之有义也。欲民之有义，则小义不可不行。小义不行于国，而求百姓之行大义，不可得也。凡牧民者，欲民之有廉也。欲民之有廉，则小廉不可不修也。小廉不修于国，而求百姓之行大廉，不可得也。凡牧民者，欲民之有耻也。欲民之有耻，则小耻不可不饰也。小耻不饰于国，而求百姓之行大耻，不可得也。凡牧民者，欲民之修小礼、行小义、饰小廉、谨小耻、禁微邪，此厉民之道也。民之修小礼、行小义、饰小廉、谨小耻、禁微邪，治之本也。

这一段是说凡是治国者都希望民风正，没有人捣乱。要想正气抬头，那么小的不法行为也要打击。小罪错是大的歪风邪气、犯奸作科的开始。放过各种各样的小罪错，而希望国家不受到大动乱的伤害，那是不可能的。凡是治国者都希望民众有礼貌、守秩序，那么一点小细节也不能疏忽。比如不随地吐痰，过马路不闯红灯等等。国民素质教育就是从小事开始的，不抓小的，老是讲空道理，那是没用的。凡是治国者都希望老百姓守本分，那么在小处也不能允许他们投机取巧。不然，你要他们在国家危急关头行大义，舍生取义，几无可能。凡治国的人都希望老百姓正直，那么就必须要求他们在小事上也不能弄虚作假。不然，在国家大事上，老百姓也可能一起隐瞒蒙骗政府。凡治国者都希望老百姓有羞耻心，那就要求他们在小处就知耻，比如顺手牵羊把公物拿回家是可耻的，比如说谎话是可耻的。不这样做的话，整个社会就不知道什么叫可耻，里通外国，盗窃国库，都不会使人脸红。所以治国者必须要从小处着手，**"此厉民之道也。"** 这是激励老百姓的方法，是治国之本。一个国家的国民素质不提高，要想长治久安，保持太平盛世，是不可能的。这是历史的经验。

怎么实行教化？管子认为，前提是要建立统治权威。假如统治者说话没人听，则无法推行教化。在《正世》篇里有一段话：**"故为人君者，莫贵于胜。所谓胜者，法立令行之谓胜。"** 作为统治者，最重要的就是"胜"。胜就是法律具有权威，政令能够推行。**"夫君人之道，莫贵于胜。胜，故君道立；君道立，然后下从；下从，故教可立而化可成也。"** 法律的权威建立起来了，政令能畅通无阻了，"君道"君主的权威就确立了。如此一来，底下的人才会跟从。此时，统治者推行教化，提倡礼义廉耻，人们才会照着去做，才能形成社会正气。**"夫民不心服体从，则不可以礼义之文教也。君人者不可以不察也。"** 如果老百姓心里不服，行为不跟从规范，那就没法用礼义来教化他们。作为民众的统治者是不可以不注意的。

管子讲德治讲礼教，和儒家不一样。他知道，治国仅靠礼教教化是不够的，还要"审之以法"，强调"礼法合一"。《权修》篇里有一段话：**"厚爱利足以亲之，明智礼足以教之。上身服以先之，审度量以闲之，乡置师以说道之。然后申之以宪令，劝之以庆赏，振之以刑罚。故百姓皆说为善，则暴乱之行无由至矣。"** "厚爱利"，让一部分人先富起来，他们就会拥护你；"明智礼"，让老百姓识字明礼，他们就会接受教化。具体做法是为上者以身作则，花钱要有限度，乡村办学普及道德教育。这些都做好了，还不够，还要"申之以宪令，劝之以庆赏，振之以刑罚"，用法律赏罚来约束激励他们。礼法兼顾了，百姓才会乐于向善，不会发生暴乱了。《任法》篇也讲到礼和法的关系："**所谓仁义礼乐者，皆出于法。此先圣之所以一民者也。**"礼教和法律是一体的，礼教也是法的一部分。先前的圣王用礼和法来统一百姓的思想行为。

75. 予之为取的让步政策

【牧民·第三章】政之所兴（行），在顺民心；政之所废，在逆民心。民恶忧劳，我佚乐之；民恶贫贱，我富贵之；民恶危坠，我存安之；民恶灭绝，我生育之。能佚乐之，则民为之忧劳；能富贵之，则民为之贫贱；能存安之，则民为之危坠；能生育之，则民为之灭绝。故刑罚不足以畏其意，杀戮不足以服其心。故刑罚繁而意不恐，则令不行矣。杀戮众而心不服，则上位危矣。故从其四欲，则远者自亲；行其四恶，则近者叛之。故知予之为取者，政之宝也。右四顺。

　　这一章是说，政令能推行，在于顺应了民心，政令被废弃，在于违背了民心。人民怕忧虑辛劳，我们就要使他们悠闲安乐。人民怕贫贱，我们就要使他们富贵。人民怕危难，我们就要让他们安定。人民怕子孙灭绝，我们就要使他们繁衍生息。听上去，似乎管子主张君王们"为人民服务"，和"人民政府爱人民呀"的旋律唱得差不多。其实不然，他给予老百姓的目的是要拿回更多的。"**能佚乐之，则民为之忧劳**"，我们能够让人民悠闲安乐，他们就会为我们承受忧虑辛劳。"**能富贵之，则民为之贫贱**"，我们能够让人民富贵，他们就会为我们忍受贫贱。"**能存安之，则民为之危坠**"，我们能够让人民安定，他们就会为我们承担危难。"**能生育之，则民为之灭绝**"，我们能够让人民繁衍生息，他们就不惜为我们牺牲。其实不是真能满足人民的愿望，只是给老百姓一个希望。

为什么要这样做呢？因为刑罚不足让人畏惧，杀戮不足以使人心服。假如刑罚繁重，但民众心意并不感到恐惧，那么统治者的政令就行不通。如果杀戮繁多而民心不服，那么在上位者就危险了。就像《老子》说的"民不畏死，奈何以死惧之。"秦始皇推行严刑峻法，杀人如麻，结果反正怎么做都是死路一条，天下百姓便视死如归，前赴后继，把秦王朝推翻了。管子认为，只要满足人民"佚乐、富贵、存安、生育"四种愿望，那么疏远的人也会亲近。相反，违背人民的这些愿望，那么亲近的人也会叛离。最后，管子总结说："**故知予之为取者，政之宝也。**"给予即是获取，乃是治国的宝贵的经验。中国历史上的"轻徭薄赋"，也叫"让步政策"，实际上就是这个道理。20世纪60年代，史学界还争论过究竟历史上有没有"让步政策"。当然有，在二千六百年前的管子时代就有，不仅有实践，还有一整套理论。

76. 领袖守则

【牧民·第四章】错（措，置）国于不倾之地，积于不涸之仓，藏于不竭之府，下令于流水之原，使民于不争之宣（事），明必死之路，开必得之门。不为不可成，不求不可得，不处不可久，不行不可复。

错国于不倾之地者，授有德也。积于不涸之仓者，务五谷也。藏于不竭之府者，养桑麻、育六畜也。下令于流水之原者，令顺民心也。使民于不争之官者，使各为其所长也。明必死之路者，严刑罚也。开必得之门者，信庆赏也。不为不可成者，量民力也。不求不可得者，不强民以其所恶也。不处不可久者，不偷取一世也。不行不可复者，不欺其民也。故授有德则国安；务五谷则食足；养桑麻、育六畜则民富；令顺民心则威令行；使民各为其所长则用备；严刑罚则民远邪；信庆赏则民轻难；量民力则事无不成；不强民以其所恶则诈伪不生；不偷取一世则民无怨心；不欺其民则下亲其上。右士经。

这一章的标题是"士经"。士，事的意思；经，常的意思。士经的意思是国家日常事务，或者说是"领袖守则"。前半段像是经文，后半段像是一句句解释经文。我仍把前后放在一起讲。

"错国于不倾之地"，将国家建立在稳固的基础上，指的是"授有德也"，就是把官职授予有德之人。因为"**授有德则国安**"，把政权交给有德之人，他们不会假公济私，损公肥私，欺上瞒下，里通外国，国家就能安定。"**积于不涸之仓**"，把粮食积存在取之不尽的仓库里，指的是"**务五谷也**"，就是要努力从事粮食生产。"**藏于不竭之府**"，把财货藏在用之不竭的府库中，指的是"**养桑麻、育六畜也**"，就是要种植桑麻、饲养六畜，发展副业。"**务五谷则食足；养桑麻、育六畜则民富**"，努力从事生产，粮食就会充足，人民就可以富裕。"**下令于流水之原**"，政令下达在流水的源头，指的是"**令顺民心也**"，就是要使政令顺应民心。"**令顺民心则威令行**"，法令能顺应民心，就可以贯彻下去。"**使民于不争之官**"，这里的"官"是事务的意思；把人用在无可争议的事务上，指的是"**使各为其所长也**"，就是让他们各尽其所长。这样他们做起来顺手，就不会不高兴，也就不会有争议。"**使民各为其所长则用备**"使人民各尽所长，用品就能齐备。

"**明必死之路**"，向人们指明犯罪必死的道路，指的是"**严刑罚也**"，维护刑罚的严肃性、公平性，不让任何人有侥幸心理，以为犯了罪可以躲过刑罚。"**严刑罚则民远邪**"，刑罚严厉，人民就不会去干坏事。"**开必得之门**"，向人们敞开立功必赏的大门，指的是"**信庆赏也**"，就是奖赏要信实，承诺的奖赏一定兑现。"**信庆赏则民轻难**"，奖赏信实，人民就不怕死难。

"**不为不可成**"，不勉强去做办不到的事，指的是"**量民力也**"，就是要考虑民力是否能承受得起。"**量民力则事无不成**"，考虑民力而行事，就可以事无不成。"**不求不可得**"，不追求得不到的利益，指的是"**不强民以其所恶也**"，就是不强迫人民去做他们厌恶的事情。"**不强民以其所恶则诈伪不生**"，不强迫人民去做他们厌恶的事情，欺诈作假的行为就不会发生。"**不处不可久**"，不立足于难以持久的地方，指的是"**不偷取一世也**"，就是不贪图一时侥幸，去做冒险的事。"**不偷取一世则民无怨心**"，不贪图一时侥幸，人民就不会抱怨。"**不行不可复**"，不去做不可重复的事情，指的是"**不欺其民也**"，就是不欺骗人民。骗骗老百姓一次、两次可以得逞，但老百姓不可能永远被欺骗。"**不欺其民则下亲其上**"，不欺骗人民，人民就拥戴君王。

这一章和前面第三章，中心思想都是"**政之所兴，在顺民心**"。《管子·形势解》中有一句话："**天下之有威者也，得民则威立，失民则威废。**"所谓的政治权威，皇帝也好，总统也好，有人拥戴，就有权威；丧失了民心，权威也就没有了。清王朝失去了民心，末代皇帝溥仪下了台，就和普通老百姓没有什么两样，毫无权威。要顺民心，民心离不开"欲"字，所以就要给予，满足人民欲望。给予人民想要的，他们自然高兴；拿走人民的东西，他们自然不高兴。于是统治者就要在"予"和"取"之间平衡，"**故知予之为取者，政之宝也。**"不能只取不予，而要以予为取，先予后取。不论是治理一个国家、地区，还是一个企业，都不能杀鸡取卵，而要放水养鱼。当然，予的目的还是取。

77. 富民和惠民

　　予就是要富民，爱民，利民。《管子·正》说，对老百姓要**"爱之，生之，养之，成之，利民不得，天下亲之，曰德"**。爱护人，生育人，教养人，成就人。做了有利于百姓的事而不居有德，不要百姓感恩戴德。这样天下百姓都爱戴，这才叫真正的德。爱民、利民首先要体现在富民，让老百姓的生活富裕。为什么要把富民放在治国的首位？《治国》中说："**凡治国之道，必先富民。民富则易治也，民贫则难治也。奚以知其然也？民富则安乡重家，安乡重家则敬上畏罪，敬上畏罪则易治也。民贫则危乡轻家，危乡轻家则敢陵上犯禁，凌上犯禁则难治也。故治国常富，而乱国必贫。是以善为国者，必先富民，然后治之。**"

　　大凡治国的道理，一定要先使人民富裕。人民富裕就容易治理，贫穷则难治理。有人提出"高薪养廉"也是这个道理。当官的权力和收入不成正比时一定出贪官。毛泽东时代为什么没有那么多贪官？因为在计划经济体制下，官员没有多少权力，而且大家收入待遇相差不大。改革开放后，一个乡长只是个科级干部，工资才几百元，但审批一个土地项目就上亿，这个反差太大了。管子说过，人的本性是趋利避害的，所以一定出贪污问题。香港 20 世纪 50 至 60 年代，贪官遍地。建立廉政公署后，一方面严厉打击贪污，另一方面大幅提高公务员收入。一个局长月薪是 27 万港币，还有住房补贴，子女还可以公费送到英国留学。退休后政府给一大笔约满酬金，工龄超过30年的退休官员一般有六七百万港币。每月还有长俸退休金。这样一来，官员还舍得去贪污吗？如果贪污被抓住，那就什么都没有了。廉政公署和高薪养廉双管齐下，香港官场风气一下子被扭转，成为亚洲最廉洁的政府。如果你做老板，对下属很苛刻，自己又看不住他们，他们一定想尽办法占公司的便宜。

管子是非常贴近人性的，不讲空道理，所以知道"**民富则易治也，民贫则难治也**"。为什么这么说呢？人民生活富裕就会安土重迁，珍惜自己的家园。活不下去了才会逃荒，闯关东。人民安土重迁，就会恭敬君上、畏惧刑罪。这样就容易管理。现在像上海这样的大城市，有大量农民工，他们生活在社会底层，买不起房，对城市根本没有归属感。所以"**民贫则危乡轻家，危乡轻家则敢陵上犯禁，凌上犯禁则难治也。**"人民贫穷，对居住地就不会有感情，甚至有没有这个家都无所谓。这样就敢于对抗政府，抗法违令，就难管治。他们觉得自己和这个城市没有关系，随时可以走，因此什么都不怕，为了抢两百元钱杀一条人命的事时有发生。"**故治国常富，而乱国必贫。是以善为国者，必先富民，然后治之。**"安定的国家一般是比较富裕的，混乱的社会一定是比较贫穷的。因此，善于治国的君主，一定要先使人民富裕起来，然后再进行治理。十年"文革"结束后，邓小平拨乱反正，走的就是管子路线。

管子的德政，以德治国，是很全面的。《五辅》指出："德有六兴。"即厚生，输财，遗利，宽政，匡急，振穷。德政要做六件事，第一是发展经济；第二是调节贫富差距；第三是尽量提供便利；第四是政治宽松；第五是救人之危急；第六是救人之穷困。爱民、利民除了实行富民政策外，国家还要承担起社会保障的责任。在《入国》篇里说得很具体："**入国四旬，五行九惠之教。一曰老老，二曰慈幼，三曰恤孤，四曰养疾，五曰合独，六曰问疾，七曰通穷，八曰振困，九曰接绝。**"入国才四十天，就五次推行"九惠之教"。"四旬"和"五行"都是虚指，形容推行九惠之教很频繁。九惠之教，第一是赡养老人；第二是照顾儿童；第三是收养孤儿；第四是供养残疾；第五是为寡妇鳏夫撮合成家；第六是健康检查；第七是救济穷人；第八是赈济灾民；第九是为无后之家立嗣。这些都是政府的工作，不能推给社会和企业。西方有一个中间社会（middle society），很多事情不是国家做的，而是行会或教会做的。中国古代社会没有"社会"概念，只有国和家。社会保障的一部分责任就由政府承担。管子的这些思想在先秦诸子中是罕见的。儒家讲仁义道德，但没有具体措施。当然，管子的"利民、爱民、惠民"都是手段，不是目的，最终还是服务于"牧民"。他在《法法》中说："计上之所以爱民者，为用之爱之也"。这句话讲得很直白，君王所以爱民，是为用民而去爱民。

78. 政治家的气度

【牧民·第五章】以家为乡，乡不可为也。以乡为国，国不可为也。以国为天下，天下不可为也。以家为家，以乡为乡，以国为国，以天下为天下。毋曰不同生（姓），远者不听。毋曰不同乡，远者不行。毋曰不同国，远者不从。如地如天，何私何亲？如月如日，唯君之节（气度）。

御民之辔，在上之所贵。道民之门，在上之所先。召（诏）民之路，在上之所好恶。故君求之则臣得之；君嗜之则臣食之；君好之则臣服之；君恶之则臣匿之。毋蔽汝恶，毋异汝度，贤者将不汝助。言室满室，言堂满堂，是谓圣王。

城郭沟渠不足以固守；兵甲强力不足以应敌；博地多财不足以有众。唯有道者能备患于未形也，故祸不萌。天下不患无臣，患无君以使之。天下不患无财，患无人以分之。故知时者，可立以为长，无私者，可置以为政。审于时而察于用，而能备官者，可奉以为君也。缓者后于事，吝于财者失所亲，信小人者失士。右六亲五法。

这一章比较长，可以分为三个层次来讲。"**以家为乡，乡不可为也。**"按照治家的方法治乡，是不能治好乡的。一家人有事好商量，最后家长一锤定音。如果把这一套方法搬到乡里，不是亲属的话就不听，任人唯亲，众人肯定不服，那么乡事一定管不好。按照治乡的方法治国，是不能治好国的。如果治国一定要用同乡人，拉帮结派，国家一定乱。以此类推，按照治国的方法治天下，天下不会太平。当时的天下是周天子的天下，齐桓公要治天下，也就是做霸主。"为天下"相当于搞外交，用处理国内事务的方法去搞外交，外交是搞不好的。中国现在很有钱，但外交上进展不大。人家说你几句好话，不过是看中你的钱袋而已。拿了钱，转身就可以踢你一脚。为什么？这需要领导人反思。如果以国内的一套办法，什么都用钱来求稳定，怎么可能"为天下"？所以要"**以家为家，以乡为乡，以国为国，以天下为天下**"。按治家的方法治家，按治乡的方法治乡，按治国的方法治国，按治天下的方法治天下。

这又怎么理解呢？"**毋曰不同生，远者不听。毋曰不同乡，远者不行。毋曰不同国，远者不从。如地如天，何私何亲？如月如日，唯君之节。**"不要因为不同姓，就不听取外姓人的意见。不要因为不同乡，就不采纳外乡人的办法。不要因为不同国，就不听从外国人的主张。尽管他们都是"远者"，关系疏远者。要像天地对待万物一样，没有偏私偏爱；像日月普照一切，才算得上君主的气度，也就是说领导人要有天下一家的气度。我们不讲大的，就讲一个企业，如果用做家长的办法管理，那肯定管不好。中国的家族企业往往都是败在这里。家庭财产一定是交给儿子、孙子的，所以企业也非要交到儿子、孙子手里，不管他们有没有能力管。所以中国有一句老话，叫做"富不过三代"。

79. 政治家要行得正

第五章《六亲五法》的第二个层次，从"**御民之辔，在上之所贵**"开始。"辔"就是缰绳，驾驭老百姓的缰绳，在于君王所看重的东西。君王重视什么决定了老百姓的取向，君王提倡什么决定了社会的潮流。汉代民谣有"宫中好高髻，城外高一尺"的说法。"**道民之门，在上之所先。召民之路，在上之所好恶。**"引导老百姓的门径，号召他们走哪条路，不是看统治者说什么，而是在于他自己喜欢什么，讨厌什么，把什么放在首位。君主想要什么，手下的官员一定会千方百计去弄来。君主喜欢吃什么，下面的官员和老百姓也会跟风吃什么。领导人吃冬虫夏草了，上上下下都吃冬虫夏草，冬虫夏草立时身价百倍。领导人说喝这个水不对了，要喝法国依云矿泉水、帕米尔高原的冰川水，于是有钱人都争着去喝。君主喜欢什么，大家就去做什么；不喜欢什么，下面人一定会隐藏起来不让他看到。说的就是这个道理。所以一个想有所作为的领导人，就应该"**毋蔽汝恶，毋异汝度，贤者将不汝助**"。不要掩饰你的错误，不要随心所欲地变更法度，否则有本事的人就不会来帮助你。"**言室满室，言堂满堂，是谓圣王。**"在一个房间里讲话，要满房间的人都听到。什么意思呢？作为一个君主就要开诚布公地说话，没有一句话是见不得人的，不要搞阴谋诡计。也就是前面说的"唯君之节"，要怀有天下一家的气度，这种君主才可以叫做"圣王"。

这一层次讲的是统治者要"正"。"正"这个概念在管子对统治者的要求中占了很重要的地位。在《法法》篇里，管子解释政治的含义："政者，正也，正也者，所以正定万物之命也。是故圣人精德立中以生正，明正以治国，故正者所以止过而逮不及也。"政治家和政客的区别，就是政治家要行得"正"，有理想、有坚持。他们的使命是为众人确定一个是非标准，引导同胞走一条正路，这叫搞政治。政客是没有理想，没有操守的，为个人或小团体利益可以不择手段，搞阴谋诡计。政治本来不肮脏，是这些人把它弄肮脏的。"是故圣人精德立中以生正。"怎么做到"正"？"精德立中"这四个字很重要。"精"是纯，纯粹。毛泽东在《纪念白求恩》里说要"做一个纯粹的人"，不掺杂任何私心杂念、歪门邪道，才叫"精德"。"立中"，不偏不倚是为中，行事要不偏不倚。我们常说一个人有正气。精德立中的人就是有正气的人。"明正以治国"，有了正气才能治国，靠权术可以爬上去，但无法治国。"故正者所以止过而逮不及也。"过分与不及都是不正。

政治，一方面要使民众端正，另一方面在端正民众前，自身先要端正。正人要以正己为基础，治国先要修身。《权修》中说：

> 有身不治，奚待于人？有人不治，奚待于家？有家不治，奚待于乡？有乡不治，奚待于国？有国不治，奚待于天下？天下者，国之本也；国者，乡之本也；乡者，家之本也；家者，人之本也；人者，身之本也；身者，治之本也。

自身不治，怎么去管别人？身边人都管不好，怎么管得好一个家族？家族管不好，怎么能去管好一个乡？乡管不好，怎么去管好一个国家？国家管不好，怎么管得好天下？而国家又是以天下为本；乡是以国家为本，国家混乱，你的家乡也不会太平；家以乡为本；人以家为本；自身以人为本，而天下的治理之道又以自身修养为本。其实这就是《大学》的思想。可以说《大学》的思想源头也来自《管子》。《管子》是各种思想的源头。

80. 领袖要有危机意识

第五章《六亲五法》的最后一个层次，"**城郭沟渠不足以固守；兵甲强力不足以应敌；博地多财不足以有众。**"这三句话都是为了引出后面这句话："**唯有道者能备患于未形也，故祸不萌。**"只有得道之人才能够防患于未然，所以祸患在萌芽状态就被消灭了。一个人始终要有点危机意识。读史是为了明理，读点历史经验，就不至于昏昏庸庸，醉生梦死，以为今天这样的好日子可以一直无忧无虑地过下去。做个有道之人，有忧患意识、危机意识。危机来了，就能胸有成竹地去应付。

"**天下不患无臣，患无君以使之。天下不患无财，患无人以分之。**"这句话也非常有道理。天下这么大，不怕没有人才，怕的是没有英明的君主去任用这些人。企业也一样，不怕没有人才，问题是人才能不能为你所用。一般自己有才的人会爱才，没有才的人就会嫉才。对自己没有自信的人会千方百计地希望别人比自己差。天下不怕没有财富，就怕没有人合理地使用它。一个国家储备不多，财政困难时，照样可以稳定，外国人照样不敢欺负。因为当政者懂得怎么使用有限的财富。一个企业刚创业的时候，没有什么钱，但钱用得好，懂得以小搏大，生意就能越做越大。现在的富二代从父辈手里接过很大一笔财产，不会用，胡乱花，没几年就垮掉了。就是这个道理。

"**故知时者，可立以为长。**"能够审时度势，抓住时机的人，可以让他负责。

"**无私者，可置以为政**。"没有私心的人，可以放在干部的位置上。当然，一个人不可能一点私心没有。相对没有私心，能够顾全大局的人，可以放在这个位置上。"**审于时而察于用，而能备官者，可奉以为君也**。"既能审时度势，善于理财，又能知人善任，把适当的人放到适当的位置上。这样的人才可以推为领袖。为什么这样说呢？"**缓者后于事**"，"缓"是不敏感。齐桓公遇到管仲，说自己有很多毛病，但管仲说都没关系，"缓于事"才是问题。作为领导人，政治嗅觉不敏锐，或者犹豫不决，行动迟缓的话，就只能做事后诸葛亮，没法真正成大事。因为机会一次次从他身边溜走。"**吝于财者失所亲**"，吝啬的人，没有人会来亲近他。一个吝啬鬼不可能有很多朋友的。要广交天下朋友，钱财上一定要大度，这是颠扑不破的真理。不能等到自己有事了，给别人送点礼物乞求帮忙。这时候别人不会真正地帮你。别人有难的时候，你能仗义疏财，别人才会记得你。"**信小人者失士**"，听信小人之言，就会失去有真本事的人。特别提醒大家注意：喜欢向你打小报告的人，总有一天会把你也给卖了。这是我的人生经验。古人讲"用人不疑，疑人不用"。既然你用了一个人，心里经常猜忌，总想从旁边去打听，有真本事的人一定离你而去。

第五章标题"六亲五法"。"六亲"，我讲过了，家、乡、国、天下、天地、日月。"五法"是作为领导人要注意的五项基本原则：一，上行下必效；二，要光明正大，开诚布公；三，防患于未然；四，要知人善任；五，防止"缓"、"吝"和"信小人"三大缺点。

第六讲

《管子》的君臣之道

君主的地位，与心在人体上的地位一样，是统揽全局，掌握"道"，掌握大方向的。百官的地位，就像人身上的器官，是各司其职，做具体工作的。君主御臣之"心术"围绕一个"势"字，君主要学会如何守势、用势、造势、借势。他不需要太聪明，也不需要太操劳，但是要善于用人，所谓君逸臣劳，权责得当。而所谓的忠臣要冒杀头、坐牢的危险。忠臣对下要致力于民，还要守本分、守制度，服从命令听指挥。

81. 君臣关系的哲理

　　政治是管子学说中的主要部分。因为管子学说的目的就是帮助齐桓公强国称霸。前面讲了君主和百姓的关系，君主如何统治人民。本讲说的是君臣关系，也就是统治集团内部的关系，讲君主如何驾驭百官。当然，讲这点不是要肯定什么，只是把管子思想原原本本地阐述出来，读者自己去做价值判断。中国已经进入现代社会，传统文化很多已经不适用了，我们不能全盘接受，但其中还是有很多可以借鉴的地方。毕竟许多地方两千年来我们中国人的集体心理、文化基因以及人际关系模式没有太大变化。

　　讲君臣关系的主要文本是《君臣上》。《君臣下》和《君臣上》很多部分是重复的。在此之前，先回顾一下《心术上》的第一段，即讲心和官（器官）的关系，也就是君和臣的关系。实际上，这是管子论述君臣关系的哲理基础。它既适用于政治，也适用于修身。中国传统文化讲求整体观，把宇宙、社会、国家和人生打通来讲。而西方文化则分门别类，讲宇宙就将其归到自然科学、自然哲学；讲政治就将其归到政治哲学；讲人生修养就是一套人性论；讲身体就是卫生学或者医学。而从《管子》就能看到，中国文化是真正将这些打通的，这才是真正的哲学层次，是最高的抽象。

　　《心术上》第一段的重点在于这几句话："**心之在体，君之位也。九窍之有职，官之分也。心处其道，九窍循理。**""**心术者，无为而制窍者也。**"君主的地位，就像心在人体中的地位一样，是统揽全局，掌握"道"，掌握大方向的。百官的地位，就像人身上的器官，是各司其职，做具体工作的。那么君主、领导人应该怎么做呢？**"无为而制窍者也。"**"无为而治"不是不治、不作为，而是要轻轻松松地治，让下面的文武百官辛劳，所谓"主逸臣劳"。这就需要君主有一套办法去"制九窍"，去驾驭臣属。《君臣》等篇章就是具体教统治者这套办法的。管子称之为"心术"，其实就是统治术。这套统治术无非围绕一个"势"字，教君主如何守势、用势、造势、借势。

管子解读：领袖需要的智慧

82. 政治不能靠小伎俩

《任法》里有一段很精辟的论述。

> 圣君任法而不任智，任数而不任说，任公而不任私，任大道而不任小物，然后身佚而天下治。失君则不然，舍法而任智，故民舍事而好誉；舍数而任说，故民舍实而好言；舍公而好私，故民离法而妄行；舍大道而任小物，故上劳烦，百姓迷惑，而国家不治。圣君则不然，守道要，处佚乐，驰骋弋猎，钟鼓竽瑟，宫中之乐，无禁圉也。不思不虑，不忧不图，利身体，便形躯，养寿命，垂拱而天下治。是故人主有能用其道者，不事心，不劳意，不动力，而土地自辟，囷仓自实，蓄积自多，甲兵自强；群臣无诈伪，百官无奸邪，奇术技艺之人，莫敢高言孟行，以过其情，以遇其主矣。

英明的君主、领导人能够"身佚而天下治"，要做到坚持"基本原则"。首先，要靠制度而不是靠小聪明。无论是统治一个国家，还是管理一个企业，制度是第一位的。其次，要拿出实际的办法，而不是靠空谈、口号和理论。"清谈误国"就是这个意思。这里的"数"，即"术"，也就是方法。再次，要依靠"公"，公开、公平、公正，而不是靠私人小圈子。最重要的是，要走大道、正道，而不是靠旁门左道。现如今很多时候倒过来了，明明正路走得通，但人们常常一上来就想怎么走后门，托人情，用小伎俩。

反之，就叫"失君"，也就是昏君，糊涂蛋。"失君"实施统治，不是靠制度而是靠自己的小聪明，所以底下的臣民放弃自己的职守，去沽名钓誉。"失君"靠虚言，靠假大空去治理国家，导致下面的臣民都不干实事，喜欢夸夸其谈。抛弃公正、公平、公开，喜欢任用私人，什么事情都私底下解决，致使下面的臣民违法乱纪现象丛生。"失君"不走正道，而是靠走旁门左道治国，结果一定是自己辛苦得不得了，因为需要到处去扑火，而老百姓也不了解真实状况，不知道国家这条航船到底要开到哪里去。

圣君则不然，"**守道要，处佚乐。**"前面正反叙述完毕，然后又正面叙述，逻辑性很强。英明的君主守住关键的东西。关键东西是什么？就是"势"，就是维护势位的"六秉"：生、死、贫、富、贵、贱。这些要掌握在自己手里，才可以"处佚乐"。"**驰骋弋猎，钟鼓竽瑟，宫中之乐无禁圉也**"。打猎，听音乐，在皇宫里日夜莺歌燕舞，没有限制。"圉"，原指王城城门，引申为限制的"制"。"**不思不虑，不忧不图，利身体，便形躯，养寿命，垂拱而天下治。**"不用每天想那么多事情，身心愉快，长命百岁，这样的君主拱着手，袖手旁观，天下就可以治好了。所以领导人如果治国有道，心不烦，手不忙，经济自然繁荣，国防强大，官场清明，"奇术技艺之人"（比如具有特异功能的人、看风水的人、炼神功的人）就不敢讲大话，出怪招，弄虚作假，骗取你的重用了。这要归因于你掌握了"道之要"，把这一套搞得十分清楚，明白如何是对，如何是错，所以不需要去应付那么多虚假事务。反之就管不好，国家管不好，地区管不好，企业也管不好。

当年毛泽东喜欢谈哲学，作诗，不管具体事务。每天有很多文件被递进中南海。他批文件，叫圈阅，划个勾就好了。你看多潇洒？百官都在他的掌控之中。毛泽东精通传统文化，他反对读古书，自己却读得最多，《资治通鉴》就读了13遍，晚年得了白内障，还要别人读给他听。熟读《管子》，再加上《资治通鉴》，那比任何管理学都有用。《任法》相对于《心术上》具体了一点，接下来的《君臣上》更具体。管子讲君臣关系有很完整的体系，但分散在各篇章之中，我尽量穿插着多讲一点。

83. 明君和忠臣

【君臣上·第一章】为人君者，修官上之道，而不言其中。为人臣者，比官中之事，而不言其外。君道不明，则受令者疑；权度不一，则修义者惑。民有疑惑贰豫之心而上不能匡，则百姓之与间，犹揭表而令之止也。是故能象其道于国家，加之于百姓，而足以饰官化下者，明君也。能上尽言于主，下致力于民，而足以修义从令者，忠臣也。上惠其道，下敦其业，上下相希，若望参表，则邪者可知也。

这一章主要告诉人们，什么叫做君明臣忠，什么样的君主叫明君，什么样的臣子叫忠臣。做人君的人，要主导众官以上的"道"，讲原则性、方向性的大事，而不去谈论职能部门的事情，不需要参与到具体的事务中。做大臣、做高管的就应该管好职责范围内的事，不要去议论超出自己职能部门的事情。明明是设计师，就不要对财务发表意见；明明是做财务的，就不要对销售策略发表意见；明明是部门经理，就不要去管整个公司的发展方向。因为你只看到部门的问题，看不到全局问题。所有的时间精力、聪明才智就集中到自己的工作上去。协调和决策，是老板的事，是最高领导人的事。现在好多事情都颠倒了，什么"企业民主管理"，这哪能有民主？七人八主意，任何决策都要举手表决，企业怎么搞得好？民主是一个政治概念，不是管理学概念。管理就是自上而下管，分权而治，而民主是参与决策，是少数服从多数。一个企业、一个学校怎么可以凭一人一票，少数服从多数？行政总裁一票，门卫也是一票，这个企业能管得好吗？

"**君道不明，则受令者疑；权度不一，则修义者惑。**"做君主的人对治国之道，自己都不清楚，朝令夕改，下面接受命令的人就会不知所措。权限、法度不统一，前后不一致，守本分的人就不知所措了，不知道哪一次下达的才是标准版本。不守规矩的人反而可以钻空子。有一次在电视上看到一则新闻报道，讲温州的一个电器商，最初税务局每年都会规定一定的交税额，这个商人每年都照缴。后来他生意做得很大，遇到严打经济犯罪，税务部门说他逃税。因为这个电器商还是按照以前的额度缴税，税务部门因他缴税少而要通缉他，还将他定为严打典型，内定要枪毙。他一看苗头不对，连夜逃到黑龙江，然后全国各地东躲西藏。过了两年，政策变了，他就回到温州，却被抓，因为当时中央文件还没传达到地方，他天天担心会被枪毙。被关了八十多天后，中央文件下达了，他被放出来，反变为功臣了，被树立为改革开放的先锋。这就叫做"权度不一"。"**民有疑惑贰豫之心而上不能匡，则百姓之与间，犹揭表而令之止也。**"老百姓对政策有疑惑，"贰豫"就是犹豫可不可以做，要不要做，有犹豫之心。而为上者不去纠正，不去消除他们的疑惑，那么老百姓一定和政府有"间"，有隔阂。这等于说你张贴告示，下令老百姓什么都不要做，现在你号召发展私营经济，我领会精神去做了，差点被枪毙，后来经查实在政策允许范围内，却又成功臣。有了这个前车之鉴，别人也就不敢妄动了。"**是故能象其道于国家，加之于百姓，而足以饰官化下者，明君也。**""象"，效法，引申为遵循的意思。"饰"，修饰、清洁和澄清的意思。所以说，在治理国家时，能够遵循道，并把这个道加之于百姓，把官场风气弄干净，使社会风气改变，老百姓受到教化，这是明君应该做的事情。政府就是要做这些事情，而不是去招商引资，那是市场的事情。

什么叫忠臣？"**能上尽言于主，下致力于民，而足以修义从令者，忠臣也。**"忠臣要对君主言无不尽，这个也不容易做到。韩非子的《说难》就讲了做臣子的讲话很不容易。这是一篇好文章，非常有趣。难，所以一般人或者大部分人不敢尽言于主，所以称不上是忠臣。真正的忠臣要冒杀头、坐牢的危险。忠臣对下要致力于民，相当于全心全意为人民服务，还要守本分、守制度，服从命令听指挥。这样的人才能称得上忠臣。

"**上惠其道，下敦其业**"，君主遵循治国之道，文武百官谨守职责。"**上下相希，若望参表**"，"希"，是"望"的意思，引申为考察。上下互相考察，就像看"参表"那样一清二楚。"参表"，标杆，如天安门前的那个华表，是用来衡量曲直的。因为有了一个衡量标准，"**则邪者可知也**"，是不是明君或者忠臣，马上就可以知道了。

关于明君、忠臣，在《管子》另一篇文章《七臣七主》中，讲得更具体。君主什么能做，什么不能做；臣下什么能做，什么不能做，各列出"一要六不要"这里不再展开赘述。有人质疑是不是这个标题"七臣七主"搞错了，怎么把臣放在君前面？其实汉代以前，为了避讳，都是臣在前，主在后的。

84. 施政要靠制度

【君臣上·第二章】吏啬夫任事，人啬夫任教。教在百姓，论在不桡，赏在信诚。体之以君臣，其诚也以守战，如此则人啬夫之事究矣。吏啬夫尽有訾、程、事律，论法辟、衡权、斗斛、文劾，不以私论，而以事为正。如此则吏啬夫之事究矣。人啬夫成教，吏啬夫成律，之后，则虽有敦悫忠信者不得善也，而戏豫怠傲者不得败也，如此则人君之事究矣。是故为人君者，因其业，乘其事，而稽之以度。有善者，赏之以列爵之尊、田地之厚，而民不慕也。有过者，罚之以废亡之辱，僇死之刑，而民不疾也。杀生不违，而民莫遗其亲者。此唯上有明法，而下有常事也。

"啬夫"这个词在先秦常见，《云梦秦简》里就多次提到"啬夫"。"吏啬夫"是管理官员的，对应现在体制，相当于组织部系统、纪律检查委员会系统，负责监察考核吏治。"人啬夫"相当于民政部系统，民政官员，负责教化老百姓。对百姓要教育，除此之外，民政官员还要司法。"论"，审判的意思；"桡"，原意是弯曲的木材，"不桡"就是不扭曲。审判没有冤假错案，没有扭曲。民政官员的第三个职能是奖励好人好事，评劳动模范和发奖金。奖赏的时候要讲诚信，真实无伪。"人啬夫"的工作目标是什么呢？是使君民一体，老百姓对君主忠诚，足以守战。如果能把老百姓教到这种程度，"则人啬夫之事究矣"。

"吏啬夫尽有誊、程、事律，论法辟、衡权、斗斛、文劾，不以私论，而以事为正。"监管吏治的人，有一套非常完备的制度程序，"誊"，限的意思，规限；"程"，程序，标准；"事律"，议事的要求。公文如何一级级呈递上去，如何一级级传达下来，这些制度都要很完备。"论"，考核，包括四项内容："法辟"，刑法的意思，处罚官员；"衡权"和"斗斛"指评审和考虑；"文劾"，上公文弹劾。处罚、评审、考量、弹劾官员不能凭个人好恶，而是以事实作为评判的标准。这样做了，"则吏啬夫之事究矣"。中国古代对官吏的考核制度是非常严密和具体。根据文献资料可知，秦始皇统一中国时就有了官员考核制度。汉代根据"六条"考核。唐代考核官员有"四善二十七最"的标准。明清确定了完善的考核制度"京察"和"大计"。关于官员考核制度，我早在三十年前大学二年级第一篇发表的文章《历代官吏考课制度考》就讲过。中国上千年前的制度已经很严密了，不是根据个人好恶，而是制订很严密的程序。现在组织部也考核，鼓励官员竞争上岗，不但要领导给分，还要群众给分，所以官员对上对下都要讨好。最后可能就把正直的、敢得罪人的、能力最强的都淘汰掉了，出现劣币驱逐良币的后果。做好吏治，仍需一点老祖宗的经验。

"人啬夫成教，吏啬夫成律，之后，则虽有敦悫忠信者不得善也，而戏豫怠傲者不得败也。"大家都依法办事，照规矩办事了，即使有敦厚、严谨、忠信的人也不突出了。"戏"，玩忽职守；"豫"，犹豫不决；"怠"，消极怠工；"傲"，自以为是。那些玩忽职守、犹豫不决、消极怠工、自以为是的人早就被淘汰了，不可能祸害全局了。每个人都照章办事，就没有什么善和不善，也没什么坏和不坏了。大家都是好人，就没有所谓的好人、坏人区分了。只有大部分人是奸臣，才会出来忠臣。于是"人君之事究矣"。君主依靠的这两个系统的官员，他们都尽职守了，君主也就可以高枕无忧了。

因此，当皇帝的"因其业，乘其事，而稽之以度"，每个官员的职守，有相应的考核标准。组织部长有组织部长的标准，财政局长有财政局长的标准。"乘"，针对的意思。针对他们的表现，和考核标准比对核查，"稽"，核查。"有善者，赏之以列爵之尊、田地之厚，而民不慕也。"做得好的就奖赏，没有人心里会嫉妒。"有过者，罚之以废亡之辱，僇死之刑，而民不疾也。"做得不好的就削职为民，犯法的杀头。下面的人也不会抱怨。"杀生不违，而民莫遗其亲者。"把人处死，只要不违反法度，老百姓就不会逃亡。但如果君主随随便便杀人，老百姓朝不保夕，就会背井离乡。"此唯上有明法，而下有常事也。"最重要的是君主有明确的法律，百官有固定的职守。

85. 君臣一体，上下同德

【君臣上·第三章】天有常象，地有常刑（形），人有常礼，一设而不更，此谓三常。兼而一之，人君之道也；分而职之，人臣之事也。君失其道，无以有其国。臣失其事，无以有其位。然则上之畜下不妄，而下之事上不虚矣。上之畜下不妄，所出法则制度者明也；下之事上不虚，则循义从令者审也。上明下审，上下同德，代相序也。君不失其威，下不旷其产（业），而莫相德也。是以上之人务德，而下之人守节。义礼成形于上，而善下通于民，则百姓上归亲于主，而下尽力于农矣。故曰：君明、相信、五官肃、士廉、农愚（淳朴）、商工愿（谨厚），则上下体而外内别也，民性因（因循，沿袭）而三族制也。夫为人君者，荫德于人者也；为人臣者，仰生于上者也。为人上者，量功而食之以足；为人臣者，受任而处之以教。布政有均，民足于产，则国家丰矣。以劳授禄，则民不幸生。刑罚不颇（偏），则下无怨心。名正分明，则民不惑于道。道也者，上之所以导民也。是故道德出于君，制令传于相，事业程于官，百姓之力也，胥令而动者也。

天有不变的气象，地有固定的形态，人也有一套稳定的礼，也就是行为规范。天地人，古代称为"三才"。他们的特性一经创立就永远不再变动，所以叫"三常"。先用天地做铺排，重点落在"人有常礼"，礼是像天地一样恒常不变的。然后指出"礼"最重要的原则是"**兼而一之，人君之道也；分而职之，人臣之事也**"。君主之道是兼而统之，协调统帅各部门的。各自分工，尽忠职守，这是大臣的事业。君主如果违背了这个道，就会失去国家。大臣不能尽忠职守，就保不住自己的官位。管军事的总是打败仗，管财政的搞得国家负债累累，就会被撤职。那该怎么做呢？"**然则上之畜下不妄，而下之事上不虚矣。**"君主豢养百官，不能乱来，不能喜怒无常。倒过来，群臣为君主效劳，就要忠诚老实。这里的"畜"，是"养"的意思。古时候，认为官员都是靠皇帝养的。这和现代西方观念不一样。他们认为，公务员是靠纳税人养的，官员要对纳税人负责。现在我们社会上的观念介乎两者之间，认为干部是国家养的，对国家负责，而国家是个很抽象的概念。举个例子，去美国图书馆借书，他们热情得不得了，到处帮你找，非常主动。因为他们认为，纳税人养着图书馆，来借书的人越多，越能说明图书馆没有白花纳税人的钱。在我们这里，借十本书，他可能回答你只有两本，明明有也不愿跑上跑下去帮你找。因为他没有纳税人养图书馆的观念，不用对你负责，多一事不如少一事。

"**上之畜下不妄，所出法则制度者明也；下之事上不虚，则循义从令者审也。**"皇上规定的法律、制度、权限、规程都很明确，就叫"不妄"。百官照章办事都非常审慎，就叫"不虚"。这样，"**上下同德，代相序也**"。上下同心同德，一代一代延续下去，形成一定秩序。"代"，更替，虽然人事在不断更替，老人退休，新人上台，但制度是有延续性的。于是"**君不失其威，下不旷其产，而莫相德也**"。"旷"，旷废；"产"，事业，职守。君王不会丧失其权威，百官不会旷废其职守，君臣互相之间也没有什么可以感恩怀德的，因为大家都是循规蹈矩。美国老百姓从来不会说感谢奥巴马的，因为即使总统换了，制度也不变，大家都是照章办事，没有谁要对谁感恩戴德的。"**是以上之人务德，而下之人守节。**"君主务德，群臣守住职责、本分和规范。

"**义礼成形于上，而善下通于民，则百姓上归亲于主，而下尽力于农矣。**"义礼是在上层形成的，如果上面的领导人不做表率，社会上是不可能形成风气的。要求年轻人去支边，开发大西北，高干子弟却在那里发大财，在纽约、伦敦买豪宅。没有人会把你的号召当一回事的。君主的"善"，好处要一直通达到老百姓，使他们感受到。这样老百姓才会真正爱戴你，拥护你，才会努力生产。所以说，"**君明、相信、五官肃、士廉、农愚、商工愿、则上下体而外内别也，民性因而三族制也**"。君主明智；宰相忠实；"五官"，内阁部长有威严；基层官员正直，不避恶；农民淳朴；工商业者谨厚，就能上下一体，而内外又有分工。这里的"内外"指朝廷内外，中央和地方。民风一代代传下去，祖孙三代都谨守礼制。

"**夫为人君者，荫德于人者也；为人臣者，仰生于上者也。为人上者，量功而食之以足；为人臣者，受任而处之以教。**"君主是庇护造福于臣属的，臣属是依赖国君而生活的。君主要根据臣属的贡献，而提供给他们足够的生活资料。臣属接受了官职，就要在任上教化百姓。"**布政有均，民足于产，则国家丰矣。**"施政要公平，劳逸均匀，老百姓就会为满足生活需要而努力生产。国家经济就可以繁荣富足了。因为"**以劳授禄，则民不幸生**"，按劳分配，老百姓就不会去搞旁门左道，造假酒、制假药、卖地沟油了。"**刑罚不颇，则下无怨心**"，刑罚没有偏颇，对什么人都一视同仁，社会上就没有什么可以埋怨的了。"**名正分明，则民不惑于道。**"上面人襟怀坦白，行事名正言顺，老百姓对你教化大家的"道"才会深信不疑，没有疑惑。社会主义也可以说是一种"道"，我们国家的意识形态。执政者要使老百姓相信、接受，自己首先要按社会主义的"道"去做。无论是中国特色，还是法国特色，社会主义的分配原则就是"各尽所能，按劳分配"。有些领导人家族积累了上亿资产，你这是按劳分配，是"名正分明"得来的吗？老百姓就会疑惑。

"**道也者，上之所以导民也**"。道是统治者用来引导老百姓的，所以"**道德出于君**"。"**制令传于相**"，宰相根据道来发布命令。"**事业程于官**"，百官来跟进各项事务，"程"，铨也，课也，督促的意思。"**百姓之力也，胥令而动者也。**"百姓出力，出多出少，出得急出得缓，视法令而行。"胥"，"看"的意思。法令顺民心的话，老百姓就会出力。否则老百姓就会磨洋工，敷衍了事。

86. 管子的"分权"思想

【君臣上·第四章】是故君人也者，无贵如其言。人臣也者，无爱如其力。言下力上，而臣主之道毕矣。是故，主画之，相守之；相画之，官守之；官画之，民役之。则又有符节、印玺、典法、筴籍以相揆也，此明公道而灭奸伪之术也。论材量能，谋德而举之，上之道也。专意一心，守职而不劳，下之事也。为人君者，下及官中之事，则有司不任。为人臣者，上共专于上，则人主失威。是故有道之君，正其德以莅民，而不言智能聪明。智能聪明者，下之职也。所以用智能聪明者，上之道也。上之人明其道，下之人守其职，上下之分不同任，而复合为一体。

这一章最重要的就是一句话："上下之分不同任。"君主和臣属的使命任务是不同的。用今天的话说，就是要分权。对君主来说，最宝贵的就是说话，所以有成语叫"一言九鼎"。意思是要慎言，话要少，讲一句是一句。领导人随便表态，下面人无所适从，久而久之就会失去权威。所以民间也有一句俗语叫"君无戏言"。对臣属来讲，最宝贵的就是能力。"言下力上，而臣主之道毕矣。"做君主的命令下来，做臣子的为君主去出力，就是臣主之道。这说的还是"主逸臣劳"。

所以"主画之，相守之；相画之，官守之；官画之，民役之。则又有符节、印玺、典法、笑籍以相揆也"。"画",是规划的意思。君主规划,宰相去执行。"守",不能任意改动和歪曲。决策错误的责任是君主,是董事长的,总经理负责执行就可以了。宰相再把君主的想法具体化,下面的百官去实施。到了底下的官员,也是动嘴不动手的,他们再规划实施方案,最后执行的、出力的是民众。这一路从上到下,都有符节、印玺、典法、策籍进行考核,这些都是权力的象征。皇帝授予将帅符节,让他带兵出征,就意味着把一部分权力分出去了。这时候,"将在外,军令有所不受"。既然给他指挥权,让他负责这场战役,皇帝坐在宫里,不能经常去干预他,给他下命令。希特勒和蒋介石最后的军事失败,其因素之一就是喜欢决策于千里之外,在大后方给前线将领下命令,教他们怎么用兵。共产党在内战中能够由小到大,打胜仗,不是毛泽东真的运筹帷幄,而是他非常懂这一套,给前线将领充分授权。淮海战役,下决心打的是毛泽东,做决定和具体指挥作战的是粟裕。从君主、宰相、官员到百姓,把权力一层层分解。在现代西方管理学上就是分权制。分权制的规则,每一级权力都分得很清楚,不仅下级不可以越权,上级也不可以随便干预和变动下级的权力。

《管子》记载的齐国官制,和《周礼》是不同的。《周礼》记载的是周王朝的官制。齐桓公任用出身低微的管仲为相,总理朝政,地位在齐国大贵族国子、高子之上。原先国子、高子的地位在齐桓公一人之下、万民之上。齐桓公用管仲总理朝政,可以说是中国宰相制度的源头。根据《管子》记载,宰相之下是"五官",包括"大行",相当于监察官,也就是吏啬夫的最高长官;"大司田",相当于农业和经济部长;"大司马",相当于国防部长;"大司礼",相当于司法和内务部长;"大谏",谏官。

谏官制度从先秦开始就有,它非常重要。谏官的作用是给皇帝提不同意见,无论说什么皇帝都不能杀他,是受法律保护的。这是考虑到皇帝、宰相决策时,若考虑不周全,旁边有个人能提出补充或反对意见来。他可以公开质疑皇帝,和皇帝唱对台戏,听不听由你,说不说由我。这个官职很超脱,除了提意见外,没有什么实权,没有用人权,也没有财权,造不了反。这是很科学的。虽然谏官制度的名称一直在变,但从管子开始到清朝一直有。后来到国民党政府才被取消。这个角色在西方是由媒体来担任的,通过媒体来监督政府,让政府在做决策时多听一点意见，可以考虑不同的选择。在我们的体制中，这个角色是完全没有的，决策随意性很大。没有论证过程，没有人提相反意见，党委书记或市长一拍脑袋就去做事，往往会好心办坏事。比如，北京市的交通拥挤，市政府部门简单地认为交通堵塞是因为私家车太多。为了减少小汽车，鼓励大家坐地铁，市政府把地铁票价一律减到两元，以为这样上班族就不去买汽车了。没想到票价一减，买汽车的人反而更多了。什么道理呢？因为本来民工嫌坐地铁贵，就选择走路、骑自行车或坐公交车上班，票价一减，农民工也都去坐地铁，地铁就拥挤了。那些本来坐地铁上班的中产阶级就不愿意了，被迫去买私家车，结果道路变得更拥挤。如果有谏官制度，在决策时提出不同意见，这样的失误也许可以避免。不一定非谏官的形式，也可以开设具有相应功能的部门或制度。现在要搞政治体制改革，不能靠空谈，要研究历史上它是怎么形成的。

《管子》讲政治就是围绕着利益分配怎么达到平衡展开的。企业管理也是一样的道理，要制定一套制度，考虑怎么把员工利益、高管利益和老板利益处理好，根据这个利益结构来设计制度，最后才能推行得下去。否则，凭空照搬西方管理学理论搞出来的"制度创新"，过一段时间就变得形同虚设了。管子紧紧抓住了"利"字讲政治。"**此明公道而灭奸伪之术也。**"把各级的权力分配搞清楚了，怎样做是公道的也就明明白白，每个人都按章办事，不必玩花样耍手段了。

讲完了权责分配，接下来讲怎么用人。人要放在什么位置上？"**论材量能，谋德而举之，上之道也。**"先衡量一个人的才能，然后考虑他的德行，德才兼备就应该提拔，这是君主的用人之道。管子把"材"放在前面，是有一定道理的。选拔官员不是评道德模范，而是要选能做事的，能不能做事，才能最重要。一个谦谦君子，连三个人的居民小组都领导不了，你能让他去管理一个省吗？所以西方的文官制度，把政务官和事务官分开是有一定道理的。政务官是政治任命，是由执政党任命的，领导决策部门。比如，奥巴马总统落选了，他任命的部长都要走人。但负责执行的行政部门是不变动的事务官，一级级升迁，他们熟悉业务，但没有决策权，也不用做任何政治考虑。政务官推行什么政策，是要考虑选票，有政治考虑的。"**专意一心，守职而不劳，下之事也。**"专心做好自己的工作，任劳任怨，这是做臣下的职责。**"为人君者，下及官中之事，则有司不任。"** 做君主的去干预职能部门的事务性工作，有关部门就没法做事了。**"为人臣者，上共专于上，则人主失威。"** 第一个"上"是向上，他本来应该向下，可是现在倒过来向上。后面这个"上"是指君主。大臣向上越权，和皇上一起去专权，那么君主就没有权威了。假如在一个公司里，董事长发一个命令，总经理也能发同样的命令，两个人的权力没有区分，比如财务长、营运总裁等任命的人事权，按道理权限属于董事长，结果总经理也可以任命，这就叫"上共专于上"，就是向上越权了。所以真正的管理权要划分清楚，哪些权力是归董事长，哪些权力是归总经理。人权和财权这些最主要的权都应该是君主自己掌握的。

87. 皇帝不需要太聪明

"是故有道之君，正其德以莅民，而不言智能聪明。"做君主的其实不需要太聪明、太有本事，但要有道德修养，以德治国、领导人民。那些干具体工作的人，才需要有本事，聪明，脑筋转得快。"所以用智能聪明者，上之道也。"自己不需要太聪明，但能任用聪明人，这就是君主的道。"上之人明其道，下之人守其职，上下之分不同任，而复合为一体。"上下有区别，不在一起做同一件事，但君臣上下又是一体的，这是最理想的政治格局。

君主不需要太聪明，这个道理在《管子》的其他文章中也常提到，很有意思。《形势解》里说："明主不用其智，而任圣人之智。不用其力，而任众人之力。"英明的君主不依靠自己的小聪明，而依靠过去那些圣人的历史经验。这些人都比现代人厉害得多，你用管子的智慧就够了。管理公司不用靠老板自己聪明，过去很多总结出来的经验，你跟着做就可以了。做老板不需要任何事都亲力亲为，把自己搞得那么忙碌辛苦，但老板要懂得怎么用公司里全体员工的力量，让他们出力做事。"故以圣人之智思虑者，无不知也"，依靠过去管子、韩非子这些圣人的智慧总结去考虑问题，没有不变聪明的，没有什么不知道的。自以为聪明，可能会害了自己，硬要逆潮流而动，可能最后失败的是你自己。"以众人之力起事者，无不成也。"依靠大家的力量去做事情，那么没有做不成的事。

《五辅》篇也开宗明义地说："古之圣王，所以取明名广誉，厚功大业，显于天下，不忘于后世，非得人者，未之尝闻。暴王之所以失国家，危社稷，覆宗庙，灭于天下，非失人者，未之尝闻。今有土之君，皆处欲安，动欲威，战欲胜，守欲固，大者欲王天下，小者欲霸诸侯。而不务得人，是以小者兵挫而地削，大者身死而国亡。故曰：人不可不务也。此天下之极也。"古代圣王能够建功立业，名垂千古，没有一个不是因为有贤人辅助。相反，那些暴君之所以国破人亡，也都是因为用人不当。凡是有国土的君主都可以平安无事，威名远扬，攻守自如，大者得以有天下，小者也得以称霸诸侯。但假如不重视选拔、任用人才，结果小者兵败割地求和，大者身死国亡。所以说，人才不能不重视啊！这是普天下最重要的道理。

88. 明君之责在知人善任

【君臣上·第五章】是故，知善，人君也。身善，人役也。君身善，则不公矣。人君不公，常惠于赏而不忍于刑，是国无法也。治国无法，则民朋党而下比，饰巧以成其私。法制有常，则民不散而上合，竭情以纳其忠。是以不言智能，而顺〔教〕事治，国患解，大臣之任也。不言于聪明，而善人举，奸伪诛，视听者众也。是以为人君者，坐万物之原，而宜〔管〕诸生之职者也。选贤论材，而待之以法。举而得其人，坐而收其福，不可胜收也。官不胜任，犇走而奉其败事，不可胜救也。而国未尝乏于胜任之士，上之明适不足以知之。是以明君审知胜任之臣者也。故曰：主道得，贤材遂，百姓治，治乱在主而已矣。故曰：主身者，正德之本也。官治者，耳目之制也。身立而民化，德正而官治。治官化民，其要在上，是故君子不求于民。是以上及下之事，谓之矫。下及上之事，谓之胜。为上而矫，悖也。为下而胜，逆也。国家有悖逆反迕之行，有土主民者失其纪也。

怎么能让聪明人为你所用呢？作为君主、领导人，首先要知人善任，知道哪些人能用，哪些人不能用；哪些人有本事，哪些人没本事；哪些人只会夸夸其谈，做起事来样样不行。"身善，人役也"，自己很聪明，那是为人家卖命，被君主使唤。时常会听人说：看这个人很聪明，为什么只能给别人打工？有些

管子解读：领袖需要的智慧

人看上去很笨，但为什么能当老板，把生意做得很大？就是因为做老板不用很聪明，却要能知人善任。"君身善，则不公矣。"如果做老板的太能干，太有本事的话，做事反而很难不偏不倚，因为这样的老板容易主观，待下属会有偏见，有私人的好恶。"人君不公，常惠于赏而不忍于刑，是国无法也。"这种不公，也表现在经常奖励手下，而不忍心惩罚他们。比如，有些一起创业的老臣子，自己没本事，不肯出力，倚老卖老压制有能力的年轻人。按道理，老板就要处罚他们，但因为当初一起创业，一路走来没有功劳，也有苦劳，所以不忍心处罚。这样的话，就打破制度，乱了章法，企业肯定管理不好。所以做老板的有时候不能太善。管子真是把人性讲透了。

"治国无法，则民朋党而下比，饰巧以成其私。"治国没有法度，底下人就会拉帮结派，结党营私，通过弄虚作假来谋取私利。相反，"法制有常，则民不散而上合，竭情以纳其忠"。法制不变来变去，上下一视同仁，不为人情左右，人心就不会散，臣民会合力奉上，尽心尽力地为君主尽忠，为老板打拼不会有贰心。现在不是有人提出"裸官"的说法吗？做着中国的官，表面上喊着爱国，私底下把妻子、儿女早就送出国，将财产也转移到外国。我曾经在一篇文章中新创了一个词汇，叫"爱国贼"，就是指这些人。国难当头，要防范卖国贼；国家繁荣时，就要防范"爱国贼"。他们表面上说爱国，是为了捞好处，实际行为却损害国家利益。

"是以不言智能，而顺事治，国患解，大臣之任也。"所以不用去谈论什么聪明不聪明，能干不能干。教化老百姓的事情做得好，国家的不稳定因素被消除在萌芽状态，这就是大臣的任务。"不言于聪明，而善人举，奸伪诛，视听者众也。"做君主的不炫耀自己聪明，而是依靠法度，那么好人就能够提拔上来，奸臣、坏人就会被诛灭。这样做的话，为朝廷做耳目的人就多。用现在的话说，就是有群众监督和舆论监督。这和法家思想又不一样。法家的法术势，"术"就是专门讲君主要用各种权术谋略去对付手下。君主故意给大臣设圈套，看他是不是钻进来。管子不讲这些，认为这都是小伎俩，而主张走大道。"是以为人君者，坐万物之原，而官诸生之职者也。"君主要坐在万物的源头上，也就是抓住根本，然后管住百官各尽其职就可以坐享其成了。管子用词很考究，这里用一个"坐"字，而不是"站"，很轻松地坐在那里，气定神闲地管理国家。"**选贤论材，而待之以法。举而得其人，坐而收其福，不可胜收也。**"领导人能够选拔人才，然后按照一套规章制度，让他们照着去做。任用的人都很合适，老板就可以坐在那里等着赚钱了，可以日进斗金。相反，"**官不胜任，犇走而奉其败事，不可胜救也。**"如果任命的官员不能胜任职责，老板就只好整天奔走，做救火队员，帮手下人收拾烂摊子，往往麻烦多得救都救不过来，即"不可胜救也"。

"**而国未尝乏于胜任之士，上之明适不足以知之。**"其实，偌大一个国家，从来不缺乏能胜任的人才，问题是仅靠君主的明智明察，还不足以发现这些人才。"**是以明君审知胜任之臣者也。**"所以所谓英明的君主，不在于自己聪明能干，而是能够知道，也能够找到那些能胜任官职的人才。同样，一个好的老板不在于要自己样样精通，最关键的是能找得到适合的人，把他们放到合适的岗位上。这也就是平时讲的"会用人"。

89. 廉政根源在高层

　　所以说，"**主道得，贤材遂，百姓治**"。君主能掌握道，人才能发挥其才能，百姓肯定就能安定，这三者是有联系的。但"**治乱在主而已矣**"。国家的治乱，最后还是归结到君主，这个责任是推不掉的。底下的官员胡作非为，是最高领导人的问题，因为他用人没用对。管子虽然主张"主逸"，但不是主张君主袖手旁观，什么责任也不承担。"**主身者，正德之本也。**"君主的表现，是规正社会道德风尚的根本。"**官治者，耳目之制也。**"百官的治理，起到充当君主耳目的作用。选拔的这些官员能胜任，那么君主是耳聪目明的，各种信息都可以得到。如果底下的官员都是奸伪之士，只报喜不报忧，君主一个人也不可能全面了解下面的情况。上情不能下达，下情不能上达，国家就乱了。

　　"**身立而民化，德正而官治。治官化民，其要在上。**"官场风气能够清正廉洁，社会民心能得到教化，根子在领导。为什么呢？"**身立而民化**"，领导人自己做到身体力行了，老百姓自然就被教化了。如果上层领导说假话，想要底层的老百姓不做假药、假酒、假学问，怎么可能呢？高层领导人的德行端正，自己不搞特权，子女不搞权钱交易，底下的官场不正之风才能得到治理。有人说，廉政靠制度，这话只说对了一半，制度也是人在执行的。还是"**治官化民，其要在上**"这句话。"**是故君子不求于民**"，所以领导人真是正人君子的话，不会整天号召人民这样做或那样做，而是反求诸己，先检查自己做得怎么样。"**是以**

上及下之事，谓之矫。下及上之事，谓之胜。"上级干预下级职权范围内的事情，称为"矫"，干扰。下级掺和上级职权范围内的事情，叫做"胜"，凌驾，也就是越权。"**为上而矫，悖也。**"作为上级去干扰下级的事，就荒谬了。做董事长的不好好管企业决策，却去管总务科的事，这张桌子买贵了，那台电脑该换新的了。大事不抓，尽去管那些鸡毛蒜皮的小事。那么，这样的企业离倒闭不远了，员工赶紧另谋出路吧！"**为下而胜，逆也。**"下级凌驾于上级，就是逆反了。"**国家有悖逆反迕之行，有土主民者失其纪也。**"国家有这种荒唐事，有这种逆反的行为出现，还是要归咎于君主，因为君主失去了纲纪，没有抓住根本就难辞其咎。

90. 用人的三项基本原则

　　君主如何才能做到知人善任呢?《立政》篇里有一段话:"**君之所审者三:
一曰:德不当其位;二曰:功不当其禄;三曰:能不当其官。此三本者,治乱
之原也。**"君主在用人时在三个方面要非常审慎。第一,要看一个人的品德和地
位是否相符;第二,要看一个人的贡献和回报是否相当;第三,要看一个人的
能力和官职是否相当。这三项用人的基本原则,乃是一个国家治乱的根源,当
然也是一个企业成败的关键。

　　"**故国有德义未明于朝者,则不可加于尊位。**"所以德行在朝廷中没有得到
公认的,不可以提升到高位。君主要封某人做宰相,这个人应该是德高望重、
众望所归,不然他没有办法统领文武百官,协调三省六部。同样,老板任用一
个人做总经理,如果他经常行为不轨,把公司的财物变成私人财产,不能在公
司里树立威信,这样的人能管好公司吗?"**功力未见于国者,则不可授与重禄。**"
官员没有表现出对国家有功劳,就不可以给与优厚的待遇。职员没有为公司做
什么贡献,就不可以给他很高的工资。在企业中常会发生以下情形,大多数员
工在公司勤勤恳恳工作,月薪才两三万元。突然公司高层以 20 万元高薪挖来一
个新人,听说曾经在跨国大企业做过高管。其实,他对公司一点贡献还没有,
也不知道他有没有真本事。"**临事不信于民者,则不可使任大官。**"主管的事情
不能取信于老百姓,这样的人就不能让他做大官,不可以把重任交给他。现在

社会有一股风气，高官到年龄退休了，他的秘书马上被外放当局长或大型国企老总。他的能力还没有显示出来，能不能挑起这副重担根本没人知道，无法取信于民。结果有些人或者因瞎指挥给国家造成损失，或者因贪污腐败被法办。这样的教训太多了。党政组织部门真该学学管子的这三条基本原则。

"**故德厚而位卑者，谓之过。德薄而位尊者，谓之失。**"所以说，品德很高尚，但君主给他的地位很低的，叫做"过"；品德很差，但君主把他的地位提得很高，叫做"失"。"**宁过于君子，而毋失于小人。过于君子，其为怨浅；失于小人，其为祸深。**"宁可得罪君子，不能任用小人。君子毕竟是君子，得罪了君子，他的怨恨比较浅，不会和你计较。用了不该用的小人，祸害就严重了，小则让你上当受骗，大则就会祸国殃民。两者一定要取舍的话，宁可得罪君子，也不要去任用小人。"是故，**国有德义未明于朝而处尊位者，则良臣不进。**"所以说，一个国家如果把没有威信和高尚品德的人放在重要地位，真正德才兼备的好官就会羞于为伍，不愿和这些人同流合污。"**有功力未见于国而有重禄者，则劳臣不劝。**"对国家没有什么贡献而享受高工资的人存在，勤勤恳恳做事的人就得不到激励。就像前面说的，从大企业挖了个月薪20万的人放在那里，原先实干的员工就会士气低落，不肯卖力了。因为老板不公平、不公道。"**有临事不信于民而任大官者，则材臣不用。**"把没有什么本事的人放在重要位置上，那些真正有本事的人就得不到任用，没有地方发挥才能了。

"**三本者审，则下不敢求。**"对这三种情况非常审慎的话，下面的人就不敢随便来谋求职位了。"**三本者不审，则邪臣上通，而便辟制威。**"相反，不这样做的话，奸臣就会直接通达到主上，"便辟"是指君主左右受宠幸的那些太监、侍卫、弄臣。他们狐假虎威，对着君主、老板恭恭敬敬，背着君主、老板则在外面作威作福。做领导人的特别要防备秘书，很多时候在群众中造成坏影响的，往往不是他本人，而是秘书。"**如此，则明塞于上，而治壅于下，正道捐弃，而邪事日长。**"如此，就会下情无法上达，上情无法下达，被这些人蒙蔽堵塞住了。官场上正道被抛弃，歪风邪气日益猖獗。"**三本者审，则便辟无威于国，道涂无行禽，疏远无蔽狱，孤寡无隐治。**"如果对这三种情况都非常审慎，用人得当，小人就威风不起来，那么道途上就没有被押送的犯人，偏远地区也不会有冤狱了，治安就好了。这里的"禽"即"擒"。"蔽"，遮蔽，真情被遮蔽住，即冤案。"**孤寡无隐治**"，孤寡老人这样的弱势群体也不会忍声吞气，把冤枉隐藏在心中，不敢为自己申冤了。"**故曰：刑省治寡，朝不合众。**"所以说用人得当的话，刑罚官司就减省了很多，没有那么多事情，也不用天天开会了。用人得当，各司其职，朝廷不需要召集群臣来议政了。好的公司没有那么多会，每天按规定行事，一年开几次会就足够了。

91. 选拔人才先试后用

怎么判断这个人的德与位、功与禄、能与官是不是相符呢？管子认为，要试过才知道。《明法解》里说："**明主之择贤人也，言勇者试之以军，言智者试之以官。**"英明之主怎么选拔人才呢？这个人口气很大，什么都不怕，那让他去打仗，不要纸上谈兵。这个人夸夸其谈，自以为很聪明，说起经济理论一套一套的，那就让他做做生意看。有些经济学家教你怎么炒股票，怎么投资，谈得头头是道，结果自己的钱都没管好。"**试于军而有功者则举之**"，先让他带兵试试看，立了功再提拔他。"**试于官而事治者则用之**"，先让他去管一件小事，真管好了才任用他。所以现在用人有试用期，很有道理。过去我当主管时有个诀窍，提拔一个人不让他一下子就做正职，先让他做副职，副职用两三个人，然后在其中挑一个最能干的。香港有个报业老板更"坏"，他是个管理奇才。他办的报纸出现最晚，但是一炮而红。最初他到其他各家媒体搜罗最强的人，给出比原工资高两三倍的薪水。本来一个位置，但用两三个人，让他们互相竞争。两三个人打拼了几个月，最有本事的留下，其他人被辞退，所以他手下都是试出来的精兵强将。翻两三倍的工资比较诱人，但你自己要衡量自己的能力，如果干不好，原来的职位也没有了，你必须对自己的能力很自信，不能来虚的，强中还有强中手，不能掉以轻心，因为每个人都是铆足了劲来做事情。说的就是"试过才知道"。

《法禁》里还有一段话：

> 昔者圣王之治人也，不贵其人博学也，欲其人之和同以听令也。《泰誓》曰："纣有臣亿万人，亦有亿万之心；武王有臣三千而一心"。故纣以亿万之心亡，武王以一心存。故有国之君，苟不能同人心，一国威，齐士义，通上之治以为下法，则虽有广地众民，犹不能以为安也。

从前，圣王用人不看重他是否博学多才，首先是看这个人是否能处理好左右关系，是否能服从命令听从指挥。一个人进公司就搅局，搞得公司上下不得安宁，又自以为是，不尊重上司，那么这个人再有本事也不能用，否则内耗太厉害。管子以商纣王和周武王的典故为例来佐证这个道理。纣王手下人才济济，但上下不一条心，亿万人亿万条心，所以商最终灭亡。"亿万"不是实数，古代的数字经常是夸张的。武王手下虽然只有三千臣民，但上下一条心，所以兴旺发达。管子非常强调"和同"，用现在的话说，也就是团队精神。有国之君如果不能凝聚人心，树立一个共同的权威，使百官有一致的思想，并根据上面的意图去执行，那么虽有广地众民也不能太平无事。

功名利禄在儒家经典中经常被忽视，因为儒家不言利，不讲待遇，动不动就是"为天地立心，为生民立命，为往圣继绝学，为万世开太平"。试问有几个人做得到？管子就不是这样，他在《五辅》里明确地指出："**得人之道，莫如利之。**"想要得到人才，没有比用利益刺激来招募更有效的了，非常明确。这也就是民间说的"重赏之下，必有勇夫"。我见过这样的老板，整天要求员工有理念，有社会责任，要把公司当作自己的家，给员工的则是低过市场价格的工资，相反自己花钱却一掷千金。这样还能留住人才吗？老板最后成了孤家寡人，还不知道是怎么回事。人才不会只为金钱来投奔你，但也不会不考虑个人利益，毕竟人才也要先解决衣食住行的问题。

92. 祸乱的根源在哪里?

【君臣上·第六章】是故别交正分之谓理。顺理而不失之谓道，道德定
而民有轨矣。有道之君者，善明设法而不以私防者也。而无道之君，既已
设法，则舍法而行私者也。为人上者，释法而行私，则为人臣者，援私以
为公。公道不违，则是私道不违者也。行公道而托其私焉，寖久而不知，
奸心得无积乎? 奸心之积也，其大者有侵逼杀上之祸，其小者有比周内争
之乱。此其所以然者，由主德不立，而国无常法也。主德不立，则妇人能
食其意。国无常法，则大臣敢侵其势。大臣假于女之能，以规主情。妇人
嬖宠假于男之知，以援外权。于是乎外夫人而危太子，兵乱内作，以召外
寇。此危君之征也。

"别交"，区别上下级交往的规范，君臣有别，不能平起平坐;"正分"，纠
正君臣各自的名分，这才叫理。遵循这个理去做，叫做道。道德规范确定了，
老百姓做事就有规矩可循。有道的君主习惯明确法度，而不是靠小伎俩去防备
手下人。所谓"疑人不用，用人不疑"，既然用了他，就充分相信他。相反，虽
然表面上已制定了制度和规矩，实际上形同虚设，君主另有一套私下的"潜规
则"，真正起作用的是这套潜规则。这样做的就是无道的君主。作为领导人，抛
弃法度而行私，下面的人就一定会假公济私。他们表面上说不违背公道，实则

不违背自己的私利，往往以公家的名义夹带自己的私货。长期下去，这些人包藏的祸心就会慢慢滋长起来。

这种祸心积累到最后，"其大者有侵逼杀上之祸，其小者有比周内争之乱"。严重的就可能发动政变，另立君主，篡夺政权；稍轻的也会导致朝廷内各自拉帮结派，争权夺利。不仅是国家层面，很多企业内部也会分成几派，斗来斗去。"此其所以然者，由主德不立，而国无常法也。"之所以造成这种局面的原因，是君主自己的德行没有树立，国家又没有严肃稳定的法制。"主德不立，则妇人能食其意"，君主品行不正，就会出现后宫干政，能把君王的意图，像嘴巴上的食物一样吃下去，也就是假传圣旨，国家就随她摆布了。"国无常法，则大臣敢侵其势。"国家没有一定的法制，君主就没有威信，大臣就敢来侵夺国君的威势。"大臣假于女之能，以规主情。"大臣和皇帝的女人勾结起来，借着她们的特殊地位而窥探君主的一举一动。"妇人嬖宠假于男之知，以援外权。"皇帝身边的女人勾结大臣，借用这些男人的智慧权谋，稳固自己的宠信地位。看那些宫廷电视剧，如《甄嬛传》，都很形象。"于是乎外夫人而危太子，兵乱内作，以召外寇。此危君之征也。"于是排斥正宫皇后，太子身陷危机，宫廷发生政变，勾引外敌入宫城。这都是亡国之君的征兆。读过中国历史的人一定很清楚，两汉、唐宋等王朝末年几乎都发生过这样的事情。权臣、宦官和外戚弄权争权篡权，皇帝成为傀儡，最后导致亡国。这样的悲剧不断地在上演。两千六百年前管子已经意识到了这些问题，但悲剧仍不断地一代代重复。什么道理？确实发人深省。

这一章是要回答：国家祸乱的根源在哪里？答案不言而喻，是在君主本身。管子在《君臣下》也表达过同样的意思：

> 夫君人者有大过，臣人者有大罪。国所有也，民所君也，有国君民而使民所恶制之，此一过也。民有三务，不布其民，非其民也。民非其民，则不可以守战。此君人者二过也。夫臣人者，受君高爵重禄，治大官。倍其官，遗其事，穆（悦）君之色，从其欲，阿而胜之，此臣人之大罪也。君有过而不改，谓之倒；臣当罪而不诛，谓之乱。君为倒君，臣为乱臣，国

家之衰也，可坐而待之。是故有道之君者执本，相执要，大夫执法以牧其群臣，群臣尽智竭力以役其上。四守者得则治，易则乱。故不可不明设而守固。

君主和大臣都可能各有严重的罪过。对君主来说，国家是你的，老百姓把你当君主，结果你却让人民深恶痛绝的人来治国。这是一大罪过。老百姓在春、夏、秋三季要忙农活，你不帮助他们，那就不当他们是你的老百姓，既然人民不是你的，那就不可能为你去打仗。这是二大罪过。对大臣来说，君主给你高官厚禄，委以重任，结果你却背弃职责，撒手不管，只知道讨好君主，纵容其声色犬马，靠阿谀奉承而取信。这是臣子的大罪。君主有罪过而不改，叫做"倒"，倒行逆施。大臣有罪而不杀，叫做"乱"。君臣如此，国家的衰亡可以预见。英明的君主会抓住根本，让宰相掌握关键，大臣执法领导百官，百官尽心竭力为君主做事。凡是能守住这四条原则的，国家就稳定，否则就乱。所以这四个原则不能不明确规定，并坚决遵守。

《明法》篇就说得更具体了：

所谓治国者，主道明也。所谓乱国者，臣术胜也。夫尊君卑臣，非计亲也，以势胜也。百官识，非惠也，刑罚必也。故君臣共道则乱，专授则失。夫国有四亡：令求不出谓之灭，出而道留谓之拥，下情求不上通谓之塞，下情上而道止谓之侵。故夫灭侵塞拥之所生，从法之不立也。是故先王之治国也，不淫意于法之外，不为惠于法之内也。动无非法者，所以禁过而外私也。

"所谓治国者"，治理得很好的国家，太平盛世。它的特征是什么呢？君主的治国之道非常高明。和"治国"相对的是"乱国"，它的特征是大臣们的权术占了上风。"夫尊君卑臣，非计亲也，以势胜也。"为什么君主的地位高，群臣的地位卑下，臣下要服从君主？不是靠笼络感情，而是君主的威势、权位摆在那里。"百官识，非惠也，刑罚必也。""识"，尽责的意思。为什么百官能尽责，知道自己该做什么呢？不是因为对君主感恩，而是因为做不好要受惩罚，就是现在说的"责任制"。

"**故君臣共道则乱，专授则失。**"君和臣都有决策权，都可以说了算，君道、臣道不分，叫"共道"。这样一定会乱。三十多年前，中国有一批学者提出新权威主义，就是针对当时政出多门的现象，主张学习"东亚四小龙"，搞集权改革。无论是管理一个国家，还是管理一个企业，只能有一个发号施令的地方。什么叫"专授则失"？权力专门授给一个人，君主就会失势。毛泽东很懂这个道理，懂得在下级官员之间搞平衡。为什么？不专授。一个国家如此，一个公司也是如此。再信得过的人，如果把权力全部交给他，什么都由他说了算，哪怕他是一个好人，时间久了，权力膨胀，下面的人慢慢有事都只找他，老板的权力就被架空了。所以一开始制定制度时就要充分考虑到分权。

四种现象出现，就预兆着离亡国不远了。一是"**令求不出谓之灭**"，君主的命令和要求传不出去，到了太监手中就被压住了，叫做"灭"。二是"**出而道留谓之拥**"，命令发出去了，但半途被卡住了。中央文件本来要发到县团级，而到了省里就不往下传达了，这就叫做"拥"。"拥"和壅塞的"壅"通用。三是"**下情求不上通谓之塞**"，基层官民有情况要向中央反映，但上不去，叫做"塞"。四是"**下情上而道止谓之侵**"，虽然下面情报传上来了，但还没到君主手上就被身边人扣压了，不让君主知道，叫做"侵"。下情上达也非常重要，有时候决策错误或者出了问题，其实根源不在中央，上面根本不知道实情，它到地方官就卡住了，对他有利的就传达上去，对他不利的就扣压。老百姓到底怎样，上面都不知道。你看历史就很清楚。管子认为"灭、侵、塞、壅"这四种情况出现，归根结底，是"从法之不立也"，法治不力。所以"**先王之治国也，不淫意于法之外，不为惠于法之内也**"。先王以法治国，不在法律范围外考虑问题，不在法律问题上施惠。法之内，没有人情。"**动无非法者，所以禁过或而外私也。**"任何举动，任何决策，都没有违法的。以此杜绝过错，排除私欲。

93. 帝王之术

君主要如何防止朝廷内部发生祸乱呢？《君臣下》有两段内容，在"术"的层面讲君主怎么驾驭大臣。一段是：

> 古者有二言，墙有耳，伏寇在侧。墙有耳者，微谋外泄之谓也。伏寇在侧者，沈疑得民之道也。微谋之泄也，狡妇袭主之请而资游憝也。沈疑者得民者也，前贵而后贱者为之驱也。明君在上，便僻不能食其意，刑罚丞近也。大臣不能侵其势，比党者诛，明也。为人君者，能远谗谄，废比党淫悖行食之徒，无爵列于朝者。此止诈拘奸，厚国存身之道也。

古时候，有两句话：一是"隔墙有耳"，二是"伏寇在侧"，强盗就潜伏在你的身边。"隔墙有耳"说的是非常机密的、只有很少几个人知道的谋略，被泄露出去了。"伏寇在侧"说的是那些善于欺诈的人往往狐假虎威，借君主的名义欺压老百姓，或者煽动民众对上不满而收买人心。"**微谋之泄也，狡妇袭主之请而资游憝也**。"为什么会隔墙有耳呢？是因为皇帝身边的这些狡猾女人，偷听了君主的机密，通过泄密去帮助外面的奸细。也就是说，内外勾结，才会隔墙有耳。"**沈疑者得民者也，前贵而后贱者为之驱也**。"为什么那些奸臣能"得民"，让下面人听话呢？因为有那些破落户，那些从高位上跌落下来的失势之人，容易被他们驱使。

"**明君在上，便僻不能食其意，刑罚亟近也。大臣不能侵其势，比党者诛，明也。**"如果是明君的话，身边的这些太监、侍卫们就没法把他当傀儡，任意篡改圣旨。为什么？因为他对这些人绝不客气，如果身边的人这样做的话，照样重罚。大臣不敢侵夺君主的威势，因为只要拉帮结派，必死无疑。这些都是非常明确地有言在先。"**为人君者，能远谗谄，废比党，淫悖行食之徒，无爵列于朝者。**""谗"是指小报告，说别人坏话，有些当官的和做老板的特别喜欢手下的人打小报告，认为这是对自己忠心。"谄"，指拍马屁。俗话说"千错万错，马屁不错"，谁都愿意听奉承话。几千年了，人性不变。君主能警惕那些打小报告和拍马屁的人，取缔朋党，那么腐败、奸诈或懒惰的人在朝廷就不可能有职位了。"**此止诈拘奸、厚国存身之道也。**"这是防止奸臣、稳定国家和保护自身的策略。

还有一段：

> 为人上者，制群臣，百姓通，中央之人和，是以中央之人，臣主之参。制令之布于民也，必由中央之人。中央之人，以缓为急，急可以取威；以急为缓，缓可以惠民。威惠迁于下，则为人上者危矣。贤不肖之知于上，必由中央之人。财力之贡于上，必由中央之人。能易贤不肖而可威党于下，有能以民之财力上陷其主，而可以为劳于下。兼上下以环其私，爵制而不可加，则为人上者危矣。先其君以善者，侵其赏而夺之实者也。先其君以恶者，侵其刑而夺之威者也。讹言于外者，胁其君者也。郁令而不出者，幽其君者也。四者一作而上下不知也，则国之危可坐而待也。

"中央之人"，就是指皇帝身边的太监，对应现在，指办公室主任、秘书等。君主要制服群臣百姓，首先要使身边的人老老实实。因为这些人都是君主的参谋，相互关系最密切，君主听他们的建议最多。君主要发布命令通到最基层的老百姓，必定要通过这些"中央之人"，不可能亲自去说。因此，"**以缓为急，急可以取威；以急为缓，缓可以惠民**"。明明一件事情可以三天做完的，逼追下面一天内完成，这样他们就树立了威势。明明很紧急的事情，他们可以执行者慢慢来，用这种办法去讨好人。当威势和恩惠掌握在这些人手中的时候，君主或老板就危险了。"**贤不肖之知于上，必由中央之人。**"手下那些分公司经理，哪个有本事，哪个没本事，总经理怎么知道？都是他们的身边人告诉总经理的。"**财力之贡于上，必由中央之人。**"利润交上来，也要通过这些人。因此，他们可以颠倒黑白，把能干的说成笨蛋，把笨蛋说成人才。这些人虽然官不大，但可以借此在地位比他高的那些人中间树立威势，结成死党。他们也可以用老百姓的钱财来诱惑君主，其实羊毛出在羊身上。或者假传圣旨，假借君主的需要向下索要钱财，中饱私囊。"**兼上下以环其私，爵制而不可加，则为人上者危矣。**"这些人上下都能搞定，其实都是为了满足他们自己的私利，官位、头衔和法制对他们都没有用，这样下去，君主或老板就危险了。

"**先其君以善者，侵其赏而夺之实者也。先其君以恶者，侵其刑而夺之威者也。**"皇帝要想给下面人好处，还没等说出口，他先知道了，提前告诉那些人，暗示他们谎称是他在帮着说好话。皇帝有意图处罚某人，还没来得及去做，身边人已经去处罚了。之后皇帝还很高兴，因为他们能猜到自己的心思。几次下来，人家怕的是那些皇帝的身边人，而不再是皇上了。这就是侵夺了君主的赏罚大权，让他变得有名无实。所以管子强调"六秉"——生死富贵贫贱——的权力不能旁落他人，否则自己威势就没有了。但周围这些中央之人，会用各种办法来把君主架空。"**讹言于外者，胁其君者也**"，在外面假传圣旨的，是威胁到君主了。"**郁令而不出者，幽其君者也**"。扣发皇帝的命令，不传达下去的，等于是封锁了君主。"**四者一作而上下不知也，则国之危，可坐而待也。**"这四种情况已出现，而朝廷上下还不知不觉，那么国家就真的危险了。

94. 上有法制，下有分职

【君臣上·第七章】是故有道之君，上有五官以牧其民，则众不敢逾轨而行矣。下有五横以揆其官，则有司不敢离法而使矣。朝有定度衡仪，以尊主位，衣服纲绖，尽有法度，则君体法而立矣。君据法而出令，有司奉命而行事，百姓顺上而成俗，著久而为常，犯俗离教者，众共奸之，则为上者伏矣。天子出令于天下，诸侯受令于天子，大夫受令于君，子受令于父母，下听其上，弟听其兄，此至顺矣。衡石一称，斗斛一量，丈尺一纯制，戈兵一度，书同名，车同轨，此至正也。从顺独逆，从正独辟，此犹夜有求而得火也。奸伪之人，无所伏矣。此先王之所以一民心也。是故天子有善，让德于天；诸侯有善，庆之于天子；大夫有善，纳之于君；民有善，本于父，庆之于长老。此道法之所从来，是治本也。是故岁一言者，君也。时省者，相也。月稽者，官也。务四支之力，修耕农之业以待令者，庶人也。是故百姓量其力于父兄之间，听其言于君臣之义，而官论其德能而待之。大夫比官中之事，不言其外，而相为常具以给之。相总要者，官谋士，量实义美，匡请所疑。而君发其明府之法瑞以稽之，立三阶之上，南面而受要。是以上有余日，而官胜其任；时令不淫，而百姓肃给。唯此上有法制，下有分职也。

英明的君主设立五官治理民事，老百姓就不敢有违法行为；设立五横考核官员，各部门就不敢违法施政。这里的"五官"是行政官，从上到下，纵向施政。"五横"指检察官，横向督察同一层次的官员。其实现在的体制本来是合理的。市长是"五官"，市委书记是"五横"，书记监察市长，这样有牵制，市长不敢专权。但实际上却颠倒了，书记变成主官，市长则变成了副手。

"**朝有定度衡仪，以尊主位，衣服绛缕，尽有法度，则君体法而立矣。**"朝廷上有一套明确不变的典章礼仪制度，以显示君主地位的尊贵。"绛缕"，就是礼服礼冠。君主和百官的衣冠都有法度。比如明黄色只有皇帝可以用，其他人只能用杏黄。皇帝龙袍绣九条龙，皇子的绣七条龙，高官只能穿蟒袍。这套设计都是有考虑的，用这种办法，象征皇权、君权，体现上下有别。"**君据法而出令，有司奉命而行事，百姓顺上而成俗，著久而为常，犯俗离教者，众共奸之，则为上者佚矣。**"君主根据法律而发布命令，百官奉命办事，百姓遵照上面的法令，日久形成风俗。因此，一旦有人违背了风俗和教令，周围人都能知道他是背德者。这样做，君主就会很安逸，不必到处去抓坏人了。"**天子出令于天下，诸侯受令于天子，大夫受令于君，子受令于父母，下听其上，弟听其兄，此至顺矣。**"从家族中的子弟到天子，家国不分，一级听从一级的，这种秩序似乎很顺。"**衡石一称，斗斛一量，丈尺一缚制，戈兵一度，书同名，车同轨，此至正也。**"这些度量衡单位定得清清楚楚，叫做正。当时已提出"书同名，车同轨"的主张，后来是秦始皇统一中国后才实现的。"**从顺独逆，从正独辟，此犹夜有求而得火也。奸伪之人，无所伏矣。此先王之所以一民心也。**"大家都遵从顺道、正道、大道走，如果有人走偏道，就像晚上举着火把找东西一样，看得清清楚楚。大家都走偏道，集体贪污腐败，要发现谁是腐败分子就不容易了，纪委要查办一个案子就会很辛苦。这就是先王为什么主张要把民心统一到正道上来的道理。首先要明确法令，法令坚持久了就成为习惯，等大家都习惯走正道的时候，要察觉哪些人在作奸犯科就容易了。这样才能做到"主逸"。"**是故天子有善，让德于天；诸侯有善，庆之于天子；大夫有善，纳之于君；民有善，本于父，庆之于长老。此道法之所从来，是治本也。**"天子做得好，把功劳归于天；诸侯做得好，把功劳归于天子；大夫做好事，功劳归于君主；百姓做好事，功劳归于父亲和宗族长老。为什么呢？因为道德法律都是从上往下传授的，这是治国的根本。

"**是故岁一言者，君也。时省者，相也。月稽者，官也。务四支之力，修耕农之业以待令者，庶人也。**"所以一年发一次诏令的是君主。运用到管理企业，意味着董事会一年开一次就够了。懂得管理的老板不必多开会，抓住要害问题讲清楚就可以了。这样的老板说出话来反而有权威。一个季度开一次检讨会的是宰相。"时"，季的意思，四时就是四季；"省"，检讨。每个月开一次会考察工作的是普通官员。干体力活，耕地种粮食的则是平民老百姓。"**是故百姓量其力于父兄之间，听其言于君臣之义，而官论其德能而待之。**"所以考察老百姓出力勤不勤，要通过他们的父兄来判断。判断高官的话对与错，看他是否符合君臣之义。对于普通官员，则要衡量他的品德才能，然后再决定升迁奖惩。

"**大夫比官中之事，不言其外，而相为常具以给之。相总要者，官谋士，量实义美，匡请所疑。而君发其明府之法瑞以稽之，立三阶之上，南面而受要。**"这段讲的是"岗位责任制"。大臣只需督察自己主管部门内的事情，不要去谈论职权范围之外的事。而宰相应该制定经常性的条例，给他们做督察自身的依据。"常具"，经常性的条例规则。宰相为百官之首，是总揽全局的，首先要管谋略计划。"官"，即"管"；"士"作"事"解释，"谋士"即谋事。其次要衡量百官的实绩，看名实是不是相符。"美"，即好的意思。第三要匡正百官请求释疑的问题。最后，君主的责任是明确公布政府各部门的制度，即"明府之法"，以及"瑞"，即信物，如符节等，凭法和瑞来考核百官。君主做完这些，就可以站在三阶之上，面向南接受群臣的朝拜了。"**是以上有余日，而官胜其任；时令不淫，而百姓肃给。唯此上有法制，下有分职也。**"所以说，君主很悠闲，有时间可以玩乐；百官都能胜任其职；时令不会错过，该播种时就播种，该收割时就收割。"淫"，是"过"的意思。老百姓能敬能给，"肃"，是"敬"的意思，敬上；"给"，供给，生活有保障，不缺衣少穿。要做到这样，只有一条路："**上有法制，下有分职也**"。

【君臣上·第八章】道者，诚人之姓也，非在人也。而圣王明君，善知而道之者也。是故治民有常道，而生财有常法。道也者，万物之要也。为人君者，执要而待之，则下虽有奸伪之心，不敢杀也。夫道者虚设，其人在则通，其人亡则塞者也。非兹是，无以理人；非兹是，无以生财。民治财育，其福归于上，是以知明君之重道法而轻其国。故君一国者，其道君之也。王天下者，其道王之也。大王天下，小君一国，其道临之也。是以其所欲者，能得诸民，其所恶者，能除诸民。所欲者能得诸民，故贤材遂。所恶者能除诸民，故奸伪省。如冶之于金，陶之于埴（粘土），制在工也。

这一章的要点是讲"道由君行"，道是由君主来掌握的。道，是人的生命之所出，是先天存在的，而不是由人制定的。道赋予人生命，而不是由人去规范道。"而圣王明君，善知而道之者也。"所谓圣王明君不过是很了解这个道，而且能说出来。这里的"道"是"说"的意思。"是故治民有常道，而生财有常法。道也者，万物之要也。"所以说，治民有不变的原则，生财也有一定的方法，"道"就是把握万事万物的关键。所以做君主的必须抓住关键，抓住根本，也就是抓住道去处事。如此，则臣属虽然包藏祸心，也不敢来害你。多读几篇《管子》就会发现，他经常用"有道之君"这一词汇，反反复复强调君主要掌握道，而不是仅仅靠"术"来治国。

"夫道者虚设，其人在则通，其人亡则塞者也。""道"这个东西是高度抽象、虚无缥缈的。有圣人明君在，道就通。他们不在了，道也就堵塞了。"非兹是，无以理人；非兹是，无以生财。"不这样的话，就没有办法去治民；也没有办法去生财。所以说生财有道。不管你用不用，道总是存在的，问题在于你要如何用。圣人明君、有本事的人能用这个道，使道在国家、企业内通行无阻。子孙接班了，未必能掌握这个道，道就塞住了，没办法推行了。没办法管好老百姓，也没有办法生出财来。

"民治财育，其福归于上，是以知明君之重道法而轻其国也。"国富民安，利益归于君主。因此，对一个英明的君主来说，道法比国家更重要。有道法，国家可以从无到有，小国可以变大国。失去道法，大国变成小国，甚至亡国。"故君一国者，其道君之也。王天下者，其道王之也。大王天下，小君一国，其道临之也。"所以说，做一国的君主，其实不是你，而是道在统治这个国家。称王天下的，不是天子，而是道在统管天下。大到成为天下之王，小到做一国之君，都是道在治理。**"是以其所欲者，能得诸民，其所恶者，能除诸民。"**用道去管理国家，所以君主想要的就能得之于民，不喜欢的事情，就会被老百姓废除。**"所欲者能得诸民，故贤材遂。所恶者能除诸民，故奸伪省。"**想要的能得之于民，有本事的人就会施展抱负。不喜欢的能够在老百姓中间消失，做坏事的就很容易被察觉。这是因为明君喜欢和不喜欢的都能以道为标准。**"如冶之于金，陶之于埴，制在工也。"**就像用金属来冶炼，用粘土做陶器，都控制在工匠手里。同样的粘土，做出来是精品还是废品，关键在于工匠的技艺。同样一堆铁，是打成一把锋利的宝剑，还是变成一堆烂铁，关键也在于工匠的技艺。这是一个比喻，比喻道行不行得通都在于君主。

95. 不偏不倚，过犹不及

　　【君臣上·第九章】是故将与之，惠厚不能供。将杀之，严威不能振。严威不能振。厚惠不能供，声实有间也。有善者不留其赏，故民不私其利。有过者不宿其罚，故民不疾其威。威罚之制，无逾于民，则人归亲于上矣。如天雨然，泽下尺，生上尺。是以官人不官，事人不事，独立而无稽者，人主之位也。先王之在天下也，民比之神明之德，先王善牧之于民者也。夫民别而听之则愚，合而听之则圣。虽有汤武之德，复合于市人之言。是以明君顺人心，安情性，而发于众心之所聚。是以令出而不稽，刑设而不用。先王善与民为一体。与民为一体，则是以国守国，以民守民也。然则民不便为非矣。虽有明君，百步之外，听而不闻，间之堵墙，窥而不见也。而名为明君者，君善用其臣，臣善纳其忠也。信以继信，善以传善。是以四海之内，可得而治。是以明君之举其下也，尽知其短长，知其所不能益，若任之以事。贤人之臣其主也，尽知短长与身力之所不至，若量能而授官。上以此畜下，下以此事上，上下交期于正，则百姓男女皆与治焉。

　　这最后一章主要讲：政治就是要"正"，不偏不倚，过犹不及。君主想要赏赐臣下，若过于优厚，国库就会负担不了；想要惩罚臣下，若过于严厉，反而起不到震慑作用。滥杀，犯点小错误也杀头，像秦始皇那样，结果人们横竖都是死，也就没有什么怕不怕了。这样"声实有间也"，名和实就脱离了。怎样做才对呢？"有善者不留其赏，故民不私其利。"做了好事，有贡献的，就要毫不犹豫地赏赐。这样，老百姓就没有必要图私利了，因为给公家出力，就能领赏。相反，再怎么出力也得不到奖赏，百姓就会去图私利。"有过者不宿其罚，故民不疾其威。"有过错，就要毫不犹豫地处罚。这样，臣民们就不会怨恨，因为这种惩罚不是随心所欲的。"威罚之制，无逾于民，则人归亲于上矣。"惩罚的程度，怎样才是合适的呢？不要超过一般人的共识，这样大家都能接受，民众就不会恐惧，会拥戴君王。"如天雨然，泽下尺，生上尺。"这就像天下雨一样，水往下渗透一尺，草木就向上生长一尺。君主对老百姓是什么态度，老百姓对君主也会是什么态度。《君臣下》也有相近的说法："致赏则匮，致罚则虐，财匮而令虐，所以失其民也。是故明君审居处之教，而民可使居治、战胜、守固者也。夫赏重则上不给也，罚虐则下不信也。"君主滥赏，赏到国库都空了。滥罚，动不动就杀头，就变成暴君了。这样都会丧失民心。所以明君重视基层教育，使老百姓平时安居乐业，战时能攻善守。因此说，赏赐过重则国库不能承受，惩罚太严则丧失民心。

"是以官人不官，事人不事，独立而无稽者，人主之位也。"君主就是封别人做官，自己不做官；让别人做事，自己不做事；特立独行，没有人可以考核检验。这就是君主的地位。"先王之在天下也，民比之神明之德，先王善牧之于民者也。夫民别而听之则愚，合而听之则圣。虽有汤武之德，复合于市人之言。"过去的圣王，如尧、舜、禹等，老百姓把他们的德行比作神明。什么道理呢？因为他们善于牧民。老百姓的话，有选择地听就是愚蠢。把各种意见综合起来听取，就能做到圣明。即使有商汤周武的德性，但做事还是要和小市民的共识相符合。不然，曲高和寡，脱离群众，势必一事无成。"是以明君顺人心，安情性，而发于众心之所聚。"明君没有别的绝招，只是顺应民心民情。与普通人不同之处，明君在于能把各种人的想法集中起来，所谓集思广益。"是以令出而不稽，刑设而不用。"因此，他发布的命令就像流水一样贯彻下去，不会阻塞。虽然设有刑罚，但不必用，因为民众不会犯法。"先王善与民为一体。与民为一体，则是以国守国，以民守民也。然则民不便为非矣。"他们和老百姓同命运，上下一体了，就不必自己去守卫国家，老百姓主动在那里守着，互相监督和激励，没有人敢做坏事。"**虽有明君，百步之外，听而不闻，间之堵墙，窥而不见也。而名为明君者，君善用其臣，臣善纳其忠也。**"一个君主即使再英明，远的也听不到。听力好的，能听五十步，一百步就听不到了。视力再好，在面前砌一堵墙，就看不到了。说明人的认识总是有限度的。真正的明君是依靠善用群臣的智慧，调动群臣尽忠竭力。

"**信以继信，善以传善。是以四海之内，可得而治。**"君主讲信用，臣民也会讲信用。君主本身善良，也会影响到臣民行善。这样的话，天下就很容易治理。"**是以明君之举其下也，尽知其短长，知其所不能益，若任之以事。**"明君要提拔下面的人，他们的缺点在哪里，优点在哪里，都知道得一清二楚。还知道他们能力的限度，然后再交任务给他们。"益"，增加；"不能益"，不能再增加。有些人尽管很努力，但能力终究有限。老板把重担交给他，他尽力去做也还是挑不起担子来，最后使公司受损失。所以老板要对每个员工的能力了如指掌。反过来说，"**贤人之臣其主也，尽知短长与身力之所不至，若量能而授官。**"做大臣的若是个聪明明理的人，他为君主做事，知道自己的缺点和优势所在，知道自己的体力和能力达不到的地方，然后，根据自己的能力来接受官位。力所能及的就做；超出能力范围不能做的就不做。"**上以此畜下，下以此事上，上下交期于正，则百姓男女皆与治焉。**"君主上下之间按照这样去处理关系，君臣之交立足于一个"正"字，不偏不倚，那么百姓才能进入治世。

第七讲

管子首倡法治

　　一个人哪怕再有智慧和有高明的手段，但若违背法律来治国，也会像废弃了规矩而无法规正方圆一样。要以正道治国，必须要靠法治。同时，司法不能姑息养奸，做明君要赏罚分明，不可以优柔寡断。

　　法律制度不能随便制定，一定要符合治国之道。法律的权威要靠法律的严肃性来保障，有法必依，违法必究。

96. 依法治国的发明人

　　前面《管子》里有多篇文章是专门讲法律的。其实，法和政治是分不开的。中国古代法律思想是以维护君权为出发点的，没有民权的观念。老百姓的权利不是靠法律保护，而是靠"明君贤臣"保护的。这点在《管子》里体现得很明显。

　　现在全国上下都在提倡依法治国。"依法治国"有时也写成"以法治国"。其实最早提出这个口号的是管子。我们不标明出处，是侵犯管子的知识产权。我想是因为鲜有人知道出处。研究中国法制史的都不研究《管子》，从法家开始讲法制史已经晚了。管子在《明法》篇有一句话："**威不两错，政不二门。以法治国，则举错而已。**""错"，"措"通，是放、置的意思。权威只能放在一个地方，不能放在两个地方。应该放在什么地方？君位上。不能把权威一分为二，君位上放一半，臣位上放一半。施政只能出自皇家一门，不能有两个权力中心。以法治国就要一切依照法来办事，一切行动都以法律为准绳。

　　什么叫法治？《任法》说："**故曰：有生法，有守法，有法于法。夫生法者，君也；守法者，臣也；法于法者，民也。君臣上下贵贱皆从法，此谓为大治。**"生法，制定法律；守法，执行法律；法于法，服从法律，用法律来约束行为。制定法律的是君主；执行法律的是文武百官；服从法律的是民众。管子认为，法应该由君主来制定。我们现在最高权力机构是全国人民代表大会，法律是由全国人大来制定的。无论是君还是臣，是上级还是下级，有地位还是没地位的普通老百姓，都要遵守法律，国家才能大治。可见"依法治国"不只是制定一系列法律，还要严格司法。全国人大每年立很多法，地方官却常常置若罔闻，这就不叫"依法治国"。

为什么要依法治国呢？对于法的重要性，我们年轻时并不明白。毛泽东公开对美国记者斯诺说，"我是和尚打伞，无法无天。"那个年代觉得无法无天是光荣的。经过三十多年的进步，现代人开始知道法的重要。其实，早在二千六百多年前的管子就认识到法律对国家安定的重要性。他在《重令》篇里有一段话："**凡君国之重器，莫重于令。令重则君尊，君尊则国安。**"国家机器上最重要的部件莫过于法令。国家发布的法令有分量，别人重视，君主就有威信。现在每年中央文件不知道发下去多少，很多人根本不当一回事。所以并不一定需要发那么多法令，但每发一个就要坚决贯彻下去，大家都非常重视。这样政府才有威信。"君尊则国安"，管子把君尊与国安连在一起讲。君主的势位能维持，国家就太平了。相反，政府没有威信了，老百姓都不听你的，不把你的话当一回事，对你没有任何信任，你说什么都认为是假的。这样，国家就危险了。

97. 治民靠法

　　《权修》篇上说："凡牧民者，欲民之可御也。欲民之可御，则法不可不审。法者，将立朝廷者也。将立朝廷者，则爵服不可不贵也。爵服加于不义，则民贱其爵服。民贱其爵服，则人主不尊。人主不尊，则令不行矣。法者，将用民力者也。将用民力者，则禄赏不可不重也。禄赏加于无功，则民轻其禄赏。民轻其禄赏，则上无以劝民。上无以劝民，则令不行矣。法者，将用民能者也。将用民能者，则授官不可不审也。授官不审，则民间其治。民间其治，则理不上通。理不上通，则下怨其上。下怨其上，则令不行矣。法者，将用民之死命者也。用民之死命者，则刑罚不可不审。刑罚不审，则有辟就。有辟就，则杀不辜而赦有罪。杀不辜而赦有罪，则国不免于贼臣矣。故夫爵服贱，禄赏轻，民间其治，贼臣首难，此谓败国之教也。"

　　第一句："凡牧民者，欲民之可御也。"这把统治者的真相说出来了。他们最后的目的就是希望人民可以被驾驭控制，教化和法制都只是手段。要达到驾驭人民的目的，就要审慎地制定和实施法度。"法者，将立朝廷者也。"法的第一个功能，是规范朝廷百官的等级制度，使朝廷能正常运作。因此等级制度不可以不重视。如果皇上封官加爵过于随便，那么臣民就会轻视等级制度。这样一来，君主也就会丧失权威。君主得不到尊敬，政令也就无法推行下去。

"**法者，将用民力者也**。"法的第二个功能，是要让老百姓为君主卖命。《重令》里讲："**凡民之用也，必待令之行也，而民乃用**。"要让老百姓去打仗、纳税、服劳役都要靠法令。令行，民才可以为政府所用。如何让民众为君主所用呢？就是通过法令规范奖励制度。因此，奖励就要慎重。奖赏那些没有功劳的人，老百姓势必轻视奖赏。如果有些人整天待在办公室给老板倒倒茶，年终奖就能拿20万，而那些在生产线上努力工作的人只有几千元。那么员工就不会把这个奖励当一回事。这样一来，君主就没有办法调动民众积极性。民众没有积极性，政令也就无法推行。

"**法者，将用民能者也**"。法的第三个功能，是选拔任用人民中有能力的人。因此，授予官职时要审慎。授官不审慎，"局长满街走，处长多如狗"，老百姓和政府就会产生隔阂，也就会产生官民矛盾。这样一来，民情就无法上达。底层的民情到不了中央，老百姓就会怨恨君主。一两个地方官做了坏事，老百姓就会骂整个执政党。民众怨恨执政者，政令就无法推行。那么如何才能做到审慎授官呢？《君臣上》说："**选贤论才，而待之以法**。"选拔人才，不是靠主观判断，而是要有法可依，要有一套"选罢法"、"公务员法"，而且真正得到实施。

"**法者，将用民之死命者也**。"法的第四个功能，是决定老百姓的生死。因此，刑罚就不可以不审慎。刑罚不审慎，臣民就会有"辟就"，"辟"，即"避"，避开；"就"，是靠近的意思。避重就轻，钻法律漏洞。这样一来，就有可能出现冤假错案，把无辜的人处以刑罚，把有罪的人放掉。那些奸臣就有机会去害死忠良。管子在《禁藏》篇有一句话："**法者，天下之仪也，所以决疑而明是非也，百姓所悬命也**。"法律是天下是非对错的标准，作用是"决疑"，也就是判案。判定是非对错的根据，不能是皇帝大臣的主观好恶，否则就没有是非，要有一个法。有法，百姓知道什么事可以做，什么事不可以做，就不容易违法犯法。法律留下的灰色地带越多，老百姓就越不安定。所以说，法律是百姓的命根子。

98. 治官也靠法

法律除了治民，还用来治官，所谓"法以使官"。《明法》篇有详细论述：

  是故有法度之制者，不可巧以诈伪。有权衡之称者，不可欺以轻重。有寻丈之数者，不可差以长短。今主释法以誉进能，则臣离上而下比周矣。以党举官，则民务交而不求用矣。是故官之失其治也，是主以誉为赏，以毁为罚也。然则喜赏恶罚之人，离公道而行私术矣。比周以相为匿，是忘主死交，以进其誉。故交众者誉多。外内朋党，虽有大奸，其蔽主多矣。是以忠臣死于非罪，而邪臣起于非功。所死者非罪，所起者非功也，然则为人臣者，重私而轻公矣。十至私人之门，不一至于庭；百虑其家，不一图国。属数虽众，非以尊君也；百官虽具，非以任国也。此之谓国无人。国无人者，非朝臣之衰也。家与家务于相益，不务尊君也。大臣务相贵而不任国，小臣持禄养交不以官为事，故官失其能。是故先王之治国也，使法择人，不自举也。使法量功，不自度也。故能匿而不可蔽，败而不可饰也；誉者不能进，而诽者不能退也。然则君臣之间明别，明别则易治也。主虽不身下为，而守法为之可也。

一切有法度制约的话，人就不可能投机取巧，就不会有骗子。相反，一切不依法办事，而靠人情的话，骗子就会增多。接下去是一个比喻，我有秤放边上，你就没法缺斤短两了。我有尺拿在手里，你就没法克扣尺寸了。古文常把比喻放在后面，加重前一句话"**有法度之制者，不可巧以诈伪**"的分量。正面论点提出后，开始反证，不这样做的后果是什么呢？

"**今主释法以誉进能，则臣离上而下比周矣。**"现在的君主放弃法律，不依法办事，根据虚名来提拔所谓的人才。这样，百官就会跟君主离心离德，拉帮结派。因为做好做坏一样，再有能力也得不到重用。沽名钓誉的人，讲起话来头头是道的人，大家都说好的人，这些被提拔得很快。而埋头苦干的人，老板往往不会重用。历史上出现奸臣，一方面是君主的问题，另一方面也有舆论，也就是毁誉在起作用。君主身在深宫，往往根据舆论判断一个人是忠臣还是奸臣。大家都说这个人好话，皇帝就会觉得他不错；大家都说这个人坏话，明明是皇帝自己提拔的，也只能把他抛弃，因为迫于舆论压力。唐代搞改革运动的"二王八司马"，本来都是唐顺宗提拔起来的官员，后来都被打成奸臣，因为他们触动了既得利益者，结果被流放到很偏远的地方。舆论既然如此重要，于是官员们就结帮抱团，形成圈子，圈内人互相推举，对圈外人一起排挤。"**以党举官，则民务交而不求用矣。**"既然根据小圈子人的毁誉口碑来举官，那么大家就专注于交际，设饭局吃吃喝喝笼络感情，而不去追求实绩。"党"这个词在中国历史上的原意是一个贬义词，指小帮派。结党营私的"党"，就是这个意思。太监勾结在一起叫"阉党"。英文 party 是指有共同理念的人在一起聚会，像美国的"民主党"、"共和党"，并没有一套组织系统。四年一次全国大会，就是为了选举，仅仅是一次集会，是个大聚会。不知是谁把 party 翻译成"党"。

"**是故官之失其治也，是主以誉为赏，以毁为罚也。**"为什么官员失职，吏治腐败呢？归结到底在于君主，以虚名为奖赏的标准，以诋毁为处罚的标准。大家骂这个人，君主不去搞清楚他究竟是真的不好，还是因为坚持原则得罪了人。因为这个人口碑不好，跟群众关系差，就去处罚他。"**然则喜赏恶罚之人，离公道而行私术矣。**"喜欢就奖赏，讨厌就处罚，这样人们一定背弃公道，去搞歪门邪道。轻一点会"报喜不报忧"，更严重的去跑官，行贿，诈骗，这都是"私术"。"**比周以相为匿，是忘主死交，以进其誉。故交众者誉多。**"拉帮结派，互相包庇。他们都忘记了君主，为朋友交情而两肋插刀，博取声誉。所以朋友交得越多、人缘越好，夸奖他的人就越多。不管他做不做事，做好事还是做坏事，都有人说好话。今天贪污"窝案"现象严重，也是这个原因。

"**外内朋党，虽有大奸，其蔽主多矣。**"虽然做了危害君主的极大罪恶之事，但也有人帮忙，因为内外都有他的朋党，皇帝身边的人都被他买通了，他蒙蔽君主的事做得太多了。"**是以忠臣死于非罪，而邪臣起于非功。**"于是忠臣往往死于"莫须有"的罪名。奸臣被重用并不是靠功业，像唐代的杨国忠、李林甫等等。杨国忠靠着堂妹杨贵妃做了宰相，"起于非功"。"**所死者非罪，所起者非功也，然则为人臣者，重私而轻公矣。**"因为如此，便形成官场重私交而轻功绩的腐败风气。"**十至私人之门，不一至于庭；百虑其家，不一图国。**"宁可十次到那些权臣的家里去，也不愿去朝廷一次。意思是所有的事情都到权臣家里去谈，而不是在朝廷上公开讨论。用百分百的精力去考虑自己家族利益，也不愿花一分精力去想想国家大事。"**属数虽重，非以尊君也；百官虽具，非以任国也。此之谓国无人。**"官员的人数越来越多，但都不是为君主、为国家服务的。这就叫做国中无人啊。

"**国无人者，非朝臣之衰也。**"我们说国中无人，意思不是大臣的数量减少，而是说现在官员数量越来越多，却没有几个是真正为国家服务的。"**家与家务于相益，不务尊君也。**"家族与家族之间专注于相互给好处，利益交换，而没有人尽力为皇上服务。"**大臣务相贵而不任国**"，大臣们专注于互相吹捧，而没有人去担当国家重任。"**小臣持禄养交不以官为事，故官失其能。**"中低层的官员、地方官拿着俸禄不干事，忙于互相结交。就像现在的官员，忙着参加各种各样的培训班，结织着各种各样的关系网，互相提供方便。今天你到山东来，我负责招待；明天我到广东去，你负责招待，反正花的都是公家的钱。官者，管也。官是要管事的。如果官不以管为事，有官而没有用，国家等于养了一批寄生虫。

怎么整治官场腐败现象呢？管子给出答案是治官靠法。

"**是故先王之治国也，使法择人，不自举也。使法量功，不自度也。**"依照一定的法律程序去选拔官员，不接受自我推荐。依据一定的法律规定来衡量政绩，不接纳自我吹嘘。只有这样，"**故能匿而不可蔽，败而不可饰也；誉者不**

能进，而诽者不能退也。"做了坏事想隐藏也隐藏不了，想掩饰也掩饰不了。因为有法律明文放在那里，官员就无法欺瞒君主。被众人称誉的人未必就能够被提拔，被众人说坏话的人也未必被罢免。"然则君臣之间明别，明别则易治也。"君臣之间的界限非常明显，君就是君，臣就是臣，老板就是老板，经理人就是经理人。权限划分清楚，就容易管理。"主虽不身下为，而守法为之可也。"君主不需要身体力行，亲力亲为，只需要遵守法律，依法办事就行了。

99. 法、律、令

要了解管子的法律思想，首先要厘清一些基本的概念。在中国古代，"法"、"律"、"令"三者是不同的。《七臣七主》中有一段话界定了三者的含义："**夫法者，所以兴功惧暴也；律者，所以定分止争也；令者，所以令人知事也。法律政令者，吏民规矩绳墨也。**"

"法"是用来鼓励立功、威慑暴行的，也就是规定奖罚的原则。什么样的行为应该奖励，什么样的行为要惩罚。相当于我们现代的刑法，当然现代刑法里，奖励的部分没有了，只有刑罚的部分。

"律"的功能是明定名分、制止争端的。什么事该哪个部门做；在某个职位上该做什么事，有多少权力；哪些决策要由中央来做，哪些决策可由地方来做。有了这样的权责划分规定，部门之间不会相互推诿，事情进展就会顺利。当然部门之间也不可以越权，一个部门跑去插手其他部门的事务。出了问题，有办法追究责任，责任明晰不可能互相推卸责任，因为已有很明确的规定可依。"律"相当于我们现在的各种制度和章程。目前能看到的最早的律是唐代的。唐代有一部很完整的律，叫做《唐律疏议》，包括如何管理婚姻、户口等。其实到唐代，法和律已经融合在一起了。到《大清律》，就更多、更齐了，厚厚一叠。

"令"，也叫政令，皇帝针对某一项事务发布的指示，就叫"诏令"，让执行者知道具体怎么做。例如，皇上认为要加税了，加多少，就要发布诏令；要打仗了，要征兵，在这个省征多少，在那个省征多少，也要发布诏令。相当于现在各级党政机关的文件。下达文件就是要求人们去实行的。当然现在还有法令，如国家主席令、国务院令等。令要符合法，所以叫法令，令不符合法就出问题。总之，"法律政令者，吏民规矩绳墨也"。法、律、令虽有区别，但有共同点，都是用来规范百官民众行为的。

100. 司法的原则

前面讲过，依法治国，不仅仅是立法，更重要的是司法。我们今天最大的问题不是没有法律，而是"有法不依"，法律不能得到实施。《法法》篇主要讲的就是司法问题。什么叫"法法"？第一个法是动词，实行法治，后面一个"法"是法律，依法实行法治，也就是司法。

> 【法法·第一章】不法法则事毋常，法不法则令不行。令而不行，则令不法也。法而不行，则修令者不审也。审而不行，则赏罚轻也。重而不行，则赏罚不信也。信而不行，则不以身先之也。故曰：禁胜于身，则令行于民矣。

不依法实行法治，事情就会变来变去。"法不法则令不行。"依据的是不合理的法，那么政令就难以推行。很多地方政府发的文件，经不起法律推敲，但是地方官员不管，硬要推行，农民就拿着法律上访。"法而不行，则修令者不审也。"政令是合法的，但是推行不下去，是因为发令的人不够慎重，没有考虑当时当地的实际情况，合法不合理。"审而不行，则赏罚轻也。"已经很慎重地制订了一项法令，仍然推行不下去，是因为赏罚太轻。例如，一个价值几亿的煤矿，拿不到批文却照样开发，最后的罚款只有五十万元。当然政府三令五申也无法阻止乱开发小煤矿的现象。"重而不行，则赏罚不信也"。有时赏罚很重也行不通，原因是不兑现，没信用。"信而不行，则不以身先之也。"赏罚重，也遵守，该怎么罚就怎么罚，但令还是行不通，因为下令的人自己做不到。上面一次次发文件，要求官员不能贪污受贿，自己却照样贪污，怎么可能反贪倡廉？"故曰：禁胜于身，则令行于民矣。"禁令要有权威性，要自己先做到，才能在民众中实行。

这一章讲了司法的基本原则，把我们今天司法过程中的问题，逐层地剥开了。

101. 会识人，会用人

【法法·第二章】闻贤而不举，殆。闻善而不索，殆。见能而不使，殆。亲人而不固，殆。同谋而离，殆。危人而不能，殆。废人而复起，殆。可而不为，殆。足而不施，殆。几而不密，殆。人主不周密，则正言直行之士危；正言直行之士危，则人主孤而毋内；人主孤而毋内，则人臣党而成群。使人主孤而毋内，人臣党而成群者，此非人臣之罪也，人主之过也。

这一章讲知人处事，尤其是怎样用人。司法的关键在于用人，用什么人。"**闻贤而不举，殆。**"知道有人很有才华而不推荐，很危险。"**闻善而不索，殆。**"知道有人品德很高尚而不去求取，很危险。"**见能而不使，殆。**"明明知道这个人有能力而不用，很危险。上级提拔下属时，不喜欢有能力的，总不要别人超过他，怕太有能力的下属影响自己的威信或地位。这样导致的结果就是干部素质越来越差，形成精英淘汰制。现在真正求才若渴的领导人很难遇到。"**亲人而不固，殆。**"信任和亲近一个人，但又不坚定，有人讲他几句坏话，就又动摇了。这样也危险。

"**同谋而离，殆。**"在一起谋事，又离心离德，很危险。这是中国人最大的毛病。合伙做生意，生意还没做起来，各人已经在算计着自己怎么拿到最大利益。首先关心的不是把蛋糕做大，而是怎么可以多分一点。"**危人而不能，殆。**"

如果自己没本事，搞不过别人，退让一下就算了。算计别人，又没有本事，结果倒过来，反被别人算计，很危险。管子把人性丑恶的一面赤裸裸地摆出来了。**"废人而复起，殆。"** 把一个人撤职开除，先不说撤得对不对，撤了就撤了，如果再用他，放到重要岗位上，很危险。齐桓公用刁竖等，撤了又起用，对方早怀恨在心，结果自己被他们整得很惨。**"可而不为，殆。"** 可以做的事情不做，应该做的事情不做，很危险。**"足而不施，殆。"** 自己已经很富足，但只想赚进来，不想分出去，很危险。假如老板对公司高管和员工，或者对社会，不愿意分享成果，一毛不拔。用佛教的话说，这样的人受不了这样的福报，不是生病就是丧命，或者破产。这样说好像有点神秘主义，其实有内在道理。赚第一桶金时，你可以不分享，别人还跟着老板干；赚到第二桶金，你还是只知道自己得，不愿分给一起奋斗的弟兄，他们一定跟你离心。当你遇到危机的时候，事情就一件件冒出来了。有恩的未必报恩，有仇的一定报仇。读古书，就是要看透人性。

"几而不密，殆。" "几"，机要的意思。非常重要的事情，不能让外人知道，如泄露出去，很危险。**"人主不周密，正言直行之士危"**，尤其是做君主的不周密，就会把那些讲真话的人给卖了。别人向老板反映一个情况，他随口就说出去，这是谁说的，把真正忠于他的手下给出卖了，这种老板很多。**"正言直行之士危，则人主孤而毋内"**，正直敢讲真话的人危险，成为众矢之的了，老板就没有亲信，没有可以跟你说知心话的人了，就会孤立无援。**"人臣党而成群"**，那时候，下面人就会拉帮结派，结党营私。**"使人主孤而毋内，人臣党而成群者，此非人臣之罪也，人主之过也。"** 造成这种局面，责任不在下属，而在老板自己。用人，就要对人性非常清楚。对人性不了解，既识不了人，也用不了人。识人和用人是两回事，有些人能识人，但不会用人。他知道谁有本事，谁没有本事，但他未必能够把合适的人放在合适的岗位上，未必能留住人才。有些人是不识人，会用人。他不懂怎么去发现人，但有了人才，他懂得尊重，让人才发挥作用。当然，更多的人是既不识人，也不会用人。那么这个企业一定搞不好。不识人，但会用人，就找不到最好的人才，只能维持现状，成不了第一流的企业。真要做第一流的企业，必须会识人，又会用人。为此，我将第十三章提前来讲，因为说的也是识人。

【法法·第十三章】凡论人有要。矜物之人，无大士焉。彼矜者满也，满者虚也。满虚在物，在物为制也。矜者，细之属也。凡论人而远古者，无高士焉；既不知古而易其功者，无智士焉。德行成于身而远古卑人也，事无资遇时而简其业者，愚士也。钓名之人，无贤士焉。钓利之君，无王主焉。贤人之行其身也，忘其有名也；王主之行其道也，忘其成功也。贤人之行，王主之道，其所不能已也。明君公国一民，以听于世。忠臣直进，以论其能。明君不以禄爵私所爱，忠臣不诬能以干爵禄。君不私国，臣不诬能，行此道者，虽未大治，正民之经也。今以诬能之臣，事私国之君，而能济功名者，古今无之。诬能之人易知也。臣度之先王者，舜之有天下也，禹为司空，契为司徒，皋陶为李，后稷为田。此四士者，天下之贤人也。犹尚精一德，以事其君。今诬能之人，服事任官，皆兼四贤之能，自此观之，功名之不立，亦易知也。故列尊禄重，无以不受也；势利官大，无以不从也。以此事君，此所谓诬能篡利之臣者也。世无公国之君，则无直进之士；无论能之主，则无成功之臣。昔者，三代之相授也，安得二天下而杀之？

要判断一个人行不行是有窍门的。自高自大、喜欢自夸的人是没有大出息的。因为自大的人必定自满。自满，不求进取，必然腹中空空也。"满虚在物，**在物为制也**"，自满、没有真才实学的人做事，必然会受限制。"**矜者，细之属也。**"因为这种人一定是小格局的人。一点小成就就令他洋洋自得，格局怎么大得了？格局小，所以做事就会受限制，受眼光的限制。"无大士"，不可能是成大事的人才。

"凡论人而远古者，无高士焉"，凡是评价人而远离古训的人，都不会是高人。"既不知古而易其功者，无智士焉"，因为不懂得历史和古训，所以小看古人做的事，这样的人不会聪明。因为他没有历史观，用今人的眼光看古人，什么事都觉得很容易，其实当时迈出每一步都很难。到了今天这个有宇宙飞船的

第七讲
管子首倡法治

277

时代，就说发明自行车没有什么了不起。说这种话的人一定不聪明。因为他不知道从走路到发明自行车代步，在人类历史上是很不容易的一个进步。"**德行成于身而远古卑人也，事无资遇时而简其业者，愚士也。**"看上去这个人似乎有德行，但远离古训，又看不起人家的成就。做事业没有功底，遇到时机不抓住，反而放弃他的事业。这两种人都不聪明。"简"，是"弃"的意思。什么事都想做，做两下就放弃了，又去做别的事，这样的人永远不会成功。为什么？对一项事业真有功底的人，在动手前就知道究竟能不能做成。他不会轻易放弃。没有功底的人，看着人家做，他也做；看到别人发财，他觉得自己也能发财，不知道别人起步的艰难。结果遇到一点困难，马上就放弃，说不定他再坚持一下就能成功了。你说他笨不笨？

"**钓名之人，无贤士焉。钓利之君，无王主焉。**"沽名钓誉的人不会是有真本事的人。汲汲于蝇头小利的君主不会成为称王天下的明君。"王天下"，这是古代君主的最高理想。"**贤人之行其身也，忘其有名也；王主之行其道也，忘其成功也。贤人之行，王主之道，其所不能已也。**"有本事的人做事做人，从来不去想会不会有名声。称王天下的君主只是遵道而行，从来不去想能不能成功。他们这样做只是自觉不能不做。"**明君公国一民，以听于世。忠臣直进，以论其能。**"英明的君主之所以闻名于世，是因为他们以公治国，凝聚民心。忠臣显示其才能，是以直道求进取，而不是搞歪门邪道钻营权位。"直道"就是正道。所以"**明君不以禄爵私所爱，忠臣不诬能以干爵禄。**"明君不把官职、爵位私相授受给自己喜欢的人。忠臣不去贬低别人的才能，不用打击别人、抬高自己的办法去谋求官职。"**君不私国，臣不诬能，行此道者，虽未大治，正民之经也。**"君主不把国家当私有财产，大臣不妒嫉打击人才，一个国家能做到这样的话，即使不能说已经大治，也是规正民众的正道。"**今以诬能之臣，事私国之君，而能济功名者，古今无之。**""诬能之臣"，陷害忠良的奸臣；"私国之君"，把国家当私器的昏君。如今靠一批奸臣去辅助昏君而能建功立业，古往今来是没有先例的。

"**诬能之人易知也。**"什么样的人是奸臣，其实很容易弄清楚。管子认为，"**臣度之先王者**"，"臣"，管仲的自称；"度"，观察。我观察先王的做法：舜统治天下，用禹担任司空，工部大臣，修水利；用契为司徒，管组织人事；皋陶为"李"，司法部长、大法官；后稷为"田"，农业部长。"**此四士者，天下之贤人也。犹尚精一德，以事其君。**"这四个人都很有本事。但仍然只能专注于一种专长来服务君王，没有说什么都能干。现在这些"诬能之人"担任公职却说自己"**皆兼四贤之能**"，什么都会做，什么都可以做，别人什么都不行。讲经济，是他行；讲法律，是他行；讲学问，他比学者都行。官要当，钱也要赚，教授、博士的虚名，他也要。"**自此观之，功名之不立，亦易知也。**"就凭这一点，就不难知道这些人是什么事都做不了的。其实，在企业里也是这样，一个人说他什么都能做，那一定是自夸，不能用他，他一定做不了事。因为人的精力有限，才能有限，不可能什么都能做。遇到这种大包大揽的人，做老板的就要警惕了。也许他是想要分你的权，希望你最好不要多用人，所有职位都让他兼任。这样，他就可以霸住权力。管子对人性、人情的分析，真是入木三分。

"**故列尊禄重，无以不受也；势利官大，无以不从也。**"高官厚禄，有权有势，谁都喜欢，没有理由不接受。"**以此事君，此所谓诬能篡利之臣者也。**"但如果为了高官厚禄去服务君主，那这个人就是"诬能篡利"的奸臣。"**世无公国之君，则无直进之士；无论能之主，则无成功之臣。**"如果没有以公治国的君主，就不会有以直道求进取的臣属。如果没有依据能力来选拔人才的君主，就不会有建功立业的良臣。"**昔者，三代之相授也，安得二天下而杀之？**"从前尧、舜、禹三代禅让，有能的取代无能的。哪有两个天下可以并存的？所以无能的必被杀无疑。这里的"杀"，不是杀人，而是指放逐。所谓"天无二日，人无二君"。留下来为君的一定要是能干的，不可以让人才和庸才并利于朝。

102. 司法不能姑息养奸

【法法·第三章】民毋重罪，过不大也。民毋大过，上毋赦也。上赦小过则民多重罪，积之所生也。故曰：赦出则民不敬，惠行则过日益。惠赦加于民，而囹圄虽实，杀戮虽繁，奸不胜矣。故曰：邪莫如蚤禁之。赦过遗善，则民不励。有过不赦，有善不积，励民之道，于此乎用之矣。故曰明君者，事断者也。

老百姓没有被判处重罪的，因为犯法的人罪错都不严重。一个城市里十年没有枪毙人了，是因为十年没有犯死刑的人，而不是这个城市的司法特别宽松。"民毋大过，上毋赦也。"这个城市的老百姓为什么没有犯重罪的呢？因为主政者没有时常赦免。犯罪就一定要处罚，没有通融的余地，所以老百姓就不会抱侥幸心理去犯罪。

"上赦小过则民多重罪，积之所生也。"假如政府赦免放过了小的罪错，那么这个地方的老百姓就会犯重罪，每个月都会被枪毙两三个。这是什么道理？"积之所生也"，积累起来的。先是犯小错，小错被放过了，下次就去犯小罪，小罪犯了再犯中罪，因为动不动就被赦免。犯中罪还可以被赦免，于是犯重罪。用一句成语来概括，就是姑息养奸的意思。"故曰：赦出则民不敬，惠行则过日益。"经常赦免，老百姓对法律就没有敬畏之心。经常宽恕罪行的话，老百姓的过错就会越来越多。"惠赦加于民，而图圄虽实，杀戮虽繁，奸不胜矣。"这样做的后果是监狱里人满为患，被判处死刑的人繁多，但作奸犯科的人仍多不胜数。"故曰：邪莫如蚤禁之。"所以说，对坏事不如早点禁止。"蚤"和"早"通用。"赦过遗善，则民不励。"有罪错的被宽免，有善行的被遗忘，善恶不分，老百姓就得不到激励。正确的做法是"有过不赦，有善不积。"有罪过不能赦免，有善行不能遗忘。繁体字"積"通"遺"，遗忘。"励民之道，于此乎用之矣。"劝勉激励老百姓的方法，这就够了。"故曰明君者，事断者也"。什么叫"明君"？碰到任何事情都能决断的，就是明君了。该罚的罚，该奖得奖，不可以优柔寡断。

103. 法要有度

【法法·第四章】君有三欲于民，三欲不节，则上位危。三欲者何也？一曰求，二曰禁，三曰令。求必欲得，禁必欲止，令必欲行。求多者其得寡，禁多者其止寡，令多者其行寡。求而不得则威日损，禁而不止则刑罚侮，令而不行则下凌上。故未有能多求而多得者也，未有能多禁而多止者也；未有能多令而多行者。故曰：上苛则下不听，下不听而强以刑罚，则为人上者众谋矣。为人上而众谋之，虽欲毋危，不可得也。号令已出又易之，礼义已行又止之，度量已制又迁之，刑法已错又移之。如是，则庆赏虽重，民不劝也；杀戮虽繁，民不畏也。故曰：上无固植，下有疑心。国无常经，民力必竭，数也。

这一章是讲立法、司法都要有一个度。过了这个度就会物极必反。君主有三种欲望，这三种欲望不节制的话，君主的地位就会危险。一是要求，要求得到一些东西；二是禁止，不准别人做一些事；第三是下令，指使别人去做一些事。"**求必欲得，禁必欲止，令必欲行。**"有要求，一定想要得到；有禁止，一定希望老百姓遵守；发号施令，一定希望下面照办。从人性来讲，求得的越多越好。但管子说，"**求多者其得寡**"，求得越多，得到的反而越少。这就是辩证法。"**禁多者其止寡**"，出很多禁令，不许老百姓做这，不许老百姓做那，结果听话的反而少。秦始皇的禁令多如牛毛，老百姓记不住，动辄得咎，结果干脆就不理会，反正要死要活由不得自己。所以到汉高祖刘邦得天下后就来个约法三章，规定哪些事不能做，很简单，老百姓就会当一回事了。父母教育孩子也是这样，这个不许做，那个不许做，这样的父母很多。讲多了是没有用的，小孩不听。抓住关键的一两条强调到底，就够了。我小时候，父亲教育我，后来我教育我儿子，都是根据一条：不准撒谎。比如打碎一个碗，父亲从来不骂我，因为这是无心之失。有些父母因为小孩子弄坏一样东西就骂孩子半天，我觉得这种事情不必骂。但小孩说假话，问题就严重了。小时候说假话，父母不知道小孩子在想些什么、干些什么，父母不可能一天二十四小时盯着他。小孩子说实话，你就基本上可以掌握他的动态。从小说惯谎话的人将来一定不正直。孩子五六岁时，你还能管得住。到了十几岁，你叫他不要做，他偏做，十几岁的孩子有逆反心理。从教育、公司管理到国家政治，这些道理都是相通的。**"令多者其行寡"**，整天发命令，最后不起作用了，真正去执行的人很少。试问现在一个县政府每天要收到多少文件？教育部门发的令，广电部门发的令，环卫部门发的令，卫生部门发的令，劳动部门发的令。到后来哪有精力去一一执行？这些道理是老祖宗两千多年前都懂的。

"三欲不节"，不但实效会大打折扣，而且有反效果。**"求而不得则威日损，禁而不止则刑罚侮，令而不行则下凌上。"**你开了口要求下面人给你，结果他给不了你，你也没办法。一而再、再而三，君主的威信就会受损。这个不许做，那个不许做，不是很严苛吗？下面的人就不听。你加重处罚，下面的人还是不听，最后法不责众，那么等于使刑法变成一纸空文。你天天下令，天天往下发文件，下属不胜其烦，把你的文件当废纸，理都不理睬，那无疑是下级凌驾于上级了。所以说，没有求得多就能得到多的；没有禁什么就能让人不做什么的；也没有下达多少命令就能让人执行多少的。相反，**"上苛则下不听，下不听而强以刑罚，则为人上者众谋矣。为人上而众谋之，虽欲毋危，不可得也。"**君主过于严苛，臣民反而不理睬。臣民不理睬，君主就加重刑罚去强迫他们执行。结果君主就成为公敌，众人一起图谋推翻他。这样的君主要想太平无事，当然不可能啦。

管子又说："号令已出又易之，礼义已行又止之，度量已制又迁之，刑法已错又移之。"朝令夕改，今天下了一道政令，看看不行，明天又收回去。礼仪已经在实行了，忽然又要停止。度量衡制度已经制定了，过几天又要改动了。刑法已经颁布了，不久又被废除了。"迁"和"移"都是改的意思。这样做的话，"庆赏虽重，民不劝也；杀戮虽繁，民不畏也。""上无固植，下有疑心。"君主自己没有决心，优柔寡断，朝令夕改，臣民就会有疑心、侥幸之心。"植"，声训为志气的"志"。比如中央说要压抑房价，稍微一松动，房价马上趁势而起，因为大家不相信这个政策会推行到底。房地产压了好几次，压了放，放了又压，地方政府就不会坚定地去执行政策。"国无常经，民力必竭，数也。"国家没有一个稳定长期的法，老百姓一定被弄得筋疲力尽，想跟都跟不上。这是必然的。"数"，劫数，用现在的话就是必然性。

104. 维护法律权威

【法法·第五章】明君在上位，民毋敢立私议自贵者。国毋怪严，毋杂俗，毋异礼，士毋私议。倨傲易令，错仪画制，作议者尽诛。故强者折，锐者挫，坚者破。引之以绳墨，绳之以诛戮，故万民之心皆服而从上。推之而往，引之而来。彼下有立其私议自贵，分争而退者，则令自此不行矣。故曰："私议立则主道卑矣。"况主倨傲易令，错仪画制，变易风俗，诡服殊说犹立。上不行君令，下不合于乡里，变更自为，易国之成俗者，命之曰不牧之民。不牧之民，绳之外也，绳之外诛。使贤者食于能，斗士食于功。贤者食于能，则上尊而民从；斗士食于功，则卒轻患而傲敌。上尊而民从，卒轻患而傲敌，二者设于国，则天下治而主安矣。

英明的君主在上，民众就不敢私自议论、妄自尊大，国家也不会有荒诞严急之法，不会有混杂的风俗和怪异的礼节，知识分子也不会私下议论政治。什么叫严急之法？举个例子，中国前些年提倡严打，从严从重从快处理案件，这就是严急之法。依法办事，该处以什么刑，就处以什么刑。**"倨傲易令，错仪画制，作议者尽诛。"**下面地方官傲慢不恭，自说自话改变国家法令，自己制定创设一套仪轨制度。对提议这样做的人就应该格杀勿论。**"故强者折，锐者挫，坚者破。"**这样才能使强硬的人屈服，锋芒毕露的人受挫折，顽固的人投降。

"引之以绳墨，绳之以诛僇，故万民之心皆服而从上。推之而往，引之而来。"用法度来引导，用杀戮来规管，这样万民就都会顺从君主指使，挥之即去，招之即来。"彼下有立其私议自贵，分争而退者，则令此从而不行矣。"如果臣民各行其是，私自议论，妄自尊大，对法令有纷争就逃避责任，那么，从此君令就无法推行了。"故曰：私议立则主道卑矣。"所以说，允许对法令私下议论纷纷的话，君主就没有权威了。中央的号令下来，谁都可以去分析议论，对自己有利的就执行，不利的就不执行。这样的话，中央政府还有什么权威呢？

"况主偄傲易令，错仪画制，变易风俗，诡服殊说犹立。"还有一些人关起门来称大王，自比君主，傲慢不恭，篡改法令，私设制度，改变风俗，允许奇装异服、奇谈怪论流行。"况"，是"比"的意思。"上不行君令，下不合于乡里，变更自为，易国之成俗者，命之曰不牧之民。"对上不行君令，对下不合乡俗，自说自话，随意改变国内既成的风俗习惯，这样的人就叫做无法管教的刁民。"不牧之民，绳之外也，绳之外诛。"这样的刁民都是法度之外的人，不承认国家法律。不守法，那就应该杀掉。只有这样做，才能"使贤者食于能，斗士食于功"。有本事的人靠自己的才能谋生。有武艺的军人靠战功吃饭。军人就是要强硬，如果对方不客气，那么我们军人随时准备好战争。然后由外交部长去讲"和为上"，这样国家软硬两套就都有了。任何外交政策，一硬一软都要有，该用胡萝卜的不用挥大棒，该用大棒的人不要整天举着胡萝卜。

"贤者食于能，则上尊而民从；斗士食于功，则卒轻患而傲敌。"有本事的人都发挥自己的才能，那么君主就有权威，老百姓就会服从统治。将领不靠嘴皮子，靠战功升迁，军队才会有士气，士兵不怕危险，蔑视敌人。"斗士食于功"，军人就是靠战功，不能有其他外快。军队经商，将军发财，军人一发财，军心一定瓦解。一个人什么都有的时候，包袱就重了，胆量就没有了，锐气也没有了。身上有几百万、几千万的将军，怎么可能愿意打仗？国民党失败就是如此。很多将领都把钱弄到国外去了。打输了，可以有退路。"上尊而民从，卒轻患而傲敌"，也就是民间的一句俗语：文官不贪污，武官不怕死。那么"天下治而主安矣"。

所以要维护法律的权威，法律就是要自上而下一层一层地推行。如果法律没有权威，就很难实施。

105. 不要随便赦免

【法法·第六章】凡赦者，小利而大害者也，故久而不胜其祸。毋赦者，小害而大利者也，故久而不胜其福。故赦者，犇马之委辔；毋赦者，痤睢之矿石也。爵不尊，禄不重者，不与图难犯危。以其道为未可以求之也。是故先王制轩冕足以著贵贱，不求其美；设爵禄所以守其服，不求其观也。使君子食于道，小人食于力。君子食于道，则上尊而民顺；小人食于力，则财厚而养足。上尊而民顺，财厚而养足，四者备体则胥（皆）足，上尊时而王不难矣。文有三侑，武毋一赦。惠者，多赦者也，先易而后难，久而不胜其祸。法者，先难而后易，久而不胜其福。故惠者，民之仇雠也；法者，民之父母也。太上以制制度。其次，失而能追之，虽有过，亦不甚矣。明君制宗庙，足以设宾祀，不求其美。为宫室台榭，足以避燥湿寒暑，不求其大。为雕文刻镂，足以辩贵贱，不求其观。故农夫不失其时，百工不失其功，商无废利，民无游日。财无砥墆，故曰："俭，其道乎！"

赦免是弊大于利的事，从长远看祸害很大。不赦免是利大于弊，从长远看是好事。赦免就好像奔马没有了缰绳，失去控制。不赦就像治疗暗疮的药石，虽然针砭时很痛，但能治愈病痛。君主不宽恕罪犯，看上去很严厉，实际上能阻止更多人犯罪。

"爵不尊，禄不重者，不与图难犯危。以其道为未可以求之也。"爵位不够尊贵，俸禄不够丰厚，臣属就难以与君主攻难冒险。君主仅仅用所谓的"道"，用理念去要求他们，是不可能求得臣属与其共进退的。你进一家公司，老板给你描绘一个美好的发展远景，但不和你谈待遇。"为未可以求之也"，不足以要求你和老板一起去奋斗的，讲空话没有用。现在很多老板喜欢许愿：将来公司发展了会给你什么什么样的好处。人家有这个能力，胜任这个职务，你就应该给他这个待遇。用空话去忽悠人家，自以为很聪明，但肯定留不住真正的人才。"是故先王制轩冕足以着贵贱，不求其美；设爵禄所以守其服，不求其观也。"所以以前的圣王制定不同的衣冠，是为了分辨贵贱，而不是为了漂亮。设立不同的爵位和相应的俸禄，是为了让官员各守其职，而不是为了面子。"使君子食于道，小人食于力。"有了等级制度，使君子得以靠治民之道来谋生，平民靠出卖自己的劳力来吃饭。"君子食于道，则上尊而民顺；小人食于力，则财厚而养足。"君子靠道谋生，君主就有尊严，百姓就会顺从。平民靠辛苦劳动为生，不投机取巧，那么国家就能够经济富裕，财政充足。君子食于道的反面是食于术，靠钻营阴谋往上爬，那么就会影响到君主的权威和民心的归向。所以说"食于道"不只是指以脑力劳动谋生，而是要走正道，按照法度和礼仪去做事，尽心尽力服务于君主。"上尊而民顺，才厚而养足，四者备体则胥足，上尊时而王不难矣。"如果上尊、民顺、财富、养足这四项条件都具备的话，君主备受尊崇指日可待，要称王天下也就不难了。

"文有三宥，武毋一赦。"这涉及三宥之法。宥就是宽大处理，文官可以在三种情况下得到宽宥：一是"不识"，犯者根本不懂这件事，糊里糊涂就被派去负责，结果把事给办糟了。二是"过失"，无心之失，不是有意犯错。三是"遗忘"，他把事给忘了，结果造成损失。这三种情况不是说不追究责任，只是要宽大处理。武将是没有任何可以宽宥的余地的。因为他一个过失可能就足以使千千万万士兵丧命。"惠者，多赦者也，先易而后难，久而不胜其祸。"所谓做滥好人，是指宽赦太多，超过了三宥的标准，起初会很得人心，以后就麻烦了。久而久之百姓有侥幸心理，犯罪率上升，就会不胜其祸。"法者，先难而后易，久而不胜其福。"严格依法办案，初始比较难，以后就容易了，犯罪率下降，时间长了就知道这是为国家造福。"**故惠者，民之仇雠也；法者，民之父母也。**"所以滥好人是百姓的仇敌，依法办事是百姓的父母。"**太上以制制度。其次，失而能追之，虽有过，亦不甚矣。**"上上之策是用制度来治，用制度来规范一切事情。这是最好的，也是最难做到的。如果这个做不到，其次，能够亡羊补牢，即使有过错，也不会太严重，损失也不会太大。

"**明君制宗庙，足以设宾祀，不求其美。**"英明的君主建造宗庙，只要能够用来祭祀就可以了，不求美轮美奂。"**为宫室台榭，足以避燥湿寒暑，不求其大。**"修筑宫室，只要能够避暑、防湿、遮寒就可以了，不求规模宏大。"**为雕文刻镂，足以辩贵贱，不求其观。**"雕刻绣花，镶金嵌银，只要能够分辨贵贱等级就可以了，不求美观漂亮。"**故农夫不失其时，百工不失其功，商无废利，民无游日，财无砥墆。故曰：俭，其道乎！**"这样，农民就可以不误农时，工匠就不会浪费工时，商人就不会失去商机，老百姓不会游手好闲，财货流通顺畅。

所以节俭才是正道。

106. 有法必依，违法必究

【法法·第七章】令未布而民或为之，而赏从之，则是上妄予也。上妄予则功臣怨，功臣怨而愚民操事于妄作，愚民操事于妄作，则大乱之本也。令未布而罚及之，则是上妄诛也。上妄诛则民轻生，民轻生则暴人兴，曹党起而乱贼作矣。令已布而赏不从，则是使民不劝勉，不行制，不死节。民不劝勉，不行制，不死节，则战不胜而守不固，战不胜而守不固，则国不安矣。令已布而罚不及，则是教民不听。民不听则强者立，强者立则主位危矣。故曰：宪律制度必法道，号令必著明，赏罚必信密，此正民之经也。

政令尚未公布，臣民偶然做得跟政令的要求一样，政府就去奖赏他。这是胡乱地奖赏。上面乱奖赏，真正有贡献的人就会抱怨。那些不明事理的老百姓就会乱搞，想碰碰运气，得到奖赏。老百姓乱搞一气，不依法行事，就是国家大乱的根源。"令未布而罚及之，则是上妄诛也。"如果在法令公布前，有人做错事，政府就按现行法令处罚他，就是胡乱处罚。这种情况在商界最多，以新法断旧案。法律界有追诉期是很有道理的。法令下达以后犯罪要追诉，法令颁布之前的就可以不计了。如果法律明确之前做的事也要处罚，老百姓就不怕死，因为不知道什么时候就会大祸临头，把生命看得很轻。"民轻生则暴人兴，曹党起而乱贼作矣。"老百姓不怕死，就会出现暴民，结成群党起来作乱。"令已布而赏不从，则是使民不劝勉，不行制，不死节。"如果法令已经公布了，该奖的却不奖，就没有办法劝勉老百姓，他们就不会遵守制度，也不会为国家去牺牲了。这样的话，"则战不胜而守不固，战不胜而守不固，则国不安矣"。出征就打不了胜仗，敌人来犯也无法坚守，国家安全就没保障了。"令已布而罚不及，则是教民不听。民不听则强者立，强者则主位危矣。"法令已经颁布，该罚的却不罚，那是教老百姓不要听从政府。那么就会产生豪强，威胁到君主的权威地位。

"故曰：宪律制度必法道，号令必著明，赏罚必信密，此正民之经也。"
"宪"，不是后来宪法的意思。过去皇帝口称"宪"，他讲出来的话就叫"宪"，也就是令，但还不是正式公文。这一段是对上面的总结，法律制度不能随便制定，一定要符合治国之道。号令必须要公开明确，让全国上下都知道。该赏的赏，该罚的罚，赏罚一定要取信于民。这是规正老百姓行为的准则。前面列举的四种情况都妨害法律的权威性和严肃性。法律的权威是靠法律的严肃性来保障的。不能让老百姓糊里糊涂就踩了地雷，触犯法律，要坐牢，要杀头。这样法律就没有严肃性了。

所以要维护法律的严肃性，有法必依，违法必究。

107. 法律要有稳定性

【法法·第八章】凡大国之君尊，小国之君卑。大国之君所以尊者何也？曰：为之用者众也。小国之君所以卑者何也？曰：为之用者寡也。然则为之用者众则尊，为之用者寡则卑，则人主安能不欲民之众为己用也！使民众为己用奈何？曰：法立令行，则民之用者众矣；法不立，令不行，则民之用者寡矣。故法之所立，令之所行者多，而所废者寡，则民不诽议，民不诽议则听从矣。法之所立，令之所行，与其所废者钧，则国毋常经，国毋常经则民妄行矣。法之所立，令之所行者寡，而所废者多，则民不听，民不听则暴人起而奸邪作矣。计上之所以爱民者，为用之爱之也。为爱民之故，不难毁法亏令，则是失所谓爱民矣。夫以爱民用民，则民之不用明矣。夫至用民者，杀之，危之，劳之，饥之，渴之，用民者将致之此极也，而民毋可与虑害己者。明王在上，道法行于国，民皆舍所好而行所恶。故善用民者，轩冕不下拟，而斧钺不上因。如是则贤者劝而暴人止。贤者劝而暴人止，则功名立其后矣。蹈白刃，受矢石，入水火，以听上令。上令尽行，禁尽止。引而使之，民不敢转其力；推而战之，民不敢爱其死。不敢转其力，然后有功；不敢爱其死，然后无敌。进无敌，退有功，是以三军之众皆得保其首领，父母妻子完安于内。故民未尝可与虑始，而可与乐成功。是故仁者、知者、有道者，不与大虑始。

大国国君的地位比较尊贵，小国国君的地位比较卑微。为什么呢？因为大国国君所用的人多，而被小国国君使唤的百姓少。既然手下人多的地位就尊贵，人少的地位就卑微，那么君主岂能不希望多一些人为己所用呢？如何使更多的老百姓为己所用呢？"**法立令行，则民之用者众矣。**"最重要的是法律能真正实行，老百姓就会多。否则就少。"**故法之所立，令之所行者多，而所废者寡，则民不诽议。**"法律制定以后，如果能推行下去的多，推行不了的少，老百姓就不会发牢骚，就会听从政府。如果能推行的法律与推行不了的各占一半，那就没有一个稳定的法制了。第三种情况，法律制定后，能推行的少，作废的多，民众就会不听从政府。"**暴人起而奸邪作**"，暴民就起来，社会就动乱了。推翻一个政府不叫乱，最怕的是暴民专制，法制荡然无存，就是我们平时讲的无政府状态。用西方人的话，就是进入"丛林规则"的状态。谁有实力，谁有枪杆子，谁说了算。那要比暴君专制还可怕。暴君是一个人，不见得能把暴政贯彻到下面。在暴民专制下，则朝不保夕，不知道会发生什么事情。

"**计上之所以爱民者，为用之爱之也。**"考察君主为什么说爱民，是因为要用老百姓才会去爱他们。如果为了爱民这个理由，不怕"毁法亏令"，就是前面讲的赦免，有法不依，皇帝很仁慈，不忍心用死刑，不忍心法律太严，经常赦免罪犯，结果反而失去了爱民的意义，助长了这些人藐视法律的气焰。犯法者多了，又要严打。一个人本来胆小，因为法网太宽，胆子反而变大了，结果不会犯死罪的人犯了死罪，丢了一条性命。赦免的动机和效果往往是相反的。"**夫以爱民用民，则民之不用明矣。夫至用民者，杀之，危之，劳之，饥之，渴之，用民者将致之此极也，而民毋可与虑害己者。**"这是讲了两种极端现象。一种是以爱民的宽厚方法去使用老百姓，那么老百姓不会为君主所用。另一种是用残酷的方法使用老百姓，杀头、威胁、苦役、饿渴，无所不用其极，完全不知道怎么爱民。这种情况下，老百姓不可能与伤害自己的人共进退。中国古代政治讲究宽猛相济。这也是管子的政治思想。

"**明王在上，道法行于国，民皆舍所好而行所恶。**"国家有了英明的君王，实行治国的正道和法制，老百姓就会心甘情愿地舍弃自己喜欢的，去履行自己并不喜欢的职责。管子认为人性是好逸恶劳，不想干活，只想偷懒。但有了奖罚，就会舍懒而就勤。"**故善用民者，轩冕不下拟，而斧钺不上因。**"所以善于驾驭臣民的君主，赏不会降低赏的标准，罚也不会抬高罚的标准。轩冕代表赏，斧钺代表罚。"拟"的意思是"度"，标准；"因"，是"靠"的意思。刑期不会就高不就低，往高的标准靠。整段话的意思是，赏也不会过松，罚也不会过严，赏罚都依法执行。"**如是则贤者劝而暴人止。**"这样做的话，好人就更勤勉，坏人也不会干坏事了，能够成就一番功名。"**蹈白刃，受矢石，入水火，以听上令。**"一声令下，老百姓就会赴汤蹈火，冲锋陷阵。朝廷让老百姓做什么，他们都会去做；禁止老百姓做什么，他们一定不去做。"**引而使之，民不敢转其力；推而战之，民不敢爱其死。**"把他们叫来使唤，老百姓不敢躲避、不出力。把老百姓送上战场，他们不敢怕死。"转"，是"避"的意思。过去在人民公社，出工不出力，反正做也是一天七个工分，不做也是七个工分，人到了地里，扶着锄头聊天，或者在树荫底下睡觉。这就是"转其力"。"**不敢转其力，然后有功；不敢爱其死，然后无敌。**"不偷懒，才能有贡献；不怕死，才能所向无敌。"**是以三军之众皆得保其首领，父母妻子完安于内。**"全军将士都可以不死，家人在后方也都可以平安无事。

108. 决策不能民主

"故民未尝可与虑始，而可与乐成功。"在开始谋划一件事的时候，不要让老百姓知道。等成功以后，才可以跟老百姓一起庆祝。"是故仁者、知者、有道者，不与大虑始。"所以真正仁慈的人、有智慧的人，有道的人，不会一开始就跟大众商量困难的事。"民未尝可与虑始，而可与乐成功。"这句话是经典，后来被很多法家引用，作为一种政治经验有一定道理。一件事情开始的时候，就去和群众商量，七人八主意，这个事情永远做不成。你要在路边造一栋房子，路过的每个人都给你提点意见，你听谁的意见都有道理，结果永远造不起来。因为一件事没有十全十美的，总有几分缺点。要等到十全十美才去做，事情永远做不了。事情就在于你自己的判断，分析了优劣之后，自己做决定。一件事是利大于弊，还是弊大于利？弊多别做，利多下决心去做。否则永远没有一个结论。一个好的管理者，自己有一个基本倾向，再开会，叫大家来挑毛病，讲相反的意见，然后再考虑这些意见是否影响自己原先的想法。如果你只考虑到利，没有考虑到弊，人家摆出了很多弊，弊大于利，那就要推翻自己的决定。如果所有的弊都摆出来了，还是利大，就坚持你最初的决定。

所以"民主决策"这话其实很荒唐。民主，每个人有一个意见，怎么决策呢？无法决策。事情没有开始，大家还没有看到结果。这时候，领导人是要下决断的。否则要领袖做什么？领袖就是代表民众下决断的人。他比一般民众站得高、看得远，才能下决心。所以领袖的产生可以通过民主，大家选一个最有才能的人。推出领袖后，做决定的时候是无民主可言的。决策应该科学化，不可以民主化。什么叫科学化？西方有很多智库。做一个决策之前，决策者会委托不同的民间智库提方案，如美国的兰德公司。这些私人智库就是靠接政府的单子生存的。每个智库公司的背景、政治利益和理论思路都不同。政府不找同质性强的，而是找异质性很强的。有的是讲自由经济，有的是讲市场干预的，各自做出方案，决策者拿了不同的方案来比较，最后做决策。我们的智囊团是在领导人拍脑袋拍好了，顺着他已有的思路做一点论证。智囊团其实应该是唱反调的，因为一个人考虑问题不可能很全面，所以要找跟你唱反调的人，那些人才是给你出主意的。不能找那些拿了你的咨询费，顺着老板思路作论证的，一点用处都没有。那是在做美容师。

109. 君主权势不能分

【法法·第九章】国无以小与不幸而削亡者，必主与大臣之德行失于身也，官职、法制、政教失于国也，诸侯之谋虑失于外也，故地削而国危矣。国无以大与幸而有功名者，必主与大臣之德行得于身也。官职、法制、政教得于国也，诸侯之谋虑得于外也，然后功立而名成。然则国何可无道？人何可无求？得道而导之，得贤而使之，将有所大期于兴利除害。期于兴利除害，莫急于身，而君独甚伤也。必先令之失。人主失令而蔽，已蔽而劫，已劫而弑。

国家不会因为小和运气不好而衰亡的，一定是君臣自身失德。在内政上，官职、法制和政教方面连连失误。在外交上，在诸侯之间，合纵还是连横，做了错误决策。这样才造成了割地而使国家陷入危机。相反，国家也不会因为大和幸运而功成名就的，一定是君臣自身有德。在内政上，官职、法制、政教方面做得成功。在外交上，与诸侯各国打交道的谋略得当，因此才能功成名就。"然则国何可无道？人何可无求？"可见一个国家岂能没有治国之道呢？岂能不去寻求治国之才呢？"得道而导之，得贤而使之，将有所大期于兴利除害。"有了正确的治国之道指导，得到杰出的治国之才任用，想要兴利除害，才能大有希望。"期于兴利除害，莫及于身，而君独甚伤也。必先令之失。"要兴利除害，最紧要的莫过于君主自身。最大的伤害是"君独"。这个"独"字的意思，就是前面说的"君独而无内"，君主孤立无援，孤家寡人。什么原因造成"君独"的呢？一定是以前的法令有过失。"人主失令而蔽，已蔽而劫，已劫而弑。"君主的令推行不下去，必然被蒙蔽。听不到真实的情况，等于是被手下人劫持了。被劫持了，如果不听话，就会被杀，就像齐桓公的晚年悲剧。

【法法·第十章】凡人君之所以为君者，势也，故人君失势，则臣制之矣。势在下，则君制于臣矣；势在上，则臣制于君矣。故君臣之易位，势在下也。在臣期年，臣虽不忠，君不能夺也。在子期年，子虽不孝，父不能服也。故《春秋》之记，臣有弑其君，子有弑其父者矣。故曰：堂上远于百里，堂下远于千里，门廷远于万里。今步者一日，百里之情通矣。堂上有事，十日而君不闻。此所谓远于百里也。步者十日，千里之情通矣。堂下有事，一月而君不闻，此所谓远于千里也。步者百日，万里之情通矣。门廷有事，期年而君不闻，此所谓远于万里也。故请入而不出谓之灭，出而不入谓之绝，入而不至谓之侵，出而道止谓之雍。灭绝侵雍之君者，非杜其门而守其户也，为政之有所不行也。故曰：令重于宝，社稷先于亲戚，法重于民，威权贵于爵禄。故不为重宝轻号令，不为亲戚后社稷，不为爱民枉法律，不为爵禄分威权。故曰：势非所以予人也。

第九章讲令失主危，那么君主如何才能令行禁止呢？这一章就要讲君主保持权势对推行法令的重要性。但凡一个人成为君主，一定是因为他有权势。一旦失去权势，反过来就会受臣子的牵制。权势在臣下手上，那么君王就受制于臣子。权势掌握在君王手里，那么臣子就受制于君主。所以如果君臣换位，势就在臣下了。"在臣期年，臣虽不忠，君不能夺也"。权势落到臣子手上，过了一年，即使臣不忠，君主也拿他没办法，尾大不掉了。同样道理，家庭的权势落到儿子手上，即使儿子不孝，做父亲的也拿他没办法。《春秋》中就记载了大臣杀君王，儿子杀父亲的事例。

"故曰：堂上远于百里，堂下远于千里，门廷远于万里。"在同一个房间里，好像有一百里那么远；在同一个院子里，好像有一千里那么远；对门而居，好像有一万里那么远。这都是比喻。比喻什么呢？**"今步者一日，百里之情通矣。堂上有事，十日而君不闻。此所谓远于百里也。"**一个人走一天路，周围百里内的情况都已知晓了。然而朝堂内发生的事情，过了十天做君王的还不知道，就好像是百里之外发生的事情。所以说**"堂上远于百里"**。一个人走十天路，周围千里内的情况都已知晓了。然而宫城内发生的事情，过了一个月做君王的还不知道，就好像君王与宫城的距离比千里还远。所以说**"堂下远于千里"**。一个人走十天路，万里之内的情况都知道了。然而宫城外有事，过了一年，君王都不知道，就好像隔着上万里的距离了。

"故请入而不出谓之灭，出而不入谓之绝，入而不至谓之侵，出而道止谓之壅。"下面有请示报告上来，左右秘书不给通报，所以批示下不去，人们把这种情况叫做"灭"。政令发出去了，被左右秘书卡住了，下面收不到而没法回复，人们把这种情况叫做"绝"。下面有情况报告到朝廷，但到不了君主手上，人们把这种情况叫做"侵"。政令发出去后，中途被截住了，也许是省一级，也许是县一级，到不了基层。人们把这种情况叫做"壅"。**"灭绝侵壅之君者，非杜其门而守其户也，为政之有所不行也。"**对君主采取灭、绝、侵、壅的办法，虽然没有把门堵起来，不让他出门，但实际上他的政令无法施行。

"故曰：令重于宝，社稷先于亲戚，法重于民，威权贵于爵禄。"对于君王来说，法令的施行比任何珍宝都重要，国家应该要优先于亲戚，法令比人民重要，权势比爵禄贵重。**"故不为重宝轻号令，不为亲戚后社稷，不为爱民枉法律，不为爵禄分威权。"**所以不能把珍宝置于号令之上，珍宝可以送人，号令权责不能松手。为了国家的安定，君主就要牢牢掌握住权力，不能顾及亲情，尤其是不能随便把权力分给亲戚。不要因为仁慈爱民，相信什么"以仁治天下"，而随便宽赦，破坏法制。对于臣属，宁可封官，宁可重奖，给他们高官厚禄，但不能把威势权力分出去。**"故曰：势非所以予人也。"**总而言之，什么都可以送人，权势是不可以送人的。

所以要实行依法治国，必须保证君主的绝对权势。

【法法·第十二章】一曰，凡人君之德行威严，非独能尽贤于人也。曰人君也，故从而贵之，不敢论其德行之高卑。有故，为其杀生急于司命也；富人贫人，使人相畜也；贵人贱人，使人相臣也。人主操此六者以畜（蓄）其臣，人臣亦望此六者以事其君。君臣之会，六者谓之谋。六者在臣期年，臣不忠，君不能夺。在子期年，子不孝，父不能夺。故《春秋》之记，臣有弑其君，子有弑其父者；得此六者，而君父不智也。六者在臣，则主蔽矣。主蔽者，失其令也。故曰：令入而不出谓之蔽，令出而不入谓之雍，令出而不行谓之牵，令入而不至谓之瑕。牵瑕蔽雍之事君者，非敢杜其门而守其户也，为令之有所不行也。此其所以然者，由贤人不至，而忠臣不用也。故人主不可以不慎其令。令者，人主之大宝也。一曰：贤人不至谓之蔽，忠臣不用谓之塞，令而不行谓之障，禁而不止谓之逆。蔽塞障逆之君者，不敢杜其门而守其户也，为贤者之不至，令之不行也。

把第十二章提到前面来，因为讲的和第十章是同一件事，被第十一章打断了，再看文章中很多文字是重复第十章的。"一曰"，有一种说法。这明显是补充前面的说法，就像老师上课经常会列举不同的观点或资料。《管子》中不同文章的重复率很高，很多人抓住这点就认为这本书是伪作。其实是因为一代又一代不断有人讲解，同一个概念不同时代的老师可能会用不同的词汇。传到后来的学者可能把老师、太老师或古人的讲解都记录下来。起初原文和讲解还会用不同字体分清。久而久之，传抄过程中，原文和讲解就混杂在一起了。越到后来的学者越迂腐越信古，认为古人的文字是不能动的，所以不管是否重复照抄不误。这样一篇文章里就可能有管子原创的内容，有战国时人的解说，有秦汉时人的解说。这就像我们在今天的西安一带做考古工作。那里的文化遗存也是一层层堆积起来的，越往下越古。最底层是半坡文化，往上一层是西周或春秋时期留下的；上面一层的文物可能是战国、秦汉的，再上一层可能是隋唐的，这个现象叫做"层累"。考古就是要搞清楚哪一层的遗存是哪个年代的，特点是什么。

法国学者福柯写过一本书叫《知识考古学》。他认为人类知识也是一层一层累积起来的，后代不断往上增加新知识。知识考古学就是要搞清楚哪一层知识属于哪个时代的。这个理论跟中国近代的学者顾颉刚的疑古学说有相近之处，他也提出古史层累说，认为古书上的历史是由不同的神话传说一层层累积起来造成的。所以不能简单地说《管子》是什么时代的书。能把今天的《管子》文本中哪些是管仲原创，哪些是战国时人增加的，哪些是秦汉时人的，一一搞清楚，那才叫专家。只抓住书上的片言只语，说是汉代才出现的，就武断地说《管子》肯定不是管子原创的，就说这就叫考据，才是学问，那就太肤浅了。因为他不懂知识是层累起来的这个道理。读古书，光看表面字义没有用，要去了解其中的方法。

接下来继续看文本。"一曰，**凡人君之德行威严，非独能尽贤于人也。曰人君也，故从而贵之，不敢论其德行之高卑。**"有一种说法，做君主的有德行威严，并不是因为他比所有人都能干。因为叫他君王，于是就变得尊贵，众人马上都听从他的了，不敢去计较他品德的好坏。"**有故，为其杀生急于司命也；富人贫人，使人相畜（蓄）也；贵人贱人，使人相臣也**"。"有故"，这是有原因的。因为只要他做了君王，杀人比死神还要快。"司命"是天上的星宿，主杀，因此叫司命之神，就是西方的死神。"富人贫人"，"富"和"贫"是动词，可以使人富，也可以使人贫，使一部分人去蓄养另一部分。可以使人贵，也可以使人贱，使地位低的人臣服于地位高的人。"**人主操此六者以畜（蓄）其臣，人臣亦望此六者以事其君。**"君主掌握着生、杀、贫、富、贵、贱这六者蓄养群臣，群臣也依据这六者伺候君主。这六样东西，管子在其他文章中称为"六柄"或"六秉"。"柄"，权柄，与"秉"通用。"**君臣之会，六者谓之谋。**"君与臣之间的关系，媒介是这六柄。

"**六者在臣期年，臣不忠，君不能夺。**"如果六柄从君主到了臣子手上，即使臣下不忠，君主也没法夺回了。"**在子期年，子不孝，父不能夺。**"如果六柄从父亲到了儿子手上，子不孝父，父亲也没法夺回。"**得此六者，而君父不智也。**"六柄落到臣下、儿子手中，乃是为君、为父者的糊涂。"**六者在臣，则主蔽矣。主蔽者，失其令也。**"六柄落到臣下手上，君主势必被蒙蔽，那么他就无法下达政令。"**故曰：令入而不出谓之蔽，令出而不入谓之壅，令出而不行谓之**

牵，令入而不至谓之瑕。牵瑕蔽壅之事君者，非敢杜其门而守其户也，为令之有所不行也。"这一段的文字也和第十章重复，只是改动了几个字而已。"牵"，牵制；"瑕"，相间，阻隔。"此其所以然者，由贤人不至，而忠臣不用也。"造成这种情况的原因，是没有任用贤人忠臣来辅佐君王。"故人主不可以不慎其令。"所以做君主的对令一定要慎重。令是君主最贵重的珍宝。

还有一种说法，人才得不到提拔，叫做"蔽"；忠臣得不到重用，叫做"塞"，法令无法贯彻下去，叫做"障"；三令五申无法禁止，叫做"逆"。"蔽塞障逆之君者，不敢杜其门而守其户也，为贤者之不至，令之不行也。"仍与第十章重复，不再展开。

110. 法律与政治

【法法·第十一章】政者，正也。正也者，所以正定万物之命也。是故圣人精德立中以生正，明正以治国，故正者所以止过而逮不及也。过与不及也，皆非正也。非正，则伤国一也。故勇而不义，伤兵；仁而不法，伤正。故军之败也，生于不义；法之侵也，生于不正。故言有辩而非务者，行有难而非善者。故言必中务，不苟为辩。行必思善，不苟为难。规矩者，方圆之正也。虽有巧目利手，不如拙规矩之正方圆也。故巧者能生规矩，不能废规矩而正方圆；虽圣人能生法，不能废法而治国。故虽有明智高行，倍法而治，是废规矩而正方圆。

前面讲到，中国古代政治讲究宽猛相济。如果"宽"是太过的话，猛就是不及；"猛"是太过的话，"宽"就是不及。过和不及都是"不正"。而政治就应该正，"**政者，正也**"。什么叫政治？就是用正道去管治。什么叫正道？"**正定万物之命也**"，规正确定万事万物的根本，当然包括人在内。我们现代人没有这个"根本"，做人不知道"根本"在哪里，随波逐流。不仅一般老百姓没有"根本"，读书人也没有这个"根本"，不知道读书是为了什么。所以学国学要解决的问题就是"正定己之命也"这句话，正定自己的根本。当然这又谈何容易！"**是故圣人精德立中以生正**"，所谓圣人就是道德纯粹，不搞歪门邪道，不偏不倚，一身浩然正气。"**明正以治国，故正者所以止过而逮不及也。**"弘扬正道以治国，既防止太过，又弥补不足，因为过和不及都不是正。不正，那么不管是不及还是过，治国是猛还是宽，政策是左还是右，对国家的伤害都是一样的。

"**勇而不义，伤兵；仁而不法，伤正。**"尽管勇敢，但不合时宜，就会损害军事；虽然仁慈，但不守法律，就会损害政治。"**故军之败也，生于不义。**"所以军事上的失败，是因为不合时宜，该打的时候不打，不该打的时候去打仗。"**法之侵也，生于不正。**"法制被侵蚀，是因为不正。什么是不正呢？"**言有辩而非务者，行有难而非善者**"，说话头头是道而不务实，所作所为是常人难以做到的而居心不良，这都是不正。例如，易牙蒸亲生儿子进贡给齐桓公吃，这件事对一般人来说是很难做出来的。谁会把自己的儿子蒸熟了去拍老板马屁？"行有难"，但这个难"非善者"，不是善举，而是出于野心。"**故言必中务，不苟为辩。行必思善，不苟为难**"，讲话要实实在在，不要贪求能言善辩，做事要与人为善，不要贪求做人家做不到的事。

"**规矩者，方圆之正也。虽有巧目利手，不如拙规矩之正方圆也。**"规和矩是用来规正方圆的。虽然有灵巧的手和准确的目测力，但不如笨拙的规矩更能规正方圆。"**故巧者能生规矩，不能废规矩而正方圆**"。所以巧匠能制作规矩，但不能随意废弃规矩来规正方圆。这个比喻引出下一句话："**虽圣人能生法，不能废法而治国。**"虽然圣人可以制定法律，但不能随意废除法律来治国。"**故虽有明智高行，倍法而治，是废规矩而正方圆**"。所以说，一个人即使有智慧、有高明的手段，但如果违背法律来治国，就像废弃了规矩来规正方圆一样。做一个方柜或者一个圆凳，就要靠规和矩这两样工具。要以正道治国，必须要靠法治。废法而治，就和巧匠废弃规矩一样，别人依靠规矩做出来的方柜和圆凳肯定超过他。

这第十一章很精辟地阐明了法律和政治的关系。法律是为政治服务的，高明的政治要依法而行。历史上的华盛顿和毛泽东都算是伟人。不同的地方，在于华盛顿制订了一个规矩，以后一代代人依规矩治国。美国宪法虽有一些修正案，但没有经过大的修改，却治理美国两百多年。除了南北战争，这个国家稳定了两百多年。而毛泽东则没有为后代建立一套稳定的法律制度。建国后制定了四部宪法，第四部还改了四次。所以半个世纪里，国家不断折腾，"文革"十年几乎到了崩溃边缘，不能不说与此有关。

111. 守法要从上做起

【法法·第十三章】凡民从上也，不从口之所言，从情之所好者也。上好勇则民轻死，上好仁则民轻财。故上之所好，民必甚焉。是故明君知民之必以上为心也，故置法以自治，立仪以自正也。故上不行则民不从。彼民不服法死制，则国必乱矣。是以有道之君，行法修制，先民服也。

民众跟从君主，不是听他嘴里说的，而是看他真正喜欢的是什么。"**上好勇则民轻死，上好仁则民轻财**"，如果君主喜欢勇士的话，民众就会不怕死；君主真正重视仁义道德的话，民众就会重义轻财。所以说，"**故上之所好，民必甚焉**"，皇上喜欢什么，崇尚什么，民众必定会加倍喜欢和崇尚。"**是故明君知民之必以上为心也，故置法以自治，立仪以自正也。**"英明的君主知道：民心一定是依据君主的思想为出发点的。所以他制定法律时，首先是能把自己管好；设置礼仪制度时，首先是端正自己的行为。"**故上不行则民不从。彼民不服法死制，则国必乱矣。**"君主自己不能遵行法律，一般民众就不会服从法律。如果民众不服从法律，没有殉身于法制的信念，国家一定会动乱。"**是以有道之君，行法修制，先民服也。**"所以有道之君，修订和推行法律，一定是在民众之前就带头实行。

这第十三章讲的是守法要从上做起。法律要能够实行，领导人首先要以身作则，带头守法，不然底下老百姓不可能守法。平时讲的"上梁不正下梁歪"就是这个道理。如果法律只是用来对付老百姓的，领导人、领导人家属以及各级政府官员都有"治外法权"，可以不受法律约束，那么依法治国就变成一句空话。

在《任法》里，管子谈到君主几种有法不依、徇私枉法的情况：

> 凡为主而不得用其法，不能其意，顾臣而行，离法而听贵臣，此所谓贵而威之也。富人用金玉事主而来焉，主因离法而听之，此所谓富而禄之也。贱人以服约卑敬悲色告愬其主，主因离法而听之，此所谓贱而事之也。近者以偪近亲爱有求其主，主因离法而听之，此谓近而亲之也。美者以巧言令色请其主，主因离法而听之，此所谓美而淫之也。治世则不然，不知亲疏远近贵贱美恶，以度量断之。其杀戮人者不怨也，其赏赐人不德也。以法制行之，如天地之无私也。是以官无私论，士无私议，民无私说，皆虚其匈以听其上。上以公正论，以法制断，故任天下而不重也。

君主舍弃法律，因为法不合他的意，遇事去问周围的大臣意见，而不是照法律去做，背离法度而听重臣的。久而久之，这些大臣地位越来越高而威胁到君主的势位。明朝为什么出现宦官专权？最早明太祖规定宫内宦官人数不能超过五十，宦官不能识字，不能参政。到了明末，宦官有上万人，明朝毁在阉党手中。其中有一个原因，是皇帝从小就跟这些太监长大，最信得过的是太监。小皇帝从小在宫墙里长大，什么事情都不知道，遇到有事就问那些从小陪他一起长大的太监，由他们来拿主意。人是会察言观色的，文武百官看到拿主意的就是这么几个太监。本来地位很低微的太监，因为皇帝"顾臣而行，**离法而听贵臣**"，所以大臣们也就对太监唯命是从了。照理，一个秘书级别不高，下面的厅、局长都得拍他马屁。什么道理？因为书记最信得过他，什么事都要问他。于是厅局长们知道，有事要说动书记，先得说动秘书。要说动秘书就得讨好他。如果大家都依法办事，照制度办事，就不会有这种情况。所以西方就没有"秘书党"，没听说秘书有那么大权力。有些总统的秘书也就是一个老太太而已，她不参与任何决策。办任何事都有一个法在那里。

第二种情况"**富人用金玉事主而来焉，主因离法而听之，此所谓富而禄之也**"。这就是权钱勾结了。富人拿着钱来，君主或者领导人看到金银财宝，就背弃法律而听他们的请求。这是富人用金钱贿赂破坏法制。"禄"，应为贿赂的"赂"。第三种情况"**贱人以服约卑敬悲色告愬其主，主因离法而听之，此所谓贱而事之也**"。贱人也就是太监，"服约"，驯服恭顺的样子，卑躬屈膝地伺候君主。宦官就是这样，看到主人卑躬屈膝，什么都可以做；但转身对其他人，比谁都凶。这不是他们的人品问题，而是制度和环境使然。只有这么做，他才能生存下去。久而久之，一个正直的人也会变成这样。一个太监用卑微的态度，哭哭啼啼地去求皇帝，皇帝就背离法律而听他的。这是地位卑贱的人用讨好的办法来破坏法制。第四种情况"**近者以偪近亲爱有求其主，主因离法而听之，此所谓近而亲之也**"。君主的近亲，以亲情来求，君主因而背弃法律而听从，这就是因亲昵而破坏法制。第五种情况"**美者以巧言令色请其主，主因离法而听之，此所谓美而淫之也**"。美女撒撒娇让君主答应她的要求，君主拗不过美色当前，背弃法律而听她的。这是因美而淫荡来破坏法制。现在这种情况也很多。多少落马的高官就是为了小三、小四而违法乱纪。有法为什么推行不了？两千六百多年前，管子就把破坏法制的情况讲得一清二楚，根源在上面。"**治世则不然**"，真正的太平盛世就不是这样。"**不知亲疏远近贵贱美恶，以度量断之。**"无论亲疏、远近、贵贱、美恶，一概照法律来决定。因此，"**其杀戮人者不怨也，其赏赐人不德也。**"即使被杀头的，也没什么可埋怨的。得到奖励的，也没什么好感激的。因为被罚被奖都有法律依据，不必报仇，也不必报恩。你提拔我，从处长提到局长，我不会成为你的跟班。因为按照制度，我有这个政绩，有这个能力，应该做局长的。不按照制度，仅凭领导个人好恶，听他的话，他就提拔你，当然有人愿意一辈子做你的马仔。

"**以法制行之，如天地之无私也。是以官无私论，士无私议，民无私说，虚其匈以听其上。**"一切照法制行事，就能像天地一样无私，公正，公平。这样的话，当官的不会徇私枉法。这里的"论"，不是议论、辩论，而是论处、判案的意思。知识分子不会窃窃私语，批评朝政。老百姓也不会对政策有私下偏爱的，因为政策都有法可据，不会忽宽忽严。大家都虚心听从朝廷的。"匈"，即"胸"，心胸。"**上以公正论，以法制断，故任天下而不重也。**"君主一切出自公心，按法律论断，那么挑起天下这副担子也不会觉得很重。有些领导人真的很勤奋，很累，可事情仍做不好，无能为力，会很无奈。什么原因？因为他做不到"**以公正论，以法制断**"。而公正和法制是有具体标志的，而不仅仅停留在口号。

112. 慎重对待战争

【法法·第十五章】贫民伤财，莫大于兵；危国忧主，莫速于兵。此四患者明矣，古今莫之能废也。兵当废而不废，则古今惑也；此二者不废而欲废之，则亦惑也。此二者伤国一也。黄帝、唐、虞，帝之隆也，资有天下，制在一人。当此之时也，兵不废。今德不及三帝，天下不顺，而求废兵，不亦难乎！故明君知所擅，知所患。国治而民务积，此所谓擅也。动与静，此所患也。是故明君审其所擅，以备其所患也。

这第十五章讲君主用兵必须慎重。既不要完全放弃战争，也不要用战争来解决一切问题。不过管子为什么要在《法法》里插进这样一章，我也不明白。战争是劳民伤财的事。造成国家危险，让君主忧虑的事，没有比战争来得更快的了。许多王朝毁于一场战争。"**此四患者明矣，古今莫之能废也**"，战争引起的这四种祸患非常明显。古往今来，战争都逃不出这样的结果。"**兵当废而不废，则古今惑也**"，该放弃战争而不放弃战争，古往今来都因为被迷惑了，看不到事情的根本。"**此二者不废而欲废之，则亦惑也。**"这句有点难。古和今"此二者"都没有废除战争。战争会引起祸患，照理就不应该有战争了，但古往今来一直战争不断。"欲废之"，指的是我们现在想要废除战争，齐桓公想要废除战争，那也是被迷惑的。"**此二者伤国一也。**"这里的"此二者"指"当废而不废"

和不该废欲废，这两种情况对国家带来的伤害是一样的。"**黄帝、唐、虞，帝之隆也，资有天下，制在一人。当此之时也，兵不废。**"黄帝、唐尧、虞舜是帝王中最突出、最伟大的，掌握了天下所有资源，一个人就可以决定天下大事，不像齐桓公的春秋时代，天子变成了傀儡。那时候，依然没有废除战争，征三苗，征蚩尤，与周边部落国家还是发生战争。"**今德不及三帝，天下不顺，而求废兵，不亦难乎！**"现在你齐桓公的德行远不如黄帝、唐、虞三帝；天下又不太平，诸侯之间互相攻伐，你却要废除战争，怎么可能做得到呢？"**故明君知所擅，知所患**"，作为一个英明的君主，应该知道当务之急，知道最担忧的事情。"**国治而民务积，此所谓擅也。**"把国家治理好，让老百姓富裕起来、有点积蓄，这才是你要专心去做的事情。"**动与静，此所患也。**""动"指战争，"静"指和平、不战。什么时候该动？什么时候该静？该战争的时候，你不战争；不该打仗的时候却去打仗，动静失宜。这才是你要忧患的，要反复思考，不能轻易做决定。所以"**明君审其所擅，以备其所患也**"。英明的君主要非常审慎地治国，和平时期把国家治理好，让老百姓有积蓄，这样才能准备去应付战争。

113. 领袖性格和治乱

【法法·第十六章】猛毅之君，不免于外难；懦弱之君，不免于内乱。猛毅之君者轻诛，轻诛之流，道正者不安，道正者不安，则材能之臣去亡矣。彼智者知吾情伪，为敌谋我，则外难自是至矣。故曰：猛毅之君不免于外难。懦弱之君者重诛，重诛之过，行邪者不革；行邪者久而不革，则群臣比周；群臣比周，则蔽美扬恶；蔽美扬恶，则内乱自是起矣。故曰：懦弱之君不免于内乱。明君不为亲戚危其社稷，社稷威于亲；不为君欲变其令，令尊于君；不为重宝分其威，威贵于宝；不为爱民亏其法，法爱于民。

太强悍的君主不免于外难，就像汉武帝这样的君主穷兵黩武，仗越打敌人越多。性格懦弱的君主不免于内乱。什么原因呢？"**猛毅之君者轻诛，轻诛之流，道正者不安。**"强悍的君主动不动就杀人。遇到动辄杀人的暴君，敢犯颜直谏的大臣就会心里不安。"**道正者不安，则材能之臣去亡矣。**"既然心里不安，宁可不做这个官，于是有真本事的大臣就离开了。"**彼智者知吾情伪，为敌谋我，则外难自是至矣。**"那些聪明人知道这个国家的虚实。倒过来去帮敌人的忙，于是外难就临头了。春秋时期，这种事是常有的。一些士大夫跑去魏国，魏国不用，就去韩国；韩国不用，就去齐国。真正"学得文武艺，售与帝王家"就发生在那个时代。如果我们现在不给人才发展空间，把人才都赶出去了，外国就吸收人才，然后来"谋"你。现代的"谋"不一定是打仗，而是经济战争。像是什么"千人计划"引进金融人才，那些人已经在华尔街把美国的金融体系搞得一塌糊涂了，导致一个个投资公司、证券公司倒闭。现在我们再把这些人引进来，会破坏我们的金融体系。真不知道是谁出的这样的主意？这些都是聪明人啊，"**彼智者知吾情伪**"。他们完全懂得中国国情，要把你的经济搞垮，不过举手之劳。因为他们是在美国学有专精的，而国际金融的游戏规则又比你懂得多，知道哪些是中国的软肋。所以管子说"**外难自是至矣**"，有些事是千古不变的。

"**懦弱之君者重诛，重诛之过，行邪者不革**"，性格懦弱的君主不轻易杀人，把死刑看得很重，因此对做坏事的奸臣也一再宽免，不及时革除。就像许多西方国家废除死刑，那么罪犯、恐怖分子更肆无忌惮了。"**行邪者久而不革，则群臣比周**"，朝廷中奸臣遇到优柔寡断的君主，即使败露了也不被去除，而能继续留用。久而久之他们就会结为奸党。"**群臣比周，则蔽美扬恶；蔽美扬恶，则内乱自是起矣。**"这些奸党就会在背地里造舆论，明明是君主做的好事，他们不说；明明是奸臣做的坏事，他们把责任都推到君主身上，到处说君主的坏话，把君主说成是暴君、昏君，煽动老百姓的不满情绪，于是内乱就发生了。"**故曰：懦弱之君不免于内乱。**"最后一段又是和第十章最后一段重复的。

这一章讲君主的性格猛毅还是懦弱，和一个国家治乱有很大关系。这一章实际上也是讲人治的弊病。国家的兴衰仅靠明君是靠不住的，还是要靠健全的法制，要依法治国。法治分三个方面：生法、守法、法于法。法治能不能推行得下去，关键在"守法"，在司法。《法法》主要讲的是司法。法律看上去是由百官去执行，其实根子在君主。所以管子很少讲臣要如何如何，而是集中讲君要如何如何。同样，中国当今的司法改革，根子在上面。根本制度不改革、不完善，而整天搞什么法官培训、检察官培训，培训一百年都没有用。司法的基本原则在《法法》里都涉及到了，还有一些散在其他篇章。

114. 破坏法令的五不赦

　　管子在《立政》篇里提出"**凡将举事，令必先出。曰事将为，其赏罚之数必先明之。**"凡要做事之前，首先要法令先行，不能滞后。现在很多情形是事情做了，发现出问题了，如假药、假酒、地沟油、孔雀绿到处泛滥成灾了，才想到要制订《食品安全法》。什么叫法令先行呢？就是做事前要把赏罚的标准规定得清清楚楚，怎么样会有奖赏，奖多少；怎么样要处罚，罚多少，必须让所有参与的人都知道。管理也是一样的。做一个项目之前，参与这个项目的人到齐了，做得好有什么奖，做不好受什么罚，老板要讲得清清楚楚。这样，做事的人才既有动力，又有压力，项目才能做成功。人性是趋利避害的，既贪图利益，又想躲避危害，所以光有罚，没有奖，人就没有积极性，能偷懒就偷懒。光有奖，没有罚，也就是说没有压力，事情也未必做得好。人有惰性，就得有压力，所以还得有罚。把这简单几句话真正用到管理中去，就足够了。

　　在《法禁》篇里，管子说："**君一置其仪，则百官守其法。上明陈其制，则下皆会其度矣。**"法令一公布，则必须上下都遵守，没有例外。君主一旦制定了一项法规，百官都要遵守。作为制定法规的君主，要把新制度讲清楚，明确宣布，不要含含糊糊。这样臣下都能领会法度，怎么做是对，怎么做是错；既不过分，也不能不足。那么，如果臣民们不守法怎么办呢？《重令》篇说："**亏令者死，益令者死，不行令者死，留令者死，不从令者死。五者死而无赦，惟令**

是视。"君主的诏令下来，传令的人删除了一部分。中央文件传达到县一级，县政府不把中央文件直接传达给老百姓，而是改成县政府文件下达，把不利于自己的部分删除了，这叫"亏令者"；传令的人在朝廷政令上夹带私货，加进有利于自己的内容，叫"益令者"；政令下来不执行，叫做"不行令者"；君主制定了法令，让身边的秘书去发布，结果被扣发了，这叫"留令者"；命令下达后，该执行的人拒不执行，这叫"不从令者"。这五种情况都应杀无赦。这样臣民对君主，下级对上级才会唯命是从，才能保证法令政令畅通无阻。

115. 法不是万能的

　　如果只是看"五不赦"，触犯就要杀人，似乎管子比法家还要法家。其实，他在讲某一个问题时，会比较强调某一侧面，不可能每篇文章都面面俱到。他虽然看到法律是治国重器，但本身也有缺陷。法不是万能的，仅仅靠法也不能保证国家长治久安。如他在《牧民》中说："**故刑罚不足以畏其意，杀戮不足以服其心。故刑罚繁而意不恐，则令不行矣。杀戮众而心不服，则上位危矣。**"专任刑罚不仅不能达到威慑作用，反而会破坏法令，威胁政权稳定。因此，治国还需要具有自律作用的礼教德治，可以弥补法治的不足。管子在《幼官》篇提出："**成功立事，必顺于理义。**"因此要"**通之以道，畜之以惠，亲之以仁，养之以义，报之以德，结之以信，接之以礼，和之以乐。**"即使处理君臣关系也不能一味靠法度，也要用礼义教化。《任法》有一段话："**群臣不用礼义教训，则不祥；百官伏事者离法而治，则不详。**"君主对百官不用礼义去教育，很不吉利；百官做事背离法度，也很不吉利。这个"详"，是吉祥的"祥"。这段话很典型地代表了管子的思想，既要有礼义，又要有法治，否则君臣上下都"不祥"，都没有什么好结果。所以说，管子的法治思想，既非法家，亦非儒家。

第八讲

《管子》的经济哲学

桓公说:"齐国西部因闹水灾而民间发生饥荒,东部则因丰收而粮价很低。我想用东部便宜的粮食加于粮贵的西部,有办法做到吗?"

管子回答:请你下令按人头征税,每人三十泉,可以用粮食抵货币。这样,东部的人争相用低价粮食来缴税,粮食自然就充满国家粮仓,政府再拿到西部去。使饥者得食,东西部互相调剂,远近地区的粮价就持平了。

116. 中国需要本土的经济哲学

　　这一讲主要讲管子的经济思想。过去人们最重视的是他的经济思想，因为管子提出的一些经济制度、经济措施一直沿用到一百多年前的清代，到今天还有它遗留的影子。比如，盐的专卖至今还在实行，它就是管子提出来的。所以两千多年来，管子的经济思想对中国人的影响非常大。后来的儒家基本不谈经济，因为他们认为公开讲利、算钱、言商是很丢脸的事。在古代中国，有系统经济理论的只有《管子》。

　　其实，经济思想也有"体"和"用"之分。"体"是指经济理论，也可以说是经济哲学。既然有政治哲学、社会哲学、文化哲学，当然也应该有经济哲学。现在的经济决策经常出问题，因为只有"用"的部分，即经济技术层面的理论，没有经济哲学指导。经济哲学在西方还有，比如凯恩斯学派、新古典经济学派、新自由主义经济学派等。这些学派不解决具体经济问题，只提出理论，然后从这些理论延伸出去，研究各种经济现象和对策。我们中国人现在用的经济理论，"体"的部分都是吸收西方的，但又没体系性，头痛抓一点医头痛的药，脚痛抓一点医脚痛的药，没有一个完整的经济哲学。所以造成现在的经济学家都是"事后诸葛亮"。他们先是鼓吹经济如何繁荣，还可以持续发展多少年，金融海啸一发生，他们声称早就预料到了。新闻媒体中说中国经济好是这些人，说坏的也是这些人。难怪丁学良先生会下结论说"中国连五个合格的经济学家也没有"。尽管这一句话打翻了一船人，惹来一片骂声，但我还是赞同的。

学西方学得支离破碎，中国本土生长出来的经济哲学更是没有。我们现在说政治上要有中国特色的社会主义，要考虑中国国情。经济则似乎可以离开中国国情，什么都要跟国际接轨，不用中国特色。这种做法本身就是矛盾的。马克思主义的基本原理，经济基础决定上层建筑。经济基础用西方的，上层建筑要有中国特色，这不是反马克思主义的吗？要创立中国自己的一套经济理论、经济哲学，就不能妄自菲薄，不能否认中国有自己传统的经济哲学。上海有几个搞投资、金融的，大部分是海归，他们组织了一个读书会。我去听了之后对他们说，你们都是学西方经济理论的，其实西方很多东西，我们的老祖宗都有留下来。比如，政府应该通过货币调节市场，而不能用行政手段直接干预市场。《管子》里就反复讲过这个道理，还具体论述政府怎样用货币去调节市场。他们不信，以为我在开玩笑。我就拿了《管子·轻重己》一字一句地给他们讲。听了之后，他们都认同了。

117. 什么叫"轻重"？

　　《管子》讲经济的文章共有 19 篇，其中 3 篇只保留了题目，正文没有了。今天能看到的是 16 篇。其中《轻重己》专记时令，不是讲经济的，有人认为，不应该用轻重做标题，是刘向编《管子》时"校雠不审，误搀入者耳"。其实他们没搞懂，时令和农时有关，农业是中国传统社会的经济基础，所以放在经济部分并不奇怪。其实还不止这些，其他文章里也提到经济。这 19 篇统称为"轻重"。什么叫"轻重"？从广义上讲，"轻重"不仅仅是经济理论。"轻重"的意思就是权衡。哪个轻，哪个重，权衡一下。权是什么？是秤锤，秤砣。权衡就是用秤砣来量轻重。我们今天看到"权"字，联想到的就是能够指使别人、决定别人命运的权力，其实那是引申义。"轻重"作权衡解释时，可以用于一切方面，除了经济之外，也包括政治、军事、法律、教育等。《管子》里提到"轻重"也不仅仅是在经济方面。比方《山权数》里讲**"恶恶乎来刑，善善乎来荣，戒也"**，指的是法律上的轻重之法。《事语》里讲的**"无委致围，城肥致冲"**和《轻重乙》中的**"素赏之计"**，指军事上的轻重之法。《山权数》的**"教数"**和**"君揉"**指教育上的轻重之法。本来这个"轻重"用得很广泛，为什么后来一提到"轻重之法"就想到是经济范畴呢？因为《管子》书中最有特色的、讲到"轻重"的是经济部分。后人就把管子的一整套经济理论称之为"轻重"学说。

　　从狭义上讲，"轻重"就是管子这套经济学说的核心，就是"以轻重御天下之道"，靠权衡轻重来解决一切经济问题。具体来说，管子发现了这么一个规律："**物多则贱，寡则贵；散则轻，聚则重。**"产品多了，价格就一定便宜；少了，价格就一定高。货物流通到市场上去，价格一定低；囤积起来，价格就会提高。比如，有人把药材囤积起来，市场上药材价格就上去了；把绿豆囤积起来，绿豆价格就上去了。两千六百年前，管子就发现了这个规律。根据这个规律，管子主张实行一种政策，叫做"敛轻散重"。市场上某种货物价格过于低的时候，政府就去收购，从市场上买回来。等到价格太贵了，老百姓发牢骚了，政府就把储存起来的货物再投放到市场上去。这样做的话，可以既平抑物价，不让物价出现畸重畸轻的情况，政府还有利可图，物价低的时候买进，高的时候卖出去，赚取中间的差价，达到"无籍而赡国"的效果。不用征税也可以养政府，当然不是说完全不收税，只是不加新的税。"不一赋而天下用饶"，不用加税就足够养国家。养国家的任务很重，又要养军队，又要养官吏。

换成现在的经济术语来讲，实际上"轻重"理论就是以货币和价格学说为根据。西方的经济学就分得很细，专门有价格学说、货币理论、消费行为理论。管子是不分的，经济在哲学层面必须通盘考虑。西方经济就像西医一样，头痛医头、脚痛医脚，价格出问题了抓价格，生产出问题了抓生产，货币出问题了抓货币，永远不能从根本上解决问题。管子非常重视货币在商品流通中的作用，甚至认为货币的重要性超过粮食。那是非常不简单的，因为那个时代是农业社会，最重视的是粮食。但是管子认为，货币的重要性超过粮食。他在《国蓄》篇里有一段话："**五谷食米，民之司命也；黄金刀币，民之通施也。故善者执其通施，以御其司命。故民力可得而尽也。**"粮食是老百姓的命根子，货币是流通手段。有本领的人抓住货币，来控制粮食，这样老百姓就可以尽力去生产粮食。既然粮食以及万物的交换和流通都要通过货币，货币就有了支配粮食以及万物的权力。商人为什么可以发财？因为他们掌握了货币，就可以囤积各种货物，包括粮食，来谋取厚利。商人可以这么做，政府照样可以这么做。政府掌握了货币，同样可以储备粮食以及各种物资。由于货币作为流通手段而成为各种物质财富的代表，谁掌握了它，谁就掌握了各种物质财富。所以货币也成为财富的贮藏手段。商人用钱生钱。今天的金融业就是用货币生殖货币。管子主张：

国家除了铸造货币供流通以外，也可以用钱生钱。也就是说，国家也应该进入金融行业，作为控制和增加国库财富的手段。

前面讲了管子主张政府利用货币政策，从流通中控制粮食和各种重要物资。除此之外，管子在那个时代已经看到，还可以运用物价政策掌握流通。他认识到"**币重而万物轻，币轻而万物重**"。(《山至数》)货币发得少，币值就高，币值高，物价就便宜。货币发行太多，钱不值钱的时候，物价就高。物价的高低和货币价值成反比例地变化。所以物价高低不仅在于产品的多少，这当然是一个因素。另一个因素跟货币的轻重有关。现在就是这样，美元发行得多了，中国也大量发行货币，物价势必上涨。这不就是通货膨胀理论吗？这个理论在西方是两百年之内才有的。过去历史学界一直说中国商品经济不发达，到明代才出现资本主义萌芽。他们应该都没有读过《管子》。没有发达的市场商品交易，管子怎么总结出这套理论的呢？管子由"轻重说"提出一系列经济政策，如"平粜"、"轻税"、"平准"、"盐铁官营"和发展国际贸易等等。所以管子的轻重学说对中国后世的影响非常大。可以说在民国以前的中国，有关的货币理论、价格政策以及许多经济制度都离不开管子的思想。

当然对这19篇《轻重》的成书年代，专家争议很多。有的说是战国时期；有的说是西汉时期，像马非百老先生则说是东汉末到王莽执政时期。无论如何，轻重说的基本思想是管仲原创的，因为他使齐国从一个穷国变成富国，推行的一系列经济政策和措施，正是以轻重理论为指导的，理论和实践完全一致，这是有史可证的。当然，19篇文章中不排除有部分是他的学生或者信奉管子学说的后人阐发的。在西汉，管子的这套经济理论还很普及。有很多论著，像《盐铁论》等，都是以轻重学说为基础的。很多著名理财专家，包括唐代的刘晏，都是信奉和推行轻重理论的。

118.《国蓄》是管子经济思想的纲

　　现在讲的《国蓄》是现存 16 篇《轻重》中最重要、最特别的一篇。其余 15 篇皆为问答体，一问一答，且都是叙述具体事例。唯独本篇不用问答体，直叙一般原理原则。其余各篇往往都有若干段文字跟《国蓄》是相同的。我举些例子，如本篇有"**国有十年之蓄**"一段，《轻重乙》里照抄；本篇有"**凡将为国，不通于轻重**"一段，《揆度》里照抄；本篇有"**且君引错量用**"一段和"**是故万乘之国必有万金之贾**"一段，《轻重甲》里照抄；"**使万室之都必有万钟之藏**"一段，《山权数》里照抄；《国蓄》的"**谷贵则万物必贱**"一段，《乘马数》、《山至数》、《轻重乙》三篇都照抄；本篇的"**夫以室庑籍**"一段，分别见于《海王》及《轻重甲》；"**玉起于禺氏**"一段分别见于《地数》、《揆度》及《轻重乙》；"**今人君籍求于民**"一段，分别见于《揆度》及《轻重甲》。清朝学者何如璋讲过："轻重各篇惟《国蓄》是管子经言，其《巨乘马》以下十一篇，则齐史记述之作。自此以至终篇，乃后人所附益。文非一手，大多假为问答以训释《国蓄》轻重之意。"[①] 我认为这话是对的。这篇文章应该是管子的原创，其他都是后人在他的思想基础上进行了阐发。从战国以后，一代又一代不断有人讲解《国蓄》，讲解管子的轻重理论，所以才会大段引用《国蓄》的原文。我们可以这样认为，

---

① 　何如璋《管子析疑·总论》，见温廷敬编《茶阳三家文钞》上册《何少詹文钞》卷一。

《国蓄》是管子轻重理论的纲领。你把它读通了，管子的经济思想也就基本掌握了。其他各篇提出的种种具体问题，都是根据《国蓄》中的原理加以补充发挥，或辨析，或提出相反意见，或解释其中的特别术语。按何如璋的说法，是"与《国蓄》互相发明"。所以我把《国蓄》作为讲管子经济思想的主要文本。

119. 政府紧紧抓住货币就行

【国蓄·第一章】国有十年之蓄，而民不足于食，皆以其技能望君之禄也。君有山海之金，而民不罪足于用，是皆以其事业交接于君上也。故人君挟（持）其食，守其用，据有余而制不足。故民无不累（系，依附）于上也。五谷食米，民之司命也。黄金刀币，民之通施也。故善者执其通施，以御其司命，故民力可得而尽也。

国家有十年的储备，但老百姓仍然吃不饱，所以他们才会用自己的一技之长，希望从君主那里换取报酬。君主拥有山海一样多的财富，但老百姓无法满足日常需求，所以依靠自己从事的职业，跟君主来交换财物，不得不跟君主打交道。"君有山海之金"，当时的金是指铜，这里是指货币。山海不仅是指多，也可以解释成君主拥有天下的货币。因为古代货币或是用出自山里的铜铸造的，或是用产自海里的贝壳充当的。而山和海都是被君主垄断的。"**故人君挟其食，守其用，据有余而制不足。故民无不累于上也。**"因为存在着这样一种现象，所以君主就可以拿着储备的粮食和货币，以自己的富裕来控制民间的不足。老百姓都不得不依附于君主。如果老百姓都有吃有喝很有钱，为什么还要为你打工？其实每一个老板都是据有余而制不足。这个道理，千古不变。

"**五谷食米，民之司命也。**"粮食是老百姓的命，司命是天上主生死的星。

没有粮食，老百姓就饿死了；有了粮食，老百姓可以活下去，所以叫做司命。今天粮食依然重要，中国本身就是一个人多地少的国家。现在粮食生产和供应，很大一部分依赖进口，主要靠从美国、加拿大进口。如果人家不出口给你粮食了，就像卡住了你的喉咙。这么一个十三亿人口的国家怎么办？"**黄金刀币，民之通施也。**"黄金刀币指货币；通施就是现在说的通货。为什么叫通货？黄金既不能当吃、又不能当穿，就是用来流通的。"**故善者执其通施，以御其司命。**"所以有本事的君主就会紧紧掌握货币的铸造和发行，以此去控制粮食。这样老百姓就可以尽力去生产。为什么呢？前面已经讲了，老百姓吃不饱，而君主有粮食储备，所以老百姓愿意发挥一技之长来换粮食。因为你有货币可以交换各种商品，他们没有钱去买生活必需品，所以愿意为你工作来赚钱。你可以使他们身上的体力、脑力充分发挥出来。

管子在《事语》篇里也说过同样的话："**非有积蓄，不可以用人；非有积财，无以劝下。**"老板靠什么要求员工卖力呢？不就是因为你口袋里有钱嘛。如果你说自己的事业很重要，所以员工应该无偿贡献，能行吗？我碰到过这种富二代，以为钱就是应该他家赚，要求员工不应该斤斤计较钱，把工资压得很低，结果人才都跑光了。老百姓个个不出力，国家怎么富强？

这一章开门见山就讲君主怎么通过掌握货币和粮食来统治臣民。管子的经济思想是服从于政治的，是为了强国、称霸。强国称霸最基础的就是民生、经济。怎么发展经济？他提出一整套理论主张。最主要的就是"执其通施"，政府要垄断货币的铸造和发行权。下面提到"人君铸钱立币，民庶之通施也"，就是指造币权一定要掌握在君主手中。政府不能样样都抓，但货币不能不抓。货币和粮食是国家的经济命脉，但谷物生产掌握在农民手上。政府要通过控制货币和粮食平衡各种商品的价格，而谷物也得通过货币才能到政府手上。所以政府要控制谷物，就必须首先控制货币，掌握货币的铸造和发行权。

120. 管子最早提出间接税主张

【国蓄·第二章】夫民者信亲而死利，海内皆然。民予则喜，夺则怒，民情皆然。先王知其然，故见予之形，不见夺之理。故民爱可洽于上也。租籍者，所以强求也。租税者，所虑而请也。王霸之君，去其所以强求，废（发）其所虑而请。故天下乐从也。

这一章是讲去直接税，立间接税。这是管子最早提出的主张，他认为间接税是符合人性的，所以先从分析人性入手。我们现在的经济理论都是从分析数字入手，动不动就拿数字来说话。中国传统的经济理论是从分析人性、分析利益入手。一般老百姓总是相信亲近的人，爱己之人。首先相信父母，因为父母是爱我的人；相信子女，因为子女爱我。人性还有一个特点就是"利之所在，人必趋之，虽死不避"。只要有利可图，就愿意赴汤蹈火。司马迁在《史记·货殖列传》中有一句名言："天下熙熙，皆为利来；天下攘攘，皆为利往。"马克思的《资本论》也是这么说的："资本来到世间，从头到脚，每个毛孔都滴着血和肮脏的东西。资本害怕没有利润或利润太少，就像自然害怕真空一样，一旦有适当的利润，资本就胆大起来，如果有百分之十的利润，它就被保证到处被使用，如果有百分之二十的利润，它就活跃起来，有百分之五十的利润，它就铤而走险，为了百分之一百的利润，它可以践踏一切人间法律，有百分之三百的利润，它就敢犯任何罪行，甚至冒绞首的危险。"古今中外人性都是如此，不但汉代司马迁看到了，马克思也看到了。

因此，"**民予则喜，夺则怒，民情皆然**"。对老百姓来说，你给他们实惠，他们总是高兴的；你要从他们手里拿走实惠，老百姓肯定不满。四海之内，人性人情都是如此。这在今天的希腊表现得再清楚不过了。政客们每当选举就给选民许诺一点福利，他们总是很高兴，会投你的票。到了今天，这个国家的经济快要崩溃了，政府要收回一点福利，要老百姓节衣缩食，大家就不肯了、上街闹事，财政紧缩政策很难推行。"**先王知其然，故见予之形，不见夺之理**。"古代圣人知道人性的道理，所以只让老百姓看到给他们的实惠，而不让他们知道"羊毛出在羊身上"。其实君主给老百姓的说到底还是从他们手里拿走的，拿得多，给得少。改革开放之前的中国民众没有所得税，但实际上是纳税的。工厂、企业都属国有，除去生产成本，利润全部上交国库。工人拿到的工资福利和劳动价值相比差很多，剩余劳动都被交上去了，但形式上不用纳税。工厂、企业给员工的福利非常清楚，分房子，有幼儿园，还有工厂食堂，大家很高兴。他们不知道企业上交的就是自己创造的成果，剩余价值部分全部上交了，实际税比现在还要重。"**见予之形**"，老百姓只看到给他的，"**不见夺之理**"，看不到从他们手上拿走的。所以"**民爱可洽于上也**"，老百姓对君主爱戴，君民关系非常融洽。

在分析人性的基础上，管子指出："**租籍者，所以强求也。租税者，所虑而请也**。"租籍，按人头收税，包括土地、人口、房屋等直接税。先秦时期的"税"是指专项税，指人口、土地、房屋正常税之外的税项。例如，打渔砍柴要付税，炼铁、晒盐要付税，还有做生意也要交税，这些都不是人人要交的税。这些是有利可图才要交的，属于间接税。直接税是政府强迫民众一定要交的。间接税则不同，是民众计算过是否有利可图，然后才请求上交的。"**虑**"，计算。比如开采煤矿，几个老板都要抢，因为他算过，交税之后还有利可图。"**王霸之君，去其所以强求，废其所虑而请。故天下乐从也**。"有作为的君主应该废除那些强求得来的直接税，其实也不是完全去掉，只是减轻。"**废**"是错讹字，应是"**发**"，开发的意思。开发那些老百姓愿意交的间接税。本来山林盐铁等是由政府自己经营的，或者放在那里不管的，应该拿出来租给老百姓，以此开辟财源。因为有利可图，天下人人都争着要，也乐意交税，政府可以坐享其成。

具体怎么做，我们看《海王》篇。什么叫"海王"？据考证，应该是"山海王"，因为里面也提到了山。垄断山海之利而王天下。这是16篇《轻重》中的一篇。

【海王】桓公问于管子曰："吾欲藉于台雉〔榭〕，何如？"管子对曰："此毁成也。"曰："吾欲藉于树木。"管子对曰："此伐生也。"曰："吾欲藉于六畜。"管子对曰："此杀生也。"曰："吾欲藉于人，何如？"管子对曰："此隐情也。"桓公曰："然则吾何以为国？"管子对曰："唯宫〔管〕山海为可耳。"桓公曰："何谓官山海？"管子对曰："海王之国，谨正〔征〕盐筴〔策〕。"桓公曰："何谓正盐筴？"管子对曰："十口之家，十人食盐。百口之家，百人食盐，终月大男食盐五升少半，大女食盐三升少半；吾子食盐二升少半，此其大历也。盐百升而釜。令盐之重升加分强〔錙〕，釜五十也。升加一强，釜百也。升加二强，釜二百也。钟二千，十钟二万，百钟二十万，千钟二百万，万乘之国，人数开口千万也。禺〔合〕筴之，商〔适〕日二百万，十日二千万，一月六千万，万乘之国正九〔人〕百万也。月人三十钱之籍，为钱三千万。今吾非籍之诸君吾子，而有二国之籍者六千万。使君施令曰：吾将籍于诸君吾子，则必嚣号。今夫给之盐筴，则百倍归于上，人无以避此者，数也。""今铁官之数曰：'一女必有一针一刀，若其事立。耕者必有一耒一耜一铫，若其事立。行服连轺辇者必有一斤一锯一锥一凿，若其事立，不尔而成事者天下无有。'令针之重加一也，三十针一人之籍。刀之重加六，五六三十，五刀一人之籍也。耜铁之重加七，三耜铁一人之籍也。其余轻重皆准此而行。然则举臂胜事，无不服籍者。"桓公曰："然则国无山海不王乎？"管子曰："因人之山海假之，名有海之国，雠〔售〕盐于吾国。釜十五吾受，而官出之以百，我未与其本事也，受人之事。以重相推，此人用之数也。"

这篇文字不难懂，这里不再一字一句讲。齐桓公问管子：我想收房屋税，好不好？管子回答说：这样做是让老百姓拆房屋。因为大家都不想付这个税。再看得深一点，这里为什么用"台"、"雉"，而不是屋宇？正屋本来就是交房屋税的，现在要把房屋税扩大到辅助建筑。没有人会为了避税把正屋拆掉，在院子里搭个亭子要征税，就只好拆掉亭子。房屋税不让收，那就收树木税吧。可管子说：那是要把树木都砍光啊。齐桓公说：那我就收牲口税，好不好？管子说：这是杀生，大家就会都不养猪了。实在没有办法了，桓公说：那按人头收税好吗？管子回答：这样做，老百姓会隐瞒户口。这个税不让收，那个税也不让收，齐桓公无可奈何地说：那我没钱怎么去管这个国家？管子说："**唯官山海为可耳。**"只有一个办法，就是政府把山海管起来。

什么叫管山海？管子说：靠海而王的国家要谨慎制定盐税政策。桓公问：要怎么做？管子告诉他：十口之家就有 10 个人要吃盐，100 个人的家族就有100 个人要吃盐。一个月成年男人吃盐五升半，女人吃盐三升少半，小孩子吃盐二升半。这是大概的情况。"吾子"，意思不是"我的儿子"，"吾"在古代的发音读伢（yá），小伢子，小孩儿。盐一百升等于一釜。如果下一道命令：盐价每升加半锱，那么每釜是五十锱；每升加一锱的话，每釜就是加一百锱；每升加二锱，每釜就是加二百锱。每钟二千，十钟就有二万锱；百钟就有二十万，千钟就有二百万锱。像我们齐国这样的万乘之国，总人口大概有一千万。"**禺筴之，商日二百万。**"合计算一下，每天正好有二百万，十日有二千万，一月有六千万锱。"禺"，合计；"筴"，算筹，中国发明算盘前是用筹码计算；"商"，错讹字，应是"適"（适），恰好的意思。"**万乘之国正九百万也。**"万乘大国可以被征税的人口大概一百万。"正"，征；"九"错讹字，应是"人"字的误写。"**月人三十钱之籍。**"籍就是人口税，每人每月收三十钱人头税的话，全国百万人不过三千万。"**今吾非籍之诸君吾子，而有二国之籍者六千万。**"现在不收这大人小孩的三千万人头税，改征盐税，月入六千万，相当于两个齐国的人头税收入。假使朝廷下令征收人头税，这些人一定会吵闹起来。"嚣号"，骂声不绝。现在推行盐税政策，可以有百倍的收入归于朝廷，没有人逃得过，盐是大家每天要吃的。这就是所谓的理财之术。

管理铁矿的衙门提供调查数据说："**一女必有一针一刀，若其事立**。"每个女人必定要有一把剪刀、一根针，她的针线活才能做得起来。农民必定要有一把犁头、一把锄头，才能够种地。从事制车业的工匠必定要有斧头、锯子、锥子、凿子，才能工作。"连"，即"辇"字，人拉的独轮车；"轺"，小车；"辇"，马车。"**不尔而成事者天下无有**"，没有这些工具可以做事的几乎没有。如果下令：每根针加价一锱，三十根针就相当于一个人的人头税。每把刀加价六锱，五把刀就相当于一个人的人头税。铁犁头加价七锱，三把犁头就是一个人的人头税。"**其余轻重皆准此而行。然则举臂胜事，无不服藉者**。"其余加价的多少都照这个标准推算。政府只需举手之劳，就没有一个不交税的了。

齐桓公说："然则国无山海不王乎？"如果一个国家既没有山，也没有海，就不能称王了吗？管子回答：可以借用人家的山和海，让有海的国家，售卖盐给没有盐的国家，但只准卖给政府，不准卖给老百姓。进口的盐，每釜是十五锱，我们政府把盐买回来以后再以官价卖给老百姓。到现在为止，盐还是国家专卖的。买进来十五，卖出去一百。我们政府并没有参与制盐的事，借人家之力，入价低，然后高价出，这是"用人"之术。

这就是《海王》篇，不光是空口谈理论，还有具体的实施方法和数字计算。这说明那时候已经有一套调查统计的制度。

盐铁由国家专营，但不是搞国营企业，而是承包给民营。管子在《轻重乙》有一段话：

> 桓公曰："'请以令断山木，鼓山铁。是可以无籍而用尽'。管子对曰：'不可。今发徒隶而作之，则逃亡而不守。发民，则下疾怨上，边竟有兵，则怀宿怨而不战。未见山铁之利而内败矣。故善者不如与民，量其重，计其赢，民得其十，君得其三。有杂之以轻重，守之以高下。若此，则民疾作而为上虏矣。'"

不是要管山海吗？齐桓公就说：那我就下令砍伐林木，鼓炉炼铁。这样可以不征税而足够国用了。管子说：政府自己办企业是行不通的。为什么？如果用劳改犯去做，他们会逃走，派很多军队都未必看得住。如果征用老百姓去做，他们就会怨恨不满，因为自己家里的田地就没人种了。万一边境发生战争的话，老百姓因对政府怀有宿怨，就不肯拼死作战。结果还没见到山铁之利就已经失败了。所以聪明的办法还不如干脆包给老百姓。估计一下它的价值，算一算盈利，有十分盈利给承包人的话，政府就拿十分之三。然后再使用调节物价的办法，监视着市场的波动，市场上铁价高了，就把铁抛出去；铁价低了，再买进来，这样做的话，民众会拼命去干，不用派人去看守，也不用逼迫，他们自觉自愿地被政府套牢了。

121. 政府主导分配

【国蓄·第三章】利出于一孔者，其国无敌。出二孔者，其兵不诎（屈）。出三孔者，不可以举兵。出四孔者，其国必亡。先王知其然，故塞民之养，隘其利途。故予之在君，夺之在君，贫之在君，富之在君。故民之戴上如日月，亲君若父母。

"利出于一孔"，这是管子非常著名的经济思想。从字面上说，利，是利益；孔，是渠道。利益只可以出自一个渠道。实际上，根据上下文的意思，"利"是指利益、财富的分配只能有一个渠道，就是由政府来调节分配。如果这样做，国家就能强大。如果财富分配有两个渠道的话，还勉强过得去，军队还可以不被别人打败。为什么呢？说明老百姓的不满程度还在可控范围内，因此还影响不到军队士气。如果财富分配渠道有三个了，不可以举兵，因为士气低落，没有战斗力了。"出四孔者，其国必亡。"当然，这里的二、三、四都不是指实数，而是指程度。照理利益如何分配，决定权应该在中央政府或君主手里。中央可以决定，地方政府也可以决定，那就是"两孔"了。再来一个外国资本也参与决定，就是"三孔"了。官商勾结后的财团也有权决定，就是"四孔"了。"先王知其然"，以前的明君知道这个道理，他们采取什么措施呢？"塞民之养，隘其利途。"堵绝或收窄民众获得财富、利益的渠道。不让老百姓获取马克思所讲的"百分之三百的利润"。把利益给什么人，不给什么人；让什么人富起来，不让什么人富起来，都由君主决定。这样一来，老百姓就会像敬畏日月一样地敬畏君主，像亲近父母一样地亲近君主。

管子承认贫富的原因是因为人们的能力不同造成的。有些人聪明，所以致富了；有些人笨，所以发不了财。他说："**分财若一，智者能收。智者有什倍人之功，愚者有不赓本之事。**"父亲临死前分财产，每个儿子一份。聪明的拿了这一份就会有收获，可以获得比常人多十倍的利润。笨的甚至连本钱都收不回。"不赓本"，就是赔本。因此造成"**能者有余，拙者不足**"的社会现象。(《地数》)但政府不能听凭贫富的悬殊，要干预，要调节。《揆度》上说："**夫富能夺，贫能予，乃可以为天下。**"你不能缩小贫富差距，怎么可以"为天下"，怎么可以治理国家？

但是"予之在君"并不是白白将财物分给穷人，而是政府通过放贷的形式给穷人。白给会出问题。现在的扶贫救济往往是白给。20世纪70年代以前，最穷的西北地区的老百姓每年靠吃救济过日子，不愿意下地干活。粮食产量低，生活很困苦，劝他们移民到比较富裕的地方也不愿意，因为不适应下地劳动。冬天没有被子，政府发了被子，到天气一暖和，把被子卖了换酒喝。所以管子不主张白白地给，而要用放贷的形式。有位美籍华人来西北做扶贫事业，选了两个最贫困的地区，以一千元的小额贷款只贷给妇女，不贷给男人。因为如果贷给男人，他们拿到钱就可能去赌博、喝酒，积累不了财富，也改善不了自身。而女人当家，不会随便乱花，买一头母猪生小猪，慢慢改变赤贫生活。每个女人赚到钱就还款，老先生收回来的钱再贷给更多人。这样做了好几年，做得非常成功。这种中国传统的做法就是来自管子那里的思想影响。"夺之在君"，不是用剥夺财产的方式去均贫富，不是搞土改，把土地从地主富农手里全部夺走，而是运用轻重之法，去调节物价、调节市场。政府把暴利从富商大贾和高利贷者手中夺过来，借此使财富分配达到相对的平衡。允许有贫富，不是要消灭贫富，只是通过平衡使得差距不要那么大。

【国蓄·第四章】凡将为国，不通于轻重，不可为笼以守民。不能调通民利，不可以语制，为大治。是故万乘之国，有万金之贾。千乘之国，有千金之贾。然者何也？国多失利，则臣不尽其忠，士不尽其死矣。岁有凶穰，故谷有贵贱。令有缓急，故物有轻重。然而人君不能治，故使蓄贾游市，乘民之不给，百倍其本。分地若一，强者能守。分财若一，智者能收。智者有什倍人之功，愚者有不赓本之事。然而人君不能调，故民有相百倍之生也。夫民富则不可以禄使也，贫则不可以罚威也。法令之不行，万民之不治，贫富之不齐也。且君引錣（货币）量用，耕田发草，上得其数矣。民人所食，人有若干步亩之数矣。计本量委则足矣，然而民有饥饿不食者，何也？谷有所藏也。人君铸钱立币，民庶之通施也。人有若干百千之数矣。然而人事不及、用不足者，何也？利有所并藏也。然则人君非能散积聚，钧（均）美不足，分并财利而调民事也，则君虽强本趣耕，而自为铸币而无已，乃今使民下相役耳，恶能以为治乎！

凡是要治理一个国家的人，不懂得轻重之法，就无法笼络住老百姓。为什么用这个"笼"字？就是国家把经济控制起来，就像做一个笼子把民众框在里面。如果不通轻重之法，就无法管控经济。陈云的"鸟笼经济"理论就有点这个意思。"**不能调通民利，不可以语制，为大治。**"君主不能把民众的利益调整好，讲其他的制度没有用，不可能达到天下大治。万乘之国就会有万金巨富，千乘之国就会有千金富豪。后果是什么呢？本来属于国家的资产就会流失，朝廷没有可以动用的足够资源。百官势必不会尽忠报国，谁能给他们好处，他们就为谁办事。将士不会冲锋陷阵，因为朝廷没有办法赏赐他们。

年成有凶年，有丰年，所以粮价就会波动，会有高有低。"穰"，丰收的意思。"**令有缓急，故物有轻重。**"政府要向老百姓征调物资。例如，发生战争了，军队需要布匹、粮食、武器。政府颁发的命令有限期，下令一个月交上来，或者十天交上来，不同的限期都会影响到物价。令越急，物价就越贵，因为大家都要从市场上买了交上去；限期比较长，物价就会比较便宜，老百姓可以从容去准备。"**然而人君不能治，故使蓄贾游市，乘民之不给，百倍其本。**"在前面两种情况下，如果朝廷没有办法干预和控制，就会让那些囤积商进出于市场，价低买进，高价抛出，趁老百姓因匮乏而急需的时候，赚取暴利。

"分地若一，强者能守。"同样的土地，劳动力强、技能高的就能守得住分到的地。老弱病残者种不了，最后只能卖田卖地。时间长了，土地就集中到少数人手里。中国历史上出现过多次土地高度集中，引起朝廷和地方豪强的矛盾，导致朝廷采取抑制豪强的措施，或者重新分配土地。土地重新分配以后，过若干年又集中到少数人手里。土地改革其实不是共产党的新发明，是延续历史上的做法，再把土地分一次。"分财若一，智者能收。智者有什倍人之功，愚者有不赓本之事。"这在前面解释过了，民众的不同能力是导致财富不均的因素之一。"然而人君不能调，故民有相百倍之生也。"政府没有能力调控财富的分配，所以民间就出现贫富相差上百倍的现象。贫富悬殊扩大，不能简单地怪罪富人，仇富心理是没道理的，只能将原因归结于政府没有主导财富分配的政策和措施。

"夫民富则不可以禄使也。"人富了以后，政府就没有办法让他做事。发了财，有了钱，他就不被君主差使了，反而倒过来要差使"君主"了。财团要控制政府，让当官的为他跑腿办事了。"贫则不可以罚威也。"穷人穷到底了，再怎么罚也都没用，所以刑罚就没有威慑作用了。你把他关起来，还要给他吃的；真杀他的头，对政府也没有好处。在古代社会，人口越多越好。人口越多，交税的人就越多，当兵的人也越多。所以管子得出结论："法令之不行，万民之不治，贫富之不齐也。"法令无法推行，民众无法管治，原因在于贫富不均。再说，"引铩量用，耕田发草，上得其数矣。""铩"，筹码的"筹"，这里指的是货币。君主发行使用货币，耕田垦荒，所得是有数可计的，也就是有限的。"发草"，"发"，开发；草，长满野草的荒地。"民人所食，人有若干步亩之数矣。"老百姓所需要的口粮，一个人要有若干亩地去生产就够了，这也是有数可计的。"步"和亩一样，也是一种丈量土地的单位。因此，"计本量委则足矣"。计算一下产量，估量一下储存，就足以维持生活了。"委"，积蓄，委积。既然如此，"民有饥饿不食者，何也？"粮食被那些商人囤积起来了。"人君铸钱立币，民庶之通施也。"君主铸造和发行货币，就是为了让老百姓物资流通。"人有若干百千之数矣。"有多少人，放到市场上流通的货币需要多少，也是算得出来的。百千是指货币单位。"然而人事不及、用不足者，何也？"既然需要的粮食和货币都是有数可计算的，是有限的，为什么日常开支还不够，生活必需品还不足呢？"利有所并藏也。"因为富豪们把财富藏起来，专擅其利，或者倒卖粮食，或者钱生钱，放高利贷，老百姓自然就用不足了。"**然则人君非能散积聚，钧羡不足，分并财利而调民事也。**""羡"，羡余，积余。如果君主不能把富商积聚的粮食、货币和物资分散出去，平均贫富，分散富商垄断的财富和利益，使老百姓的日用能够满足。那么，"**虽强本趣耕，而自为铸币而无己**"，即使督促农民去种地，发展农业，自己掌握了铸币权，也都没有用，最后钱财还是都流入富豪的口袋。"**乃今使民下相役矣，**"以致造成富人奴役穷人的后果，本来他们都应该役于君主的。这样怎么可以做到天下大治呢？

122. 政府平抑物价

【国蓄·第五章】岁适美，则市粜无予而狗彘食人食。岁适凶，则市籴釜十镪而道有饿民。然则岂壤力固不足而食固不赡也哉。夫往岁之粜贱，狗彘食人食，故来岁之民不足也。物适贱，则半力而无予，民事不偿其本；物适贵，则什倍而不可得，民失其用。然则岂财物固寡而本委不足也哉？夫民利之时失，而物利之不平也。故善者委施于民之所不足，操事于民之所有余。夫民有余则轻之，故人君敛之以轻；民不足则重之，故人君散之以重。敛积之以轻，散行之以重，故君必有什倍之利，而财之横可得而平也。

前面讲政府要主导社会的财富分配，这一章开始讲具体做法。"**岁适美，则市粜无予而狗彘食人食。**"正好遇上一个丰收之年，市场上卖粮食的没有人光顾，猪狗都吃得很好，吃人吃的食物。"粜"，卖米；"籴"，买米，这是两个会意字。相反，正好碰上一个歉收之年，从市场上买粮食，每一釜米要价十镪，因此路上到处是饥民。"**然则岂壤力固不足而食固不赡也哉。**"难道这是因为土地地力不足导致歉收，所以造成粮食供应跟不上吗？这是一个反问，自问自答。"**往岁之粜贱，狗彘食人食，故来岁之民不足也。**"丰年米价低，以致粮食浪费到喂猪狗，没有任何储备，所以来年老百姓就吃不饱了。

"**物适贱，则半力而无予，民事不偿其本。**"东西太便宜了，一年劳动所获连一半都卖不出去，老百姓从事的职业连本钱都拿不回来。"**物适贵，则什倍而不可得，民失其用。**"碰到物价贵的时候，比往年的价格贵十倍还买不到，老百姓就会缺乏生活必需品。前些年的养猪问题就是一个明显的例子。猪养多了，肉价就下来，猪农连本钱都收不回。第二年他们就不养猪了，于是肉价又贵了。"**然则岂财物固寡而本委不足也哉？**"难道这是因为财物稀缺而储存不足吗？当然不是，原因是"**夫民利之时失，而物利之不平也**"。老百姓没有获利的机会，市场被富商操纵。产品的利益分配不合理，生产者无利可图，商人占尽利益。最好的办法是"**委施于民之所不足，操事于民之所有余**"。政府或存储或投放市场来解决百姓的不足，掌握百姓多余的产品。"**夫民有余则轻之，故人君敛之以轻。**"百姓手上货物多的时候，物价就下来了，此时政府趁低买入。"**民不足则重之，故人君散之以重。**"老百姓生产不足的时候，物价就上去了，此时政府趁高卖出。政府大量买入的时候，市场价格就会上扬，让生产者赚点利益。政府大量卖出的时候，物价就会下降，让消费者减轻负担。这就是轻重理论。这么做，国家还有利可图。"**敛积之以轻，散行之以重，故君必有什倍之利，而财之横可得而平也。**"低价买入，高价卖出，政府可以得十倍之利，增加财政收入。政府控制下的物价也可以平稳，没有太大波动。"横"，原义是笼子，用在经济上指政府控制下的物价。

《轻重丁》里有一个政府调控粮价的实例：

> 桓公曰："齐西水潦而民饥，齐东丰庸〔用〕而粟贱，欲以东之贱被西之贵，为之有道乎？"管子对曰："今齐西之粟釜百泉，则镠二十也。齐东之粟釜十泉，则镠二钱也。请以令籍人三十泉，得以五谷菽粟决其籍。若此，则齐西出三斗而决其籍，齐东出三釜而决其籍。然则釜十之粟皆实于仓廪，西之民饥者得食，寒者得衣；无本者子之陈，无种者子之新。若此，则东西之相被，远近之准平矣。"

> 桓公说："齐国西部因闹水灾而民间发生饥荒，东部则因丰收而粮价很低。

我想用东部便宜的粮食加于粮贵的西部，有办法做到吗?"管子回答：如今西部的粮食，每釜价格要一百泉，一釜为五鏂，也就是每鏂二十泉。东部的粮价，每釜只要十泉，即每鏂二泉。请你下令按人头征税，每人三十泉，可以用粮食抵货币。这样，西部只要出三斗粮食就能完税，东部要出三釜粮食才可以抵税。"决"，结算的意思。于是东部的人争相用每釜十泉的低价粮食来缴税，他们的粮食就装满了国家粮仓。政府再拿到西部去，那里的老百姓饥者得食，寒者得衣，没有储粮的人给他们陈谷子去吃，没有种子的人给他们新谷去当种子。这样一来，东西部互相调剂，远近地区的粮价就持平了。

再回到《国蓄》，看管子轻重理论的运用，如何形成"平准"制度，也就是国家信贷基金制度。这种制度延续了两千多年，一直用到现在。

123. 国家设立信贷基金

【国蓄·第六章】凡轻重之大利，以重射轻，以贱泄平。万物之满虚，随财准平而不变，衡绝则重见。人君知其然，故守之以准平，使万室之都必有万钟之藏，藏繦千万；使千室之都必有千钟之藏，藏繦百万。春以奉耕，夏以奉芸，耒耜械器，钟饷粮食，毕取赡于君。故大贾蓄家不得豪夺吾民矣。然则何？君养其本谨也。春赋以敛缯帛，夏贷以收秋实，是故民无废事而国无失利也。

轻重之法最大的好处，是"以重射轻"，市场上粮食货物多、物价低的时候，政府用稍高的价格收购，使粮食货物集中到政府手上。"射"，投标，也就是购买的意思。"以贱泄平"，粮食货物供应不足，价格就贵，政府就用稍低的价格将以往购入的货物卖出去，使市场价格趋于平稳。《揆度》篇里有一句话："民重则君轻，民轻则君重，**此乃财余以满不足之数也**。"政府和市场一定要反着做。民间物价贵的时候，政府就要低价卖出；市场上物价低了，政府就要以稍高的价格收购。这叫做以有余补不足。"**万物之满虚，随财准平而不变。衡绝则重见**。"满就是有余，虚就是不足。市场上的粮食和各种商品，随着政府财富的准平而保持平稳不变。一旦放弃了平衡政策，这种物价畸重畸轻的现象就会重现。准平，后来被称作平准。《史记》里有《平准书》。用今天的话说，平准，就是平衡、调节。后来"平准"又成为一种制度，相当于国家调节基金。《史记·平准书》里有一段话说明汉代实行的这项制度：元封元年，当时的财政大臣桑弘羊"**请置平准于京师，都受天下委输。……尽笼天下之货物，贵即卖之，贱则买之。如此，富商大贾无所牟大利则反本，而万物不得腾踊。故抑天下物，名曰平准。**"看了这段说明，对刚才讲的"守之以准平"比较容易理解了。关于平准制度，汉代辩论得特别激烈。桑弘羊一派大臣主张设立平准仓，政府干预市场。另外一派儒家大臣则说这是与民争利，政府不应该做。《平准书》里有这方面的记载。

"**人君知其然，守之以准平。**"君主知道了这个道理，就应该坚持"准平"的做法。具体怎么做呢？"**使万室之都必有万钟之藏，藏镪千万；使千室之都必有千钟之藏，藏镪百万。**"设立平准仓和平准基金，不是都藏在朝廷，而是各级地方政府都要设立。大城市"万室之都"有"万钟之藏"和"藏镪千万"。前者指藏粮食，后者是指储蓄货币。小一点的城市"千室之都"标准相对低一点。政府有了粮食和货币储备，"**春以奉耕，夏以奉芸，耒耜械器，钟饷粮食，毕取赡于君。**"春天把贷款和粮食发放出去，帮助农民春耕；夏天帮助农民耘田。夏天也是农民青黄不接的时候，农村出来的人都知道。这时候，贫苦农民的农具、口粮、种子都要靠政府提供。有了"准平"，"**大贾蓄家不得豪夺吾民矣**"。富豪巨商们就没有办法趁机对农民巧取豪夺了。否则，农民青黄不接的季节，他们就会出动，把囤积的粮食高价赊出，让农民秋收后以很低的价格把粮食还给他们；或者放高利贷，等农民秋后卖了粮食还债，以致贫富悬殊越来越厉害。

我们现在国有银行的贷款政策很成问题。照理银行贷款应该给中小企业，扶植他们的生存发展。结果却贷给大型国有企业或和政府有关系的企业。这些大企业拿了钱就去放高利贷，开发房地产。中小企业就生存不下去了。国家要求拉动内需，中小企业才是内需的主力军。农民没多少钱消费来拉动内需。最有钱的那批人消费需求在海外。说要刺激消费，又把最有消费能力的中小企业搞到奄奄一息，怎么能拉动内需？国家养了那么多经济学家，他们只知道头痛医头，脚痛医脚，没有经济哲学，没有用长远的全局的观念看问题。管子有经济哲学，他不是同情老百姓，是要维护统治者的利益。不说别的，就是想要江山万万年，也要去学一点管子的经济思想。

"然则何？君养其本谨也。"准平的效果是什么呢？朝廷在小心地扶植农业，这是政权的立足之本。"春赋以敛缯帛，夏贷以收秋实。"春天是养蚕织茧的时候，政府把贷款放下去，将来农民用缯和帛等丝织品来偿还。夏天政府贷出种子和口粮，秋天农民用收获的粮食来偿还。"是故民无废事而国无失利也。"这样的话，民众不会荒废农事，国家也没有失去利益，反而把利益操控在自己手上，不会流到豪强那里。管子的经济措施越来越具体，道理也越来越深刻了。

【国蓄·第七章】凡五谷者，万物之主也。谷贵则万物必贱，谷贱则万物必贵。两者为敌，则不俱平。故人君御谷物之秩相胜，而操事于其不平之间。故万民无籍而国利归于君也。夫以室庑籍，谓之毁成；以六畜籍，谓之止生；以田亩籍，谓之禁耕；以正人籍，谓之离情；以正户籍，谓之养赢〔强〕。五者不可毕用，故王者遍行而不尽也。故天子籍于币，诸侯籍于食。中岁之谷，粜石十钱。大男食四石，月有四十之籍；大女食三石，月有三十之籍；吾子食二石，月有二十之籍。岁凶谷贵，粜石二十钱，则大男有八十之籍，大女有六十之籍，吾子有四十之籍。是人君非发号令收〔亩〕壹〔敛〕而户籍也，彼人君守其本委谨，而男女诸君吾子无不服籍者也。一人廪食，十人得余；十人廪食，百人得余；百人廪食，千人得余。夫物多则贱，寡则贵，散则轻，聚则重。人君知其然，故视国之美不足而御其财物。谷贱则以币予〔购〕食，布帛贱则以币予衣。视物之轻重而御之以准，故贵贱可调而君得其利。

这一章集中讲粮食问题。粮食是一种特殊的商品，虽然也是货物，但跟一般的货物不一样。因此，开门见山一句话："凡五谷者，万物之主也。"各种商品的价格高低都由粮价来决定。"谷贵则万物必贱"，粮食是生活必需品，粮价贵了，人们口袋里的钱就只能买粮食，就没有余钱去买其他东西，因此其他商品的价格就势必低下来。相反，粮食便宜，拿以往一半的钱就可以买到口粮了，那么剩下的一半钱就可以买布做衣服、买其他物品。这时候，各种货物就势必涨价。《乘马数》里面也讲到"谷独贵独贱。**谷贵则万物必贱，谷贱则万物必贵**"。粮食和其他货物的价格关系是相反的，"**两者为敌，势不俱平**"。这是讲传统社会，现代社会又有不同。粮食贵，其他东西也都跟着一起贵；粮食便宜，其他东西也都跟着便宜。这在传统农业社会是不会出现的。

"**故人君御谷物之秩相胜。**"因此，君主就要掌握粮食和万物价格交换变化、此起彼伏的规律。"御"，掌握；"秩"，次第。然后"**操事于其不平之间**"，利用两种价格的不平衡来做文章。这样可以达到一个效果："**万民无籍而国利归于君也。**"老百姓不用缴税，但国内的利益都可以归于君主。也就是说，政府可以从掌控粮价和物价的一起一伏中赢利。"**夫以室庑籍，谓之毁成；以六畜籍，谓之止生；以田亩籍，谓之禁耕；以正人籍，谓之离情；以正户籍。谓之养赢。**"前面讲过，君主征收房屋税，叫做拆毁已建成的房屋；征收牲畜税，叫做禁止繁殖家畜；征收土地税，叫做禁止垦荒；征收丁税，叫做不近人情；"正人"，就是成年男丁，被征税的对象。征收户口税，叫做扶植豪强。为什么征户口税会有利于豪强呢？因为很多穷人交不起户口税，就把户口隐藏在豪强家族里面，一般都是同姓的。所以历史上会出现一户人家有几百个人的现象，很多同姓穷亲戚都挂到豪强名下了。当然不是白挂的，穷人要对大户人家有所贡献。这样豪强势力就变得越来越大。有些学者只看文献记载，有多少人聚族而居，说是因为受儒家"孝亲"观念影响，其实是有经济原因在做推手。"**五者不可毕用，故王者遍行而不尽也。**"这五种征税方法不能一齐用上，所以有作为的君主征税方法虽然出于此，但有时征土地税，有时征户口税，有时征牲畜税，不会把这五种方法都用上的。"**天子籍于币，诸侯籍于食。**"天子征收货币税，他们管辖的范围大，如果都征收粮食税就麻烦了。几千年前的长途运输是很困难的。诸侯征收粮食税，所以他们的封地叫"食邑"。

"**中岁之谷，粜石十钱。大男食四石，月有四十之籍；大女食三石，月有三十之籍；吾子食二石，月有二十之籍。**"在普通年景的粮食价格上每石加十钱的话，那么成年男子一个月的口粮是四石，就能征收四十钱的税。成年女子食量小一点，每月吃三石，收税三十钱。小孩子吃得更少，每月吃二石，收税二十钱。"岁凶谷贵，籴石二十钱，则大男有八十之籍，大女有六十之籍，吾子有四十之籍。"灾荒之年粮食贵了，卖出一石粮食征税二十钱，那么成年男子每月交税八十钱，成年女子交六十钱，小孩子交四十钱。"是人君非发号令收啬而户籍也。"这样做的话，君主不用发征税令，把税全部加到粮食买卖里，就能收到相当于土地税和户籍税的钱。"收"是错讹字，应为"亩"。"收啬"，按亩敛税，即土地税。"彼人君守其本委谨，而男女诸君吾子无不服籍者也。"结果君主守住了农业这个本，并谨慎地储备粮食。男女老幼也都个个要缴税，因为每个人都要吃粮食，要吃粮食就要加税，谁也逃不过。这就是两千多年前的税收理论。

"一人廪食，十人得余；十人廪食，百人得余；百人廪食，千人得余。""廪食"，是从官家粮仓买的粮食。前面讲的粮食税是加在"廪食"里的。有一个人向政府买粮食的话，收到的税就可以养活十个人；十个人买官粮，就可以养活一百人；一百人买官粮，就可以养活一千人。国家的税是用来救济穷人的，因为买粮食的往往是非农人口，工商业者一般有钱，但又离不开商品粮，所以把税加在商品粮中。"夫物多则贱，寡则贵，散则轻，聚则重。"这个道理已经讲过了，不再重复。"人君知其然，故视国之羡不足而御其财物。"君主知道了这个道理，就应当密切观察国内市场供应有余还是不足。"谷贱则以币予食，布帛贱则以币予衣。视物之轻重而御之以准。"粮食便宜的话，就用货币去购入粮食。布帛便宜的话，就用货币去购入衣服。根据物价的高低波动，用平衡的办法去控制。"故贵贱可调而君得其利。"这样不仅可以调节物价，不使物价畸重畸轻，而且政府还可以从中获利。同样的说法很多，如《揆度》篇有一段话："故守四方之高下，国无游贾，贵贱相当，此谓国衡。以利相守，则数归于君矣。"政府盯住各地物价的高下采取措施，国内就不会再有投机倒把的商人了，使物价的高低趋于合理的程度。这就叫国家"平衡"政策。以轻重之术监督市场，利益势必归于朝廷。

124. 经济政策要考虑国情

【国蓄·第八章】前有万乘之国，而后有千乘之国，谓之抵国。前有千乘之国，而后有万乘之国，谓之距（拒）国。壤正方，四面受敌，谓之衢国。以百乘衢处，谓之托食之君。千乘衢处，壤削少半。万乘衢处，壤削太半。何谓百乘衢处托食之君也？夫以百乘衢处，危慑围阻千乘万乘之间，夫国之君不相中，举兵而相攻，必以为捍挌蔽围之用。有功利不得乡（享）。大臣死于外，分壤而功；列陈系累获虏，分赏而禄。是壤地尽于功赏，而税臧（藏）殚于继孤也。是特名罗于为君耳，无壤之有；号有百乘之守，而实无尺壤之用，故谓托食之君。然则大国内欸（空），小国用尽，何以及此？曰：百乘之国，官赋（贷）轨符（借券），乘四时之朝夕（潮汐），御之以轻重之准，然后百乘可及也。千乘之国，封天财之所殖（出产），械器之所出，财物之所生，视岁之满虚而轻重其禄，然后千乘可足也。万乘之国，守岁之满虚，乘民之缓急，正其号令而御其大准，然后万乘可资也。

这一章讲的是，运用轻重之法，推行经济政策，要考虑国情。大国、小国，强国、弱国的国情是很不一样的。强国在前，叫做"抵抗之国"。强敌在后，叫做"抗拒之国"。这两种国家都不安全。领土方方正正，四面受敌，叫做"衢国"，地理位置最差。"衢"，四面八方都通的路。"**以百乘衢处，谓之托食之君。**"

不但地理位置不好，而且是百乘小国，这样的君主叫做"寄食之君"，是靠人家吃饭的。"千乘衢处，壤削少半。"稍大一点的千乘之国，地理位置又不好，四面都是强敌，国土要丢失一小半。"万乘衢处，壤削太半。"大国四面受敌，国土丢失得更多。为什么？因为目标大，枪打出头鸟，首先要把大国打下去。打大国的也一定是大国。大国打大国，地理位置不好的就容易被打败，失去一大半国土。

"何谓百乘衢处托食之君也？夫以百乘衢处，危慑围阻千乘万乘之间。"为什么把小国之君叫做寄食之君呢？因为小国处于四通八达的地理位置，时时被大国包围威胁。"夫国之君不相中，举兵而相攻，必以为捍挌蔽圉之用。有功利不得乡。"一旦周围的大国之间翻脸，发兵互相攻击，小国夹在中间，势必成为大国的战场，或被当作其中某一大国的屏障，即使打了胜仗也不能分享战果。"大臣死于外，分壤而功；列陈系累获虏，分赏而禄。"小国被迫跟大国结盟，大臣跟着去打仗，死在国外，小国之君还得分封土地给他的家人以示奖励。在前线作战的官兵抓了俘虏，小国之君还得给他们物质奖励。"是壤地尽于功赏，而税臧殚于继孤也。"土地都分给了那些帮人家打仗而立功的将士，税收和积蓄都为了抚养军人的遗孤而用尽。"是特名罗于为君耳，无壤之有；号有百乘之守，而实无尺壤之用，故谓托食之君。"名义上也算是个国君，位在公侯伯子男的行列，其实是没有国土的，所以说是一个寄人篱下的君主。

"然则大国内款，小国用尽，何以及此？"小国是这样，大国也未必好，内部空虚。那么用什么办法补救呢？"曰：百乘之国，官赋轨符，乘四时之朝夕，御之以轻重之准，然后百乘可及也。"小国最重要的是，规管贷款借券，一切信贷由官府管制独占，不得放任民间自为，也就是严禁民间集资发债和高利贷。其次，掌握春夏秋冬四季的物价涨落，运用贵卖贱买的轻重之法。那么小国的财政困难就可以解决了。"千乘之国，封天财之所殖，械器之所出，财物之所生"，中等国家不能用小国的这个办法，而是要封禁自然资源的开发，如矿山、森林、渔场等；垄断制造器械的手工业生产；掌握商业贸易的利润。还有一项措施是"视岁之满虚而轻重其禄，然后千乘可足也。"根据每年财政收入的多少，调整官员的薪水。财政收入多的年头，就发 13 个月的工资；收入少的时候，就发 10 个月的工资。用了这些办法，就可以解决中等国家的财政问题了。"万乘之国，守岁之满虚，乘民之缓急，正其号令而御其大准，然后万乘可资也。"大国的做法是，根据每年的财政收入多少，以及民众生活需求的缓急，谨慎地制定政策法令以调节市场物价。这样做，万乘之国就有足够的财政可以为政府所用了。

125. 管子对货币的认识

【国蓄·第九章】玉起于禺氏，金起于汝汉，珠起于赤野，东西南北距周七千八百里。水绝壤断，舟车不能通。先王为其途之远，其至之难，故托用于其重，以珠玉为上币，以黄金为中币，以刀布为下币。三币握之则非有补于暖也，食之则非有补于饱也。先王以守财物，以御民事，而平天下也。今人君籍求于民，令曰十日而具，则财物之贾什去一；令曰八日而具，则财物之贾什去二；令曰五日而具，则财物之贾什去半；朝令而夕具，则财物之贾什去九。先王知其然，故不求于万民而籍于号令也。

玉产于禺氏，金产于汝河和汉水一带，珍珠产于赤野。这几个地方距离周朝都城都很远，还有山河的阻隔。"水绝"，遇到大江大河挡住去路；"壤断"，或者遇到高山峡谷阻断去路，甚至车船都不能通。"**先王为其途之远，其至之难，故托用于其重，以珠玉为上币，以黄金为中币，以刀布为下币。**"以前的君王看到这些东西因路途遥远艰险，得之不易，借助它们的价值，以最难得的珍珠和玉石作为价值最高的货币，黄金为中等货币，铜钱、刀布为普通的货币。"**三币握之则非有补于暖也，食之则非有补于饱也。**"这三种货币拿在手里不能保暖，吃也不能吃，不能填饱肚子。既然如此，那么有什么用呢？"**先王以守财物，以御民事，而平天下也。**"古代的君王用它们守住财物，掌握民众的日常需要，平衡天下的物价。这就是两千多年前的管子对货币作用的认识。

"今人君籍求于民，令曰十日而具，财物之贾什去一。"如今君主要求老百姓用货币交税。征税令发布后，要求十天就交上来的话，财物的价钱就跌了十分之一。因为大家都要把产品卖出去换钱，然后去交税。完税有期限，大家一齐卖的时候，物价肯定下来。"令曰八日而具，则财物之贾什去二；令曰五日而具，则财物之贾什去半；朝令而夕具，则财物之贾什去九。"征税令要求八天内完税，物价就会下跌百分之二；五天内完税，物价跌一半；当天要完税，那么物价就会下跌十分之九。因为征的是货币，农民急于取得货币完成纳税任务，就不得不廉价出售货物，规定期限越短，商人压价越厉害，商品跌价也越严重。

"先王知其然，故不求于万民而籍于号令也。"先王知道政令有这样的作用，政府也可以用政令缓急，改变货物的轻重关系。有时使粮价高，币值低；有时使币值高，粮价低；有时使物价高，币值低；有时使物价低，币值高。所以不直接要求民众做这做那，而是利用政令的缓急来干预市场价格。管子在另一篇文章《山权数》里有一句"君以令为权"，也是这个意思。我们现在调控物价是靠发改委、物价局直接发布限价规定。这是个很愚蠢的政策。你对某一商品的价格封顶，厂家就偷工减料，以次充好，实际上还是变相涨价。管子不用这个办法，物价低的时候，征税令的期限就放得很宽，慢慢来，可以十个、八个月以后再交税。人们对货币的需求没那么急就把物价托住了。市场上物价高的时候，征税令的期限就很短，十天、八天就交完税，否则重罚，商家就不得急着把货卖出去换钱，然后去交税，那么物价就被政府打下来了。

管子既是政策调控，又不直接干预市场，通过政令去调节货币，用货币的需求调节市场。他的经济理论真的很精致。

第九讲

《管子》的轻重之法

管子主张，政府管理国家经济，一是要组织资源和财富的分配；二是要干预经济，方法就是"轻重之法"，抓住货币、粮食和货物，通过货币去调控市场的粮价和物价。天下太平的时候，要让诚信仁义之士富起来，给他们高官厚禄。这样民众就会以赞赏辞让的品德，不会巧取豪夺，出各种怪招。

126. 经济政策要通权达变

第八讲以《国蓄》为文本，从总体上讲了管子的经济思想，或者说管子的经济哲学。直到西方的经济制度和经济思想进入中国，这两千年来基本上都是管子的经济思想在主导历朝历代对经济的管理。他们管理国家经济，一条是"利出于一孔"，政府来组织资源和财富的分配。贫富差距不能太大，否则政府就要出来干预。第二条，干预的方法就是用"轻重之法"，抓住货币、粮食和货物三样东西。政府把货币掌握在自己手里，通过货币去调控市场的粮价和物价。在农业社会，粮食占了重要地位。现代社会里的粮食已经归入一般货物。这些思想主要集中在《国蓄》。其余《轻重》15篇是对管子在《国蓄》中提出的经济思想在"用"、"术"的层面进一步阐发，即讲如何运用的问题。在此只选择部分篇章的部分段落来讲，大致勾画出管子经济思想如何具体运用。第一篇选的是《国准》。什么叫"国准"？就是国家的平准政策。重点是推行轻重之法要通权达变。任何一种经济理论、制度或政策都没有绝对性，不是一成不变、放之四海而皆准的，而是应该根据一定的时空条件来变通。这是管子非常重要的思想。

【国准·第一章】齐桓公问于管子曰："国准可得而闻乎？"管子对曰："国准者，视时而立<u>仪</u>（制度）。"桓公曰："何谓视时而立仪？"对曰："黄

帝之王，谨逃〔去〕其爪牙。有虞之王，枯泽童山。夏后之王，烧增〔众〕
薮，焚沛（草木茂盛）泽，不益民之利。殷人之王，诸侯无牛马之牢，不利
其器。周人之王，官能以备物。五家之数殊而用一也。"桓公曰："然则五
家之数，籍何者为善也？"管子对曰："烧山林，破增薮（大泽），焚沛泽，
禽兽众也。童山竭泽者，君智不足也。烧增薮，焚沛泽，不益民利，逃械
器，闭知能者，辅己者也。诸侯无牛马之牢，不利其器者，曰（固，锢）淫
器而一民心者也。以人御人，逃戈刃，高仁义，乘天固以安己也。五家之
数殊，而用一也。"

齐桓公问管子："国家的平准政策能不能听你说说啊？"管子回答："国家的
平准政策，就是根据时势变化来制定相应的政策。"桓公说："怎么理解你说的
这句话？"管子回答："**黄帝之王，谨逃其爪牙。**"这句话有点难解释。"逃"，是
"去"的意思。黄帝统治天下的时候，小心地除去"其利爪"。《揆度》中同样
有这句话："**谨逃其爪牙，不利其器。**"古人据此解释说，山中的矿产可以制作
兵器、钱币，这对犯上作乱的人来说就像禽兽的爪牙。要想防止他们作乱，就
应该禁止开采山林矿产。这就叫做"去其爪牙"。到了虞的时代，"枯泽童山"。
"枯"和"童"在这里都是动词。使水边沼泽地枯竭，不让百姓去捕鱼割草。"童
山"意思是让山岭像儿童的头发一样光秃秃的，也就是把山上的草木都烧光，
不让百姓去采伐。夏朝君主"**烧增薮，焚沛泽，不益民之利。**""增"，即"众"，
表示数量多。焚烧大泽边的芦苇荡，不许老百姓搞副业获利。到了殷商王朝，
"**诸侯无牛马之牢，不利其器**"，规定诸侯不准养牛马，不准造武器。最后到了
周代"**官能以备物**"，把有一技之长的人都由政府管起来，民间不准有私人手工
业。政府控制手工业是为了"备物"，生产朝廷需要的东西。"**五家之数殊而用
一也。**"上述五家的"术"、做法虽然不一样，但目的都是一样的，禁止民间非
农经济的发展。

桓公又问："这五家之中，我借用哪一家的办法最好呢？"管子回答："焚烧
山林湖泽，都是因为禽兽太多了。"其实，这里不一定是实指老虎猛禽，而是比
喻作乱的草莽盗贼。"**童山竭泽者，君智不足也。**"砍光山林，抽干湖水，是因

为君主没有智慧，不知道怎么办。用现在的话说，是只破不立，这不准做、那也不准做，但要怎么做又拿不出办法来。"**烧增薮，焚沛泽，不益民利，逃械器，闭智能者，辅己者也。**"焚烧芦苇荡，不许老百姓搞副业，不让民间制造器械，是不让民间有智能之士，而只许他们为朝廷服务。"**诸侯无牛马之牢，不利其器者，曰淫器而一民心者也。**""曰"，错讹字，应为"固"，通禁锢的"锢"。禁锢"淫器"，也就是禁锢和国计民生没关系的东西，目的是要统一民心，让老百姓谨守本业，有口饭吃就可以了，不要犯上作乱。"**以人御人，逃戈刃，高仁义，乘天固以安己也。**"这是对前面这些做法的归纳。用人道的做法治人，去除兵器，表彰有仁义的人，靠着天的牢固来保护自己。也就是说，行天之道就可以平安，因为天是最平安的。

127. 立字当头，让利于民

【国准·第二章】桓公曰："今当时之王者立何而可？"管子对曰："请兼用五家而勿尽。"桓公曰："何谓？"管子对曰："立祈祥以固山泽，立械器以使万物，天下皆利而谨操重筴。童山竭泽，益利搏流。出金山立币，成菹（水芹菜）丘，立骈（成排）牢，以为民饶。彼菹菜之壤，非五谷之所生也，麋鹿牛马之地，春秋赋生杀老，立施以守五谷，此以无用之壤臧（藏）民之赢，五家之数皆用而勿尽。"

桓公说："我们当今统治天下的人要怎么做呢？"管子回答："这上古五代的办法都可以采用，但每种办法都不要全盘采用。"桓公听不明白说："此话怎么讲？"管子说："要禁锢山泽，但不必用烧山竭泽的办法，可以用'立祈祥'的办法。"什么叫"立祈祥"？在讲《牧民》的时候就讲过，就是祭祀、搞迷信。山有山神，上山砍伐就惊动山神；河有河神，下河打鱼割草就会惊动河神。在政府规定的时间之外不能去做，否则会带来灾害。读《管子》就知道迷信是一种统治手段。这种方法要比上古五代的高明，他们只讲"破"，管子主张用"立"的方法，立字当头。"立械器以使万物"，发展手工业，制造器械，让矿产、森林、水产等自然资源都可以为我所用。这跟上古"逃械器"的做法是相反的。前面两条政策的目的，是"天下皆利而谨操重筴"。管子认为，不应该仿效古代君王采取的"不益民利"的消极政策，而应该让天下老百姓都得利，但前提是政府实行严格的物价政策。"重筴"，古人训诂为"重流"，意思是重视市场物价的波动。不让老百姓赚钱不对，放任自流、给奸商有操纵市场的空间也不对。这样才能做到"利出一孔"。这就是管子高明的地方。"文革"时期，不许有自留地，不许有小摊小贩，什么都要国营，都要管起来，结果老百姓日子越过越穷。到了现在，"天下皆利"，大家都可以赚钱。但忘了管子说的要以"谨操重筴"为前提，政府不能不对市场进行调控。"**童山竭泽，益利搏流。**"这句话好像前后意思连不起来，其实不然。不是政府"童山竭泽"，而是允许老百姓"童山竭泽"，让利于民，鼓励民众开发自然资源，但政府要"搏流"，要守住流通领域。"搏"是"守"、"持"的意思；"流"是流通。这和"天下皆利而谨操重筴"是同样的意思。"**出金山立币，成菹丘，立骈牢，以为民饶。**"在山里开采铜铸造货币，保护好水草地，修建牛马栏，让一部分人先富起来。"**彼菹菜之壤，非五谷之所生也，麋鹿牛马之地，春秋赋生杀老。**"生长水芹菜的水草地不能生产粮食，只能用来放牧麋鹿牛马。春秋季节，政府借贷给老百姓购买幼畜，把老的牲畜杀了吃，畜牧业可以正常发展。"**立施以守五谷。**"政府铸造货币来调控粮食。"**此以无用之壤臧民之赢。**"这叫做让无用之地，达到藏富于民的目的。这句话怎么理解呢？农民耕地是有限的，那些"菹菜之壤"本来是没有用的，允许本来缺少耕地的百姓养牛羊马，他们就有钱去购买粮食，但前提是政府用货币控制了粮价，投机商无法在市场上兴风作浪。最后作小结说："**五家之数皆用而勿尽。**"每家的方法都可以采纳一部分，但是不能完全照搬。

128. 稳中求变，随机应变

【国准·第三章】桓公曰："五代之王以尽天下数矣，来世之王者可得而闻乎？"管子对曰："好讥〔察〕而不乱，亟变而不变。时至则为，过则去。王数不可豫致。此五家之国准也。"

桓公说："你总结过去五代的政策已经讲完了，那么可以说说将来的君王应该怎么做吗？"管子回答："要善于观察，每天注意动向，但自己不要乱，这里看看，那里看看，自己就没有主意了。"观察动向的目的是什么呢？当变即变，不能有丝毫的迟疑，但是原则不能变，道不能变。"亟变"，多变的意思。该变时不变不行，一个国家、地区、企业不能永远用同样的方法来管理，也不能朝令夕改，整天都在那里折腾。"时至则为，过则去。王数不可豫致。"在这个时代适合的方法，就在这个时代用。时代变了，老办法不适用了，就毫不犹豫地放弃，采用新办法。经济政策是这样，做人都是同样的道理，也要"好讥而不乱，亟变而不变"，做人要有自己的理念和原则，不能变来变去，随风倒。但也不能一成不变，成为老顽固。后面这句话更重要，统治天下的"术"是没有办法预先规定的。治国做事要有一个大方向，具体做的时候只能一步一步去做，根据客观情况随时调整，不能一成不变。客观情况和原先预计的大不一样了，还要坚持照预定方案计划去做，一定会碰得头破血流。**"此五家之国准也。"**这些话总结了上古五代统治国家的平准之策。下面这篇《轻重甲》还是讲通权达变的道理，只是换了一个角度。

129. 吸引外资，引进人才

【轻重甲·第一章】桓公曰："轻重有数乎？"管子对曰："轻重无数。物发而应之，闻声而乘之。故为国不能来天下之财，致天下之民，则国不可成。"桓公曰："何谓来天下之财？"管子对曰："昔者桀之时，女乐三万人，端噪晨乐，闻于三衢，是无不服文绣衣裳者。伊尹以薄之游女工文绣纂组，一纯得粟百钟于桀之国。夫桀之国者，天子之国也，桀无天下忧，饰妇女钟鼓之乐，故伊尹得其粟而夺之流。此之谓来天下之财。"桓公曰："何谓致天下之民？"管子对曰："请使州有一掌（仓），里有积五窌（窖）。民无以与正籍者予之长假，死而不葬者予之长度。饥者得食，寒者得衣，死者得葬，不资者得振（赈），则天下之归我者若流水。此之谓致天下之民。故圣人善用非其有，使非其人，动言摇辞，万民可得而亲。"桓公曰："善。"

桓公问："你讲的轻重之法，其中有没有不变的道理？"管子回答："没有，事情发生了就想办法回应，听到一点消息了就要抓住机会。"也就是前面说的**"王数不可豫致"**。没有一成不变的方法，要根据事物的发展来决定应对之策，政策是高度灵活的，不能主观地预设。**"故为国不能来天下之财，致天下之民，则国不可成。"**要统治一个国家，如果不能吸收天下财富和人口，国家就不可能强大起来。桓公又问："怎样才能吸收天下的财富？"管子说："夏朝末年的昏君桀养了三万歌舞女艺人。宫城门外很吵闹，因为一清早就响起了鼓乐之声，连闹市区都听得到。"端"指端门，宫城大门。这些女艺人没有一个不是穿着精心编织的考究的衣服。**"伊尹以薄之游女工文绣纂组，一纯得粟百钟于桀之国。"** 伊尹是商朝开国宰相；"薄"是商国的城市。伊尹用这个城市里的无业女人去生产精美的衣料，拿到桀的国都去卖，一纯织品就可以换回一百钟粟。**"夫桀之国者，天子之国也。"** 桀的国都是夏天子的王畿。夏、商、周三代和秦始皇统一中国以后的制度不一样。自秦朝以后，中国是中央集权制国家体制，地方实行郡县制，由中央政府派出官吏统治地方。秦朝以前实行分封制，天子只有一块直接统治的地方，作为全国的中心，称为王畿。其他国土都分封出去，建立诸侯国。关系越近的，如天子的兄弟叔伯等离王畿越近，起到拱卫王畿的作用。关系越远的就分封得越远。**"桀无天下忧，饰妇女钟鼓之乐，故伊尹得其粟而夺之流。"** 桀作为夏王朝的天子，各诸侯国要向他进贡，经济条件很好，当然没有天下之忧。所以他可以花很多钱去养一个三万人的歌舞团，以致伊尹可以用丝织品来换取他的粮食和货币。"流"，指货币，《史记·货殖列传》记载计然之策有"财币欲其行如流水"的说法。**"此之谓来天下之财。"** 这就叫做吸收天下的财富。我们现在是倒行逆施的。西方国家用奢侈品"来我国之财"，我们做奢侈品进口大国还得意洋洋，殊不知自己的矿产等资源都流出去了。人家用一大堆无用的名牌奢侈品吸收了我们的资源和货币。这是很危险的。美国自己有矿产、石油、木材，在阿拉斯加什么都有，但不准开采，先抢别人的，"夺天下之财"。如果懂了管子的经济思想，我想中央经济决策人会知道这是一个警讯，得采取一点办法应对了。

桓公接着又问："**何谓致天下之民？**"怎样才能吸引天下的人口呢？管子说："**请使州有一掌，里有积五窬。**"请您下令使每个州都有一个粮仓，每个里都储备五窬粮食。**"民无以与正籍者予之长假，死而不葬者予之长度。**"凡民间穷到没有纳税能力，成不了征税对象的，就长期租借国有土地给他们。国有土地荒着也是荒着，长期租借给他们种地，他们不但有饭吃，国家也可以有税收。民间有穷到连父母死去都没钱埋葬的，赐给他们殡葬费。"长度"就是这种长期贷款的凭据，不用马上还钱。**"饥者得食，寒者得衣，死者得葬，不资者得振，则**

天下之归**我者若流水**。""不资"就是没有办法赡养自己，连基本生活费都没有的人。救济这样的赤贫者，这样的话，天下人就会像潮水一般涌入我国。在农业社会里，人口越多，能开垦的土地越多，能当兵的也越多，国力就越强盛，所以君主们都重视土地和人口。在今天的世界格局下，也是哪个国家能吸引各国的人才，国力就一定强盛。有人说，未来要突破目前的经济困局，就是靠创新能力。亚洲人的教育体系是重在传授知识，把已有的知识一代一代传下去。而今天知识更新很快，旧的知识往往不再有价值。美国的教育体系培养的是学生的创新能力。因此，未来全球经济的希望还是在美国。我觉得这是有道理的。如果资金往外跑，人才也往外跑，要实现中国梦是很难的。"**故圣人善用非其有，使非其人**"，真正有远见的领导人善于用别人的东西，用别人培养出来的人才，也就是借力。"**动言摇辞，万民可得而亲**。"他在那里发号施令，天下人都归向他，爱戴他。

130. 让好人先富起来

下一篇讲《揆度》，什么叫揆度？意思是权衡、考虑、核计、斟酌。讲其中一节：

> 桓公问于管子曰："轻重之数恶终？"管子对曰："若四时之更举，无所终。国有患忧，轻重五谷以调用，积余臧羡以备赏。天下宾服，有海内，以富诚信仁义之士，故民高辞让，无为奇怪者。彼轻重者，诸侯不服以出战，诸侯宾服以行仁义。"

这里还是继续讲运用轻重之法要通权达变。桓公问管子："轻重之法用到何时才算完成呢？"管子回答："轻重之法就像春夏秋冬四季轮转更替一样，是没有结束的。国家有忧患的时候，要用轻重之法调节粮食，低价买入，高价卖出，以应付战争的需要；储备足够的财富作为战争中有功将士的奖赏。这些都要用到轻重之法。""**天下宾服，有海内，以富诚信仁义之士，故民高辞让，无为奇怪者。**"天下太平的时候，要让诚信仁义之士富起来，给他们高官厚禄。这样民众就会赞赏辞让的品德，不会巧取豪夺，出各种怪招。"富"，在这里是使动词。在太平时期，轻重之法还是用得到，国家财政状况好，可以用物质刺激来改变社会风气。这就能体会到《管子》比儒家高明的地方，仁义要建立在利益的基础上。政府提倡老百姓要做好人，但如果好人都很穷，朝不保夕，而坏人都很富，这叫老百姓怎么行仁义？最后只能沦为一句空话。所以单单"让一部分人先富起来"还不够，如果是"让一部分好人先富起来"，那么国家经济照样可以迅速发展，而社会风气、官场风气也不至于很坏了。

最后总结说：轻重之法，"**诸侯不服以出战**"，诸侯不服、天下大乱的时候，要靠它去打仗取胜，用经济实力保证国家安全。"**诸侯宾服以行仁义**"，诸侯服从、天下太平的时候，要用轻重之法去推行仁义。所以轻重之法在任何时候都适用，不只是一个权宜之计。看看中国两千多年来的古代经济史，凡是经济繁荣，中央政权的力量比较强大时，政府都推行轻重之法，例如盐铁专营，设立平准制度等等。到了那些不食人间烟火的"职业皇帝"执政时，他们在深宫里长大，从小跟着那些儒生读书，完全照搬儒家"君子喻于义，小人喻于利"那一套，认为盐铁专营等措施是与民争利，不再推行，最后国力就会积贫积弱。

131. 因时而异，因地制宜

　　通权达变不仅要因时而异，还要因地制宜。也就说，实行轻重之法，不仅要考虑时间的变化，还要考虑空间的变化，要根据不同的地理环境去变通具体措施。这里选《山至数》为阅读文本。《轻重》16篇中有几篇的题目都有"山"字，如《山至数》、《山国轨》、《山权数》。对这个"山"字有不同说法，郭沫若认为是衍文，应该是《至数》。也有人认为，"山者，财之所出"，是指当时政府财源都来自山林，所以加上"山"字。第三种说法，"山"字是"尚"的错讹字，是崇尚的意思。究竟"山"字作何解释？大家可以自己去判断。我觉得这个"山"字要不要都讲得通，不必过于考究。"至数"，意思是最好的办法。

　　【山至数·第九章】桓公问管子曰："请问国势。"管子对曰："有山处之国，有泛下多水之国，有山地分之国，有水泆（溢）之国，有漏壤之国。此国之五势，人君之所忧也。山处之国，常藏谷三分之一。泛下多水之国，常操国谷三分之一。山地分之国，常操国谷十分之三。水泉之所伤，水泆之国，常操十分之二。漏壤之国，谨下（取）诸侯之五谷，与工雕文梓器，以下天下之五谷。此准时五势之数也。"

　　桓公对管子说："请你分析一下诸侯各国的地势。"管子回答说："诸侯各国大致有五种地势：一是'山处之国'，就是山区国家。二是'泛下多水之国'，经常遭水淹，水多地少、近水边的国家。三是'山地分之国'，山区和平原对半分的国家。四是'水泆之国'，经常闹水灾、地势低洼的国家。五是'漏壤之国'，处在水容易渗漏的沙地上的国家。这五种地势正是君主所担忧的。"怎么办呢？"**山处之国，常藏谷三分之一。**"山地国家每年收成的三分之一要储存起来。"**泛下多水之国，常操国谷三分之一。**"水边国家要持有国家粮仓三分之一的储备。"**山地分之国，常操国谷十分之三。**"一半山区一半平原的国家要持有公粮的三分之一储备。"**水泉之所伤，水泆之国，常操十分之二。**"经常受灾、地处低洼地的国家要储备全年粮食产量的十分之二。"**漏壤之国，谨下诸侯之五谷**"。沙地国家不能够种粮食，也没法靠自己储备粮食，要想办法取得外国的粮食，也就是进口粮食。怎么取呢？"**与工雕文梓器，以下天下之五谷。**""与"，给予、奖励；"工"，熟练，精通。奖励熟练于制作雕刻木工的人，发展手工业，去交换外国的粮食。"**此准时五势之数也。**"这就是用平准之法来解决五种不同地势国家经济问题的办法。不同地理条件的地区，要有不同的经济对策。比如，上海和青海的地理环境、气候条件、人口素质、交通运输都有很大不同，中央发一个有关经济政策的文件，如果两地都要完全照办，一定行不通。政治上可以大一统，经济上必须因地制宜，考虑地区差别，发挥地方积极性。

【山至数·第十章】桓公问管子曰："今有海内，县诸侯，则国势不用已乎？"管子对曰："今以诸侯为竿，公州之饰焉。以乘四时，行扪牢之笑（策）。以东西南北相彼（被），用平而准。故曰：为诸侯，则高下万物以应诸侯。遍有天下，则赋币以守万物之朝夕（潮汐），调（平）而已。利有足则行，不满则有止。王者乡州以时察之，故利不相倾，县（悬）死其所，君守大奉一，谓之国簿。"

桓公又问：你刚才说的是五种不同地势诸侯国的经济对策。假如我们统一了天下，诸侯国都变成了我们的州县，那么你讲的因地势不同而采取不同政策，是否就不适合了？管子回答："**今以诸侯为竿，公州之饰焉。**"这句话比较难解。

"筟"是织布的纬线。这里喻指边界线。你统一天下后，诸侯国的边界变成你州县的边界了。意思是变诸侯为州县。但仍然要由政府"**以乘四时，行扪牢之筴**"，依据四季变化来推行管制政策。"**扪**"是持有的意思；"**牢**"是限制的意思。这样就能"**以东西南北相彼，用平而准**"。东西南北不同地区互补，通过平准的办法使物价达到平衡。

"**故曰：为诸侯，则高下万物以应诸侯。**"作为一个诸侯国君时，就用平准之法使物价波动以应付其他诸侯国。本国某种物价高而外国低的时候，就要进口外国货来压低本国的物价。相反，本国物价低的时候就出口，换取外国的其他货物。"**遍有天下，则赋币以守万物之朝夕，调平而已。**"等到一统天下，成为天子的时候，做法又不一样，可以用发行货币来掌握各种货物价格的涨落，调控到物价平衡就可以了。诸侯国是以物易物，天子是用货币来调节物价。天下物价都很高的时候，天子就多发货币，平抑物价；物价低的时候，就回笼货币，抬高物价。"**利有足则行，不满则有止。**"国外有利可图，货物就会流出去；无利可图，赚不到钱，货物就会留在国内。两千六百年前的管子就已经对市场规律看得很清楚了。"**王者乡州以时察之**"，君王要经常深入到乡、州基层去考察。无论是诸侯，还是天子要用轻重之法调控市场，前提是要调查研究，不能坐在家里空想。这样才可以做到"**利不相倾，悬死其所**"。利益不会向一方倾斜，不会令富者愈富，穷者愈穷，贫富不会太悬殊。那么老百姓就会终老家乡，不会轻易地移民了。"**悬**"，系，固定的意思。死也死在他那个地方。"**君守大奉一，谓之国簿。**"君主守住大的格局，不要芝麻小事都去管；奉行一个原则，即"**利出一孔**"。这才是国家的基本政策。这章是讲无论是中央政府，还是地方诸侯，都要实行轻重之法，但应该有所区别。地方政府可以用本地产品、资源和其他地区贸易，"**来天下之财**"。如果统治范围到广有天下了，就不可能再用货物，要靠货币来调节地区与地区间的经济了。在中央要想中央的事情，在地方要想地方的事情。怎么和其他地区竞争合作发展经济，这是地方领导人要考虑的问题。中央领导人要考虑的是"东西南北相被"，即地区之间的平衡发展。

132. 鼓励消费刺激经济

实行轻重之法，必须通权达变。管子甚至提出，在不同的时空条件下，应该采取完全相反的经济政策。下面讲两段非常有趣的段落。许多人读了《侈靡》篇，就津津乐道讲管子主张用鼓励消费刺激经济。其实他在不同的场合讲的是完全不同的主张。如果读了《事语》篇，可能又会觉得管子是主张勤俭治国的。

先看《侈靡》中有这样一段：

> 今吾君战，则请行民之所重。饮食者也，侈乐者也，民之所愿也。足其所欲，赡其所愿，则能用之耳。今使衣皮而冠角，食野草，饮野水，孰能用之？伤心者不可以致功。故尝至味而，罢（疲）至乐而。雕卵然后瀹（煮）之，雕橑然后爨（炊）之。丹沙之穴不塞，则商贾不处。富者靡之，贫者为之，此百姓之怠生，百振而食。非独自为也，为之畜化。

应该注意的是管子是在什么情况下主张用鼓励消费来刺激经济的。"**今吾君战，则请行民之所重。**"在战争的情况下，要实行老百姓喜欢的政策，满足他们追求的东西。老百姓追求什么？"**饮食者也，侈乐者也，民之所愿也。**"爱吃，爱玩，而且要玩得刺激，吃得铺张。这就是他们追求的，就是人的本性。没有人天生喜欢吃苦的。我以前就讲过，管子制定经济政策的基点是分析人性；在分析人性的基础上，分析利益；在分析利益的基础上，制定政策。但政策的目标是富国强兵。这个线索非常清楚。制定一项政策，除了领导人的主观愿望之外，还必须考虑能不能行得通。我们现在的政策研究往往是闭门造车，不管实效和后果。比如现在国庆黄金假期，规定高速公路不收费。主观愿望很好，以此刺激假日经济，结果国庆节当天高速公路拥堵无比。全国18个省区有二十多条高速公路拥堵。不但没有刺激经济，反而招来一片民怨。这就是制定政策的人没有考虑人性。人都有贪念，高速公路的路桥费很贵，听说可以省钱，私家车都选择高速。这么堵车，本来想出门的人也不出门了，接下来的两天，高速公路上空荡荡的。如果考虑人性，假日路桥费加倍可能效果更好。道路畅通了，真正想自驾游的就更多了。这才真正起到刺激假日经济的作用。

　　"**足其所欲，赡其所愿，则能用之耳。**"知道了人性是怎么回事，满足他们的欲望，才能使老百姓为国所用。为什么呢？文中用比较夸张的说法："**今使衣皮而冠角，食野草，饮野水，孰能用之？伤心者不可以致功。**"如果不给老百姓吃饱穿暖，让他们披兽皮，戴牛角，啃野草，喝河水，过着牛马般的生活，还有谁会为你君王卖命？政策伤了民众的心，就不可能实现对他们的期望，不可能达到政策的目的。"**故尝至味而，罢至乐而。雕卵然后瀹之，雕橑然后爨之。**"因此，要让老百姓吃到最美味的食物，让他们玩个够，玩到疲劳，把鸡蛋彩绘后再煮熟了吃，把橼子雕刻后再去当柴烧。这是夸张到极点了，比喻穷奢极欲的消费。"**丹沙之穴不塞，则商贾不处。**"不禁止开采丹砂，商人有利可图，就不会停业。丹砂是一种贵重的矿产。"**富者靡之，贫者为之**"，消费刺激就业，有钱人奢侈，穷人才有工作做。"**此百姓之怠生，百振而食。**"老百姓天生是懒惰的，只有敲打刺激他们，才会去劳动谋生。"振"，刺激、敲打的意思。"**非独自为，为之畜化**"。老百姓不可能自觉自愿地去干活，需要政府去蓄养、教化他们。过去社会的观念认为"上智而下愚，不移也"。上层社会的人是聪明的，下层社会的人是愚笨的，这是不会改变的。所以上层社会的人要去教化下层的人。在战争期间，需要经济实力的支持，要刺激老百姓拼命生产。办法就是刺激有钱人消费，追求奢靡生活。有钱人挖空心思去花钱，穷人多了赚钱机会，才会去努力从事劳动生产。否则，按常态生活的话，他们只会做一天和尚撞一天钟，有口饭吃就行，不会动脑筋多赚钱。以前下乡时，知青和所有农民一样，早晨背着锄头懒洋洋地到地里锄几下，然后大家蹲在地头开始聊天，快要收工了再去锄几下，反正也是吃不饱、饿不死。一年年就这么过去了。中国农村大部分人就是过这种日子，觉得天经地义。改革开放后，突然有机会赚钱了，人们才在物质刺激下各显神通，拼命赚钱，生活改善，经济发展了。这是在讲发生战争的特殊时期，国家急需要钱，经济需要快速发展，这时候，就要用鼓励消费的办法去刺激经济。否则按常规去做，经济不会高速增长。但也不能永远刺激经济高速增长，否则开快车是要翻车的。因此，管子在其他场合的主张又不同。

133. 反对鼓励消费的办法

【事语】桓公问管子曰:"事之至数可闻乎?"管子对曰:"何谓至数?"桓公曰:"秦〔泰〕奢教我曰:帷盖不修,衣服不众,则女事不泰。俎豆之礼不致牲,诸侯太牢,大夫少牢,不若此,则六畜不育。非高其台榭,美其宫室,则群材不散。此言何如?"管子曰:"非数也。"桓公曰:"何谓非数?"管子对曰:"此定壤之数也。彼天子之制,壤方千里,齐诸侯方百里,负海子七十里,男五十里,若胸臂之相使也。故准徐疾、赢不足,虽在下也,不为君忧。彼壤狭而欲举与大国争者,农夫寒耕暑芸〔耘〕,力归于上,女勤于缉绩徽织,功归于府者,非怨民心,伤民意也。非有积蓄,不可以用人,非有积财,无以劝下。泰奢之数,不可用于危隘之国。"桓公曰:"善。"

这一段是反对鼓励消费、追求奢侈的。桓公问管子:"我可以听你说说治国的最好办法吗?""事",是管理、治国的意思。管子回答:"什么叫最好的办法?"前面讲了任何政策要因时而异,因地制宜,也就是没有一种所谓最好的办法,可以放之四海而皆准。所以这句是管子的反问。齐桓公说:"泰奢教我说,出门时,马车上遮阳光的帷盖不够长;置办的衣服不够多,穿来穿去就只有两三套,那么纺织手工业就发展不起来了。""俎豆之礼不致牲,诸侯太牢,大夫少牢，不若此，则六畜不育。"俎和豆都是祭器，"俎豆之礼"就是祭祀之礼。按礼的规定，诸侯和天子一样，要用太牢来祭祀，牛、羊、猪各一头。大夫要用少牢祭祀，羊、猪各一头。现在祭祀没有达到标准，都简化了，诸侯不用太牢，大夫也不用少牢了，甚至后来就用木刻的牲畜做供品了。这样一来，六畜就不能繁育，畜牧业发达不起来。看来当时人吃肉是难得的，养牲畜主要是为了祭祀之用。"非高其台榭，美其宫室，则群材不散。"如果不把台榭修建得很高敞，不把宫室装饰得很华丽，那么木材、石材等各种建筑材料的贸易就不兴旺了。转述完泰奢的这番话，桓公就问管子："这些话有没有道理啊？"书上的"秦"，应该是"泰"，其实没有这个人，是作者虚拟的。古人用问答体来写作时经常会虚拟一个名字，往往和内容有关。"泰奢"的意思是太奢侈。因为"秦"和"泰"字形很近，相信是刻书时刻错了。

管子回答："这是错误的办法！"桓公没料到他会这样说，追问道："为什么你说这是错误的办法？"管子回答："**此定壤之数也。**"这是天下太平、地制有一定规矩的时候，才可以用的办法。"**彼天子之制，壤方千里，齐诸侯方百里，负海子七十里，男五十里，若胸臂之相使也。**"那时天子管辖的，方圆千里土地；统一规定列国诸侯的范围方圆百里，不能超过天子之国。滨海的子国七十里，男国五十里。这样就像身体上的胸和臂一样互相拱卫。天子像心胸，列国诸侯就像手臂，彼此依赖。所以能够调节缓急余缺，即使粮财散在民间，也不致成为统一国家君主的忧虑。天下太平，用鼓励消费来刺激经济，财富虽然集中在民间，但天子号令可以一直贯彻下去，随时可以征用，这叫做藏富于民。但是领土狭小而还要起来与大国争强的国家，情况就不同了，必须使农夫努力耕耘，成果归于君主；使妇女勤于纺织，成果归于官府。这并不是故意要伤害民心与民意，是不得不这样做。"**非有积蓄，不可以用人，非有积财，无以劝下。**"因为国无积蓄就不能用人，国无余财就不能鼓励臣下。所以说，鼓励消费和奢侈的办法，不可以用在领土狭小而危机重重的国家。桓公说："对极了。"

这一段是反对用鼓励消费以刺激经济的办法。所以看完两篇，会发现主张完全相反，一个主张节俭，一个主张奢侈，但都是有前提的。有些学者没有把整部《管子》贯通起来研究，看到《侈靡》就断定管子主张鼓励消费以刺激经济。然后就去否定《事语》，说是伪作。读书真是不容易，要反反复复、完整地理解《管子》的思想。这也就是我一开始在"导言"里讲的，中国人的思维方式和西方人不一样，不是有一个完整的结构，然后一章章地演绎论证。我国古代圣人是随机说的，在一定的场合，针对一件具体的事物发表意见。我们必须把很多篇综合起来，才能发现他思想学说的整体结构。

134. 管子最早提出级差地租

"乘马"这个概念，在《管子》中经常出现，做题目的就有《乘马数》、《巨乘马》。"乘"，计算；"马"，筹码，算筹；合在一起就是运筹谋划之术。这里选《乘马数》一段：

> 公曰："贱（践）笑乘马之数奈何？"管子对曰："郡县上舅之壤守之若干，间壤守之若干，下壤守之若干。故相壤定籍而民不移，振贫补不足，下乐上。故以上壤之满，补下壤之众，章四时，守诸开阖（合），民之不移也，如废（置）方于地。此之谓笑乘马之数也。"

桓公问：应该如何实践应用"乘马之数"，运筹之术呢？管子回答：每个郡县的长官一定要知道管辖范围内，上等的丰腴土地持有多少，中等的土地持有多少，贫瘠的下等土地持有多少。"故相壤定籍而民不移，振贫补不足，下乐上。""相壤定籍"也就是《国语·齐语》记载管子说的"相地而衰征"。按韦昭的注释："视土地之美恶及所生出，以差征赋之轻重也。""相"，即"视"；"衰"是等差的意思；"籍"和"征"都是指征税。意思就是说，按照土地肥瘠和产量的不同，征收不等额的租税。这样的话，老百姓就能安居乐业，不会移民了。政府赈济那些吃不饱穿不暖的穷人，民众就会喜欢拥护朝廷。为什么政府有条件这么去做呢？"**以上壤之满，补下壤之众。**"因为从良田征来的高额租税，可以去补贴坏地上的穷人。"**章四时，守诸开阖**"，政府明确四季该做的事，该播种的时候播种，该收割的时候收割，不误农时。冬天农闲时，政府才抽调民力去修水利、道路、宫殿等，掌握"开阖"的时机。也就是说，什么时候市场要放开，什么时候要收紧。现在经常是一放就乱，一收就死。政府的执政能力就在于此，该放的时候要放，该收的时候要收，该干预的时候要干预，该出手的时候要出手。这才是一个正常的经济秩序。完全放任自由的市场有问题，完全由政府主导的计划经济也有问题。做到了这些措施，"**民之不移也，如废方于地**"。老百姓就会安土重迁，留在家乡就像将一个方形物体放置于平地上一样稳固，不再会流亡迁移。中国传统社会里，经济一出问题，老百姓活不下去了，就会出现大批流民。两汉末年、唐末、明末等，都出现过大批流民的现象，使整个社会陷入大混乱的局面。所以，统治者都高度重视流民问题，希望把农民世世代代束缚在土地上。

接下来着重讲讲"相壤定籍"、"相地而衰征"的问题。大概在管子之前，所有租税都是按统一标准征收的。管子提出，要按照土地不同情况征收不同租税。这样贫瘠的土地才能得到开发，国家才能够收到更多的税。否则，交纳同样的税，老百姓自然只愿意去种上等好地，没有人会愿意去种贫瘠的、交通不便的下等地。荒地得不到开发，下等地还可能被抛荒。国家的税收反而会减少。所以管子提出"相壤定籍"。战国晚期的荀子在《王制》篇有记载："田野什一，关市议而不征；山林泽梁，以时禁发而不税；相地而衰政，理道之远近而致贡。"可见这项制度在管子及其之后的时代已广泛推行，而不仅仅是一种经济理论。今天听听很简单，但在两千多年前要想出这四个字来又谈何容易？

"相壤定籍"和西方经济学的"级差地租"不谋而合。而现代欧洲建立的西方经济理论提出"级差地租"概念，约在三百多年前。创始人是十七世纪的配第。他看到维持某军队所需的谷物，有的是从远距离的产地运来，有的是从近距离的产地运来，后者因少付39英里的费用，便可使谷物生产者获得高于其自然价格的收入，于是他从土地位置的差别上提出了级差地租的概念。亚当·斯密又根据土地肥沃程度的不同，进一步论述了级差地租产生的自然条件。安德森在 1777 年出版的《谷物法本质的研究：关于为苏格兰提出的新谷物法案》一书中，论述了级差地租理论的基本特征，成为级差地租理论的真正创始人。马克思在《资本论》里面花了很大的篇幅阐述这个概念，认为是经济学上的一个重大发现，可是已经比管子晚了两千年。

135. 两千年前的统计学

"相地而衰征"，不是一句空话，它有具体实践的办法。在划分土地等级后，要交纳多少租税，有一套完整的统计制度。现在看《山国轨》。"轨"是统计的意思；"国轨"，国家统计。我选其中的一段给大家讲解。

> 桓公问管子曰："请问官国轨。"管子对曰："田有轨，人有轨，用有轨，乡有轨，人事有轨，币有轨，县有轨，国有轨。不通于轨数，而欲为国，不可。"桓公曰，"行轨数奈何？"对曰，"某乡田若干？人事之准若干？谷重若干？曰：某县之人若干？田若干？币若干而<u>中</u>〔符合〕用？谷重若干而中币？终岁度人食，其余若干？曰：某乡女胜事者终岁绩，其功业若干？以功业直时而櫎之，终岁，人已衣被之后，余衣若干？别群轨，相壤宜？"桓公曰："何谓别群轨，相壤宜？"管子对曰："有莞蒲之壤，有竹箭檀柘之壤，有泛下渐泽之壤，有水潦鱼鳖之壤。今四壤之数，君皆善官而守之，则籍于财物，不籍于人。亩十鼓之壤，君不以轨守，则民且守之。民有过移长力，不以本为得，此君失也。"

这是讲调查统计，管子制定经济政策不是盲目的，是有统计作依据的。桓公问管子："请问怎么管理国家的统计事务？"管子回答："土地要统计，人口要统计，政府支出要统计，乡里组织的数目要统计，民众日常生活收支要统计，货币要统计。不但县级政府要有统计，整个国家也要有统计。不掌握统计方法，而想要管好一个国家是行不通的。"可见两千多年前的管子对统计是何等重视。我们现在也搞统计，但数字往往靠不住。统计的目的本来是作为政府制定经济政策的依据。但在"报喜不报忧"的传统影响下，统计往往和政绩或宣传联系在一起，给决策者提供的依据不准确，政策必然出问题。有些官员的头脑还不如两千年前的古人清醒。

桓公又问："怎么实行统计呢？"管子回答："如果统计某个乡就需要统计有多少土地，一年民生所需的平均数是多少，粮食总产量是多少。统计到县一级，需要统计有多少人口，有多少土地，需要多少货币在当地流通才符合需要。粮食总产量有多少才恰好和流通的货币总量相符合。现在是金本位，古代是粮食本位，以粮食产量来决定货币发行。""**终岁度人食，其余若干？**"每年还要统计，全县人口需要多少口粮，减去口粮还剩下多少余粮。除了统计粮食之外，乡一级还要统计从事纺织的妇女年产量是多少。"**以功业直时而横之，终岁，人己衣被之后，余衣若干？**"根据她们的产量，按四季所需计算，整年内乡人自用之后，还剩余多少？"直时"，按季节；"横"，计算。春夏秋冬穿的衣服不一样，夏天只要穿一件单衣就够了，冬天就要穿棉袄。所以要按四季所需计算。剩余多少衣被，政府掌握这个统计数字后，再征调去救助贫困户。可见那时候征税不是完全没有根据，想要多少就收多少，也不是税收收得越多就显示政府越有成就。用每年财政收入增加多少，来表示经济繁荣程度，是莫名其妙的。应该"藏富于民"。财政收入多并不一定表示经济运行正常，也可能是横征暴敛得来的。所以沾沾自喜地公布财政收入数字是头脑不清。

桓公问："**何谓别群轨，相壤宜？**""别群轨"，进行分门别类的统计。统计学就是要越细致越好。可见我国两千多年前的统计学已经发展到一个很高的水平。"相壤宜"，考察土地，分出相应的等级。桓公问管子具体怎么去做。管子回答："**有莞蒲之壤，**""莞蒲"是一种蒲草，可用来编席子、草篮，长满蒲草的土地，就是湿地。"**有竹箭檀柘之壤**"，有长满各种树木竹子的土地，就是林地。"**有泛下渐泽之壤**"，有涨潮水时为湖、退潮时为田的湖田。"**有水潦鱼鳖之壤**"，有水面地。"**今四壤之数，君皆善官而守之。**"请你派人妥善管理这四类土地。政府就可以"**籍于财物，不籍于人**"。不用去征收人头税，而是征收这些土地上的物产税就可以了。这是指下等地的情况。另外一种情况是讲良田，"**亩十鼓之壤，君不以轨守，则民且守之**"。亩产十鼓以上的上等土地，如果政府不把它纳入统计范围来控制其产品，那么有钱人就会控制。"**民有过移长力，不以本为得，此君失也。**"这些人手中有钱，从来不以务农为本，而是靠投机取巧所得，这就是君主的失策了。

实行"相地而衰征"，只是靠统计还不够，《管子》又发展出科技部分。怎么进行土地分类？什么样的是盐碱土？什么样的是高岭土？什么样的是沼泽土？什么样的是水地？什么样的土地适合长什么样的庄稼？什么样的土壤下面可能有什么矿？这些都是地质学知识，而且和现代地质学非常接近。除此之外，《管子》的科技部分还包括水的知识、天文和历法的知识。管子的思想包括体、用两部分，讲"用"就讲得细致到这个程度。当然它的科技部分也是为经济、为富国强兵服务的。

在今天经济生活中，你能想得到的，管子差不多都想到了。有人会说古人真聪明！我说，这话不对。这话的前提是我们以为自己最聪明，低估了古人，觉得古人肯定没我们聪明。所以现在一下子才觉得古人真聪明。这是长期受现代教育所形成的历史观影响而造成的。现在很多人接受的历史观都是进化论，总认为一代超过一代。这就是佛家所谓的"所知障"。你想当然的事情就不会去动脑筋了。看看历史事实，其实人类历史是起伏的，否则没有办法解释很多古代的事情，比如古代技术的成就。看三星堆考古，那是很震撼的；又比如古希腊文明，此后出现了几百年黑暗的中世纪，就反映了人类历史并不是直线往前走的，而是起伏的。所以古人有很多超越我们的地方，其实不足为奇，是我们在走下坡路，或者我们到达的山顶和古人到达的山顶差不多。所以，"古人真聪明"这句话的背后其实反映了我们长期形成的历史观，主要是受西方历史进化论影响的结果。我们看到的埃及金字塔、卢克索神庙，六千多年前的建筑，因为用历史进化论无法解释这些古代文明奇迹，就说可能是外星人造的。如果相信人类历史是起伏的，也许那个时代的人类已经达到了这样的建筑工艺，不过后来因为战乱或自然灾害导致技术失传了；或者代表这一文明的人整个灭亡了，技术没有传下来，然后人类又进入了一个低谷，历史有很多偶然性。我们现代文明这样发展，环境破坏等各种各样问题出现，也可能几百年以后，我们这个文明也毁灭了，人类又要重新开始慢慢发展。过了一两千年看看，可能那时的人会觉得：二十一世纪的人真聪明啊！所以要研究一个东西先要破掉"所知障"，否则没法深入。我们这个时代自然科学技术上进步很大，其实社会科学、人文科学没什么大的创造，就因为我们的思想被技术主义框住了，好像到了二十一世纪每件事情都有了答案，这样就不在人文科学上再去追求了。所以我们这个时代最缺的是思想家。

136. 经济中的社会问题

在管子看来，许多经济问题其实是受到其他社会因素的影响，所以解决经济问题未必要从经济入手，可以通过解决社会问题来解决经济问题。先看一个《轻重丁》里的案例。

> 桓公曰："五衢之民，衰然多衣弊而屦〔履，鞋〕穿，寡人欲使帛、布、丝、纩之贾〔价〕贱，为之有道乎？"管子曰："请以令沐途旁之树枝，使无尺寸之阴。"桓公曰："诺。"行令未能一岁，五衢之民皆多衣帛完屦。桓公召管子而问曰："此其何故也？"管子对曰："途旁之树未沐之时，五衢之民，男女相好往来之市者，罢市相睹树下，谈语终日不归。男女当壮，扶辇推舆，相睹树下，戏笑超距〔舞蹈〕，终日不归。父兄相睹树下，论议玄语，终日不归。是以田不发，五谷不播，桑麻不种，茧缕不治。内严，一家而三不归，则帛、布、丝、纩之贾安得不贵？"桓公曰："善。"

桓公说："城里的老百姓穿得很落魄，多数人穿着破衣服和破鞋子，我想使各种衣料的价格降下来，你有什么办法吗？""衢"，大道；"五衢"五个方向的大道，指城中闹市。管子回答："**请以令沐途旁之树枝，使无尺寸之阴。**"请下令剪光路旁的树枝，没有一点树荫。"沐"，本意是"秃"，名词作动词用，是"剪光"的意思。桓公答应了。这个命令下去不到一年，城中百姓都穿上完好的衣服和鞋子了。桓公召管子问："这是什么原因啊？"这说明桓公非常相信管子，管子叫他做什么，他不问青红皂白地就去做，看到结果了，他带着好奇心去问管子。管子回答：路旁的树枝还没有剪光的时候，进城的男女情人到了市场上，本来是带着货物来卖的。结果不做生意了，在树荫下约会，谈情说爱，黄昏还不想回家干活，男不耕，女不织。这是"一不归"。第二种人是壮年男女，主要劳动力。他们推着装载货物的车进城，还没到市场上，就在路旁树下碰头了。在那里说说笑笑，又唱又跳，从早到晚都不想回家。这是"二不归"。第三种人是亲戚，父子兄弟聚在路旁树荫下，谈天说地，摆龙门阵，聊得到天黑都不想回家。这是"三不归"。长此以往，"**是以田不发，五谷不播，桑麻不种，茧缕不治。**"没有人去耕地播种、养蚕织布，农业和手工业生产都荒废了。"**内严，一家而三不归，则帛、布、丝、纩之贾安得不贵？**"尽管朝廷的教令很急迫，但一家之内有了这"三不归"，衣料织品的价格怎么可能不高呢？产量低了，物价自然就上去了。相反，产量高了，价格就会下来了。所以把树枝剪光，路旁没有树荫了，烈日当空，这些人就再也不会在那里嬉笑闲谈，而是回家干活去了。收成之后，供应充足，物价下来，城市居民就买得起衣服、鞋子啦。这给我们的启发是，有些经济问题是由社会问题引起的，采取经济措施并不一定能够解决。

137. 经济活动要讲谋略

管子主张，在经济活动中要充分发挥人的智慧。有些问题看来是根本不可能解决的，但只要运用智慧，不可能可以变成可能。《轻重丁》里有很多这样的案例。先选两个来讲。第一个案例：

> 桓公曰："寡人欲西朝天子而贺献不足，为此有数乎？"管子对曰："请以令城阴里，使其墙三重而门九袭（重）。因使玉人刻石而为璧，尺者万泉，八寸者八千，七寸者七千，珪中（值）四千，瑷中五百。"璧之数已具，管子西见天子曰："弊邑之君欲率诸侯而朝先王之庙，观于周室。请以令使天下诸侯朝先王之庙，观于周室者，不得不以彤弓石璧。不以彤弓石璧者，不得入朝。"天子许之曰："诺。"号令于天下。天下诸侯载黄金珠玉五谷文采布泉输齐以收石璧。石璧流而之天下，天下财物流而之齐。故国八岁而无籍，阴里之谋也。

桓公说："我想西行朝拜天子，而贺献费用不足，有办法解决吗？"管仲回答："请下令在阴里这个地方筑城，要求里里外外有三层城墙，九道城门。先秦时的"城"专指城墙。然后在城中让玉匠雕刻石璧，直径一尺的定价为一万钱，八寸的定为八千，七寸的定为七千，石珪值四千，石瑷值五百。""珪"，长条形的玉璧；"瑗"，圆形中间有大孔的玉璧。石璧都如数做完后，管仲就西行去朝见周天子说："我们的国君想率领诸侯来朝拜先王的宗庙，观礼于周室。请下令要求凡是想来朝拜先王宗庙和观礼的诸侯，都必须带上彤弓和石璧。不带彤弓石璧的人不准入朝。""彤弓"，红色的弓。只说带石璧太露骨，所以加上彤弓。周天子答应了，便向各诸侯国发出了号令。天下诸侯都运载着黄金、珠玉、粮食和丝绸布匹到齐国来收购石璧。齐国的石璧由此流通到各国，天下的财物都归齐国。齐国因此八年没有征收赋税，就是这个"阴里"的谋略起的作用。

第二个案例：

> 桓公曰："天子之养不足，号令赋于天下则不信诸侯，为此有道乎？"管子对曰："江淮之间有一茅而三脊母（毋，贯）至其本，名之曰菁茅。请使天子之吏环封而守之。夫天子则封于太山、禅于梁父。号令天下诸侯曰：'诸从天子封于太山、禅于梁父者，必抱菁茅一束以为禅籍。不如令者不得从。'天子下诸侯载其黄金。争秩而走，江淮之菁茅坐长而十倍，其贾一束而百金。故天子三日即位，天下之金四流而归周若流水。故周天子七年不求贺献者，菁茅之谋也。

桓公说："周天子财用不足，每次下令向各诸侯国征税，都没有诸侯理睬他。有办法解决吗？"管仲回答："长江、淮河之间，出产一种三条脊梗一直贯穿到根部的茅草，名叫'菁茅'。请建议周天子派官吏封禁菁茅产地的四周，并看守起来。在天子到泰山祭天，到梁父山祭地的时候，就可以向各国诸侯下令：'凡是想要跟随天子到泰山祭天、到梁父山祭地的，都必须携带一捆菁茅作为祭品。不照命令执行的就不许跟随前往。'"于是各国诸侯都载运着黄金争先恐后地奔走收购。"秩"，次序；"争秩"，争先恐后的意思。江淮地区的菁茅价格因而上涨了十倍，一捆可以卖到一百金。所以周天子听朝仅仅三天，天下的黄金就从四面八方像流水一样汇聚到周都来。因此，周天子七年没有向诸侯要贡品，就是这个菁茅之谋的作用。

这两个案例都涉及经济活动中的谋略。有人讲《管子》是权谋之学，有一定的道理。其实，权谋不完全是负面的，就是教你办成一件事不必硬来，要动脑筋，有时可以迂回曲折地达到目的。要想了解权谋，"轻重"里面有不少。

138. 两千年前的商战

管子的谋略还用在国与国的争夺之中。两国对立，要搞垮对方，不一定用军队，可以用经济手段克敌制胜。所以说，货币战争不是今天才有的，两千多年前管子就知道了。《轻重戊》有几段都是讲商战的，我选其中一段来讲。

桓公曰："鲁梁之于齐也，千〔车〕毂也，蜂螫也，齿之有唇也。今吾欲下鲁梁，何行而可？"管子对曰："鲁梁之民俗为绨。公服绨，令左右服之，民从而服之。公因令齐勿敢为，必仰于鲁梁，则是鲁梁释其农事而作绨矣。"桓公曰："诺。"即为服于泰山之阳，十日而服之。管子告鲁梁之贾人曰："子为我致绨千匹，赐子金三百斤；什至而金三千斤。则是鲁梁不赋于民，财用足也。"鲁梁之君闻之，则教其民为绨。十三月，而管子令人之鲁梁。鲁梁郭中之民，道路扬尘，十步不相见，绁缟而蹱相随，车毂齺，骑连伍而行。管子曰："鲁梁可下矣。"公曰，"奈何？"管子对曰："公宜服帛，率民去绨。闭关，毋与鲁梁通使。"公曰："诺。"后十月，管子令人之鲁梁，鲁梁之民饿馁相及，应声之正无以给上。鲁梁之君即令其民去绨修农。谷不可以三月而得，鲁梁之人籴十百，齐粜十钱。二十四月，鲁梁之民归齐者十分之六；三年，鲁梁之君请服。

桓公说："鲁国有个叫梁的地方，紧靠齐国边境，地势十分险要。对齐国来说，就像战车的车毂或蜜蜂的螫针，有唇齿相依的关系。现在我想把梁地夺下来。可以用什么办法呢？"马非百先生花了很长时间研究《管子·轻重》，断定《管子》不是管仲写的，是汉以后才有的。他就抓住这一条，说魏国称为"梁国"是战国时期的事，春秋时还没有魏国。其实，西周到春秋，鲁国有个地方就叫梁。可见做考证是很难的，必须知识非常广博。管子不想用军事手段去进攻，大概要攻打也不容易，因为这个地方地势险要，所以齐桓公才会觉得如骨鲠喉。于是管子回答："鲁国梁地民间有制绨的传统手工艺。现在开始你齐桓公带头每天穿绨做的衣服，然后叫文武百官都穿。老百姓看见后自然会跟风，都穿上绨做的衣服。""**公因令齐勿敢为，必仰于鲁梁。**"您就下令齐国百姓都不准生产绨，完全依赖梁地供应。"**则是鲁梁释其农事而作绨矣。**"这样梁地的百姓见有利可图，就会放弃农事，而专门制造绨了。桓公答应照办，"**即为服于泰山之阳，十日而服之**"，就穿着绨衣到泰山南面祭祀，整整穿了十天。这一定是个公众场合，因为他在深宫里穿就没人会知道。然后管子就悄悄地对鲁梁的商人说，你替我收购一千匹绨，我付金三百斤，如果十倍的话，我就付金三千斤。这样一来，梁地就不必向老百姓征税，只要向齐国出口绨，财用就足够了。梁地的君主听说后，就下令百姓都去制绨。过了十三个月，管子派间谍去梁地。"**鲁梁郭中之民，道路扬尘，十步不相见，绁繑而踵相随，车毂齵，骑连伍而行。**"鲁梁城中的百姓车来车往，到处都在贩卖绨，车轮滚滚，扬起的尘土使十步之外就看不见人了。人挤人，有时要忙着系裤带，因为挤得裤带都掉下来了；有时连脚都没法抬起来，只能一步一步往前移。"绁"，捆绑，系；"繑"，裤带。大家拿着绨到城里去卖，货少一点的骑马，多一点的赶车。马匹连成一列，车碰车，车轮相咬，真是盛况空前，十亿人民九亿商。间谍回来描述了这种情景，管子说："鲁梁可以攻下来了。"桓公问："怎么做？"管子回答："从现在起，您不要穿绨，改穿帛，率领全国百姓都不穿绨。然后关闭和鲁梁通商的关口，不跟他们来往。"桓公答应照办。十个月后，管子再派间谍去鲁梁，只见梁地的百姓饿得皮包骨头。政府征税，老百姓尽管答应，但拿不出东西缴税。此时鲁梁之君才反应过来，下令民众放弃制绨而赶紧去种地。"**谷不可以三月而得，鲁梁**

之人籴十百，齐粜十钱。"粮食不可能三个月就有收成，所以梁地的百姓从市场上买米要一千钱，齐国境内把米卖出去只要十钱，但由于闭关，粮食无法流通。两年后，梁地百姓没有吃的，十分之六的人跑到齐国去了。三年后，鲁梁之君就投降了。这就是经济战，不动一兵一卒而制敌。

《轻重戊》里还有好几个这样的例子。前面已经讲过，现在我们放弃农业，靠从美国、加拿大进口粮食，自己的农地都拿去开发房地产，生产经济作物，一旦人家把粮食封锁了，那时再退田还耕，恢复农业生产还来得及吗？很多所谓经济学家鼓吹中国经济有多好，欧美经济没救了，将来都要靠中国。这是在自说自话。照这样走下去，弄不好就像鲁梁之君那样不战而降。管子的经济思想有很多闪光的东西，今天还用得到。

管子解读：领袖需要的智慧

第十讲

《管子》的阴阳五行思想

在《管子》之前,阴阳和五行好比一堆零散的部件。《管子》把它们组装起来,形成一个整体。从严格意义上来说,阴阳五行是到《幼官》才正式确立的。人的行为规范要根据季节的推移决定,这叫做顺天道。把天道具体化了,一直具体到在日常生活中应该做什么,不做什么,包括打仗、生产、祭祀等。然后顺天时以行政令,再把阴阳之理用到政治领域,创造了阴阳刑德的政治理论。这就是"四时教令"思想的主要内容,是先民天人合一思想的集中体现。

139. 阴阳五行和传统文化

　　本讲主要讲《管子》的阴阳五行思想。第一讲的导论中，就说过《管子》既包括了形而上的学说，有关体的学说；也包括了形而下的学问，有关术的学问。在《管子》里涉及形而上的主要有两组文章。第一组是《心术上》、《心术下》、《内业》和《白心》。这组文章的中心是"精气说"，和后来的道家思想有关。有人说它传承了上古道家，有人说它开道家之先河，这不是这里想要讨论的范围，我们主要是研究它的思想内涵。另一组文章也是四篇，包括《幼官》、《四时》、《五行》和《轻重己》，主要讲阴阳五行思想。

　　阴阳五行非常重要。了解中国传统文化，如果完全不懂阴阳五行，就等于没有入门。因为中国传统文化是以阴阳五行为框架的，它是传统文化的一种通行语言。在体的层面，阴阳五行是中国古代哲学的基础。比如"三百年必有王者兴"的历史循环论，其实就是建立在阴阳五行思想上的。侯外庐先生说过："如果不理解阴阳五行学派的世界观、知识论和逻辑学，则对于自汉以下的儒家哲学，也不能够有充分理解。"汉以后的儒家跟孔子以及战国儒家有很大不同。汉儒思想已经渗透了阴阳五行学说。不懂阴阳五行，对汉以后的儒学是没办法真正理解的。现在研究中国古代哲学的人，始终是在重复，没有突破。大家都在编"中国哲学史"，其实是笼统地介绍基础知识的教科书，思想上没有深入，也没有突破。因为他们既不研究佛学，又不了解阴阳五行。观念上总是看扁了佛学和阴阳五行，以为都是迷信，只有神神叨叨的人才会去研究。轻视阴阳五行的观念要纠正过来，这里面是有大学问的。

从术的层面讲，中医、历法、风水、算命、卜卦都是和阴阳五行有关，没有阴阳五行，就没有这些传统文化知识。但阴阳五行不等于就是看风水、算命。即使我们没系统学过阴阳五行，但也一直受其影响。阴阳消长、五行生克的思想弥漫于整个意识领域。讲个例子，中华人民共和国国旗为什么是五颗星，而不是四颗星或六颗星呢？在中国人的意识里"五"是一个最讨人喜欢的数字。"五"在数理五行上属土，方位上居于中央，在中国术数最重要的两个源头《河图》和《洛书》中，中央都是数字五，它具有包容、承载、中和、运化的特性。很多人以为最好的数字是"九"，其实"九"不是一个好数字。"九"最大，最大就满了，满了以后就要走下坡路了。我有位朋友的大事业开张，他选了2009年9月9日9点钟，说是好日子。我心里咯噔一下：坏了！开头就选最高点，那事业一定是往下走的。当然，这只是我的猜测，国旗的设计者未必有用五颗星代表五行的意思。不过，它渗透在中国人的潜意识中则是完全可能的。

我讲阴阳五行以《幼官》为文本。很多人说，《幼官》实在看不懂，像天书一样。其实也不难，只是因为过去没有这方面的常识。只要了解一点阴阳五行的基础知识，再读就不难了。我做了三张表（见本书附录）。一是"五行大系表"：五行和各种事物的搭配。这在历代以来是有变化的。这张表一方面根据《幼官》，另一方面也参照了后代经典。二是《幼官图》的"方位表"。读《幼官》时经常会碰上"北方副图"、"中方本图"之类的方位，脑子里要先有个形象。古代地图的方位和现在的完全不一样。现代地图以右边为东方，古代是以左边为东方；现在以上为北方，古代以上为南方。三是"三十时节表"。《幼官》涉及历法，三十时节和现在的二十四节气不同，是不同的系统。有了这样三张表再读《幼官》就相对容易一点了。

管子解读：领袖需要的智慧

140. 阴阳和五行的起源

说到阴阳五行的起源。其实，最初阴阳是阴阳，五行是五行，是出自两个文化系统。很难想象两三千年前，在我们这片土地上，已经有了一个全国性的交通网络，一个华夏族共同的意识形态。在交通不便的情况下，社会是非常闭塞的，各地方形成了自己的文化系统。

早期的阴阳是指一些日常生活中和人的经验相关的东西，而不是一个抽象的概念。一般公认的，是"阴阳"的本义为日照的向背。看阴阳的甲骨文就是象形的。𩂳（阳）𩂳（阴）古书上说："阴者见云不见日，阳者云开而见日"。（《说文通训定声》）太阳光照得到的地方是阳，照不到的地方是阴。因为太阳光照得到的地方比较热；照不到的地方比较凉。阴阳又引申为寒热两气的消长和流转，暑气为阳，寒气为阴。先民一步步借用阴阳的概念来解释自然界中相互对立的事物属性。男人、雄性为阳，女人、雌性为阴。再进一步引申，慢慢抽象起来。把上作为阳，把下作为阴；把先作为阳，把后作为阴；贵为阳，贱为阴；君为阳，臣为阴；言为阳，默为阴；动为阳，静为阴等等。所有事物，凡是对立统一的都用阴阳去代表，包括军事上。先发制人的是阳，后发制人的是阴；用正道的是阳，用诡道的是阴。明明用阳，但以阴的形式表现出来，诱导敌人误判，叫"阴道而阳取"。阴阳变成一个通用的语言，各个方面都用。

为什么阴阳会进入社会生活，跟人的行为方式联系起来呢？这应该跟先民的卜筮有关。卜筮的作用就是决疑，拿不定主意的时候希望有人替自己来做决定。一般人信不过，最好是占卜。根据这些年的考古发掘，可以知道南方的楚和吴越一带普遍流行的占卜方法是掷筊。这跟中原地区不同，北方一般用龟壳、牛骨来占卜。"筊"是一个竹根或树根剖成半月形的两片，外凸内平，扔出去用正反两面来决疑，凸的一面为阳，平的一面就为阴，一阴一阳为吉。筊的形状可以让我们联想到《老子》说的"万物负阴而抱阳"。后来要占卜的事越来越多，阴阳跟社会生活的联系也就越来越广。

最初，阴阳并未和《易》结合。《易》属于另一个系统，西部的周人系统。"文王拘而演周易"，周人用八卦。到了周王朝，南方的阴阳和西方的八卦融合，就以阴阳作为两爻的基本符号，并以阴阳两爻不同的叠加组合方式来表示八卦。阴阳最初和八卦的结合时，还只是一种占卜手段。春秋战国时期的思想家开始用阴阳来解释宇宙的构成。例如，老子说"一阴一阳谓之道"。七个字一句话，道理非常深。一般解释这句话，是说"道"由一阴一阳组成的。其实，一阴一阳不是一剖为二。太极图是相依相偎抱在一起，相反而又相成的。没有阳就没有阴，没有阳就没有阴，两者是对立统一的。这还不够，还有更深一层的意思。阴阳不但共居于一个统一体内，而且是动态存在的。一时阴，一时阳，终始之变，循环上升。阳气上升，阴气下来；阴气上升，阳气下来。这样理解"一阴一阳谓之道"，就知道阴阳学说是一种解释宇宙构成的哲学。

最初，阴阳学说和五行学说也没有关系。我们见到有关五行之说的文字，最早是《尚书·洪范》："一曰水，二曰火，三曰木，四曰金，五曰土。"这五种元素的性质："水曰润下，火曰炎上，木曰曲直，金曰从革，土爰稼穑。"水是湿润、往下流的；火是热的、往上升；木向外生发，方向不是直就是曲；金的特性就是可以随意铸造、改变；土的特性是包容、承载、运化。万物土中生，例如土地里长庄稼。"稼"指耕种；"穑"指收获，合在一起指农业。过去学者根据《洪范》就认为"五行"是指通用的五种材料，所以有的书上也称为"五材"。其实，"五行"的概念在《洪范》之前很早就有了。只不过"金"没有那么重要，另外四种物质是先民的生活离不开的。金属在人类生活中的重要性很晚才确立，大致在铁器发明之后。青铜器时代，金属还只能作为礼器。所以很难把它提到跟水、火、木、土一样重要的地位。晚近学者的研究表明，"五行"在甲骨文里就有，起源于北方殷商族。殷商族早期是一个迁徙流动的部族，以畜牧业为主。他们很早就有了商业，因为光吃牛羊肉不行，要到农业部落去换粮食，所以这个本来叫"殷"的部族，后来也叫"商"。对一个不断迁徙的游牧部族来说，最重要的是方向感。所以晚近学者就认为，五行的"行"本意应该是道路，五行最早的形态应该是五个方向：东南西北中，这和游牧民族重视方向有关。空间方位对畜牧业发达而屡屡迁徙的殷人来说，是最实际而又最虚幻、捉摸不到的。它既不是一种物质，又不是一种精神。我们现在什么都是物质、精神两极化，不是唯物就是唯心。为什么世界就要这么两分法？事实上没这么简单。"方"这种概念既然在生活中十分重要，在观念上又难以把握，因此显得很神秘。后来慢慢引申为对天地万物的概括，进而形成了解释宇宙结构的五行说，试图说明宇宙万物是多样性的统一，统一到"五行"。这可能是在几百年里慢慢形成的。五行概念从方位到具体物质，又变成五种动态的元素，这个观念是到春秋战国才定型的，就是五行相生相克，既互相排斥，又互相促进的辩证思想。木生火、火生土、土生金、金生水、水生木，这是相生。相克是隔位的，火克金、金克木、木克土、土克水、水克火，后来还在变化，大致到汉以后才确定下来。过去西方人翻译五行，把握不住这个动态。他们把五行翻译成"Five Elements"，五种元素。但是研究深入之后，有些汉学家，比如李约瑟就指出"Elements"不对，应该是"Energies"，五种能量。用"能量"就把这种动态表现出来了。

阴阳和五行的起源大致是这样，阴阳和五行还没有走到一起。它是远古时代发生在不同地域的两种文化形态，长期处于各自独立的发展状况。这两种学说解释宇宙的结构、生成和变化的规律，各有一套说法。一个是用阴阳，用两种现象来说明；一个是用五种能量来解释。一个是奇数，一个是偶数，这背后还有数的概念。数的概念其实很代表一个文化类型。印度人崇尚7，西方崇尚4，数字其实就是各个不同民族文化的"密码"。阴阳和五行这两个系统，一个奇数一个偶数，怎么走到一起的，很有趣。《管子》初步实现了阴阳和五行的合流。

141. 阴阳和五行的合流

为什么这样说呢？因为阴阳五行变成一个合一的模式，是在前面提到的《管子》四篇文章中定型的。《管子》在谈论五行的时候，已经吸取了阴阳的观念。比方《五行》篇提到：**"故通乎阳气，所以事天也，经纬日月，用之于民；通乎阴气，所以事地也，经纬星历，以视其离。通若道，然后有行，然则神筮不灵，神龟衍不卜，黄帝泽参，治之至也。"** 过去写古代科技史反复有人引用，但解释起来不容易，特别是"黄帝泽参"这一句，现在能看到的用白话文翻译《管子》的，碰到这一句就跳过去了。这段文字是什么意思呢？古人以天为阳，地为阴，就是说通晓了阳气，是为了顺应天时，然后就可以根据日月的运行规律"用之于民"。搞清阴气的消长规律，是为了把握地利，然后就可以掌握历法节气的变化次序。古代中国的星象根据地理划分，天上的某一星宿代表地上的某一州。历法节气跟星象有关，节气变化的次序是根据星宿的旋转来的。我们今天说一岁两岁，三百六十五天又四分之一叫一岁，是根据什么来的呢？就是根据岁星，也就是木星来的。木星十二年运行一周天，它运行的轨道和现代天文学上所说的黄道比较接近。所以古人就把这一周天分成十二等分。木星每走十二分之一，我们就叫一岁。懂了这个就知道为什么要**"经纬星历，以视其离"**。星宿和历法有关，历法节气又和地利、农业有关。古代农业离不开节气，什么时候要播种、除草、除虫、施肥、收割，完全根据节气。精通了阴阳的学问，然后采取行动，这样就不必再卜筮，就可以顺应天时地利了。"泽参"，"泽"字与"择"字相通，即"择而参之"，黄帝根据天象，有所选择地参考，以达到天下大治的最高境界。

《四时》以阴阳结合五行，编排出了一个月历。这个月历"**务时而寄政，作教而寄武，作祀而寄德**"，根据时节来标明行政上应该做的事情，提出各种教令，实际上蕴藏着兵法，同时规定着各种祭祀。目的是要求人们合于天地的规律，和大自然达到和谐。人类社会不能脱离大自然去自搞一套，即《四时》里说的，人的行为要"**合于天地之行**"，《五行》里说的"**人与天调**"。在《管子》之前，阴阳和五行好比一堆零散的部件。《管子》把它们组装起来，形成一个整体。严格意义上说，阴阳五行是到《幼官》才正式确立的。

142. 阴阳五行家

　　到了战国时期，阴阳五行已经成为显学了，形成了一大流派。这就是后来汉人所称的阴阳五行家，或者又称阴阳家，或五行家。这个分类到汉代还不是很明确。司马迁编《史记》，在《太史公自序》里有一篇很重要的文章，引父亲司马谈的《论六家要旨》。文章里这样描述阴阳家："**尝窃观阴阳之术，大祥而众忌讳，使人拘而多所畏。然其序四时之大顺，不可失也。**"这句话难的是"大祥"，十个人解释有九个跳过去。不跳过去的就说"大"通"太"，"大祥"就是"太详"。其实，"大祥"是一种丧礼，父母去世后一年叫小祥，父母去世后两年叫大祥。从小祥到大祥的服丧期间，所有的衣食住行都有非常具体的规定，所以说"众忌讳"，使人拘谨而害怕违规。这是司马谈对阴阳家的批评，但他也有所肯定的地方：阴阳家对历法节气的贡献，是不可磨灭的。刘歆在《七略》里说阴阳家："**敬顺昊天，历象日月星辰，敬授民时，此其所长也。及拘者为之，则牵于禁忌，泥于小数，舍人事而任鬼神。**"他认为，阴阳家的学问是建立在天文学上的，这是他们的长处；但禁忌太多，束缚人的手脚，迷信与鬼神，则是阴阳家的短处。我曾经问过南怀瑾老师，如何把握《幼官》的精髓。他用一句话就抓到了要领，《幼官》是讲天文的，从天文折射到人事。

　　《汉书·艺文志》中有几类跟阴阳有关。一类是《诸子略》，其中阴阳家是十家之一；还有一类是《数术略》的"五行类"；《兵书略》里也有"阴阳类"。

这三类书占留存到汉代的所有图书的四分之一到三分之一左右。可见阴阳学在当时有多么流行。历史学家吕思勉说："《汉志》阴阳，为诸子十家之一，数术则别为一略。论其学，二家实无甚区别。盖数术家陈其数，而阴阳家明其义耳。"（《先秦学术概论》）他的意思是说，汉人把阴阳五行家分为两类，一类叫阴阳家，一类叫数术家。这两家其实学问是一样的，只不过数术家只讲"用"的一面，看风水、算命等等，而阴阳家则是搞思想、研究义理的。胡适也对《汉书·艺文志》这种模糊的分类进行整理和解说，认为阴阳家可以分为邹衍的政治阴阳、兵家阴阳和五行数术阴阳。此外，像天文、历谱、杂占、形法、医经、房中，各家都和阴阳五行有很密切的关系。其中一部分是阴阳家的支流，一部分也许是阴阳家的祖宗。阴阳五行之说都来自民间，阴阳出于民间迷信，五行出于民间常识。那些半迷信、半常识的占星、看相、卜筮等等，自然是阴阳五行说最初征服的区域。从这些区域流传出来，阴阳五行说渐渐影响到上层社会的学术思想。这种思想到了学者的手里，经过他们的思索修改，装点贯串起来，遂成为一种时髦学说。这是胡适的说法，当然他是搞西学的，从西方观点来看，自然觉得阴阳五行是迷信。无论是吕思勉，还是胡适，学者们一般都认为阴阳家分两类，一类是借阴阳五行讲思想义理的，一类是讲数术的，归于《数术略》，分为天文、历谱、五行、蓍龟、杂占、形法六类。这六类都和阴阳五行有关。

　　我主要讲义理，不讲数术，所以只是简单地介绍一下。中国古代数术大致可以分为和天有关、和地有关以及和人有关的三大类。和天有关的数术主要是指占星术。某颗星宿代表某类人，帝星、后星、将星、文曲星等等。这颗星宿走到哪个方位，此人可能要走运了；到了哪个方位，可能要倒霉了。还有"择吉"，就是根据历日的吉凶来选择或避讳某件事，也是跟天文星相有直接关系的。和地有关的数术主要是堪舆，也就是"风水"。风水说起来由五个要素决定，一是命；二是阳，就是阳宅，住的房子；三是阴，阴宅，就是坟墓；四是德，品德；五是识，学识。德和识都是后天的，只讲阳宅、阴宅，看风水还是不够准的，要五方面的因素结合起来考量。现在有些看风水的进了主人的房子，也不问八字，就说这里怎样、那里怎样，我看了之后一笑了之，外行。德和识也很重要，坏事做绝就想靠阴宅、阳宅来改善命运，那是不可能的。龟卜筮占，最早就是用钻龟壳看裂痕来判断吉凶，后来演变成八卦的爻，有的裂痕归为阳爻，有的归为阴爻。蓍就是蓍草，后来还有人说只有从孔夫子坟头拔下来的蓍草最灵。这是迷信，总要找个圣人垫背，其实就是用象和数的运算来占卜。和人有关的数术，是星命和相术。说简单点，就是后来的排八字和看面相。从发展上来看，从先秦到两汉，一直都以各种天占和卜筮最为发达。魏晋时期为风水理论快速发展时期，晋代郭璞所著《葬书》为目前所见最早的风水专著，"风水"一词即是在此书中成形的。此书是风水学中的经典，郭璞被尊为风水学的祖师之一。明清时期各种数术综合发展，互相影响。到了今天就五花八门了。当然最久盛不衰的还是以《易》为核心的卜筮，阴阳五行是各种数术的通用语言。

143. 邹衍的五德终始说

　　走义理这一条路线的阴阳家,最著名的是战国时期的邹衍。后代一提到阴阳家马上就想到邹衍。近人侯外庐先生说:"邹衍的基本思想无疑是'五德终始'论。这是他'深观阴阳消息'有得的理论,也是他轰动当世'王公大人'的主张。"《史记·孟子荀卿列传》这样写邹衍:"**深观阴阳消息而作怪迁之变。《终始》、《大圣》之篇十余万言,其语闳大不经,必先验小物,推而大之,至于无垠。**"他对阴阳的变化有深入的研究,但讲的那一套令人感到迂阔怪诞。《终始》和《大圣》这两篇文章都没留下来,每篇都有十余万言,说明当时邹衍的这套学说也是很复杂的。文章中的话都是天南地北、荒诞不经的。就像《庄子·逍遥游》那样,一下子"水击三千里",一下子又"抟扶摇而上者九万里"了。但别人为什么会相信他呢? 他的治学路线,是从"先验小物"做起,注重具体入微的考察,然后推而广之,越说越无边无际。"**先序今以上至黄帝,学者所共术,大并世盛衰,因载其禨祥度制,推而远之,至天地未生,窈冥不可考而原也。先列中国名山大川,通谷禽兽,水土所殖,物类所珍,因而推之,及海外人之所不能睹。称引天地剖判以来,五德转移,治各有宜,而符应若兹。**"纵向上,他总是从眼前的事情讲起,再追溯到黄帝,以往学者讲过的东西都拿来作为印证,紧沿"并世盛衰"的发展线索,铺陈各种灾异现象和制度变迁,一直讲到天地形成之前。横向上,他又喜欢列举种种地理、动物、植物、珍奇物产等知识，甚至一般人见不到的外国奇闻。最后引出他真正要宣扬的五德终始学说，并用地震、干旱、水涝、彗星、陨石等天象来证明。古书上有记载，邹衍有个外号叫"谈天衍"。其实，邹衍的学术观念和方法，就是与占星学结合一体的阴阳五行学说。占星学与天文历算相关，在日月星辰的运行和某些天象，如斗转星移、月食等预测方面，可以"符应若兹"。他知道什么时候、在什么地方，会出现什么样的星象，到时候果然出现了，于是"**王公大人初见其术，惧然顾化**"。他们被邹衍这套东西震慑住，逐渐受其影响。相比较，差不多和他同时代的孔子、孟子讲的道理都对，但没法马上验证，所以没人信。这就造成当时邹衍学说巨大的轰动效应。

邹衍讲义理，但和《幼官》不是一路。他的主要特色在于解说人类社会的发展，朝代的更替。他认为整个人类历史都是合于天地之行的，而这种发展又被描述成依照五行相生的关系终而复始地循环。所谓"**五德转移，治各有宜，而符应若兹**"。自然界的金木水火土具有五种德行，每一种德行又支配着某个朝代。比如，禹是土德，夏是木德，殷是金德，周是火德，所以继周而起的必是具有水德的王朝。邹衍宣扬：朝代更替的时候，一定会有些奇怪的自然现象发生，这就是"符应"。新的王朝一定要根据自己所对应的五行之德，重新规定相应的年号、服色、典章制度。人类历史就是这样循环往复地演变的。

首先被邹衍学说征服的是各国诸侯，包括秦始皇。《史记·秦始皇本纪》记载当时秦始皇身边候星气者有三百人之多，阿房宫就是模仿天上的星象建造的。他奉行邹衍的五德终始说，自认是取代周王朝火德的水德，改年朝贺都从十月开始，所有的衣服、旌旗全部用黑的，数字以六为纪，所有的符、帽都是六寸，车也是六尺，规定六尺为一步，乘马也是六匹，"以为水德之始"。司马迁描写邹衍当时的威风："**邹子重于齐。适梁，惠王郊迎，执宾主之礼。适赵，平原君侧行撇席。如燕，昭王拥彗先驱，请列弟子之座而受业，筑碣石宫，身亲往师之，作《主运》。其游诸侯见尊礼如此，岂与仲尼菜色陈蔡，孟轲困于齐梁同乎哉！**"邹衍最早在齐国的稷下学宫出名。到魏国去，梁惠王亲自到郊外迎接。到赵国去，"四大公子"之一的平原君正在吃饭，马上放下饭碗亲自迎接，且不敢和他并肩而行。到燕国去，燕昭王亲自拿扫帚为他清扫道路，这是相当尊贵的礼节，拜他为师，特地为他建造了一座碣石宫，坐在学生的位置上向他请教，还写了一篇回家作业叫《主运》。邹衍在各国都受到隆重的礼遇，和孔子在陈蔡之间饿得面有菜色，孟子跑到齐魏两国没人搭理，真是不可同日而语。

144. 儒术的方士化

邹衍的五德终始说影响到汉代的儒家学说。前些年湖南长沙马王堆汉墓出土了一批帛书，其中有一篇就叫《五行》。但不是《管子》的《五行》篇。汉儒的《五行》已经用五德去配五行了。这五德不是刚才讲的金木水火土之德，而是指仁义礼智信这五德。说明了儒家学说受到阴阳学说影响的趋势。西汉的儒生很多以阴阳家的方术来讲经术。史书上记载：这些儒生"假设经谊，依托象类"（《汉书，眭两夏侯始昌京翼李传》）。借用阴阳家的预测占星观天卜筮等数术，来阐释儒家经义。这已经成为汉以后儒家的一种风气了。其中最有名的就是董仲舒。他弘扬儒术，依托《春秋公羊传》和《尚书·洪范》，并借鉴星算和月令。历史上记载董仲舒**"治《公羊春秋》，始推阴阳，为儒者宗"**。这代表着阴阳五行家的方术正式和儒家的政治、宗法伦理思想合流，融为一体，相辅相成。到了西汉末年，尤其是东汉，儒学走上了谶纬之学的道路，依托《河图》、《洛书》以及纬、候、符、谶之说流行。儒学到了东汉渐渐神学化了，到魏晋南北朝更是走到了死胡同，于是道家的玄学盛行。所以说，儒学实际上中断了非常长的时间，到唐代韩愈重建"道统说"，儒学才慢慢复兴。这和它受到阴阳家的影响是有关系的。从中可以看到阴阳五行说对中国文化的影响有多深远。中国人有"五百年必有王者兴"的历史循环说。黄巾起义"苍天已死，黄天当立"的口号也是受这种思想的影响。中国人的头脑里的想法跟西方不同，自秦王朝

　　　　　　　　管子解读：领袖需要的智慧

灭亡后，没有人会相信一个千年帝国，相信会有一个朝代万万年，认为朝代的兴衰更替是很必然的事情。

邹衍的阴阳五行说，对中国最大的影响还包括"天人感应"学说。人间社会有什么事要发生，上天会给人一个预兆。天人感应论，从邹衍到董仲舒一路下来，过去都说是迷信。那么有没有历史进步作用呢？我觉得作用非常大。"天人感应"可以用《国语·越语》里的一句话："**天因人，圣人因天；人自生之，天地形之，圣人因而成之**"高度概括。这句话把天人感应论的秘密揭穿了，讲的就是天和人的互相作用。"天"是指天象，"天因人"，为什么会出现日食、月食一类反常的现象，是由于人世间的错误行为。"圣人因天"，圣人能根据天相来解释人事的吉凶。人类自己的不当行为导致天出现反常现象，不能怪天。天地只是把人间的错误用天象昭示出来，圣人能解释这些现象，所谓"圣人因而成之"。这样的天人感应论有什么用处呢？在专制时代，国君至高无上，"普天之下，莫非王土，率土之滨，莫非王臣"。遇到暴君、昏君倒行逆施怎么办？权力总要有个制约。我们今天说西方三权分立不行，中国要走自己的民主道路。那么拿什么来制约权力？没有答案。我们老祖宗还有一个制约，民上面有君，君上面还有天。天人之间，不仅有君，还有圣人。所谓行为义理层面上的阴阳在很大程度上是圣人们教化的一种方法。这种意识形态深入民心，对至高无上的君主构成一种限制，你乱来的话，天象就示警了，然后就可能要改朝换代了。当时的人们是否有意地要发明这么一套东西？不一定，说不准。不过，社会有需求，就一定会产生一种文化现象。不能简单地说天人感应就是一种迷信。大概在产生的时候还不是迷信，有了某种需求之后才变成迷信了。再说太深的道理一般人难以了解，只是盲目地相信，这样就渐渐成了迷信了。每一种文化思想放到特定的历史条件下看，都有一定的存在道理，不然也不可能成为显学。

145.《管子》的阴阳五行思想

其实除了前面提到的《幼官》、《四时》、《五行》和《轻重己》四篇之外，《管子》中还有很多篇章都涉及阴阳五行学说。《乘马》、《势》、《侈靡》、《形势解》中有阴阳而没有提五行。例如，《乘马》把春夏秋冬以及日夜的转换交替都看成是"阴阳之推移"和"阴阳之化"，人们必须无条件地服从，不得有所损益。《势》提出**"修阴阳之从，而道天地之常，赢赢缩缩，因而为当"**。主张动静要得时，因循阴阳的赢缩变化。另一组文章是《水地》和《地员》有五行而没有阴阳。《水地》主要是讲水德，讲水是万物之本源。在论述水的作用时，提到五色、五味、五量、五脏、五内等。其实《水地》是将五行学说用到医学上的一篇论文，对中医有兴趣的可以去看看。人在母胎里怎么发育？印度佛经里有《入胎经》，中国文献最早的就是《水地》。第三组文章包括《宙合》、《七臣七主》、《揆度》、《禁藏》，开始有阴阳与五行思想的结合。所谓结合，就是一篇文章里既提到阴阳，又提到五行，但还没有搭配起来，只是把一堆以阴阳为内容、以五行为形式的砖瓦放在了一起。

真正把阴阳五行依照五行相生之序，配上东南西北中五方，然后架构成一个世界图式，是在《幼官》、《四时》、《五行》和《轻重己》这四篇文章完成的。这个架构，叫做"月令"。不要把月令简单地理解成月历，这是两回事。月令是由天道推演到人事，把阴阳范畴引入社会领域，提出了"四时教令"的思想。

春夏秋冬四时，每个季节该做什么，这个"令"是由天发出的，人的行为规范要根据季节的推移决定，这叫做顺天道。这是把天道具体化了，一直具体到在日常生活中应该做什么，不做什么，包括打仗、生产、祭祀等。顺天时以行政令，这是指社会领域。再把阴阳之理用到政治领域，创造了阴阳刑德的政治理论，阴是刑，阳是德。这就是"四时教令"思想的主要内容，是先民天人合一思想的集中体现。也就是《管子·五行》篇说的："作立五行以正天时，五官以正人位。"所以最早的职官称为春官、夏官、秋官、冬官。他们的职能就是根据月令来的，春官管农业，冬官管刑罚。这样才做到"人与天调，然后天地之美生"。人与自然和谐了，才知道天地之美。具体而言，就像徐复观先生所讲的：

> 天道由阴阳而见，阴阳则运行于四季十二个月之中，所以天道是由十二个月的推移而见。他们于是把认为与四季十二个月中阴阳之气相适应的政治设施、礼乐及相关的思想，组成一个互相配合的系统，以达到他们"与天同气"，亦即是天人合一的目的。论其实质，概括为一句话：让国家机器跟着天体运行的节序而运转，从而"天、地、人"联系为一个总体，构成世界图式。

这个理论模式在汉代得到空前而又畸形的发展。月令有很多，《幼官》是目前所见最早的。《淮南子》里有《时则训》，《礼记》里有《月令》、《明堂位》，《尚书大传》里有《洪范五行传》，《逸礼》里有《王居明堂礼》，《汉书·艺文志》里著录了《明堂阴阳》三十八篇，都是发挥这种学说的。大部分都已经失传了，只有《礼记》的《月令》和《明堂位》一直保留到今天。为了实行明堂月令，王莽时期还真的在长安郊区照着明堂图建造了一座宏伟的明堂辟雍，说明其影响非常深。中国人有一种天、地、人合一的思想，跟西方人不同。西方始终把人类社会和自然界对立起来，向自然索取，要改造自然。现在所谓的科学思想只是近百年从西方传进来的。在此之前，中国人一直去适应自然，求得与自然的和谐，没有什么与天斗、与地斗的观念。天人合一的思想在传统文化架构中影响非常大，即使你没读过那么多文献，但日常生活中都受其影响。以过去的老黄历来说，它每天给你具体到适合做什么，不适合做什么，很有操作性。人类生活如何和天地合拍，就是靠月令。所以，"四时教令"和"五德终始"是两个不同的路线。"五德终始"融进了儒家学说，月令系统也被儒家吸收，《礼记·月令》就是儒家经典。

"四时教令"思想，最初应该是与先民在长期农业生产实践中对自然规律的朴素认识有关。然而，上升到天人关系的理论，并且去指导社会政治，就有赖于阴阳思想的发展。把四季的推移看成是阴阳的流行，阴阳和时令的结合就水到渠成了。倒过来，五行说与阴阳说这两种不同的文化系统融合，选择时令作为结合点也是最简洁有效的。所以《幼官》是在五行与时令的结合上进行尝试，选择东西南北中"五方"作为五行跟时令结合的突破口。全文是按五行相生的顺序，分为东、南、中、西、北五个部分，每一部分都冠以"春行冬政，肃；行秋政，霜；行夏政，阉"等警句，然后分别配以相应的色、味、声、数等五行条目。五个部分各居一定的方位，构成了一幅完整的玄宫图。

146.《管子》的历法

　　前面对阴阳五行学说做了一个大致的介绍，接下来看《幼官》文本。《幼官》之外还有一篇《幼官图》，文字基本相同，只是排列顺序有差别。为什么叫《幼官》？学术界的共识，认为"幼官"应该是"玄宫"，刻书的时候因为字形相近而讹误。"玄宫"是什么？就是议事堂、宗庙。这个风俗一直保留到晚清，一个同姓聚族而居的村子，有需要集体共同商量的事情时就去祠堂，所以议事堂、宗庙二者合一。为什么叫"玄宫"？北面的叫玄宫，南面的叫明堂，东面的叫青阳宫，西面的叫总章宫。现在去看故宫，没有总章宫，叫总章门、青阳门。古代地图对东南西北的认识跟现代正好相反。我们现在是上北下南左西右东，这是西学传进来后，把中国放到整个世界地图里去看，所以是这个样子。中国传统不是这样画地图的。为什么《管子》要以"玄宫"来作篇名呢？在《明堂图式》或《月令》中，五方是配五帝的，而在《幼官》中唯一提到的是北方玄帝颛顼。因为相传北方玄帝颛顼在齐地建都，所以齐就特别重北边的宫室，有别于周王朝的天子明堂。齐国是诸侯，不能建明堂，而地处北地，所以用玄宫作为其宗庙和议事堂。

　　《幼官》和《幼官图》应该是先有图。中央及四方各有本图和副图，共十幅图，跟后世所流传的《河图》很相近。图旁本来应该有说明文字，到后来书都要刻在竹板上，图就没办法刻了。最早的图大概是刻在石壁、石碑上面，石碑没办法流传，后来用竹简、木简刻书的时候，就只把文字留下来了，然后在篇中记载方位。如在一段文字后"此居图方中"等等。为什么又有《幼官图》呢？后来有帛书和纸，有人想把图复原，再把文字抄进去。刘向、刘歆父子整理《管子》时把两种版本都保留下来，所以有《幼官》和《幼官图》。但为什么两篇文字相同，但顺序不同呢？因为《幼官图》是布图的顺序，从西到南、中、北，最后再到东。这和中国古代地图的方位上南下北、左东右西是一样的，体现的是四方之位。本图讲的是文事和吉礼，即政府的祭祀和行政，所以居左。副图讲的是武事和凶礼，即刑事和刑法，所以放在右边。这和《老子》讲的"吉事尚左，凶事尚右"是一致的。《幼官》的文字所记的是读图的顺序，从中到东、到南、到西，再到北。这和传统的时令书相一致，重视的是时序，春夏秋冬，然后把中放在前面，体现的是四时之序。《幼官》的五方各分本图、副图，所以共有十小节文字，内容大致分为历法和政论两部分。我只讲若干小节作例子，因为很多内容已经在其他篇章提及，没有必要重复。

先看历法，齐国实行的是殷商历法，不是西周的历法，也不是我们现在还用的夏历。夏历又叫农历，不是阴历，也不是阳历，而是阴阳合历，最适合农业生产的需要。殷商的历法是十二天为一个节气，我们现在农历以十五天为一个节气，所以《幼官》里面的节气是三十节气，一年当中春天有八个时节，夏天有七个时节，秋天有八个时节，冬天又有七个时节。一年三百六十天，比现代的历法差了五又四分之一天。这样时间长了，四时会失序。这种历法叫四时五行时令系统，用四时去配五行。《汉书·艺文志》的《数术略·五行类》里著录了《四时五行经》二十六卷、《阴阳五行时令》十九卷，都是用的这个历法。三十时节跟五行相配得整整齐齐，但跟四时的相配就有很大的出入。所以看《幼官》的时候会有"春行冬政"、"夏行春政"，说的是时节跟四时出现矛盾了。

它不同于现在用二十四节气的月令系统。这个系统的每月有两个节气，上千年下来没有大的出入。所以《幼官》的四时五行时令系统慢慢就失传了，"礼失求诸野"，到现在为止只有在四川的彝族地区还能够看到。彝族实行的历法是十月太阳历：把一年分成十个月，五个月是阳，五个月是阴，正好配上五行，然后又配上四时。但是时间有误差怎么办？有一段时间就不算在月里面。这也是把四时和五行相配的一种尝试，但这个试验不成功。中国是农业社会，老百姓关心的是节气，所以这个历法慢慢就失传了。

147. 什么是"五和时节"?

【幼官·第一章　中方本图】若因（趁）夜虚（墟）守（安）静。人物人物（人人、物物）则（效法）皇。五和时节，君服黄色，味甘味，听宫声，治和气，用五数，饮于黄后之井，以保（裸）兽之火爨（祛邪）。藏温濡，行欧养，坦气修通。

那时候，祭神、议事都是在夜晚。趁着夜间庙里安静。各种人、各种物效法三皇五帝。这里特别要讲的就是"五和时节"。之前说过，四时教令的阴阳学说是偶数的系列，以剖分的概念为主，阴阳生两仪、两仪生四象、四象生八卦，八卦再生六十四卦，所以二、四、八这些数字都是阴阳系统的。但五行是奇数，是以轴心的概念为主。阴阳要和五行结合，就要解决偶数系列和奇数系列如何搭配的问题。《幼官》在一年的季节分配中没有给相当于土德的"中方"留一个位置。于是只能创造一个"五和时节"，把居于"幼官图"中方的各种祭祀安排在篇首。"五和时节"虽然是一个时节，但天数却是零，是虚设的。虽为虚设，却又不能不设，否则没有办法做到四时和五行的搭配。为什么叫"五和时节"？中央方位是土德，土旺于四时，春夏秋冬四时都受土德的影响，四方之数再加上中方就是五。

在"五和时节"之下，就可以把中央"土"的各种特性排列了。因为土色是黄，所以"君服黄色"；因为土生庄稼，庄稼味道甘甜，所以"味甘味"；因为土德对应的声调是宫，所以"听宫声"；因为土德主和，所以"治和气"。"黄后之井"就是中央之井。"用五数"，涉及五行的"生数"与"成数"概念。顾名思义，生数是产生万物的数，成数是成就万物的数。据《尚书·洪范》可以归纳为：水的生数为一、成数为六；火的生数为二、成数为六；木的生数为三、成数为八；金的生数为四、成数为九；土的生数为五、成数为十。在五和时节，还要"以倮兽之火爨"。"倮兽"过去说是黄龙，到汉代出现白虎、玄武、苍龙、朱雀，在中央位置的就由麒麟取代了黄龙。用黄龙之火祛邪，可能是一种宗教仪式吧。"藏温濡，行欧养，坦气修通。"土气蕴含了柔和，修土德的人神态就会很和悦，"欧"是指和悦貌，"坦气"就是《孟子》说的"浩然之气"。这种浩然之气不是天生的，而是因后天修养而得。

创设"五和时节"是没有办法的办法。到了《管子·四时》篇就放弃了"五和时节"的提法，而只讲土德："**中央曰土，土德实辅四时入出……其德和平用均，中正无私，实辅四时。**"这样，土德的作用是辅助协调四时的运作。五德中，土德居中，所以对其余四德有统领的作用。虽然土德有这样的作用，但还是没有改变在一年的时间序列中不占天数的事实，仍然是一个凑数的虚设。所以后来邹衍就不得不给它一个实际的天数来落实，杜撰了一个和四时并列的"季夏"，把夏季的第三个月配以土德，又恢复了"中央土"的提法，来跟其他四季并列。但实际上还是没有打破四季各领三个月的时间单位。

第一章的第二段，实际上是一篇和"中央土"相配合的政论。

> 凡物开（乐）静，形生理，常至命。尊贤授德，则帝。身仁行义，服忠用信，则王。审谋章（彰）礼，选士利械，则霸。定生处（葬）死，谨贤修（睦）伍（指百姓），则众。信赏审罚，爵材禄能，则强。计凡付终，务本饬（整顿）末，则富。明法审数，立常备能，则治。同异分官，则安。通（开导）之以道，畜之以惠，亲之以仁，养之以义，报之以德，结之以信，接之以礼，和之以乐，期之以事，攻（治）之以官，发之以力，威之以诚。一举而上下得终（太平），再举而民无不从，三举而地辟散（民）成（聚），四

举而农佚粟十，五举而务（物）轻金九（鸠，聚），六举而絜（度）知事变，七举而外内为用，八举而胜行咸立，九举而帝事成形。九本搏（博）大，人主之守也；八分有职，卿相之守也；七胜备咸，将军之守也；六纪审密，贤人之守也；五纪不解（懈），庶人之守也。动而无不从，静而无不同。治乱之本三，卑尊之交四，富贫之终五，盛衰之纪六，安危之机七，强弱之应八，存亡之数九。练（选）之以散群偹署（署，社），凡数财（裁度）署（书）。杀（减支）戮（力）以聚财，劝勉以选（迁）众，使二分具本。发善必审于密，执咸必明于中（合法）。此居啬方中。

凡物保持快乐而安静，其身体就能自然地发育成长，只要遵循常规，不折腾，就可以长寿。这是说养生。静是生命的原始状态，因此不要搞太多人为的东西。这和道家思想是相通的，所以后来道家和阴阳家就合流了。接下去讲政治，不同君主有不同目标：最高是称帝，其次是称王，再次是称霸。建立帝业最重要的是"**尊贤授德**"，任用品德高尚的人才；想王天下的就要"**身仁行义、服忠用信**"，树立自己的道德榜样；想称霸的就要"**审谋章礼，选士利械**"，决策要审慎，不要轻举妄动，要彰显礼的精神，网罗人才，整饬军备。

哪怕只想做一个普通的君主，要保住江山社稷，有些事也是不能不做的。如使生者安定，使死者安葬，尊重人才，修睦百姓，这样才能得民心。奖赏有信用，惩罚要审慎，给能人高官厚禄，国家就会强大。细小的开支也计较，做事有始有终，抓住农业这个根本，整顿工商业，国家就能富裕。法律严明，政策审慎，建立制度，储备能臣，国家就能治理。不同官职的目标一致而分工明确，国家就能平安。对待老百姓，要用道理来开导，要施恩惠，讲仁义，以德报怨，信守诺言，提倡礼乐教化，严格管理，督促他们努力生产。治国者要讲究行政效率。"**一举而上下得终**"，"举"，行政的意思。第一要做到善始善终，不要半途夭折。"**再举而民无不从**"，第二是让老百姓服从。"**三举而地辟散成**"，第三是开辟土地，招徕人口。"散"，散居的民众。"**四举而农佚粟十**"，第四是农民生活安逸，粮食丰收。"**五举而务轻金九**"，这是讲经济，物价便宜，货币控制在政府手上，收放有序。"九"即"鸠"，聚拢的意思。"**六举而絜知事变**"，第六是预先知道时势变化，不会措手不及。"絜"即"度"，估计、了解。"**七举而外内为用**"，第七是国内外人才和资源都为我所用。"**八举而胜行威立**"，第八是稳操胜券，建立威望。"**九举而帝事成形**"，第九是称帝的事业初具规模。这是一个层次。

　　下一个层次是各类人物的行为守则。"**九本搏大，人主之守也。**"君主要遵守的行为规范是"九本"。《管子·九守》篇罗列了"九本"：主位、主明、主听、主赏、主问、主因、主周、主参、督名。作为君主要坚守的包括：势位、明智、兼听、赏罚、咨询、借力、周密、参详和督名，按照名分去求实。这九个方面范围博大，要一一做到很不容易。"**八分有职，卿相之守也。**""八分"或称"八揆"，是对大臣的要求。可见于《君臣上》，我不再重复。"**七胜备威，将军之守也。**"武将要做到"七胜"。在《枢言》篇里提及"七胜"："**众胜寡，疾胜徐，勇胜怯，智胜愚，善胜恶，有义胜无义，有天道胜无天道。凡此七胜者贵众，用之终身者众矣。**"这"七胜"最重要的是可以得众，做到了就可以终身得到部属爱戴和信任。"**六纪审密，贤人之守也。**"什么叫"六纪"？《管子》里没提到，但注释里引用班固《白虎通·三纲六纪》解释说："**诸父、兄弟、族人、诸舅、师长、朋友也。**"作为一个有德之人就要处理好这六种关系。"**五纪不解，庶人之守也。**""五纪"即"五伦"：君臣、父子、兄弟、夫妇、朋友。这五种人伦关系有五条准则：君臣讲忠，父子讲孝，兄弟讲悌，夫妇讲顺，朋友讲信。这五条伦理，每个老百姓都要遵循而不松懈。

　　第三个层次，"**动而无不从，静而无不同。**"动静皆由适中来制衡，动不要动得过分，静也不能静得离谱。动静相宜，动的时候一切都要跟着动，静的时候一切都静止下来。"**治乱之本三，卑尊之交四，富贫之终五，盛衰之纪六，安危之机七，强弱之应八，存亡之数九。**"具体内容在《立政》篇里，这里就不展开叙述了。"**练之以散群僃署，凡数财署。**"这句比较难。"练"是"选"的意思，"群"是朋党，"署"就是结社的"社"，"僃"，崩溃的"崩"。选拔人才不能选有小圈子的人，不然就没有公，只有私了。所以要解散朋党，不许结社。"凡数财署"，"数"，国用之数；"财"即"裁"，裁度；"署"即"书"，签字背书。凡是国用之数，无论大小，一律要有财政预算，一定要有专人负责。这是讲政府理财。"**杀僇以聚财**"，这一句也很难，各种解释都有。"杀"不是指杀人，而是"减"的意思，平时口语讲"杀价"，这里指减预算。"僇"，戮力，努力。一方面减支，一方面增收，才可以聚财。"**劝勉以选众**"，鼓励老百姓移风易俗，革除坏风俗。"**使二分具本**"，使聚财和教化民众两方面都具有所本。"**发善必审于密，执威必明于中。**"做善事不是随随便便做，有时善事会引出坏的结果，捐钱诱发了别人的贪心就不是好事，不够缜密。建立威信，但是必须合法，不能靠滥杀无辜来立威。

148. 古人的婚礼

【幼官·第二章　东方本图】春行冬政，肃；行秋政，雷；行夏政，阉。十二，地气发，戒（备）春事。十二，小卯，出耕。十二，天气下，赐舆。十二，义气至，修门闾。十二，清明，发（伐）禁。十二，始卯，合男女。十二，中卯；十二下卯，三卯同事。

八举时节，君服青色，味酸味，听角声，治燥气，用八数，饮于青后之井。以羽兽之火爨。藏不忍，行欧养，坦气修通。

凡物开静，形生理。合内空（穹，大）周外，强国为圈（卷），弱国为属。动而无不从，静而无不同。举发以礼，时（处）礼必得。和好不基（谋），贵贱无司（伺），事变日至。此居于图东方方外。

方向是东，在时节上是春，但会错位，出现"春行冬政"。时间到了春天，但是气候实际上是冬天，就会寒冷。有时又错位，时间上是春天，气候是秋天，这时会多雷。为什么呢？春本是阳，秋冬是阴，春阳秋阴，阴乘阳，所以容易打雷。打雷是因为阴气乘了阳气所致，这是古人的认识，不一定符合现代科学。春季错位，实际气候是夏天，天气就会闷热。"阉"，掩闭，就是闷的意思。春和夏都是阳，阳气并，所以掩闭。这种情况都是因为三十节气，加起来三百六十天，少了五又四分之一天，几十年、上百年以后会出现四时失序，春变成冬、秋、夏。

下面这一段都是讲三十时节。"十二，**地气发，戒春事**。"春天开始的第一个节气叫"地气发"，含义是地气上腾。这个月份相当于农历的正月，这个节气要准备春耕了。"十二，**小卯，出耕**。"再过十二天的节气叫小卯，就要入春了。为什么叫"小卯"？卯者，冒也，地下的气开始冒生了，这时要准备出门耕地了。"十二，**天气下，赐舆**。""天气下"这个节气，政府要救济贫困的农家，帮助他们春耕。"十二，**义气至，修门闾**。"为什么叫"义气至"？"义气"也叫"养气"，养育万物之气。从这个节气开始有"养气"了，与秋天到冬天的"杀气"相反。这时就要"修门闾"了。"闾"是里门，在古代五家为比，五比为里，也就是每二十五家有个门。为什么要"修门闾"？《公羊解诂》说："田作之时，春，父老及里正旦开门坐塾上，晏出后时者不得出，莫不持樵者不得入。"二十五家的长老里正白天坐在里的门口，睡懒觉晚出门的人就不让出去；晚上收工时又坐在门口，没有带着柴回家的人不得进入，目的是督促人们勤劳生产。《诗经》中有一首长诗《七月》正是讲月令的。"同我妇子，馌彼南亩。田畯至喜。"到了二月天的时候开始春耕，忙得顾不上回家吃饭，老婆孩子送饭到田头，农官见到农民这么勤劳，心里很高兴。读《幼官》可以和《七月》结合起来读，一年的农事都讲得清清楚楚。"十二，**清明，发禁**。"又过了十二天，到春天的第五个节气"清明"，就禁止采伐了。因为此时要让万物自然生长。也就是今天的封山育林。"十二，**始卯，合男女。十二，中卯；十二，下卯，三卯同事**。"到了第六个节气"始卯"，以及接下来的中卯、下卯，都可以做同样的事——嫁娶。

古代的婚姻制度要合礼法，时间上也有规定，不像现在任何时候都可以举办婚礼，但古人对婚礼时间说法不一。《荀子·大略》说嫁娶应该在秋冬："霜降逆女，冰泮杀内，十日而一御。"只有霜降后才能嫁娶，冰雪融化，春天到了就不能再结婚，而且男女行房，十天才可以有一次。董仲舒用阴阳学说对秋冬嫁娶作解释，在《春秋繁露·循天之道》里说："天之道，向秋冬而阴来，向春夏而阴去，是故古之人霜降而迎女，冰泮而杀内。"秋冬为阴，此时可以迎娶，因为女是阴。春夏为阳，就不能再有嫁娶了。郑玄的说法不同，他在注释《周礼·地官·媒氏》时说："仲春阴阳交，以成昏礼，顺天时也。"主张仲春为举行婚礼之期。班固《白虎通义·嫁娶》里也说："嫁娶必以春者。春，天地交通，万物始生，阴阳交接之时也。"一派主张秋冬，一派主张春，我想大概是不同地域的气候和风俗习惯不一样吧。在《幼官》里，春秋两季都可以"合男女"，大概是把不同地方的风俗融合起来，这也印证《幼官》标志阴阳系统和五行系统最终完成合流。

第二段"八举时节"，通行的解释都是错的，说是指春天的八个时节，从"地气发"到"下卯"正好是八个。为什么是错的？因为照这样就没法解释秋天的"九和时节"以及冬天的"六行时节"。实际上，秋天有八个时节，冬天有七个。我的看法，"八举时节"指春天，对应的五行是木；木，生数三，成数八。春天木气举，也就是上升，所以叫"八举"。这就能解释后面的"九和时节"和"六行时节"。秋天属金，金的成数是九；冬天属水，水的成数是六。在春季的"八举时节"，君主应该穿青色衣服，因为草木是青色的，食物偏于酸味，木德对应的声调是角，所以适合听角声。木气燥，因为春天多风而旱，所以要防止燥气。木的成数为八，此时"八"这个数比较吉利；饮水要用代表东方的"青后之井"；"以羽兽之火爨"，也就是用朱鸟之火祛邪。讲到"羽兽"，《幼官》中和春夏秋冬相配的动物，跟《明堂图》以及后世五行家搭配的次序是不一样的。到了后来，东方青龙、南方朱雀、西方白虎、北方玄武，成为古代文化的一个重要观念，汉代《淮南子》的月令《时则训》也是照这个排列的。这说明《玄宫图》和《明堂图》是有区别的，《玄宫图》在前，《礼记》的《明堂图》在后。根据春阳秋阴，夏阳冬阴的原理，《幼官》中四兽的排列更合理。因为羽和毛属于阳，居春夏；介和鳞属于阴，居秋冬，蛇、鳄鱼、四脚蛇、蜥蜴等爬行类动物，在中国人观念中都属于阴。"藏不忍，行欧养，坦气修通。"木气蕴含着不忍之心，也就是同情心，所以春天不可以杀人，行刑一定要放到秋后。

第三段讲政事。"合内空周外，强国为圈，弱国为属。"统合宇内的广大地区和周边的外国。让强国成为眷属，弱国成为附庸。"举发以礼，时礼必得。"一举一动都遵循礼法，只要守礼，就能无往而不胜。怎么叫守礼呢？"和好不基，贵贱无司，事变日至。"对于结盟的友好国家，就不应该去谋害；无论是大国小国，都不应该伺机去攻击。不然的话，天天会遇到突如其来的麻烦。你算计别人，别人也会算计你。

【幼官·第三章　南方本图】夏行春政，风；行冬政，落（凋落），重则雨雹；行秋政，水。十二，小郢，至德。十二，绝气下，下爵赏。十二，中郢，赐舆。十二，中绝，收聚。十二，大暑至，尽善（缮）。十二，中暑；十二，大暑终，三暑同事。七举时节，君服赤色，味苦味，听羽声，用七数。饮于赤后之井。以毛兽之火爨。藏薄（朴）纯，行笃厚，坦气修通。凡物开静，形生理。定府官，明名分，而审责于群臣有司，则下不乘上，贱不乘贵。法立数得，而无比周之民，则上尊而下卑，远近不乖。此居于图南方方外。

方位是南，季节是夏，五行是火。季节到了夏天，气候是春，必然多风。"行冬政，落，重则雨雹。"季节是夏天，气候是冬天，寒气肃杀，甚至还可能有冰雹。北方的秋天多雨，所以时令到了夏季，但气候是秋天的话，就会多雨。夏天的时节，从春天的"下卯"算起，又过了十二天是"小郢"，"郢"，"盈"，是满的意思。农历二十四节气里有小满，意思是一样的。这时候阳气开始满盈，朝廷要招致有德之人。"十二，绝气下，下爵赏。"下一个时节叫"绝气"。绝阴之气开始降下。春天，阳气慢慢上升，但还有阴气，到这个时节，阴气就慢慢断了，适合朝廷奖赏有功之人。"十二，中郢，赐舆。"过十二天，到"中郢"，也适合奖赏。"十二，中绝，收聚。"此时阴气彻底断绝了。相当于农历五月，要开始夏收了。"十二，大暑至，尽善。"夏天雨多，所以要修缮，否则房子要漏雨。"十二，中暑；十二，大暑终，三暑同事。"大暑至、中暑和大暑终三个时节都要"尽善"，都会多雨发大水。"七举时节"，君主应该穿红色衣服，对应火德；食物偏苦味，比如夏天吃苦瓜补凉；听音乐以羽声为主；治理阳气，不使身上的火气太旺；七是吉利的数字；饮水取自南方的"赤后之井"；以白虎之火驱邪气。"藏薄纯，行笃厚，坦气修通。"火德对应的是阳气，阳气蕴藏着纯朴，行为敦厚，就能养浩然之气。至于政事，需要注意的，是明确官职的职责名分，然后要勤于督察考核，这样下级不会凌驾上级，法令可以确立，权术可以有效，没有人敢拉帮结派，君主有尊严有权威，里里外外的臣民都不会离心离德。

【幼官·第四章　西方本图】秋行夏政，叶；行春政，华；行冬政，秏（耗）。十二，期风至，戒秋事。十二，小卯（酉），薄百爵（雀）。十二，白露下，收聚。十二，复理，赐舆。十二，始节，赋事。十二，始卯（酉），合男女；十二，中卯（酉）；十二，下卯（酉），三卯（酉）同事。九和时节，君服白色，味辛味，听商声，治湿气，用九数，饮于白后之井，以介虫之火爨。藏恭敬，行搏锐，坦气修通。凡物开静，形生理，间（阅）男女之畜，修乡间之什伍，量委积之多寡，定府官之计数，养老弱而勿通，信利周（害）而无私。此居于图西方方外。

方位是西，季节是秋，五行是金。这个搞懂了，就明白为什么唐诗里用"金秋"。所以我说过，不了解阴阳五行，就无法理解中国传统文化，这是文学、艺术以及各领域的通行语言。"秋行夏政，叶。"季节到了秋天，但气候是夏天，出现的现象是植物只长叶不结果。时值秋天，但气候是春天，植物就会开花。秋天是冬天的气候，庄稼就会歉收。"十二，期风至，戒秋事。"秋天的第一个时节叫"期风"，意思是刮凉风，此时要准备秋收。"十二，小卯，薄百爵。""卯"字错讹，应该是"酉"。小酉时节，百鸟飞近，要把它们赶走。在农村生活过的就应该知道，秋收时，鸟都飞来吃庄稼。"十二，白露下，收聚。"这和二十四节气的名称一样，"白露"正是秋收快忙完的时候。"十二，复理，赐舆。"阴气重新升起，所以这个时节叫"复理"，适合朝廷赏赐。"十二，始节，赋事。"从"始节"这天开始昼短夜长，相当于秋分，要分配劳作之事。"十二，始酉，合男女；十二，中酉；十二，下酉，三酉同事。"这三个时节三十六天，又是适合嫁娶的日子。"九和时节"，君主应该穿白色衣服，口味偏辛辣，音乐听商声，治理湿气；九是秋天最吉利的数字；饮水取自西方的白后之井；用乌龟之火驱邪。秋气肃杀，所以秋官是司马，讲用兵。此时应该收藏起恭敬之心，磨刀擦枪，准备打仗。

至于政事要以经济为重，"**间男女之畜，修乡闾之什伍，量委积之多寡，定府官之计数。**"区分牲畜的公母，留下母畜来繁殖，其余的牲畜留着屠宰。整顿登记乡里的户口，检查粮食的储存，计算政府的开支。"**养老弱而勿通，信利周而无私。**"政府要救济老弱病残，但要细分"勿通"，根据不同人给予不同的救济。做福利事业要非常仔细认真，不能像香港当局那样不管男女老幼、穷人富人，每人发六千元港币。政府要无私地向民众公布各种政策的利弊。

149. 齐桓公九会诸侯

【幼官·第五章　北方本图】冬行秋政，雾；行夏政，雷；行春政，烝泄。十二，始寒，尽刑。十二，小榆（逾），赐与。十二，中寒，收聚。十二，中榆，大收。十二，寒至，静。十二，大寒，之阴。十二，大寒终，三寒同事。六行时节，君服黑色，味咸味，听征声，治阴气，用六数，饮于黑后之井，以鳞兽之火爨。藏慈厚，行薄纯，坦气修通。

凡物开静，形生理。器成于僇（戮），教行于钞（眇），动静不记（纪），行止无量。戒审四时以别息，异出入以两（耦）易，明养生以解固（故），审取予以总之。一会诸侯，令曰："非玄帝之命，毋有一日之师役。"再会诸侯，令曰："养孤老、食常疾、收孤寡。"三会诸侯，令曰："田租百取五，市赋百取二，关赋百取一，毋乏耕织之器。"四会诸侯，令曰："修道路，偕度量，一称数，薮泽以时禁发之。"五会诸侯，令曰："修春秋冬夏之常祭食，天壤山川之故祀必以时。"六会诸侯，令曰："以尔壤生物共玄官，请四辅，将以礼上帝。"七会诸侯，令曰："宫（馆）处四体而无礼者，流之焉莠命。"八会诸侯，令曰："立四义（仪）而毋议者，尚之于玄官，听于三公。"九会诸侯，令曰："以尔封内之财物、国之所有为币。"九会，大命焉出，常至。千里之外，二千里之内，诸侯三年而朝，习命；二年，三卿使四辅；一年，正月朔日，令大夫来修，受命三公。二千里之外，三千里之内，诸侯五年而会，至，习命；三年，名卿请事；二年，大夫通吉凶；十年，重适（嫡）入正礼义；五年，大夫请受变（辨）。三千里之外，诸侯世一至，置大夫以为廷安，入共受命焉。此居于图北方方外。

方位是北，季节是冬，五行是水。季节已进入冬天，但气候还是秋天，多阴雾；冬季却像夏天的气候，多雷。春"行夏政，雷"，是因为阴乘阳。冬行夏政，阳乘阴，也会多雷。"行春政，恶泄"，冬季却出现春天的气候，一阳复始，阳气蒸发，叫做暖冬。冬天有七个时节，"十二，**始寒，尽刑。**"从秋天的"下酉"数起，十二天后是冬季的第一个时节"始寒"，政府不再行刑。到了后代有些变化，冬天可以行刑，只有春天不行。管子的时代只有秋天可以行刑。"十二，**小榆，赐舆**"，"小榆"时节，百虫蛰伏，要越冬了。"十二，**中寒，收聚**。十二，**中榆，大收。**"这两个时节，要储藏过冬的粮食物品了。"十二，**寒至，静。**"再过十二天是"寒至"，什么都不要做了。"十二，**大寒，之阴。**""大寒"时节，隐藏不露。"十二，**大寒终，三寒同事。**"每年的最后一个时节叫"大寒终"。寒至、大寒、大寒终都一样，就是静，休息。到第二年的第一个时节"地气发"再开始准备春耕春播。这是农业社会的循环周期。"**六行时节**"，君主穿黑色衣；口味偏咸；音乐以征声为主旋律；养生以治阴气为主；吉利的数字是六；饮水取于北方的黑后之井，用青龙之火驱邪。心存慈厚，行为朴素，就可以修得浩然之气。

第五章第二段又是一大篇政论。"**器成于僇，教行于钞，动静不记，行止无量。**"不努力者不成器。真正的教化深远玄妙，不能说得过于具体详细，因为那要靠潜移默化。如果动与静失去规范，该动的时候静，该静的时候动，行与止就没有规则。"**戒审四时以别息，异出入以两易，明养生以解固，审取予以总之。**"慎重地注意四季变化，区别万物的生长规律。一个季节内，有些植物需要水，有些需要阳光，各有不同。掌握不同货物的买进卖出，让社会因交易而互相依存。"两"，即"耦"，引申为连接。农民和手工业者因交易而互为依存，经济才能发展。要休养生息，不能永远使百姓负担沉重，这样才能避免危机。"解固"的"固"应作"故"，变故。不让老百姓休养生息，君主早晚会大难临头。

总而言之，从百姓那里拿的、给百姓的，都要非常审慎。

"一会诸侯，令曰：'非玄帝之命，毋有一日之师役。'"玄帝指颛顼，齐地是他的都城。所以这里的玄帝是借指齐桓公。没有我齐桓公的命令，诸侯们不许打仗。桓公称霸的目的就是代天子传令。没有天子的名义，但有天子的作用，调停诸侯之间的争战。谁不听话就一起去打他。"再会诸侯，令曰：'养孤老、食常疾、收孤寡。'"给诸侯的第二道命令，是政府要把福利救济管起来，孤寡老幼病残都要照顾。"常疾"，长病假。为什么要有政府？政府就是做这些事的。现在的地方政府到处去商业谈判、引进外资，这应该由市场去做。政府不能该做的不做，不该做的忙得不亦乐乎。"三会诸侯，令曰：'田租百取五，市赋百取二，关赋百取一，毋乏耕织之器。'"第三道命令是定税制：田税只能收百分之五，商业税只能收百分之二，进口税只能收百分之一。税制明确固定了，老百姓才不会穷到连农具都买不起。"四会诸侯，令曰：'修道路，偕度量，一称数，薮泽以时禁发之。'"发展交通，统一度量衡。诸侯各国的度量衡不一样，影响经济交流。管理好沼泽地，发展副业，根据季节，规定封禁和开放给民众的时间。"五会诸侯，令曰：'修春秋冬夏之常祭食，天壤山川之故祀必以时。'"第五道命令，是要求诸侯按传统惯例进行各种祭祀活动。这是诸侯的职责，也许到齐桓公的时候有些已经停止了。那么频繁的祭祀，既花钱又耗时间，大家忙于打仗就顾不上了。"六会诸侯，令曰：'以尔壤生物共玄官，请四辅，将以礼上帝。'"给诸侯的第六道命令，用你们当地出产的东西供养宗庙，请四辅主持，举行祭上帝的典礼。"四辅"是周王朝德高望重的四个王官。"七会诸侯，令曰：'官处四体而无礼者，流之于菁茅命。'"在宗庙里，贵族们手脚乱动，放肆而不庄重者要流放。因为他们破坏侮辱了天子的教命。我想这是有针对性的，到了春秋时期，诸侯们已经不知礼守礼了，就是孔子说的"礼崩乐坏"。齐桓公称霸，就要重振朝纲。"八会诸侯，令曰：'立四义而毋议者，尚之于玄官，听于三公。'"遵守四仪而不提出疑议者，可以推举到宗庙，请三公来表扬他们。"四仪"是天下都要遵守的准则。《逸周书·宝典》提到"四仪"："一孝，孝子畏哉，乃不乱谋；二悌，悌乃知序，序乃伦，伦不腾上，上乃不崩；三慈惠，知长幼，知长幼乐养老；四忠恕，是谓四仪。"齐桓公提倡四仪，可见忠恕孝悌这套伦理并不是儒家的专利。"**九会诸侯，令曰：'以尔封内之财物、国之所有为币。'**"最后一道命令，用你们封地上的特产作为给天子的贡礼。也许在此之前，很多诸侯已经不向周天子朝贡了，弄得中央捉襟见肘。齐桓公九会诸侯，发了九道命令，约定以后就成为常规，都要照着办。

此外，齐桓公还重申周朝以前订立的规矩："**千里之外，二千里之内，诸侯三年而朝，习命；二年，三卿使四辅；一年，正月朔日，令大夫来修，受命三公。**"距离较近的、离周朝王都千里之外、两千里之内的诸侯，三年要朝见一次天子，复习天子的教命。就像现在的官员，三年要进中央党校进修一次，不然地方官做久了，没有全局观念，以为自己就是土皇帝了。每两年，要派遣大臣到天子朝廷接受四辅的教育。每年的正月半，要让大夫到朝廷接受三公的开导。"**二千里之外，三千里之内，诸侯五年而会，至，习命；三年，名卿请事；二年，大夫通吉凶；十年，重适入正礼义；五年，大夫请受变。**"再远一点的诸侯，五年朝觐一次；每三年，重臣到朝廷述职；每两年，大夫要报告本国情况；每十年，诸侯要派嫡子到王都来学礼仪；每五年，诸侯要派大夫来看中央文件。"变"即"辨"，治言，也就是管理国家的指引。"**三千里之外，诸侯世一至，置大夫以为廷安，入共受命焉。**"三千里之外的诸侯，一辈子只要朝觐一次就可以了，但要派一个大夫到中央当代表，也就是现在的驻京办事处主任。来京的时候要带贡品。本图都讲完了，本图讲文事，后面的副图讲武事。

150.《管子》的军事思想

　　过去很多人把《管子》当作一部兵书，因为书上有大量篇幅讲兵法。除了这篇《幼官》之外，《七法》、《兵法》、《八观》、《参患》、《地图》、《制分》、《九变》、《势》等八篇都是讲兵法，具体到打仗怎么用地图，怎么派遣间谍去侦察。两千多年前的军事著作就细致到这样的程度，西方是不能比的。《汉书·艺文志》把兵书分成权谋、形势、阴阳、技巧四家。"兵权谋"下有个注说：省《管子》等九家，二百五十九（篇），重。作者把《管子》论兵归于"权谋"，而不是"阴阳"。什么叫兵权谋家？"权谋者，以正守国，以奇用兵，先计而后战，兼形势，包阴阳，用技巧者也。"什么叫兵阴阳家？"阴阳者，顺时而发，推刑法，随斗击，因五胜，假鬼神而为助者也。"可见兵权谋包含着兵阴阳的因素，而兵阴阳家也离不开权谋。两者很难严格区分。所以很难把《管子》论兵简单归入兵权谋家。《汉志》所著录的兵阴阳家的兵书俱已失传，但从《别成子望军气》、《地典》等书名，可以大致推想它们的内容。银雀山汉简《三十时》常说某一时节"生气也，以战，客败"，"上六刑，以伐，客胜。下六生，以战，客败"，"杀气也，以战，客胜，攻城城不取"等，可以让我们窥见一点兵阴阳家的蛛丝马迹。兵阴阳家与五行时令是有渊源关系。那么《幼官》五方副图的兵论，显然与兵阴阳家有联系。

　　中国古代最著名的军事著作是《孙子兵法》。《管子》论兵与孙子有很多共同之处。如《幼官》提到的"计必先定"、以明敌情等为"四机"，主张"全胜"、"必胜"、"至善不战"等，都与孙子的军事思想极为相似。当然，是《孙子兵法》来源于《管子》，还是《管子》取自于《孙子兵法》，就是见仁见智的了。

【幼官·第六章　中方副图】必得（德）文威武，官习胜务。时因，胜之终；无方（本本），胜之几（先机）；行义，胜之理；名实，胜之急；时分，胜之事；察伐（功），胜之行；备具，胜之原；无象，胜之本。定独威，胜；定计财，胜；定闻知，胜；定选士，胜；定制禄，胜；定方用，胜；定纪理，胜；定死生，胜；定成败，胜；定依奇，胜；定实虚，胜；定盛衰，胜。

举机诚要，则敌不量。用利至诚，则敌不校。明名章实，则士死节。奇举发不意，则士欢用。交（考校）物因方，则械器备。因能利备，则求必得。执务明本，则士不偷（苟且）。备具无常，无方应也。听于钞（眇，细微），故能闻未极；视于新，故能见未形；思于浚（幽深），故能知未始；发于惊，故能至无量；动于昌（倡，始），故能得其宝；立于谋，故能实（守）不可故（攻）也。器成教守，则不远道里；号审教施，则不险山河。博一纯固，则独行而无敌。慎号（军号）审章（旗帜），则其攻不待权与（友军）。明必胜则慈者勇；器无方则愚者智；攻不守，则拙者巧；数也。动慎十号，明审九章，饰习十器，善习五官，谨修三官（鼓，金，旗），必设常主，计必先定。求天下之精材，论百工之锐器，器成角试否臧。收天下之豪杰，有天下之称（良）材。说行若风雨，发如雷电。此居于图方中。（中图之副）

"必得文威武，官习胜。" 作为一个指挥官，只有威武还不行，还要有德行、有文才，才能学习胜敌之术，成为一个将才，否则只是一介武夫。接下去都是讲具体的胜敌之术：抓住时机，是取胜的最高原则。不靠教条的军事理论，是取胜的先机。"方"就是本本，教条，纸上谈兵。正义是取胜的正途。名实相符，是取胜的当务之急。有了作战计划，还要去实地侦察。军中各级的名分要分清楚，是取胜的大事。下级不管有多高明都得听上级命令，否则即使打了胜仗也要处罚。如果每个人都自作聪明，各行其是，就没法打仗了。统帅一定要清楚属下的功劳，这是取胜的作为。战前要做好各种准备，粮草先行，是胜利的源泉。不露痕迹，是取胜的根本。事情还没做，就弄得天下人都知道，一定做不成事。打仗也一样，出奇兵才是取胜之本。

想要取得胜利，必须确定统帅的绝对权威。"将在外，君命有所不受"就是这个道理。如果皇帝不放心，派一个将帅统率百万大军出征，然后又派一个太监跟在后面监军，就会打败仗。唐代"安史之乱"，官军屡屡打败仗，就是因为如此。想要取得胜利，必须确定军费预算；必须取得正确的情报，掌握敌情；必须确定选调哪一支部队去作战。不同将领带出来的部队适合不同的战役，有的擅长进攻，有的擅长防守。要取胜还必须确定军饷制度，到时候不发饷，军队就没有士气了。必须要确定"方用"，也就是具体战术；确定经纶之理，也就是战略。想要取得胜利，必须有明确严格的军法。逃兵要杀，不然士兵临阵逃脱，靠谁去打仗啊？打胜仗或打败仗，都要事先确定赏罚制度。打胜仗还要靠奇策，出其不意。打仗一定有虚有实，要确定何处实、何处虚，虚实结合。最后要想取胜还必须确定敌我力量的对比消长。

"举机诚要，则敌不量"，选择战机，必须抓得准，使敌方无法估量你的作战意图。"用利至诚，则敌不校"，运用实实在在的天时地利，敌方就没法抗拒。"明名章实，则士死节"，表彰战功，将士们就会不怕死。"奇举发不意，则士欢用"，出奇招时出其不意，将士们都会乐意。谁都想巧取，不想硬拼，硬拼死伤大。"交物因方，则械器备"，"交"就是考校，要按着本本一一清点战争物资，这样军备一定充足。"因能利备，则求必得"，根据各种专长储备人才，有的精通侦察、有的精通武器、有的精通地理，需要的时候就用上了，临时去找就难求得。"执务明本，则士不偷"，明确职务范围和职权，将士们就不会苟且敷衍了。"备具无常，无方应也"，不能满打满算，要备所不备，才能应对敌方的奇谋。"听于钞，故能闻未极"，注意战争的细节，才能了解长远的战争趋势。"视于新，故能见未形"，见到战事的萌芽状态，才能掌握尚未成形的战局。一旦成定局就来不及了。"思于浚，故能知未始"，想得非常深入，才能预见没出现的状况。"发于惊，故能至无量"，发动进攻时出其不意，才能出乎敌方的预料。"动于昌，故能得其宝"，"昌"，即"倡"，开始。先发制人，才能打胜仗，缴获敌方的武器装备。"立于谋，故能实不可故也"，整个战局深思熟虑过，所以能守，立于不败之地。

"器成教守，则不远道里；号审教施，则不险山河"，武器准备周全，部队训练有素，就可以远攻，深入敌后。"博一纯固，则独行而无敌"，一支军队道德素养普遍较高，行动一致而坚定，就能所向无敌。"慎号审章，则其攻不待权与"，进攻、撤退都有明确慎重的信号，就不需要等待盟友相助。"明必胜，则慈者勇"，有必胜的信心，有慈悲心的人也会奋勇杀敌。"器无方，则愚者智"，使用武器不按常规，笨人也会变聪明。"攻不守，则拙者巧"，进攻防守力量薄弱的敌军，行动迟缓的人也会变敏捷。这就是兵法战术。最后是讲军队日常训练。"动慎十号，明审九章"，"十号"指十种军号，"九章"指九种旗帜，什么时候该用，什么时候不该用，都要审慎。"饰习十器，善习五官，谨修三官"，平时要熟练十种兵器，牢记五种战场守则，熟悉鼓、金、旗三种信号。"必设常主，计必先定。求天下之精材，论百工之锐器，器成角试否臧"，各级单位都要有常任指挥官，预先制定各种应变方案，寻找各种精良的材料制作武器，测试工匠制成的武器，比试一下武器质量的高下。"收天下之豪杰，有天下之称材"，网罗招徕天下的豪杰良才。"说行若风雨，发如雷电"，教令的贯彻要像急风暴雨那样不可阻挡，发动进攻的时候要像雷鸣电闪那样的迅猛。

【幼官·第七章　东方副图】旗物尚青，兵尚矛，刑则交寒（枷）害（辖，古刑具）釱（脚镣）。器成，不守，经不知，教习不着，发不意。经不知，故莫之能围（围困）；发不意，故莫之能应。莫之能应，故全胜而无害；莫之能害，故必胜而无敌。四机不明，不过九日而游兵惊军。障塞不审，不过八日而外贼得闲。由（申）守不慎，不过七日而内有谍谋。诡禁不修，不过六日而窃盗者起。死亡不食，不过四日而军财在敌。此居于图东方方外。

"旗物尚青，兵尚矛，刑则交寒害钺。"方位东，对应五行是木，军旗和装备用青色，兵器用矛，刑具用枷、辖和脚镣。按照《洪范·五行》，方位不同的兵、刑也都要配合五行。下面还有三幅副图的道理也一样。接下去是讲兵法的几个要素：兵器完好；不墨守成规；兵过境而不让敌军发觉；演练时不拘一格；发动进攻时出敌不意。过境而敌人不知，敌人就无法包围你；进攻能出敌不意，敌人就无法应付；敌人无法应付；我军就全胜而没有损害；敌人无法围困，我军就必胜而所向无敌。不了解四项兵要，不过九天就会军心涣散惊恐。"四机"见于《管子·兵法》篇，包括"敌政"、"敌情"、"敌将"、"敌士"。不注意防御工事，不过八天就会让外敌有隙可乘。不防范内奸，不过七天内部就会出现阴谋。不加强警备，不过六天就会发生窃盗。不犒赏死战的将士，不过四天，我军的财物就会落入敌军之手了。

【幼官·第八章　南方副图】旗物尚赤，兵尚戟，刑则烧交疆郊（烈日下罚做苦役）。必明其一，必明其将，必明其政，必明其士。四者备，则以治击乱，以成击败。数战则士疲，数胜则君骄。骄君使疲民，则国危。至善不战，其次一之。大胜者积众，胜无非义者，焉可以为大胜。大胜，无不胜也。此居于图南方方外。

"必明其一，必明其将，必明其政，必明其士。"必须了解敌情，必须了解敌将，必须了解敌方政情，必须了解敌方士气。这就是前面引用《兵法》篇里提及的"四机"。掌握了这四方面，就能够以治击乱，以成击败了。征战频繁，则战士疲劳，连连取胜，则君主骄傲。骄傲的君主驱使疲劳的民众作战，国家就危险了。兵法的最高境界是不需作战而能定胜局，其次是一战而定胜局。所谓大胜，指的是积累多次胜利，胜利而又正义，才算得上大胜。这样的大胜才是真正的无往而不胜。

【幼官·第九章　西方副图】旗物尚白，兵尚剑，刑则诏昧断绝（斩首）。

始乎无端，卒乎无穷。始乎无端，道也。卒乎无穷，德也。道不可量，德不可数。不可量则众强不能图，不可数则为（伪）诈不敢乡（向，对抗）。两者备施，动静有功。畜之以道，养之以德。畜之以道则民和，养之以德则民合，故能习（辑，合），习故能偕，偕习以悉，莫能伤也。此居于图西方方外。

"始乎无端，卒乎无穷"。 战争的发动要使人不知有开端，战争的结束要使人不知有尾声。起始不见开端就像"道"，结束不见尾声好比"德"。道是不可量度的，德是不可测算的。不可量度，所以敌军强大也无法图谋。不可测算，所以敌军伪诈也不敢对抗。两者兼而有之，无论动兵或息兵，都能取得有效的结果。养兵要符合道德，这样百姓才会和睦团结，力量才能聚合，聚合就能协同。协同聚合做到极致，那就所向无敌了。

【幼官·第十章　北方副图】旗物尚黑，兵尚胁盾，刑则游仰灌流（灌水于鼻）。察数而知治，审器而识胜，明谋而适胜，通德而天下定。定（存）宗庙，育男女，官四分，则可以立威行德，制法仪，出号令。至善之为兵也，非地是求也，罚（伐）人是（正）君；立义而加之以胜，至威而实之以德，守之而后修，胜心焚（樊，藩）海内。民之所利立之，所害除之，则民人从。立为六千里之侯，则大人从。使国君得其治，则人君从会。会请命于天，地知（接）气和，则生物从。计缓急之事，则危危（极危）而无难。明于器械之利，则涉难而不变。察于先后之理，则兵出而不困。通于出入之度，则深入而不危。审于动静之务，则功得而无害也。着于取与之分，则得地而不执。慎于号令之官，则举事而有功。此居于图北方方外。

"察数而知治，审器而识胜，明谋而适胜，通德而天下定。" 考察治兵方法，就可以知道治军水平；检查武器状况，就可以认识战胜原因；懂得谋略，就可以制敌取胜；通晓德行，就可以安定天下。能做到维护宗庙，繁育后代，农工士商四民分业治事，就可以确立权威、实行德政、制定法度、颁行号令了。用兵的最高境界，不是要占领别国土地，而是要讨伐逆子奸臣，扶植合法的君主。实行正义而又能打胜仗，建立权威而又能行德政，守住战果而后进行建设，就能得民心而控制天下。兴百姓所利，除百姓所害，则各国百姓都会服从。齐桓公九会诸侯后，被天子立为侯伯，拥有四方相距六千里的势力范围，三公四辅无不服从。保证各诸侯治国的权限，那么他们就会听命。凡事请命于天，水土合宜，阴阳调和，那么万物也都会顺从。安排好事情的缓急，遇到极度危险也不会陷于灾难。重视武器的作用，遇到灾难也不会惊惶失措。通晓兵先发后发的道理，那么出兵后就不会陷入困境。懂得进退的节度，那么深入敌境也不会陷于危局。认真考虑一动一静的后果，那么就能成功而没有危害。明确夺取和给予的界限，那么占领敌国的领土也没有忧患。严肃号令的管理，举事就可以收到成效。

　　读《幼官》就会对阴阳五行思想有深入的了解，不会再简单认为阴阳五行就是算命看风水的。它在很长一段时期内，是统治中国人思想的。我一开始就讲过，《管子》形而上的学说、有关"体"的学问或者说哲学思想，主要是道论和阴阳五行说两部分。本书把两者分别放在一头一尾讲，不是因为道论重要，阴阳五行说不重要。只是因为连在一起讲的话，读者会觉得枯燥。其实，道论和阴阳五行说的关系不是泾渭分明的，而是互相联系、互为补充的。所以两者并存于管子哲学中绝对不是偶然的。也正因为如此，后来阴阳五行思想逐渐融入了道家思想，尤其是道教的产生，更是明显地吸纳了阴阳五行思想。阴阳五行家的义理，或者说它的灵魂被道家摄取后，自己只剩下"数术"部分，也就难怪现代人在观念里将其等同于迷信了。

附　录

表1：五行大系

五行	金	水	木	火	土
生数	4	1	3	2	5
成数	9	6	8	7	10
四时	秋	冬	春	夏	季夏
灵	白虎	玄武	苍龙	朱雀	麒麟
兽	介	麟	羽	毛	倮
方位	西	北	东	南	中
天象	辰	月	星	日	岁
宫室	总章	玄宫	青阳	明堂	太庙
色	白	黑	青	赤	黄
井	白后之井	黑后之井	青后之井	赤后之井	黄后之井
味	辛	咸	酸	苦	甘
音	商	羽	角	徵	宫
气	湿	阴	燥	阳	和
脏	肺	肾	肝	心	脾
五官	鼻	耳	目	舌	口
职官	司徒	司寇	司农	司马	司营
兵器	剑	盾	矛	戟	弓
刑	墨	宫	荆（刖）	大辟	劓
德	义	智	仁	礼	信
帝	少昊	颛顼	太昊	炎帝	黄帝
天干	庚辛	壬癸	甲乙	丙丁	戊己
地支	申酉	亥子	寅卯	巳午	辰未戌丑

表2：方位图

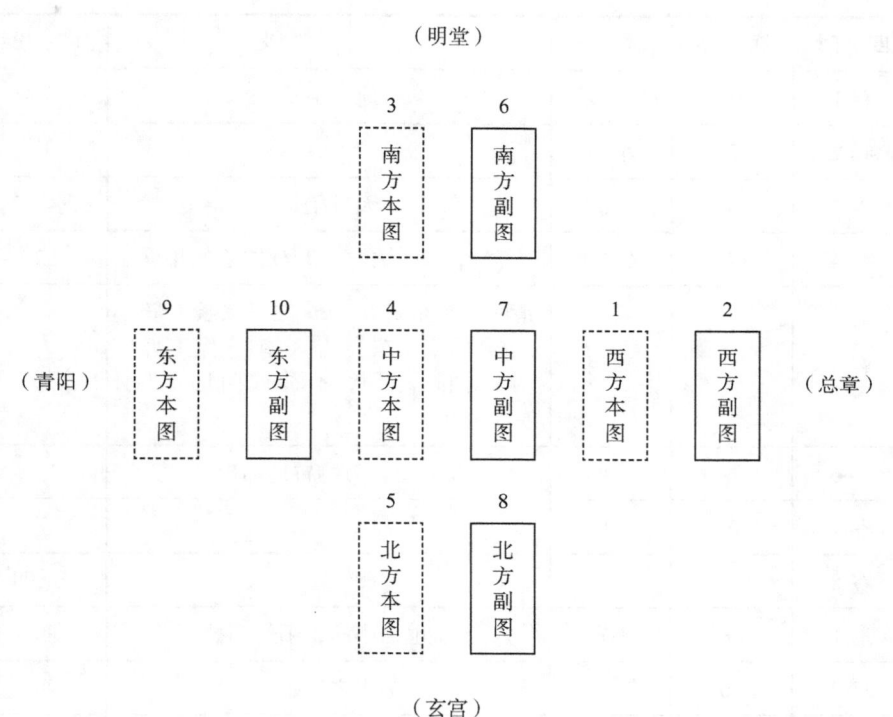

（明堂）

（青阳）　　　　　　　　　　　　　　　　　　　　　　　（总章）

（玄宫）

表3：三十时节

四　时	顺　序	时　节	含　　义	月　份
春1	1	地气发	地气上腾	正
春2	2	小卯	入春	正
春3	3	天气下	天日始长	正 / 二
春4	4	义气至	养气，长养之气，与秋之杀气相反	二
春5	5	清明	清明风（东南），八风之一：条（东北），明庶（东），景（南），凉（西南），阊阖（西），不周，（西北），广莫（北）	二
春6	6	始卯	冒也，万物冒地而出	三
春7	7	中卯		三
春8	8	下卯		三 / 四
夏1	9	小郢	盈也，小满，阳气满盈	四
夏2	10	绝气下	绝阴之气始下	四
夏3	11	中郢		五
夏4	12	中绝	阴气绝	五
夏5	13	大暑至	暑气对于寒气，暑气多夭，寒气多寿	五 / 六
夏6	14	中暑		六
夏7	15	大暑终		六
秋1	16	期风至	凉风	七
秋2	17	小酉	酉代表秋	七
秋3	18	白露下		七 / 八
秋4	19	复理	阴气复起	八

四 时	顺 序	时 节	含 义	月 份
秋 5	20	始节（前）	自此昼短夜长	八
秋 6	21	始酉	三酉，指三秋	九
秋 7	22	中酉		九
秋 8	23	下酉		九／十
冬 1	24	始寒	寒气始降	十
冬 2	25	小榆	逾，越也。百虫蛰服越冬	十
冬 3	26	中寒		十一
冬 4	27	中榆		十一
冬 5	28	寒至	大寒至	十一／十二
冬 6	29	大寒		十二
冬 7	30	大寒终		十二

齐行殷商历法，12 天为一节气，而不是 15 天。一年春 8 节（八举时节），夏 7 节（七举时日），秋 8 节，冬 7 节，共 360 天，比现代历差 5 又 1/4 天，历久则四时失序，春变为冬。

参考文献

1.《管子校注》，黎翔凤撰，中华书局 2004 年版。

2.《管子集校》，郭沫若撰，科学出版社 1956 年版。

3.《管子校正》，戴望撰，上海书店印本。

4.《管子评传》，梁启超著，上海书店印本。

5.《管子轻重篇新诠》，马非伯撰，中华书局 1979 年版。

6.《〈管子〉哲学思想研究》，张连伟著，巴蜀书社 2008 年版。

7.《管子四篇诠注》，陈鼓应著，商务印书馆 2006 年版。

8.《〈管子〉研究史》，耿振东著，学苑出版社 2011 年版。

9.《余嘉锡说文献学》，余嘉锡著，上海古籍出版社 2001 年版。

10.《罗根泽说诸子》，罗根泽撰，上海古籍出版社 2001 年版。

11.《中国方术续考》，李零著，东方出版社 2000 年版。

12.《中国文化十一讲》，庞朴著，中华书局 2008 年版。

13.《阴阳五行探源》，庞朴撰，《中国社会科学》1984 年第 3 期。

14.《"管子"三十时节和二十四节气》，李零撰，《管子学刊》1988 年第 2 期。

15.《河图洛书图说考》，翟玉忠撰，豆丁网，2012 年。

后 记

　　2012 年在上海浦东干部学院开班讲管子。每月一次，每次两天，共讲十天。学员反应热烈，认为"管子"实为千年之前的天下第一奇书，对当今时代之为人处世仍有借鉴作用，并希望让更多人分享。上海世纪出版集团世纪文睿公司邵敏兄亦热情鼓励，并请人将录音整理成文。孔军、廉世俊、王云、刘军杰、程子龙、冒瑾辉和张建果等同学在忙碌的工作之余，帮我校对录音稿，在此深表感谢！

　　本书综合了诸多前辈和同行学者的研究成果，但因属讲稿，而非学术著作，故不一一标明出处，在此一并表示感谢！

魏承思

2013 年 6 月

图书在版编目（CIP）数据

管子解读：领袖需要的智慧／魏承思著 . – 上海：
上海人民出版社，2014
ISBN 978-7-208-12140-9

I. ①管…II. ①魏…III. ①法家 ②《管子》– 研究
IV. ① B226.15

中国版本图书馆 CIP 数据核字（2014）第 047632 号

出 品 人　邵　敏
责任编辑　张玉贞　　任　柳
装帧设计　赵　瑾
书名书写　傅惟本

世纪文睿出品

管子解读：领袖需要智慧
魏承思 著

出　　版　世纪出版集团　上海人民出版社
　　　　　（200001　上海福建中路 193 号　www.shsjwr.com）
出　　品　世纪出版股份有限公司上海世纪文睿文化传播分公司
发　　行　世纪出版股份有限公司发行中心
印　　刷　上海市北印刷（集团）有限公司
开　　本　720×1000 1/16
印　　张　28.25
插　　页　1
字　　数　430000
版　　次　2014 年 7 月第 1 版
印　　次　2014 年 7 月第 1 次印刷
I S B N　978-7-208-12140-9/B・1051

www.ingramcontent.com/pod-product-compliance
Lightning Source LLC
Chambersburg PA
CBHW081521050726
47503CB00018B/2924